应用型高校产教融合系列教材

养老服务管理系列

养老金融

艾 蔚 周 斌 ◎ 主 编
王灵芝 游军政 ◎ 副主编

清华大学出版社
北 京

内 容 简 介

本教材以三大核心特色构建专业内容体系：其一，通过"理论-实践"闭环架构系统梳理学科脉络，既夯实生命周期假说、世代交叠模型等经济学理论基础，又搭建"缴费积累-投资运营-待遇给付"全流程分析框架，并深度解析我国三支柱养老金体系的制度逻辑与协同机制；其二，采用"国际-本土"双重视角展开比较研究，在提炼美、德、日等国制度经验的同时，结合"幸福房来宝"等本土创新案例探讨中国养老金融产品的发展路径；其三，聚焦前沿领域突破性内容，将动态死亡率模型、风险证券化等复杂理论转化为教学化表述，并前瞻性融入金融科技发展趋势，为学科发展提供前瞻指引。全书通过多维度的知识整合，形成兼具系统性、实践性和创新性的专业教材体系。

本书适用对象广泛，既可作为高等院校养老服务管理、金融学、社会保障、保险学等专业的核心课程教材，也能作为养老金融机构从业人员的培训用书。

本书封面贴有清华大学出版社防伪标签，无标签者不得销售。

版权所有，侵权必究。举报：010-62782989，beiqinquan@tup.tsinghua.edu.cn。

图书在版编目(CIP)数据

养老金融 / 艾蔚，周斌主编. -- 北京：清华大学出版社，2025.4.
(应用型高校产教融合系列教材). --ISBN 978-7-302-69019-1

I. F832

中国国家版本馆 CIP 数据核字第 2025X832L7 号

责任编辑： 梁云慈
封面设计： 何凤霞
版式设计： 方加青
责任校对： 王荣静
责任印制： 刘海龙

出版发行：清华大学出版社
网　　址：https://www.tup.com.cn，https://www.wqxuetang.com
地　　址：北京清华大学学研大厦 A 座　　邮　编：100084
社 总 机：010-83470000　　邮　购：010-62786544
投稿与读者服务：010-62776969，c-service@tup.tsinghua.edu.cn
质 量 反 馈：010-62772015，zhiliang@tup.tsinghua.edu.cn
印 装 者：涿州汇美亿浓印刷有限公司
经　　销：全国新华书店
开　　本：185mm×260mm　　印　张：18.5　　字　数：399 千字
版　　次：2025 年 5 月第 1 版　　印　次：2025 年 5 月第 1 次印刷
定　　价：59.00 元

产品编号：105545-01

应用型高校产教融合系列教材

总编委会

主 任：娄永琪
副主任：夏春明
秘书长：饶品华
学校委员（按姓氏笔画排序）：

王 迪　王国强　王金果　方 宇　刘志钢　李媛媛
何法江　辛斌杰　陈 浩　金晓怡　胡 斌　顾 艺
高 瞩

企业委员（按姓氏笔画排序）：

马文臣　勾 天　冯建光　刘 郴　李长乐　张 鑫
张红兵　张凌翔　范海翔　尚存良　姜小峰　洪立春
高艳辉　黄 敏　普丽娜

应用型高校产教融合系列教材·养老服务管理系列

编委会

主　　任：周　洁　胡　斌
副主任：罗　娟
学校委员（按姓氏笔画排序）：
　　　　王　丹　叶欣梁　闫国东　李红艳　李含伟
　　　　邱梦华　沈世勇　张　强　夏志杰　程玉莲
企业委员（按姓氏笔画排序）：
　　　　冯　强　高艳辉

丛书序1

教材是知识传播的主要载体、教学的根本依据、人才培养的重要基石。《国务院办公厅关于深化产教融合的若干意见》明确提出，要深化"引企入教"改革，支持引导企业深度参与职业学校、高等学校教育教学改革，多种方式参与学校专业规划、教材开发、教学设计、课程设置、实习实训，促进企业需求融入人才培养环节。随着科技的飞速发展和产业结构的不断升级，高等教育与产业界的紧密结合已成为培养创新型人才、推动社会进步的重要途径。产教融合不仅是教育与产业协同发展的必然趋势，更是提高教育质量、促进学生就业、服务经济社会发展的有效手段。

上海工程技术大学是教育部"卓越工程师教育培养计划"首批试点高校、全国地方高校新工科建设牵头单位、上海市"高水平地方应用型高校"试点建设单位，具有40多年的产学合作教育经验。学校坚持依托现代产业办学、服务经济社会发展的办学宗旨，以现代产业发展需求为导向，学科群、专业群对接产业链和技术链，以产学研战略联盟为平台，与行业、企业共同构建了协同办学、协同育人、协同创新的"三协同"模式。

在实施"卓越工程师教育培养计划"期间，学校自2010年开始陆续出版了一系列卓越工程师教育培养计划配套教材，为培养出具备卓越能力的工程师做出了贡献。时隔10多年，为贯彻国家有关战略要求，落实《国务院办公厅关于深化产教融合的若干意见》，结合《现代产业学院建设指南（试行）》《上海工程技术大学合作教育新方案实施意见》文件精神，进一步编写了这套强调科学性、先进性、原创性、适用性的高质量应用型高校产教融合系列教材，深入推动产教融合实践与探索，加强校企合作，引导行业企业深度参与教材编写，提升人才培养的适应性，旨在培养学生的创新思维和实践能力，为学生提供更加贴近实际、更具前瞻性的学习材料，使他们在学习过程中能够更好地适应未来职业发展的需要。

在教材编写过程中，始终坚持以习近平新时代中国特色社会主义思想为指导，全面贯彻党的教育方针，落实立德树人根本任务，质量为先，立足于合作教育的传承与创新，突出产教融合、校企合作特色，校企双元开发，注重理论与实践、案例等相结合，以真实生产项目、典型工作任务、案例等为载体，构建项目化、任务式、模块化、基于实际生产工作过程的教材体系，力求通过与企业的紧密合作，紧跟产业发展趋势和行业人才需求，将行业、产业、企业发展的新技术、新工艺、新规范纳入教材，使教材既具有理论深度，能够反映未来技术发展，又具有实践指导意义，使学生能够在学习过程中与行业需求保持同步。

系列教材注重培养学生的创新能力和实践能力。通过设置丰富的实践案例和实验项目，引导学生将所学知识应用于实际问题的解决中。相信通过这样的学习方式，学生将更加具备竞争力，成为推动经济社会发展的有生力量。

本套应用型高校产教融合系列教材的出版，既是学校教育教学改革成果的集中展示，也是对未来产教融合教育发展的积极探索。教材的特色和价值不仅体现在内容的全面性和前沿性上，更体现在其对于产教融合教育模式的深入探索和实践上。期待系列教材能够为高等教育改革和创新人才培养贡献力量，为广大学生和教育工作者提供一个全新的教学平台，共同推动产教融合教育的发展和创新，更好地赋能新质生产力发展。

朱高峰
中国工程院院士、中国工程院原常务副院长
2024 年 5 月

丛书序 2

本系列丛书为上海工程技术大学"产教融合"教材，在上海工程技术大学"产教融合"系列教材总编委会、养老服务管理系列教材编委会指导下，按照"产教融合"教材建设要求编写完成。"应用型高校产教融合系列教材·养老服务管理系列"的编写由上海工程技术大学和上海市养老服务行业协会、国药康养实业（上海）有限公司、上海人寿堂养老服务有限公司、中国太平洋保险集团（股份）有限公司、长江养老保险股份有限公司共同完成，包括《养老服务管理概论》《健康管理》《养老金融》《智慧养老》《老年心理学》《老年社会工作》共 6 册。

为应对老龄化社会现状，国家积极推进老龄事业和产业发展，使养老服务行业进入快速发展时期。然而，养老服务管理人才供给短缺、高校养老服务类专业缺口巨大，加强培养专业化的养老服务人才已迫在眉睫。在此背景下，上海工程技术大学养老服务管理本科专业在 2019 年申报成功，于 2020 年开始招生，形成了政产学研用"五位一体"养老服务管理专业人才培养体系，将为养老服务业输送高质量的人才。要提高人才培养质量，需要教材建设发挥重要作用，编写学术性高、实践性强的优质养老服务管理本科专业教材既对本科生培养质量的提高大有裨益，又对养老服务管理学科的课程建设和专业发展具有重要意义。作为应用性强的本科专业，加快推进养老服务管理专业建设亟须开发产教融合教材。

为适应我国养老服务管理本科专业教学的需要，打造适合新时代养老服务管理专业教育教学特点的高质量的产教融合教材，本系列教材的编写者都是在教学一线从事教学工作，具有丰富的教学经验且热心参与教材建设，并在教学中能够使用所编教材的老师，合作编写企业皆为行业产业中的龙头企业。该系列教材力图体现如下特点。

1. 实践性

无论是基础类课程还是实践类课程，教材内容都非常注重理论与实践相结合，深度对接行业、企业标准，展现真实项目、典型工作任务和企业实际案例等。

2. 前瞻性

本系列教材在呈现养老服务管理学科经典理论知识的同时，将深入浅出地阐释养老服务管理学科相关内容的基本概念、原理和方法，进一步拓展与提升养老服务管理学科理论知识的广度和深度，注重吸收最新的研究成果，力求反映各研究领域最新、前沿性的研究成果，追踪养老服务管理发展的步伐，与国际养老服务管理研究接轨。

3. 可持续性

可持续是指本系列教材着眼于养老服务管理人才的长远培养及其可持续性价值的塑造，对想继续深造学习的本科生而言，教材的理论基础部分为他们提供了从事学术研究所必需的扎实理论知识；而对直接就业的本科生而言，教材的实践应用部分则对他们实际工作能力的培养具有重要作用。

前言

在当今全球老龄化趋势日益加剧的背景下，养老问题已成为各国政府和社会各界普遍关注的焦点。随着中国社会老龄化程度的不断加深，养老需求日益多样化，对养老服务管理的专业化要求也越来越高。在这样的时代背景下，上海工程技术大学顺应社会发展需求，在国内首创开设了养老服务管理专业，旨在培养具备跨学科知识、专业技能和创新精神的养老服务管理人才。作为该专业课程体系的重要组成部分，《养老金融》教材的编写，实乃应急之需，同时也是我们为应对人口老龄化挑战、推动养老服务高质量发展所做出的尝试与努力。

一、养老金融课程的应运而生

养老服务管理专业作为我校的创新之举，承载着培养未来养老服务领域领军人才的历史使命。养老金融作为连接养老服务与金融市场的桥梁，不仅关乎老年人经济生活的保障，更是推动养老服务业可持续发展的关键。然而，国内缺乏系统、全面的养老金融教材，无法满足教学与实践的迫切需求。因此，我们决定着手编写《养老金融》教材，以期为养老服务管理专业的学生提供坚实的理论支撑和实践指导。

本教材是在上海工程技术大学产教融合系列教材建设和产教融合课程建设的大力支持下完成的。教材编写紧密结合行业需求与学科特点，精心设计教材体系结构，力求做到理论与实践相结合，既注重基础理论的阐述，又兼顾实际操作的应用。通过对本教材的学习，学生将能够深入理解养老金融的基本概念、发展历程、市场现状以及未来趋势，掌握养老金金融、养老服务金融和养老产业金融的核心内容与操作方法，为将来从事养老服务工作打下坚实的基础。

二、教材体系结构的精心设计

本教材体系结构的设计遵循了由浅入深、由理论到实践的原则。

养老金融基础：引入养老金融的概念，阐述其内涵与外延，以及在我国的发展背景与紧迫性。通过对比分析国内外养老金融的发展状况，帮助学生建立对养老金融领域的初步认识。

养老金金融：作为养老金融的核心组成部分，养老金金融部分详细介绍了基本养老保险、职业年金和企业年金以及个人养老金等"三支柱"养老金体系。通过深入剖析各支柱的建设情况、运营模式及发展趋势，使学生全面了解我国养老金制度的现状与未来。

养老服务金融：此部分重点介绍了养老金融产品与服务，包括养老储蓄、养老目标基金、商业养老保险等。同时，从长寿风险的视角出发，深入探讨养老储蓄投资及领取各阶段的风险管理与产品设计。通过具体案例分析，帮助学生掌握养老金融产品设计及其市场运行。

养老金融的未来展望：结合国内外养老金融的最新动态与发展趋势，本教材对养老金融的未来进行了展望。重点分析了金融科技、绿色金融等与养老金融的深度融合前景，以及我国应对人口老龄化的战略部署对养老金融发展的推动作用。

三、教材编写的特色与亮点

理论与实践相结合：本教材在注重基础理论阐述的同时，紧密结合国内外养老金融市场的实际情况。

跨学科知识融合：养老金融涉及金融学、人口学、老年学等多个学科领域。本教材在编写过程中充分吸收了相关学科的最新研究成果，形成了跨学科的知识体系。

紧跟时代步伐：随着养老金融市场的快速发展和变化，本教材及时更新内容，确保学生能够掌握最新的行业动态和政策法规。

强化风险管理意识：在养老金融领域，风险管理至关重要。本教材从多个角度深入剖析了养老金融领域面临的各种风险及应对策略，旨在培养学生的风险识别、评估与防控能力。

四、结语

《养老金融》教材的编写是应对人口老龄化挑战、推动养老服务高质量发展的积极探索和有益尝试。通过对本教材的学习，学生将能够成长为具备扎实的专业知识、丰富的实践经验和强烈的社会责任感的养老服务管理人才。同时，也期待本教材能够为养老金融领域的教学与研究工作提供有益的参考和借鉴，为推动我国养老金融事业的繁荣发展贡献一份力量。在未来的日子里，我们将继续关注养老金融领域的最新动态和发展趋势，不断完善教材内容，为培养更多优秀的养老服务管理人才而不懈努力。

作者简介

艾蔚，现任上海工程技术大学管理学院教授，硕士研究生导师。长期从事养老金融、社会保障、财富管理等领域的研究与教学工作，拥有22年高校教学科研经验。

2007年获上海财经大学经济学博士学位（研究方向：西方经济学），2003年获上海财经大学金融学硕士学位，曾先后在复旦大学经济学院、加拿大温莎大学Odette商学院进行学术访问研究。

研究聚焦养老金体系改革、养老金融产品创新、老龄化社会财富管理等方向，主持国家社科基金项目"应对未来个人账户养老金缺口的政策选择研究"，在核心期刊发表相关论文十余篇，研究报告《宝山区养老服务包工作模式研究》荣获全国民政政策理论研究二等奖。参与国家社会科学基金重大项目、教育部哲学社会科学研究重大课题攻关项目，以及国家社会科学基金一般项目多个。

主讲"养老金融""国际金融"等本科生及研究生课程，主编教材《金融模拟交易实验教程》《国际金融》。

周斌，现任太平洋健康保险股份有限公司党委副书记、副总经理，历任中国太平洋保险（集团）股份有限公司人力资源部总经理、信息技术中心党委书记等职。深耕保险行业逾二十载，兼具理论造诣与实践经验，在健康险产品研发、风险管控、健康服务及养老体系建设领域成果显著。

王灵芝，经济学博士，中国保险精算师，高级经济师，现任职于太平人寿保险有限公司。在《保险研究》《中国保险》《上海保险》等期刊发表论文十余篇，主持完成中国博士后科学基金、中国保险学会年度课题、中国保险资产管理业协会年度课题等多项研究项目。

游军政，社会保障硕士、金融工商管理硕士，硕士研究生导师，现任长江养老西北区总经理助理。长期致力于社会保障与养老金融研究，持续追踪养老保障三支柱资金投资运营，精通企业年金与职业年金资产管理实务，曾协助多省（直辖市）启动职业年金基金投资运营并获表彰。曾任职于中国平安获金牌讲师称号，两次荣获上海市优秀毕业生称号，并获国家奖学金、"挑战杯"创业大赛及"华为杯"数学建模大赛等多项全国性奖项。

目录

第1章 认识养老金融 1
学习要求 1
1.1 养老金融的内涵 1
1.2 养老金融的发展背景 2
1.3 中国养老金融的现状洞察与未来挑战 9
本章小结 10
关键术语 10
复习思考题 10
在线自测 11
延伸阅读 11

第2章 养老金融的理论基础 12
学习要求 12
2.1 人口老龄化与经济增长 12
2.2 人口老龄化与经济结构 14
2.3 人口老龄化与利率水平 17
2.4 人口老龄化与资产配置 19
2.5 养老保险基金与资本市场 23
2.6 养老金融的经济学基础 29
2.7 养老金融的人口学基础 31
2.8 风险管理理论在养老金融中的应用 32
2.9 保险精算理论与养老金融实践 34
本章小结 34
关键术语 35
复习思考题 35
在线自测 35
延伸阅读 35

第 3 章　养老保险基金的筹集与给付 37

学习要求 37
3.1　养老保险基金的筹集 37
3.2　养老保险基金的给付 40
3.3　现收现付制与基金积累制的内涵特征 41
3.4　现收现付制和基金积累制的运行管理 42
3.5　待遇确定型计划 48
3.6　缴费确定型计划 50
3.7　DB 计划和 DC 计划的比较 52
3.8　混合计划 53
本章小结 58
关键术语 59
复习思考题 59
在线自测 59
延伸阅读 59

第 4 章　养老保险基金的投资运营 61

学习要求 61
4.1　养老保险基金投资运营的内涵与原则 61
4.2　养老保险基金投资工具及其组合 63
4.3　养老保险基金运营的风险预警 72
本章小结 79
关键术语 79
复习思考题 80
在线自测 80
延伸阅读 80

第 5 章　基本养老保险 82

学习要求 82
5.1　基本养老保险概述 82
5.2　我国基本养老保险的构成与发展历程 86
5.3　我国基本养老保险的主要内容 92
5.4　我国基本养老保险的可持续发展 97
5.5　公共养老金发展的国际比较 102
本章小结 120
关键术语 120
复习思考题 120

在线自测......121
   延伸阅读......121

第 6 章　企业年金和职业年金......124
   学习要求......124
   6.1　职业年金的含义与分类......124
   6.2　职业年金的起源......125
   6.3　职业年金的发展趋势......126
   6.4　美国的职业年金......127
   6.5　我国的企业年金与职业年金......136
   6.6　我国企业年金的发展现状......143
   6.7　我国年金基金的投资范围与比例......145
   本章小结......147
   关键术语......147
   复习思考题......147
   在线自测......147
   延伸阅读......147

第 7 章　个人养老金......150
   学习要求......150
   7.1　多层次养老金体系下的第三支柱......150
   7.2　税优个人养老金计划的主要特征......151
   7.3　税收优惠政策......155
   7.4　默认投资选择......158
   7.5　个人养老金发展的国际比较......165
   7.6　我国个人养老金的发展现状......184
   本章小结......187
   关键术语......187
   复习思考题......187
   在线自测......188
   延伸阅读......188

第 8 章　养老金融产品......191
   学习要求......191
   8.1　养老金融产品分类......191
   8.2　养老储蓄......193
   8.3　养老理财......196

  8.4 养老目标基金 199
  8.5 商业养老保险 211
  8.6 住房逆向抵押贷款 / 保险 220
  8.7 养老金融产品的比较 225
  本章小结 227
  关键术语 227
  复习思考题 227
  在线自测 227
  延伸阅读 227

第 9 章 长寿风险管理 230

  学习要求 230
  9.1 老龄化、长寿与养老保险制度的可持续发展 230
  9.2 死亡率与长寿风险 236
  9.3 长寿风险对公共养老金计划的影响 250
  9.4 长寿风险对私人养老金计划的影响 256
  9.5 长寿风险管理方法 260
  9.6 长寿风险市场发展 264
  本章小结 265
  关键术语 265
  复习思考题 265
  在线自测 265
  延伸阅读 266

第 10 章 养老金融发展前景 268

  学习要求 268
  10.1 市场需求与增长潜力 268
  10.2 政策扶持与制度完善 269
  10.3 产品创新与服务升级 269
  10.4 科技应用与数字化转型 270
  10.5 行业融合与合作机会 271
  本章小结 272
  关键术语 272
  复习思考题 272
  在线自测 272
  延伸阅读 272

主要参考文献 274

第 1 章　认识养老金融

> **学习要求**
> - 理解养老金融的内涵。
> - 了解养老金融发展的社会背景。
> - 了解养老金融发展的紧迫性。

1.1　养老金融的内涵

1.1.1　养老金融含义的演变

养老金融作为一个综合性的概念，其起源可追溯到布莱克（Blake，2006）的观点，他将养老金融定义为关于养老金基金投资的研究。随着时代的进步，并结合中国地域特色，国内学者对养老金融的理解逐渐丰富起来。

在布莱克的基础上，胡继晔指出，我国的养老金融应涵盖信托、期货、住房反向抵押贷款等，并对养老金的筹集、运营和发放进行全面监管。[①] 党俊武结合我国老龄化发展情况，提出了老龄金融的概念，特别强调 60 岁以下人群对未来养老的资产准备，为我国养老金融的发展注入了新的思考维度。[②] 老龄金融作为养老金融的一个重要分支，强调适应老龄化社会要求的新型金融机制，包括支持养老资产的跨期配置等。董克用等学者根据我国老龄化速度快、规模大以及经济基础相对薄弱的国情，提出了更为全面的养老金融概念，认为养老金融涵盖所有围绕社会成员的养老需求以及应对老龄化社会挑战所进行的金融活动，包括养老金金融、养老服务金融和养老产业金融三大部分。[③]

1.1.2　养老金融的内涵

养老金融是以养老为根本目的的金融活动的总和。它隶属于金融领域，其核心是为养老提供储蓄投资等系列金融服务，涉及金融学、人口学、老年学等多个学科。根据服务对象与服务内容差异，养老金融可以分为养老金金融、养老服务金融、养老产业金融

[①] 胡继晔. 养老金融：理论界定及若干实践问题探讨 [J]. 财贸经济，2013（06）：43-52.
[②] 党俊武. 老龄金融是应对人口老龄化的战略制高点 [J]. 老龄科学研究，2013，1（05）：3-10.
[③] 董克用，姚余栋，孙博. 养老金融蓝皮书：中国养老金融发展报告（2020）[M]. 北京：社会科学文献出版社，2020.

三部分。①

养老金金融是服务于制度化养老金储备与增值的重要机制，主要包括养老金制度安排和养老金资产管理。首要的是养老金的制度性安排，它构成了养老金体系的基石。其次是养老金资产管理，这是确保养老金长期稳健增值的关键环节。在养老金制度的实际运作中，常采用现收现付制或完全积累制，这两种制度在特定期间内均会形成一定的养老基金积累。然而，如何确保这些积累的基金能够抵御通货膨胀等经济因素的影响，保持其价值甚至实现增值，就显得尤为重要。市场化投资运营是实现这一目标的关键手段。

养老服务金融则更多地关注满足非制度化的养老需求。它主要提供的是财富管理服务以及金融便捷性支持，以满足社会成员在养老过程中的各类金融需求。具体来说，除了制度化的养老金之外，金融机构还围绕养老相关的投资、理财、消费等衍生需求，开展了一系列的金融服务活动。这些活动不仅涵盖非制度化的养老财富管理服务，还包括养老金融的便捷性支持。在此过程中，保险业以其独特的风险分散和保障功能，占据养老服务金融产品中的重要地位。同时，商业银行也在养老产品的账户管理、投资等方面发挥着不可或缺的作用。

养老产业金融作为养老金融服务体系的另一重要分支，主要为养老相关产业提供投融资支持。这一领域的金融服务旨在推动养老产业的健康发展，从而间接地促进养老服务质量的提升。通过为养老产业提供必要的资金支持，养老产业金融不仅有助于扩大养老服务的供给规模，还能推动养老服务的创新和升级，从而更好地满足社会日益增长的养老需求。

由于养老产业金融在实践中与其他产业的投融资活动并无明显差异，因此，本书将重点关注养老金金融与养老服务金融。

1.2　养老金融的发展背景

养老金融发展的影响因素包括人口、社会、经济、政策和技术等多个方面。这些因素相互作用、共同影响，将推动养老金融的持续发展。其中，人口与社会因素有人口老龄化和养老观念变化，经济因素有居民收入水平和金融市场发展，政策因素包括政府政策支持和金融监管要求，技术因素则是互联网、大数据、人工智能等技术的快速发展和应用，为养老金融提供了更多的服务渠道和创新手段。

1.2.1　养老金融发展的人口因素

1. 生育率的下降

全球范围内，自 20 世纪 50 年代以来，生育率普遍呈现下降的趋势。生产力的提高和医疗水平的提升，女性受教育程度的提高和女性地位的提升，娱乐方式的增加和生

---

① 董克用，姚余栋，孙博. 养老金融蓝皮书：中国养老金融发展报告（2020）[M]. 北京：社会科学文献出版社，2020.

活水平的提高，养育儿女的成本大幅上升，以及社会保障体系的完善等共同发挥作用，使生育意愿持续下降。仅有少数地区的生育率相对稳定，例如，欧盟统计局的数据显示，2021年欧盟每名妇女平均生育1.53个孩子，这一数字在过去10年中保持相对稳定；2021年，美国的生育率有所上升，综合生育率为1.66，结束了自2014年以来的持续下降趋势。但这样的生育率水平仍不足以维持人口规模的稳定。

依据联合国发布的《2022年世界人口展望》，在1950—2021年全球粗出生率和总和生育率持续下降，1950年粗出生率为36.8‰，总和生育率为4.86，2021年分别下降至16.9‰和2.32，预测数据显示，2100年粗出生率和总和生育率将分别下降至10.8‰和1.84。1950—1990年，发达国家的粗出生率下降速度较快，随后的30年间，呈现缓慢下降态势，未来将相对稳定，其总和生育率变动比较平缓，1950年的总和生育率为2.84，2021年为1.52，预测2100年将微升至1.67。欠发达国家的粗出生率和总和生育率都呈现下降态势，1950年粗出生率为43.4‰，总和生育率为5.94，2021年分别下降至18.4‰和2.44，预测数据显示，2100年进一步将下降至11‰和1.85。中国的粗出生率与总和生育率1950—2021年都呈现较快的下降，分别从41‰和5.8下降至7.6‰和1.16，依据联合国的预测数据，未来将相对平缓，到2100年中国的粗出生率与总和生育率分别为6.2‰和1.48，如图1-1所示。

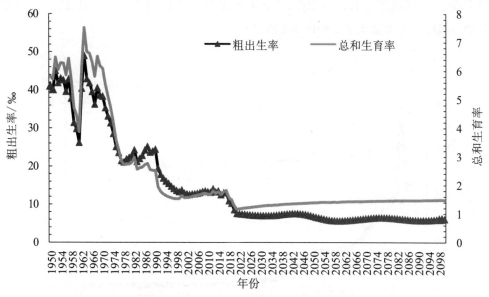

图1-1 中国的粗出生率与总和生育率

注：2022—2100年数据为预测值。
资料来源：《2022年世界人口展望》。

2. 预期寿命的上升

死亡率与预期寿命之间存在密切的关系。预期寿命是指个体在达到一定年龄后，基于当前的死亡率数据所预测的平均剩余生存年数。[①]因此，死亡率是影响预期寿命的关

---
① 胡英. 中国分城镇乡村人口平均预期寿命探析[J]. 人口与发展，2010，16(02)：41-47.

键因素之一。一般来说，死亡率越低，预期寿命就越长，反之亦然。这是因为死亡率反映了在一定时期内，某一特定人群中死亡人数与总人口的比例。当死亡率下降时，意味着相对较少的人会死亡，因此人们的平均寿命会相应延长。另外，不同年龄段的死亡率对预期寿命的影响也是不同的。一般来说，婴儿和儿童的死亡率对预期寿命的影响较大，因为这些年龄段的死亡率相对较高，且对平均寿命的拉动作用较强。而老年人口的死亡率虽然也较高，但由于其已经度过了较长的人生历程，因此对预期寿命的影响相对较小。

从1950—2100年的国际趋势看，婴幼儿和中青年的死亡率呈现先快后慢的下降态势，预期寿命则呈先快后慢的上升态势。依据联合国发布的《2022年世界人口展望》，世界婴儿死亡率从1950年的143.4‰下降至2021年的27.9‰，预计2100年为9.3‰，平均0岁预期寿命从1950年的46.5岁上升至2021年的71岁，预计2100年为82.1岁。发达国家的婴儿死亡率从1950年的60.4‰下降至2021年的4.4‰，预计2100年为0.8‰；发达国家1950年的0岁预期寿命为63.5岁，预期2100年达到90.4岁。欠发达国家的婴儿死亡率从1950年的165.2‰下降至2021年的30.3‰，预计2100年为10.1‰，欠发达国家在1950年的0岁预期寿命仅为41.3岁，随后呈现先快后慢的持续上升的态势，预计2100年为81.1岁。中国的婴儿死亡率从1950年的131.8‰下降至2021年的5.7‰，预计2100年为1.4‰，在1950年的0岁预期寿命仅有43.7岁，除1959—1961年外，呈现快速上升，到2021年0岁预期寿命达到78.2岁，预计2100年将达到90.2岁，接近发达国家水平，如图1-2所示。

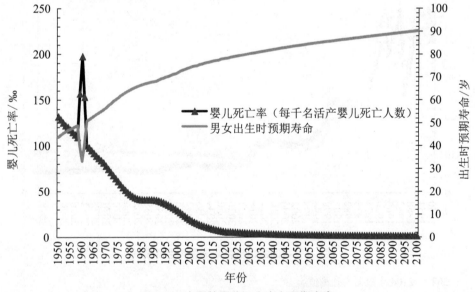

图1-2 中国的婴儿死亡率和预期寿命

注：2022—2100年数据为预测值。
资料来源：《2022年世界人口展望》。

结合中国统计局发布的平均预期寿命数据，中国的平均预期寿命呈现出显著的上升趋势。具体情况是，在新中国成立之初，由于社会经济条件、医疗卫生水平相对落后，人们的平均预期寿命较短。随着国家的发展和社会经济条件的改善，特别是医疗卫生技术的进步和普及，人们的健康状况得到了显著改善，平均预期寿命也逐渐提高。近年来，中国政府高度重视人民健康，不断深化医药卫生体制改革，建立了覆盖城乡的基本医疗卫生制度，为居民提供了更加全面、优质的医疗卫生服务。这些措施有力地促进了人们健康状况的改善和平均预期寿命的提高。在数据方面，1981年，中国的平均预期寿命为67.77岁，到2020年，根据第七次人口普查数据，中国居民人均预期寿命已经达到了77.93岁，如表1-1所示。

表1-1 中国平均预期寿命变动趋势

时间	平均预期寿命（岁）	男性平均预期寿命（岁）	女性平均预期寿命（岁）
1981年	67.77	66.28	69.27
1990年	68.55	66.84	70.47
1996年	70.8	—	—
2000年	71.4	69.63	73.33
2005年	72.95	70.83	75.25
2010年	74.83	72.38	77.37
2015年	76.34	73.64	79.43
2020年	77.93	75.37	80.88

注：平均预期寿命根据人口普查数据计算；—为数据缺失。
数据来源：国家统计局。

生育率的普遍下降导致未来年轻劳动力减少，老年人口比例上升，这加大了对养老金融产品和服务的需求。同时，预期寿命的上升意味着老年人需要更长时间的经济支持和医疗保障，进一步推动了养老金融的发展。因此，随着人口结构的变化，养老金融的需求将不断增长。

1.2.2 养老金融发展的社会因素

1. 养老观念的变化

在财富观念上，随着家庭小型化趋势的发展，与过去依赖子女养老的传统观念不同，现代老年人更倾向于依靠自己的积蓄和养老金来养老。《中国养老金融调查报告（2023年）》显示，国民已经展现出一定的养老储备意识，60%以上的被访者认为应在40岁以前着手养老财富储备。而且与过去两年的调查数据相比，2023年的调查中认为需要在40岁以前就开始进行养老财富储备的比例明显上升。[①] 在经济发达的地区，家庭小型化和独立的财富观念尤为突出，老年人更倾向于通过养老金融产品实现资产的保值增值。

在健康观念上，现代老年人更加注重健康管理，认为预防疾病比治疗疾病更为重要。这种积极主动的健康观念增加了对养老金融产品的需求，以应对可能出现的医疗和健康支出。

---

① 董克用，等. 中国养老金融调查报告（2023年）[EB/OL].（2023-12-01）[2024-07-16]. http://www.caff50.net/uploads/soft/20240102/3-240102103220444.pdf.

在价值观念上，现代老年人不再将自己视为家庭的负担，而是希望成为家庭的支持者。他们不再将退休视为学习的终点，而是积极参与各种继续教育和终身学习活动。这种价值观念使老年人更加注重经济独立，通过参与养老金融市场，为自己的养老生活提供更多的保障。

在亲情观念上，随着经济社会的发展，与子女同住不再是老年人的首选。他们更倾向于保持一定的独立性，享受自己的生活空间。这种亲情观念的变化也推动了老年人对养老金融产品的需求，以实现独立生活与亲情温暖的平衡。

随着养老观念的变化，老年人对健康和财富管理的需求日益增加，渴望通过多样化的养老金融产品来保障自己的晚年生活。这为养老金融市场提供了巨大的发展机会。同时，老年人对独立生活的向往和对亲情的珍视，使养老服务需求呈现多样化特点。因此，养老金融市场需要不断创新和个性化其产品，以满足不同老年人的独特需求。特别是已经或即将步入退休阶段的"60后""70后"人群，他们对养老金融市场的创新需求还将进一步提升。

2. 家庭结构的变迁

结合历次人口普查数据可知，中国家庭户平均人数呈现持续下降趋势。1953年、1964年、1982年家庭户平均人数分别为4.3人、4.4人、4.41人，都在4人以上。1990年，家庭户平均人数为3.96人，跌破4人。此后，中国家庭户平均人数不断下降，2000年为3.44人，2010年为3.10人，2020年下降至2.62人，已降至3人以下。随着家庭结构的变化，传统的家庭养老模式面临挑战。核心家庭、空巢家庭等新型家庭形态的出现，使家庭成员之间的经济支持和照料功能减弱。因此，老年人需要更加多元化的养老金融产品来补充家庭养老的不足，如养老保险、养老目标基金、养老理财等，以满足养老过程中的经济需求。

家庭结构变迁还导致不同家庭之间的养老需求差异加大。个性化养老规划服务的需求显著提升，养老金融产品和服务需要更加关注不同家庭的具体需求和特点。

此外，养老资金的安全性和稳健性至关重要。老年人更倾向于选择风险较低、收益稳定的养老金融产品。因此，注重风险管理和资产配置，确保资金安全稳健地增值是养老金融产品和养老金融服务发展的重要方向。

1.2.3　养老金融发展的经济因素

1. 居民收入水平的提高

随着中国经济的快速发展，居民收入水平呈现出稳步上升的趋势。从国家统计局发布的数据来看，中国居民人均可支配收入逐年增长，且增长速度保持在较高水平。2000年，居民人均可支配收入为3 721元，2023年已达到39 218元，除个别年份外，居民人均可支配收入增长率都在6%以上（见表1-2）。这种增长不仅体现在城市居民身上，农村居民的收入也在持续增长。随着中国经济结构的优化和转型升级，以及政府对民生问题的持续关注，居民收入的增长将得到有力保障。同时，随着科技的发展和创新能力的提升，新兴产业和新型业态将不断涌现，为居民提供更多的就业机会和增收渠道。

表 1-2　中国居民人均可支配收入变化

时间	居民人均可支配收入（元）	居民人均可支配收入比上年增长（%）	时间	居民人均可支配收入（元）	居民人均可支配收入比上年增长（%）
2000 年	3 721	6.4	2012 年	16 510	10.6
2001 年	4 070	8.6	2013 年	18 311	8.1
2002 年	4 532	12.2	2014 年	20 167	8
2003 年	5 007	9.2	2015 年	21 966	7.4
2004 年	5 661	8.8	2016 年	23 821	6.3
2005 年	6 385	10.8	2017 年	25 974	7.3
2006 年	7 229	11.5	2018 年	28 228	6.5
2007 年	8 584	13.3	2019 年	30 733	5.8
2008 年	9 957	9.5	2020 年	32 189	2.1
2009 年	10 977	11	2021 年	35 128	8.1
2010 年	12 520	10.4	2022 年	36 883	2.9
2011 年	14 551	10.3	2023 年	39 218	6.1

资料来源：国家统计局。

2. 金融市场的发展

我国金融市场规模持续扩大，市场结构日趋完善，市场创新不断涌现。

我国金融市场已经形成货币市场、证券市场、保险市场、外汇市场等多层次、多元化的市场体系。市场规模持续扩大，产品种类日益丰富，涵盖股票、债券、基金、期货、期权、保险等多种金融工具。同时，市场参与者也日趋多元化，包括商业银行、保险公司、基金管理公司等众多金融机构以及广大个人投资者。截至 2023 年底，金融业机构总资产为 461.09 万亿元，同比增长 9.9%，其中，银行业机构总资产为 417.29 万亿元，同比增长 10%；证券业机构总资产为 13.84 万亿元，同比增长 5.6%；保险业机构总资产为 29.96 万亿元，同比增长 10.4%。[①] 同期，股票成交金额为 212.211 0 万亿元，期货总成交额为 568.5 万亿元，债券发行总量为 70.826 3 万亿元。[②]

我国金融市场高质量对外开放持续迈进。一方面，我国积极参与国际金融合作与交流；另一方面，中国逐步放宽外资金融机构准入限制，允许外资银行、保险公司等在中国设立分支机构，参与中国金融市场的竞争。随着金融市场快速发展，市场监管和风险防控备受关注。监管部门加强了对金融机构的监督管理，建立了完善的风险防控体系。同时，我国政府还加强了对金融市场的宏观调控，通过货币政策、财政政策等手段维护市场的稳定和发展。

近年来，我国金融创新步伐加快，推出了许多新型金融产品和服务。2018 年之后，个人税收递延型商业养老保险、养老目标基金、养老理财、养老储蓄等产品逐步开始试点。

---

① 引自中国政府网，https://www.gov.cn/lianbo/bumen/202403/content_6940515.htm。
② 引自中国人民银行，http://www.pbc.gov.cn/diaochatongjisi/116219/4780803/4780808/index.htm。

1.2.4　政府政策支持

第一，政府发展养老金融的顶层设计。我国政府规划设计了包括政策引导与支持、多元化养老金融产品与服务、加强养老金融基础设施建设在内的全面、系统的政策框架。这一框架旨在促进养老金融市场的健康发展，满足老年人多样化的养老需求，为应对人口老龄化挑战提供有力支持。2020年党的十九届五中全会将积极应对人口老龄化上升为国家战略，强调养老事业和养老产业协同发展的重要性。[①] 公共养老金计划、私人养老金计划、创新养老金融产品，以及投资咨询、理财规划等养老金融服务实现长足发展。近年来，陆续出台相关优惠政策，如税收减免、财政补贴等，鼓励金融机构参与养老金融市场；加强养老金融基础设施建设，建立养老金融信息平台，不断完善养老金融法律法规体系，为市场发展提供法制保障。

第二，监管要求的不断完善，为促进养老金融市场的健康发展，保护老年人的合法权益提供了保障。比如，2023年11月，国家金融监督管理总局发布的《养老保险公司监督管理暂行办法》强调养老保险公司应当走专业化发展道路，积极参与多层次、多支柱养老保险体系建设，聚焦养老主业，创新养老金融产品和服务，以满足人民群众多样化养老需求；在机构管理的维度上，针对养老保险公司的设立条件、业务范围的界定以及资本的分级管理机制等核心要素，做出明确规定；在公司治理的层面，强调建立独立董事制度的必要性，并着重加强对关联交易和投资集中度等方面的监管力度；就经营规则而言，明确要求养老保险公司必须公平对待不同类型的业务，强化风险隔离机制，同时针对保险业务与养老基金管理业务，分别制定详尽的规定以确保其规范运作；在风险管理的范畴内，对风险控制、风险处置以及内外部审计等关键环节提出了具体而严格的要求。[②]

1.2.5　养老金融发展的技术因素

随着金融科技的发展，其在银行、基金、保险等机构的养老金融领域中的应用日益广泛。这些技术不仅提升了金融机构的服务效率和风险管理能力，还为客户提供了更加便捷、个性化的养老金融服务。

1. 人工智能投研助力资产管理

在养老金资产管理和养老理财产品设计方面，人工智能投研系统的应用显著提升了相关机构的能力。借助大数据、机器学习以及爬虫技术，此类系统能够全方位地获取来自不同渠道的信息资源，并迅速生成蕴含投资价值的见解与分析报告。此外，通过运用机器算法所构建的量化金融模型，能够精确且及时地识别潜在风险与超额收益机会，进而有效提升养老资产的投资管理能力。

---

① 中国共产党第十九届中央委员会第五次全体会议公报，https://www.gov.cn/xinwen/2020-10/29/content_5555877.htm.
② 国家金融监督管理总局关于印发养老保险公司监督管理暂行办法的通知［金规〔2023〕13号］，https://www.gov.cn/zhengce/zhengceku/202312/content_6920564.htm.

2. 大数据挖掘精准匹配客户需求

大数据技术的应用使金融机构能够精准地了解老年客户的需求。通过搜集和分析大数据，金融机构可以实现用户画像，并据此设计符合老年用户使用习惯和业务需求的产品和服务。这不仅提升了老年用户的使用体验，还激发了他们的金融需求。同时，大数据技术还能够助力金融机构全面深入分析客户的财富管理需求，进而提供高效且精确的全生命周期养老理财规划服务。

3. 提升数据安全保障与金融服务效率

金融科技的应用不仅推动金融服务的创新，还有助于实现更加人性化与便捷的金融服务体验。比如，通过借助智能穿戴设备进行身份验证与业务确认，既能减轻老年人对电子设备可能存在的陌生感和抵触情绪，还能缓解其因身体机能退化而可能遭遇的验证困难问题，使金融服务更加贴近老年人的实际需求。同时，区块链技术的引入，既能保障用户身份和资产数据的真实性，又能显著提升账户信息与支付过程的安全性，为用户的资金安全提供了有力保障。这有助于维护老年人的合法权益。此外，区块链技术的信息跟踪与追溯能力，可为数据的溯源和保护提供重要的技术支持，增强金融服务的可靠性和安全性。

4. 提升信用评估和风控能力

金融科技在信贷风险管理领域的应用已颇为成熟。借助大数据征信、知识图谱等方法，金融机构能够精准地掌握用户的信用状况和老年客户的信贷需求。同时，利用大数据智能风控系统，金融机构能够对信用风险实施动态监控，及时了解和评估用户信用情况的变化，从而有效降低信用风险及潜在损失。此外，信贷业务的数字化进程也为中小微养老企业的信贷发展开辟了新的路径。金融机构可以通过构建线上场景模式，全面采集各方数据信息，向中小微养老企业高效放贷。

综上所述，金融科技在养老金融中的应用具有广阔的前景和巨大的潜力。这些技术创新不仅提升了金融机构的服务效率和风险管理能力，还为客户提供了更加便捷、个性化的养老金融服务。

1.3　中国养老金融的现状洞察与未来挑战

中国养老问题因其特殊性和复杂性备受关注。随着人口老龄化速度的加快，中国正面临未富先老、未备先老的严峻挑战。在这一背景下，发展养老金融显得尤为重要，它不仅有助于推动养老事业的高质量发展、满足老年人多样化的养老需求，还能促进金融市场的完善和国家经济结构的转型。

近年来，随着养老金制度的逐步建立和完善，越来越多的人开始享受到养老金福利。养老金融正在有效地推动我国形成兼顾效率和公平的养老金制度。特别是在养老金融领域，中国已经构建起了"三支柱"的养老金体系，且养老金资产规模稳步增长。截至2023年9月，第一支柱的企业职工基本养老保险和城乡居民基本养老保险累计结余已达

7.5万亿元，覆盖了10.6亿人。① 第二支柱自2004年实施以来，全国企业年金基金积累规模截至2023年9月已达3.11万亿元。在2022年之前，已经陆续开展了个人税收递延型商业养老保险、养老目标基金、养老理财等养老金融产品的试点。2022年11月，全国36个地区启动了作为第三支柱的税收优惠型个人养老金的账户制试点，该举措迅速吸引了大量参与者。

在养老服务金融方面，金融机构提供了一系列财富管理服务和便捷性支持，以满足非制度化的养老需求。例如，养老储蓄和养老理财业务取得了显著进展，为老年人提供了更多的财富管理选择。

同时，养老产业金融方面亦呈现出强劲的增长势头。金融机构为养老相关产业提供了投融资支持，推动了产业的迅速发展。据统计，截至2022年底，全国已有60个金融支持的养老社区项目投入运营。根据预测，到2027年，养老产业的市场规模预计将突破20万亿元。

2023年中央金融工作会议已明确提出做好养老金融工作的要求，将其与科技金融、绿色金融、普惠金融、数字金融并列为重点发展领域，这进一步凸显了养老金融在应对人口老龄化工作中的重要地位。②

然而，尽管养老金融发展现状呈现出积极态势，但仍面临诸多挑战。第一，老龄化趋势的加剧使养老负担日益沉重，对养老金融工作提出了更高的要求。第二，在兼顾养老金融的双重属性方面，仍缺乏足够的实践经验和专业人才。为确保金融活动的盈利属性与社会保障属性的协调统一，需要积累更多的实践经验并加大人才培养力度。

本章小结

通过本章学习，学生能够理解养老金融的含义，了解养老金融发展的社会背景，并能分析养老金融的发展现状。本章旨在帮助学生全面认识养老金融发展的紧迫性，并剖析养老金融发展中存在的挑战和问题。

关键术语

养老金融、养老金金融、养老服务金融、养老产业金融、老龄金融、老龄化、生育率、预期寿命、家庭小型化、金融科技

复习思考题

1. 试述人口老龄化对养老金融发展的影响。
2. 谈谈你对金融科技在养老金融中应用的理解。

---

① https://www.gov.cn/lianbo/bumen/202312/content_6920299.htm.
② "中央金融工作会议在北京举行"[EB/OL].（2023-10-31）[2024-07-01]. http://politics.people.com.cn/n1/2023/1031/c1024-40107348.html.

在线自测

延伸阅读

养老金融助力"养老"变"享老"

2023年10月的中央金融工作会议明确要求做好养老金融工作。2024年"两会"上的政府工作报告也强调大力发展养老金融,并将养老金融与科技金融、绿色金融、普惠金融和数字金融一同列为重点发展领域。

全国政协委员王俊寿指出,养老产业是未来金融领域发展的"蓝海"空间,推出更多适合老年人的产品和服务变得势在必行。全国人大代表葛海蛟认为,需要创新和打造养老金融的新产品、新业态、新模式,全面服务多层次、多支柱的养老保险体系建设,以全方位、立体式的金融供给满足不断增长的"金融+"养老需求。全国政协委员金李强调,养老服务金融服务于老年人的养老财富积累和养老财富消费;政府部门与金融机构需通力合作,提升养老服务金融市场的活力。全国政协委员杨宗儒建议研究并建立个人养老金投资顾问制度。全国人大代表周燕芳则提议统一养老金融知识宣教内容和标准,推动养老金融的健康发展。

面对老龄化的挑战,养老金融将推动传统的"养老"模式向更为优越的"享老"模式转型升级。

引自中国经济网。

第 2 章　养老金融的理论基础

> **学习要求**
> - 掌握人口老龄化与经济发展的关系。
> - 理解人口老龄化对投融资和资本市场的影响。
> - 理解养老金融的经济学与人口学基础。
> - 了解风险管理理论和保险精算理论。

人口老龄化已成为一种不可逆转的趋势,其程度将随时间流逝而日益加深。这一趋势对经济金融领域的影响重大且深远,随着老龄化程度的逐步加剧,其影响力也将不断增强。老龄化不仅影响经济金融的总量,更在结构层面和相关价格指标(如利率)上产生显著影响。具体来说,人口老龄化通过降低劳动参与率和人力资本积累,对潜在经济增速产生拖累。同时,它也在重塑人口的城乡结构、三次产业结构以及相应的就业结构。此外,老龄化还会导致利率水平的整体下行。随着养老金规模的逐步扩大,投资者的风险厌恶水平可能会相应提升,进而对个人和金融机构的资产配置策略产生深远影响。本章将深入剖析人口老龄化对经济金融发展的多维度影响。

2.1　人口老龄化与经济增长

随着人口老龄化现象的加剧,潜在经济增长速度正逐步放缓。根据国际货币基金组织(IMF)的世界经济展望报告,从中长期来看,人口老龄化预计将导致发达经济体和新兴经济体的潜在经济增长率持续保持在较低水平。在经济增长的复杂因素中,人口因素扮演着举足轻重的角色。根据宏观经济增长理论,经济增长主要依赖于劳动、资本、自然资源和技术这四大核心要素。而在这四者中,人的主观能动性使劳动要素尤为突出,它不仅直接贡献于经济增长,更对其他三要素在经济增长中的作用产生深远影响。

人口对经济增长的影响不仅与人口总量有关,更与人口结构密切相关,年龄结构是其中一个至关重要的方面。人口年龄结构演化包括三个阶段:高少儿抚养比、高劳动力人口比及高老年人抚养比。这种结构变化会引发一系列经济变量的变动,进而对经济增长产生影响。已有研究表明,人口年龄结构转变与全要素生产率增长之间存在"倒 U 形"关系,其中,40~49 岁的劳动力人口对全要素生产率的影响最大。这也解释了为何在劳动力人口占比较高的情况下,经济更容易实现快速增长,即所谓的人口红利。然而,人口老龄化带来的高老年人抚养比对经济增长的影响则偏向负面。这主要是因为老龄化会降低劳动参与率和人力资本积累,从而对潜在经济增长率构成压力。

2.1.1 人口老龄化降低劳动参与率

人口老龄化对宏观经济增长的负面影响不容忽视。其最直接的后果是减缓了劳动年龄人口的增长并降低了劳动参与率，进而拖累了宏观经济的增速。从人口年龄结构的角度来看，年轻型的人口结构最有利于经济发展，因为它确保了较高的劳动力占比和较低的人口抚养比，从而有效提升了劳动参与率并释放了人口红利。然而，人口老龄化意味着老年人口相对增多，这部分人群通常被视为被抚养人口，他们较少参与经济活动，对经济增长的贡献相对有限，因此会制约潜在的经济增长速度。以1965年至1990年东亚地区的经济增长为例，其中有三分之一可以通过劳动年龄人口增长快于被抚养人口增长来解释。同样地，在我国开始改革开放至2010年期间，经济之所以能够长期保持高速增长，虽然并非完全依赖于人口红利，但不可否认的是，有利的人口年龄结构变化为经济增长提供了重要支撑。而此后，随着人口红利的逐渐消退，经济增长速度也开始逐步放缓。

从经济发展的视角来看，人口老龄化社会往往与较高的经济发展水平相伴而生。然而，这种社会形态本身就面临维持高速增长的较大挑战。人口增长经历了多个阶段，包括高出生、高死亡、低增长，高出生、低死亡、高增长，以及低出生、低死亡、低增长等。在这些转变中，经济发展水平起到了关键的作用。随着经济发展水平的提升，出生人口的死亡率逐渐降低，进而减少了预防性生育行为，使人口出生率相应下降。同时，经济发展也带动了医疗条件的改善和人口健康水平的提升，从而延长了人口的预期寿命并增加了老年人口数量，导致老年人在总人口中的比例不断攀升。经济发展水平较高的社会往往难以维持较高的经济增长速度。人口老龄化对就业市场的影响在发达经济体中尤为显著，使就业的年均增长率下降约0.2个百分点。世界银行的相关数据为这一观点提供了有力支持（见表2-1）。随着经济发展水平的提升，65岁及以上人口在总人口中的占比逐渐增加，而GDP增长率和人均GDP增长率则呈现下降的趋势。对于低收入国家而言，其人均GDP增长率较低与过快的人口增长存在一定的关联。

表2-1　2021年不同收入水平国家人口老龄化、利率和经济增长

国家或地区类型	65岁及以上人口占比（%）	存贷款利差（%）	人口增长率（%）	GDP增长率（%）	人均GDP增长率（%）	人均GDP（美元）
高收入国家	18.26	5.99	0.43	1.68	1.24	44 583.56
中高等收入国家	10.03	4.88	0.64	3.84	3.18	9 040.05
中等收入国家	7.81	5.97	1.04	3.95	2.88	5 575.44
中低收入国家	7.34	6.23	1.20	3.95	2.72	5 080.37
中低等收入国家	5.64	6.93	1.43	4.37	2.90	2 176.56
低收入国家	3.28	8.11	2.63	3.88	1.22	779.82

资料来源：世界银行。

2.1.2 人口老龄化降低人力资本积累

人口老龄化对人力资本积累构成挑战，即它不利于通过提升人口质量来促进经济增

长。西奥多·舒尔茨（Theodore W. Schultz）的人力资本理论涵盖人的知识、能力和健康水平等多个维度，并在经济学领域引起了广泛关注。从内生经济增长理论的角度来看，人力资本被视为推动经济增长的核心动力。在经济增长的过程中，一部分增长源于要素投入的增加，而另一部分则源于人力资本的提升。教育是积累人力资本的重要途径之一。然而，受年龄和生理特点等因素的影响，老年人的学习速度相对较慢，这使他们在知识、能力等方面提升人力资本积累的难度增加，进而对创新研发能力的提升构成障碍，对潜在经济增长率产生不利影响。特别是在经济发展水平较高的阶段，经济增长更加依赖于研发创新，人力资本积累的重要性愈发凸显。从这个角度来看，老年型社会对经济增长的负面影响可能会大于年轻型社会。这主要是因为年轻型社会拥有更多的青年人口，他们更有可能在知识、能力等方面提升人力资本总量，从而为经济增长注入新的活力。

老年人所拥有的人力资本与经济发展的需求之间可能存在不匹配，进而对经济增长产生影响。尽管老年人在其职业生涯中积累了大量的经验和技能，对经济增长做出了积极贡献，但不可忽视的是，经济发展的过程伴随着经济结构的变化，产业结构、区域结构以及城乡结构等都会随着经济进步而不断演进。为了实现更深层次的经济发展，必须有与之相适应的经济结构变化作为支撑。随着经济的不断发展和变化，经济增长对知识和技能的需求也会不断升级和更新。这不仅要求人们具备更高的知识和技能水平，还要求这些知识和技能能够适应新的经济环境和发展需求。然而，老年人所拥有的知识和技能往往更适用于过去的经济增长模式。在面对经济进一步发展的需求时，这些知识和技能的匹配程度可能会降低，从而不利于经济结构的优化和调整。这种不匹配可能会对潜在经济增长率产生一定的负面影响，阻碍经济的持续健康发展。因此，在应对人口老龄化的挑战时，需要重视老年人力资本的更新和提升，使其更好地适应经济发展的需求。

2.2　人口老龄化与经济结构

根据结构主义经济发展理论，经济结构在经济增长中扮演着举足轻重的角色。人口老龄化之所以对经济增长产生深远影响，根本原因在于它对经济结构产生了显著的影响。在经济结构中，人口的城乡分布、三次产业的构成以及就业结构等都是至关重要的指标，这些指标都呈现明确的发展趋势。人口老龄化与经济发展趋势之间存在着紧密的联系，它们之间总体上呈现一种相互促进的关系。换言之，人口老龄化能够推动经济结构朝着既定的方向发展。随着老年人口比例的上升，社会对医疗、养老等服务的需求也会相应增加，这将促进相关产业的发展，并引导就业结构发生变化。同时，老年人的消费习惯和需求特点也会对产业结构产生影响，推动经济结构的调整和优化。因此，在应对人口老龄化的挑战时，需要充分考虑其对经济结构的影响，并制定相应的政策措施来引导经济结构朝着更加合理、可持续的方向发展。这将有助于实现经济增长与人口老龄化的良性互动，推动经济社会的持续健康发展。

2.2.1 经济结构及其变化趋势

1. 人口的三次产业就业结构变化及趋势

英国经济学家威廉·配第（William Petty）和科林·克拉克（Colin G. Clark）的研究揭示了一个重要的经济规律：随着人均收入的增加，劳动力首先会从第一产业（农业）转向第二产业（工业）；当人均收入水平继续上升时，劳动力会进一步流向第三产业（服务业）。这一现象被称为"配第—克拉克定律"。美国经济学家西蒙·库兹涅茨（Simon Smith Kuznets）则通过对统计数据的深入分析，进一步证实了这一规律。伴随着人均 GDP 增长，三次产业的产值和就业人口分布会呈现有规律的变化，也即，经济持续发展会导致第一产业的产值和就业人口比重持续下降；第二产业的产值比重总体呈上升趋势，但其就业人口比重相对稳定或略有增加；第三产业虽产值比重基本保持稳定或略有上升，但其就业人口比重却显著上升。也就是，随着经济的进步，就业人口在三次产业间的分布呈现一种"软化"的趋势，即越来越多的人口从农业和工业转向服务业。这一转变不仅反映了经济结构的优化升级，也体现了人们对更高生活质量的追求和社会发展的必然趋势。

1978 年之后，我国三次产业间的就业结构变化，与威廉·配第、科林·克拉克以及西蒙·库兹涅茨等经济学家的理论研究高度契合。起初，我国三次产业就业人数呈现"一二三"的排序特征，即第一产业从业人数最多，其次是第二产业，最后是第三产业。然而，随着经济的发展和产业结构的调整，这一格局逐渐发生了变化。与此同时，我国三次产业的产值结构也发生了显著的变化。第一产业增加值占 GDP 的比例总体上呈现下降的趋势，而第二产业增加值占 GDP 的比例尽管有所波动，但总体上也呈现下降的趋势。相反，第三产业增加值占 GDP 的比例则持续上升，逐渐成为我国经济增长的主要动力。在产值结构方面，改革开放初期我国呈现为"二一三"的类型，即第二产业产值最高，其次是第一产业，最后是第三产业。然而，到了 1990 年，这一格局演变为"二三一"类型，第二产业依然占据主导地位，但第三产业已经开始迎头赶上。到 2013 年，我国三次产业的产值结构稳定为"三二一"类型，即第三产业产值最高，其次是第二产业，第一产业产值相对较低。自此以后，第三产业增加值占 GDP 的比例一直保持在三次产业中的领先地位。

2. 城乡人口结构的变化趋势

结合发展经济学和城镇化发展的普遍规律，经济的持续增长往往伴随着人口从农村向城镇的有序流动。这一现象反映了经济发展对城乡人口分布结构的深刻影响。在我国改革开放的初期，农村人口占据总人口的绝大多数，占比为 82.08%，而城镇人口仅占 17.92%。然而，随着改革开放的深入推进和经济的蓬勃发展，我国的人口城乡结构发生了显著变化。具体来说，农村人口在总人口中的比例呈现稳步下降的趋势，而城镇人口的比例则持续稳步增长。这一变化过程清晰地体现在城镇化率的显著提升上。从 1978 年的 17.92% 起步，我国的城镇化率实现了大幅跃升，截至 2023 年底，这一数字已经达到 66.16%。

2.2.2 人口老龄化与三次产业就业结构之间的关系

三次产业的就业结构与人口年龄结构之间有紧密的相互促进关系。一方面，随着三次产业结构的不断优化升级,经济发展水平将得到进一步提升,这为改善人口健康水平提供了有力保障。随着医疗条件的改善和社会保障体系的完善,人口预期寿命将得以延长,从而加速了人口老龄化的进程。另一方面,人口老龄化所带来的人口年龄结构变化对三次产业就业结构产生了深远影响。从供给角度来看,老年人口的增加为第三产业提供了庞大的劳动力市场,特别是在医疗、养老、休闲等服务领域,老年人口的就业参与率逐年提高。从需求角度来看,老年人口对服务的需求日益旺盛,推动了第三产业相关行业的快速发展,如养老服务、医疗保健、旅游等。这些变化不仅促进了第三产业的繁荣,也推动了产业结构的整体优化和升级。因此,这一关系是推动经济社会发展的重要动力之一。在未来的发展中,可以通过优化产业结构、完善社会保障体系等措施,积极应对人口老龄化带来的挑战,实现经济社会的可持续发展。

从需求层面来看,人口老龄化深刻地改变了消费需求结构,进而对生产消费品的产业结构产生了显著影响。从需求视角分析,老龄化改变消费需求结构,进而影响产业结构。随着老年人口比例的增加,对老年服务业的需求日益凸显,包括个人服务、家庭服务以及社区服务等各个方面。这些服务构成了老龄化社会中的刚性需求,因此,第三产业的发展变得尤为重要。老年人的生理和心理特性决定了他们对服务的需求更为迫切,而第一产业和第二产业的产品在适应老年人需求时,往往只需要进行细微的调整,而无需大规模的研发。此外,老龄化还将推动高端服务消费增长,扩大增值税、消费税等的税基,为政府带来更多税收。从供给视角看,老龄化既能改变劳动力数量,又能影响其质量,进而引发就业行业变化,第三产业就业人口比例和数量明显增长。这是因为,与工业相比,第三产业中的服务业更加注重经验与技能提升。随着从业人员年龄增长,他们在工作岗位上的认知和工作经验不断积累,使工作效率得以保持,甚至提升,最终促进了服务业高质量发展。在发达国家,老龄化与服务业崛起紧密相连,服务业地位逐渐上升。然而,也需要清醒地认识到,虽然人口老龄化有利于提升第三产业的就业比重,但它也对第三产业的高级化进程构成了一定的挑战。这主要是由于老年人的知识结构相对固定,限制了劳动力向技术、知识密集型行业的转移。同时,随着人口老龄化带来的消费习惯固化,新兴产业的市场拓展面临困难。此外,老龄化还可能导致投资资金供给的减少,进一步阻碍了产业结构向高级化的迈进。因此,在应对人口老龄化的过程中,需要采取更加全面和细致的策略,以确保经济社会的持续健康发展。

2.2.3 人口老龄化与人口城乡结构的关系

人口城乡结构与人口年龄结构之间存在着紧密的相互促进关系,这种关系在我国的人口城镇化与人口年龄结构变化中表现得尤为明显。城乡人口的分布直接影响老龄化的水平和地域差异。具体来说,城乡间的人口迁移现象会减轻城镇地区的实际老龄化程度,但同时却加剧了乡村地区的老龄化问题。这主要是因为年轻人往往更有意愿和动力迁移到城市,导致迁入城市的比例相对较高。从老龄化水平的角度来看,人口城镇化进程实际上在加快老龄化的速度。一方面,随着城镇化水平和质量的不断提升,第三产业得到了更广阔的发展空间，提供了更多的就业机会，妇女的劳动参与率提高，生育孩子的机会成本和子女教育成本也随之增加。这些因素综合影响了城镇人口的生育意愿，导致生育率下降，进而加剧了人口老龄化现象。另一方面，高度发达的城镇化通常伴随着较高的经济发展水平，这不仅提高了人口的预期寿命，也带动了保障体系和服务设施的完善。与此同时，养儿防老观念逐步弱化，城镇人口更倾向于降低生育水平，这进一步加剧了人口老龄化的程度。

人口老龄化对人口城乡结构的影响表现在多个层面。从提升城镇化质量的角度来看，人口老龄化通过塑造产业结构来推动城镇化进程。老年人口的增长带动了特定服务需求，进而促进了产业结构的转变，这种变化通常以非均衡增长的方式呈现，影响人口迁移和区域城镇化格局。另外，老龄社会需要更加完善的养老、医疗等保障设施，以提升城镇的整体服务水平和居住质量。然而，在基础设施投入总量有限的情况下，增加养老、医疗设施可能会挤压其他类型基础设施的投资空间，从而对城镇化质量的全面提升构成挑战。从影响城镇化速度的角度来看，老龄化加深将使农村地区可迁移人口数量下降，进而制约人口城镇化水平的提高。在城镇化进程中，年轻人是迁移的主体，而老年人往往更倾向于留在农村，不愿迁移到城镇。因此，随着老年人口比例的上升，整体迁移意愿可能会逐渐降低，进而影响城镇化的速度和规模。

综上所述，人口老龄化对人口城乡结构的影响具有复杂性和多面性，既为城镇化质量的提升提供了机遇，又给城镇化速度的加快带来了一定的挑战。

2.3 人口老龄化与利率水平

人口老龄化是一个不可逆转的趋势，其水平将不断提高，这一点已经得到了广泛的共识。相比之下，利率的变化趋势则显得更为复杂和不确定。如果人口老龄化与利率走势呈现负相关关系，可以推断，随着人口老龄化程度的加深，利率将会呈现下降趋势。无论是截面数据还是时间序列数据，世界银行的数据都表明，人口老龄化与利率之间存在负相关关系。具体来说，截面数据的分析显示，这种负相关关系具有普遍性，不受国家或地区地理环境或政治制度的影响；而时间序列数据的分析则进一步证实，随着人口老龄化程度的提高，利率的下降趋势同样具有普遍性，并且不受经济发展水平高低的影响。因此，人口老龄化对利率的影响是一种长期的趋势，它将使利率长期维持在较低水平。

人口老龄化与利率走势关系的数据分析。人口老龄化指标以65岁及以上人口占比来代表，利率用存贷款利差、存款利率、贷款利率三个指标来代表，并且利率是名义利率。上述数据均来自世界银行公布的统计数据。在对部分国家时间序列数据分析时的选择范围是2022年以现价美元衡量的GDP总量，以及人口老龄化水平在全球排名前20名的国家，同时符合上述两个标准的国家有日本、德国、法国、意大利、西班牙。同时，加入全球和我国的数据进行分析。虽然美国2022年65岁及以上人口占其总人口的比例为17.1%，全球排名未进入前20名，但其经济总量全球第一，此处也加入美国的数据进行分析。

如图 2-1、图 2-2、图 2-3 所示，65 岁及以上人口占比与存贷款利差、存款利率、贷款利率均为负相关关系。伴随着人口老龄化水平的提高，三个利率统计数据的变化趋势是：存贷款利差的波动幅度在缩小，并且存贷款利差趋于下降；存款利率波动较为稳定甚至呈现波动略微变大的特点，但其总体上仍是趋于下降；贷款利率的波动趋势与存贷款利差相似，波动幅度在缩小，并且贷款利率趋于下降。伴随老龄化程度加深，存款利率、贷款利率和两者间的利差均呈下降的趋势。虽然，存贷款利差、存款利率、贷款利率三个指标 2022 年的数据有缺失，但每个指标的数据量仍超过了 90 个，样本选择完全遵循随机原则，而且样本量足够大甚至超过整体个数的 40%，其分析结果对整体具有一定的代表性。尽管不同国家或经济体处在不同的地理位置，具有不同的资源禀赋条件，政治制度也存在差异，但其利率水平总体呈随人口老龄化水平提高而降低的态势。这意味着，随着人口老龄化水平的提高，利率下降具有普遍性。

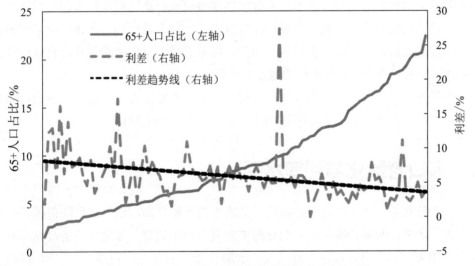

图 2-1　2022 年 65+ 人口占比与存贷款利差走势对比

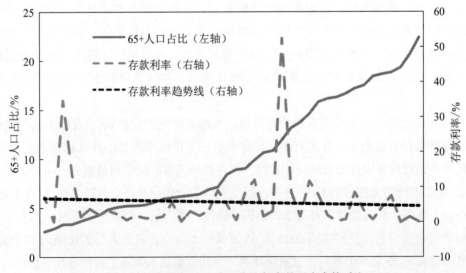

图 2-2　2022 年 65+ 人口占比与存款利率走势对比

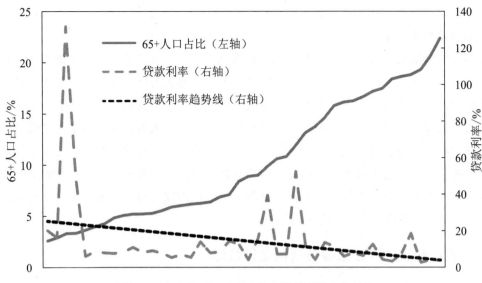

图 2-3　2022 年 65+ 人口占比与贷款利率走势对比

1960—2022 年，随着 65+ 人口占比的持续提升，日本的存贷款利差、存款利率、贷款利率均呈下降的趋势（见图 2-4）。

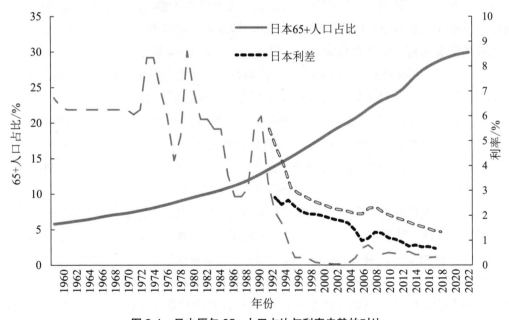

图 2-4　日本历年 65+ 人口占比与利率走势的对比

注：考虑到数据缺失，时间序列数据分析的时间序列数据分析仅展示日本的具体情况。

2.4　人口老龄化与资产配置

人口年龄结构对金融资产配置产生深远影响，是一个不容忽视的关键因素。从资产选择的角度看，人们在不同年龄阶段对资产的需求会有所变化。随着年龄的增长，个体会调整其资产配置策略，增加或减少某些特定资产的持有量，这使资产配置呈现出明显的生命周期特征。随着人口老龄化的推进，对低风险金融资产的配置需求会逐渐增加，而对高风险金融资产的配置则会相对减少。这主要是因为老年人在人口中的占比不断提高，他们对老年生活质量的追求也随之增强。因此，通过合理配置资产来实现养老资金的保值增值变得尤为重要。资产配置在养老资金的管理中扮演着至关重要的角色。受预期收入增长放缓以及劳动参与率下降等因素的影响，老年人对风险的厌恶程度进一步加剧。这种风险厌恶特点在人口老龄化背景下更加凸显，进而直接影响整个社会对特定大类资产的总需求。这不仅决定了投资策略的选择，还会对各类机构的资产配置策略产生深远影响。综合来看，老龄化可对资金来源、金融机构发展与资产配置等产生影响，从而对金融资产配置产生全面而深远的影响。

2.4.1　资产配置的资金来源与结构变化趋势

随着老龄化的持续加深，资金来源会发生明显变化，逐渐转向以中长期可投资资金为主导，同时，其占比也将呈现出上升趋势。这一现象主要源于两方面的原因。

第一，从个人层面来看，为了确保养老生活的稳定与安全，居民倾向增加储蓄，尤其是长期存款，因其相较于活期和短期存款能带来更高收益，满足资金保值增值需求。同时，中高收入群体还会增持养老金融产品，这既为养老金融机构提供更多资金，还可扩大长期资金规模，促进市场发展。以日本为例，与1994年相比，2019年日本居民金融资产占总资产的比重提升了18%，其中保险及养老金在金融资产构成中的占比增加了5.1%。在同一时期，日本居民的现金存款规模也呈现稳健增长的趋势，其占比由1994年的22%提升至2019年的33%。①《中国养老金融调查报告2023》揭示受访者的投资偏好，银行存款以高达71.20%的比例稳居首位，紧随其后的是商业养老保险，占比达到32.65%，银行理财以25.23%的比例位列第三，房产、基金分别以17.09%、14.90%的占比位列其后，而企业/职业年金以14.57%的比例排在最后。

第二，从机构角度来看，我国养老保障体系的不断完善也为长期资金规模的扩大提供了有力支撑。随着第一、二、三支柱的发展，养老基金积累规模和投资数量都不断增加。统计数据显示，截至2023年底，全国基本养老保险的参保人数已达到10.66亿人，约为总人口的75.65%。同时，基本养老保险基金累计结余达到了7.82万亿元。②此外，参加企业年金的人员约0.31亿人，企业年金累计结存为3.18万亿元。③以上数据表明，我国在养老金三支柱建设方面仍具有巨大的提升空间。全国社会保障基金作为人口老龄化高峰时期养老保险等社会保障支出的重要补充和调剂手段，其规模也将随着人口老龄化的加剧而不断扩大。该基金主要进行长期投资，是资本市场的重要资金来源。

---

① 引自华创证券研究所《日本财富管理：财富变迁与行业格局》。
② 引自2023年度人力资源和社会保障事业发展统计公报。
③ 引自2023年度全国企业年金基金业务数据摘要。

据 2023 年底的数据，全国社保基金总规模已达到 3.01 万亿元，其中境内投资占比高达 88.52%。① 综上所述，随着老龄化的不断发展以及养老保障体系的逐步完善，中长期资金规模在可投资金来源中的占比将逐渐提高，这将为资本市场带来更多的长期稳定资金来源，同时也对资产管理机构提出了更高的长期投资管理能力要求。

2.4.2 资产配置的机构变化趋势

随着老龄化的加深，基金公司与保险公司的可投资资金规模将呈现持续增长态势，其占比亦将相应增加。此时，信托公司可凭借多元性与灵活性的投资方式，从中受益。从宏观经济学的视角审视，在金融机构资产配置中，居民部门扮演着资金提供方的角色。金融机构的资产配置在很大程度来自居民部门。于是，居民部门的资金配置结构转变直接影响金融机构的可用资金规模。而老龄化趋势也将持续推升对长期养老资金的需求。在年轻时，越来越多的人开始为养老进行储蓄和投资规划，这将带动对养老金融产品的旺盛需求，进而促进养老金融市场的蓬勃发展。《中国养老金融调查报告（2023 年）》显示，超过一半（66.12%）的受访者认为应该在 40 岁之前就开始着手进行养老财富储备。其中，更有 23.60% 的受访者主张在 30 岁之前就应该开始为养老做好充分准备。这些数据充分表明，随着社会对养老问题的日益重视，养老金融市场将迎来更加广阔的发展前景。

随着人口老龄化的逐步推进，基金业也迎来了新机会。美国劳工部调研数据显示，基金可有效地抵御通货膨胀和长寿风险，这使基金成为养老储备的重要选择之一。同时，养老金的主要来源——基本养老保险，也为基金投资提供了稳定的资金来源。在这一背景下，不仅老年人开始将基金作为养老保障的重要手段，年轻人也逐渐加入基金投资的行列。这种趋势将进一步推动基金业的发展壮大。特别是对于个人投资者而言，基金已成为他们养老金投资的首选工具，尤其是那些以养老或生命周期为主题的基金，更是受到了广泛青睐。根据中国证券投资基金业协会所发布的《全国公募基金投资者状况调查报告》数据，截至 2020 年底，全国公募基金场外与场内投资者数量均呈现整体上升趋势。具体而言，场外投资者总量达到 67 102.9 万人，而场内投资者总量则为 2 524.2 万人。在这一投资者群体中，中青年投资者已然成为基金市场的核心力量。进一步分析显示，年龄在 30 至 45 岁之间的中青年投资者占比最高，2019 年该比例为 40%，而到了 2020 年则略有下降，至 38.8%。紧随其后的是 30 岁以下的青年投资者，其占比在 2019 年为 28%，2020 年同样略有下降，为 27.7%。值得注意的是，45 至 60 岁的中年投资者占比在 2019 年为 24%，而到了 2020 年则上升至 25.8%。这一系列数据充分表明，随着人口老龄化趋势的加剧以及公众对养老保障意识的提升，越来越多的人开始关注并积极参与基金投资活动。

上述现象的产生，主要归因于以下几点：首先，基金公司的产品多是被动型投资产

---

① 引自全国社会保障基金理事会社保基金年度报告（2023 年度）。

品。投资此类产品无需过多的专业投资技能，也可节约投资者的时间和精力，恰与老年人的投资需求和行为特征相符合。因此，基金产品成为许多老年人投资理财的首选。其次，随着经济的持续发展，老年人的收入水平也在稳步提升，他们具备更强的经济实力去开展投资理财活动。为了实现资产的保值增值，老年人会主动寻求一些投资理财渠道，基金因其便捷性和相对稳健的收益特性而备受青睐，这也进一步推动了基金需求的增长。此外，在社会保障体系日益完善的大背景下，个人投资理财的风险偏好往往会随着年龄的增长而提升。随着老年人口的增多，市场整体对风险承受能力的增强，也为基金业的发展提供了更广阔的空间。最后，养老基金本身就是资本市场上长期投资的重要资金来源之一，它的发展壮大对于资本市场的健康发展具有积极的推动作用。由于各国养老基金的投资主要集中在国内，且以长期投资为主，因此其规模的扩大和投资的增加无疑会促进国内资本市场的繁荣。事实上，理论研究和实践分析均已证明，养老基金和资本市场有良性互动关系。在人口老龄化的趋势下，老年人的个人风险偏好逐渐降低，倾向于减少直接持有股票等权益类资产的比例，而将积累的养老金通过金融机构进行专业投资。这种转变不仅有助于降低个人的投资风险，同时也将逐渐改变金融机构的资产配置格局，推动整个金融市场的健康发展。

随着人口老龄化的不断深入，信托业也将迎来显著的发展机遇。在国外，养老基金通常由信托公司进行管理，比如，第二支柱养老金大都采用信托管理模式。这种趋势不仅凸显了信托业在养老金管理方面的专业优势，也为其提供了广阔的市场空间。此外，信托业提供的金融服务几乎可以覆盖人一生不同阶段的需求，从财富管理、资产配置到遗产规划等，都离不开信托公司的专业服务。这种全方位的金融服务能力，使信托公司在满足老年人多元化金融需求方面具有得天独厚的优势。鉴于此，国内信托业也将受益于人口老龄化的发展趋势。随着老年人口比例的不断提升，对养老金管理和金融服务的需求将日益旺盛，这将为信托业带来持续的业务增长和广阔的发展空间。因此，信托业有望在人口老龄化进程中获得较大发展，并成为养老金融领域的重要力量。

2.4.3 资产配置结构的转变

老龄化会影响房地产投资和大宗商品持有，也会带动债券等大类资产规模的增加。就房地产而言，由于老年人对居住和投资性房产的需求相对较低，这将对房地产市场的总需求构成压力，进而减缓房价上涨速度，降低房地产对投资者的吸引力。实际上，老年人群体的自有住房比例较高，他们在房地产市场中更多地扮演供应者的角色，而非需求者。这种供需失衡的状况将削弱房地产的保值增值能力，进而降低其吸引力。就大宗商品而言，老龄化加深预计将对整体经济增长速度产生拖累效应。随着老年人口比重的增加，服务性消费需求会呈现上升趋势，而工业用品消费需求会相对下降。消费结构的转变会带动第三产业加速发展，增加其在经济总量中的比重。与此同时，第二产业发展速度有可能放缓，占比也将相应下降。由于第二产业是主要的大宗商品消费领域，因此其增速放缓将直接导致对大宗商品需求的减少，而第三产业对大宗商品需求的拉动作用相对较低。综上所述,老龄化有可能抑制大宗商品价格的上涨,并降低投资者对大宗商品投资的兴趣。

随着老龄化的加深,个人投资者对于固定收益类资产的配置需求呈现不断增长的趋势。在中年阶段,尽管个人收入水平相对较高,可对资产配置的敏感度相对较低。然而,在老年阶段,随着年龄增长与对稳定收益的追求,老年人更愿意投资于固定收益类资产。债券是重要的中低风险大类资产,通常收益稳定又略高于存款利率,尤其是国债,由于其更高的安全性和稳定的收益性,更符合老年人的投资偏好。因此,随着人口老龄化水平的提高,债券等固定收益类资产将有较大的发展空间,成为老年人理财的重要选择。

2.5 养老保险基金与资本市场

2.5.1 资本市场对养老保险基金的影响

总的来说,资本市场可以有效地解决养老保险基金在跨期消费中面临的实物形态与价值形态之间的冲突。例如,退休者持有货币,但他们消费的是实物。这就引发了一个问题:如何在跨期消费中实现实物的再分配。实际上,退休人员所消费的实物是由在职人员生产的。

在完全积累制和部分积累制的基金筹集模式下,退休人员通过他们手中的货币,向在职人员购买所需的"实物"资源。相较之下,在现收现付制下,退休人员则主要依赖于道德约束力和国家强制力,要求在职人员分配"实物"资源。可是,当步入老龄化高峰期,若在职人员数量不足或者劳动生产率增长放缓,现收现付制将面临严峻的挑战。在这种情况下,如果退休人员手中有大量货币积累,就可能引发通货膨胀,从而降低他们的实际购买力。为了解决这个问题,需要将积累的养老保险基金转化为生产能力,以生产更多的"实物"供社会分配。而资本市场正是实现这一转化的关键场所。通过资本市场,养老保险基金可以转化为长期投资资金,用于扩大社会生产。没有资本市场,养老保险基金的投资运营就无从谈起。一个成熟的资本市场能够将养老保险基金有效地转化为生产性投资,从而实现基金的保值和增值。这是因为,成熟的资本市场有以下几个特点:其一,投机性相对较低,资本资产价格比较稳定,可真实反映发行公司价值,养老保险基金的市场价格风险相对较低;其二,利率波动幅度小,可预期性强,减小了养老基金的负债风险;其三,系统性风险较低,可提供多种投资方式,养老基金可通过有效资产组合降低风险水平而获得稳定的投资回报;其四,基础设施完善,市场流动性强,为养老保险基金提供了良好的投资环境。同时,成熟的资本市场中有完备的交易与管理制度、数量庞大的专业中介机构,它们借助先进的信息网络为养老保险基金的投资决策和管理提供高效、专业的服务。

资本市场对于养老保险基金实现保值增值具有显著效果。以全国社会保险基金理事会为例,其管理运营的各类养老保险基金在 2022 年末的资产总额达到了 28 835.21 亿元,自成立以来的年化平均投资收益率为7.66%，累计获得了16 575.54亿元的投资收益。然而，不能忽视资本市场波动对养老保险基金产生的直接影响。以2008年的国际金融危机为例，这场危机导致资本市场陷入深度萧条，大部分股票价值损失了35%~50%，美国纳斯达克综合指数的市值更是大幅下跌了六成。这种资本市场的低迷状况不仅给待遇确定型养老金计划带来了巨大的偿付压力，同时也对缴费确定型养老金计划造成了直接影响。因此，在利用资本市场实现养老保险基金保值增值的同时，也需要密切关注资本市场的动态，合理配置资产，以降低市场波动对养老保险基金的不利影响。

2.5.2 养老保险基金对资本市场的影响

资本市场的主要职责是为资金短缺者提供长期资金的筹集渠道，同时，通过创造各类长期金融投资工具，满足资金盈余者的长期投资需求，进而实现社会长期资金的有效流通与配置。社会保险制度通常被视为一种单纯的社会制度，其发展与实施往往被动地依赖于经济制度和经济发展水平，它能够通过与资本市场的直接互动，发挥其在经济发展中的积极作用，为经济的增长和繁荣做出贡献。

养老基金影响资本市场的六个关键方面分别是：

第一，随着其积累规模的不断扩大，为资本市场注入新的融资来源。全球范围内，无论是经济合作与发展组织（OECD）的成员国、拉丁美洲的发展中国家，还是近年来迅速崛起的新兴市场国家，随着社会保险制度，特别是完全积累制（包括混合制）养老保险的广泛实施，养老保险基金的积累规模均呈现显著增长。截至2020年底，全球养老金资产总规模已超过56万亿美元。其中，美国以高达35.5万亿美元的养老金资产规模稳居全球首位。历史悠久的资本大国英国，其养老金资产规模约为3.6万亿美元，位列第二。加拿大则以3.1万亿美元的养老金资产规模排在第三位。此外，荷兰、澳大利亚、日本和瑞士的养老金资产规模也相当可观，分别为2.1万亿美元、1.8万亿美元、1.6万亿美元和1.3万亿美元。国际上还用养老金资产占GDP比重衡量某一个国家或地区的养老体系发展水平。2020年末，养老金资产占GDP比重最高的国家排名前三的是丹麦、荷兰和冰岛，分别为229.4%、212.7%和206.9%。这些巨额资金已成为各国资本市场不可或缺的融资来源，对国民经济的投资格局产生了深刻影响。这是因为，养老基金作为长期储蓄计划，能够累积大量长期稳定的资金，当这些资金进入资本市场时，自然会增加市场的货币供给，提升市场的流动性。同时，养老保险基金的入市还有助于降低国家对外部投资的依赖。虽然我国养老保险基金占GDP的比例相对较低，但其绝对规模依然庞大。2022年，除了分散在地方管理的各项社会养老保险基金、职业年金等补充保险基金外，仅由全国社会保障基金理事会管理运营的全国社会保障基金、个人账户基金、地方委托资金等总额就达到了惊人的28 835.21亿元。① 这些资金的有效利用和合理投资，无疑将为我国资本市场的健康发展提供有力支撑。

---

① 全国社会保障基金理事会社保基金年度报告（2022年度），https://www.ssf.gov.cn/portal/xxgk/fdzdgknr/cwbg/sbjjndbg/webinfo/2023/09/1697471208931405.htm。

第二，养老保险基金以其重要的机构投资者身份，对资本市场的稳定发展起到了关键的推动作用。在资本市场的初期阶段，散户投资者占据主导地位，他们的投资行为往往受到短期获利和投机心理的驱使，热衷于寻找"黑马"，频繁买卖，换手率高，这无疑给资本市场带来了较大的波动性。然而，在成熟的资本市场中，机构投资者逐渐占据了主导地位。相较于散户投资者，机构投资者凭借更为全面的信息资源以及更为专业的研究团队，展现出更强的能力，能够准确地预估股票等证券的基础价值。同时，他们通常坚持"购买并持有"的投资策略，不追求短期的投机性收益。这种投资行为有助于发挥"羊群效应"，引导股票和其他证券的价格向其基础价值回归，从而促进资本市场的稳定发展。养老保险基金作为资本市场上的主要投资者之一，其庞大的数量和长期的存续期使其以股票、公司债券等长期证券为主要投资对象。由于其关乎广大社会公众的切身利益，养老保险基金在追求保值增值的同时，也必须确保资金的安全性。因此，养老保险资金的入市不仅体现了政府及相关部门对资本市场稳定发展的信心，也为其他投资者提供了一个安全、回报率较高的投资参考。在我国股票市场上，养老保险基金的增减持行为往往能引起其他投资者的高度关注。这不仅是因为养老保险基金的投资决策通常基于深入的市场研究和专业的分析判断，更是因为其投资行为被视为市场风向标之一，能够激发广大投资者的投资热情和信心。因此，养老保险基金在资本市场上的角色和作用不容忽视，它是推动资本市场稳定发展的重要力量之一。

第三，养老保险基金不仅为资本市场注入了活力，还催生了相关服务的需求，从而推动了各类金融机构的蓬勃发展。养老保险基金在资本市场上的独特地位以及对投资安全性的严苛要求，为相关金融机构带来了创新的契机和发展的动力。截至2022年底，全国社会保障基金理事会管理运营的各类社会保险基金资产中，委托投资资产高达19 252.20亿元，占基金资产总额的66.77%。这些资产由委托投资资产管理人负责管理，其投资范围广泛，涵盖境内外股票、债券、证券投资基金，以及境外风险管理工具。为确保这些资产的安全并实现增值目标，申请办理社保基金投资管理业务的基金管理公司和其他专业性投资管理机构，必须首先获得社会保障基金投资管理业务资格。相关法律法规对这些机构的实收资本规模、从业年限与信誉、法人治理结构、专业投资人员配备以及内部风险控制等方面都提出了明确的要求。这些严格的要求不仅提升了金融机构的业务水平和服务质量，还使养老保障基金投资管理业务资格成为众多基金管理公司及其他专业性投资管理机构的发展目标和方向。同时，养老保险基金的投资活动也带动了投资顾问等金融服务机构的快速成长。这些金融服务机构在养老保险基金投资管理中发挥着重要作用，为基金提供投资策略制定、资产配置优化、精算咨询、风险管控、业绩评估以及交易成本分析等专业服务，进一步丰富了资本市场的生态体系。

第四，养老保险基金作为机构投资者，在推动被投资公司治理水平的提升方面发挥着重要作用。因其固有的公共性和外部性特征，养老保险基金的投资不仅直接关联待遇水平的变动，更关乎制度的可持续性和社会的稳定性。鉴于此，社会各界对其投资与运营采用特定监督方式，以确保其运作的透明与规范。这种监督环境的塑造，使养老保险基金在参与公司治理时，展现出更高的信息透明度和决策理性。作为机构投资者的养老保险基金，能够凭借私下交谈、股东议案、代理投票权、监控被投资公司等多种手段，积极且有效地参与公司治理。在 20 世纪 90 年代的美国，以养老基金为主导的股东积极主义运动兴起，鼓励养老基金等机构投资者积极参与公司治理，从而在一定程度上降低了委托—代理风险。例如，作为全美规模排名第二的养老基金，加州公务员养老基金每年都评估其股票投资组合中的美国公司绩效，对长期表现不佳的公司，会将其标记为"焦点公司"，并召开董事会共同探讨绩效问题及公司治理的相关议题。实践证明，这些举措对被投资公司的治理优化起到了积极的推动作用，同时也显著提升了股东价值。然而，在我国，养老保险基金作为机构投资者，对被投资公司治理的影响还相对有限。根据《境内证券市场转持部分国有股充实全国社会保障基金实施办法》的规定，养老保险基金在转持国有股后，仅享有收益权和处置权，并不干预上市公司的日常经营管理。这意味着养老保险基金作为机构投资者只能参与被投资公司的股东大会，而无法派出董事、监事或参与公司的具体管理。因此，养老保险基金在公司治理层面的参与程度相对有限，难以对由所有者、董事会和高管组成的治理结构产生显著影响。尽管如此，随着市场的不断成熟和制度的逐步完善，仍可期待养老保险基金在未来能够在公司治理中发挥更大的作用。

第五，养老保险基金的投资活动对资本市场的创新与制度建设产生了深远的影响。养老保险基金的投资行为，不仅能推动监管与制度环境的优化，还能促进资本市场的法律框架、市场透明度、治理结构的发展。另外，养老基金投资可进一步推动与证券交易紧密相关的会计、审计、经纪以及信息披露等制度的完善，这些制度的健全为资本市场的稳健发展奠定了坚实基础。同时，养老基金所发布的证券研究报告，可降低社会公众在信息分析和信息收集方面的成本，提升信息的可利用度。养老保险基金的专业化和职业化管理，也为其他金融机构及金融监管机构提供了学习和借鉴的范例，推动了整个金融行业的管理水平提升。此外，养老保险基金的发展还促进了金融创新的不断涌现。资本市场上许多创新金融工具的诞生，在很大程度上都要归功于养老保险基金的推动。这些创新金融工具不仅丰富了资本市场的产品线，也为投资者提供了更多的投资选择和风险管理手段。

第六，不能忽视养老保险基金对资本市场可能产生的消极影响。养老保险基金虽然有其利益诉求，但无法也不应该完全承担稳定资本市场的社会责任。当资本资产质量出现恶化迹象时，出于对投资绩效的追求，养老保险基金可能会抛售持有的相关股票及其他证券以调整资产组合，这种行为可能会引发资本市场的波动。同时，由于"羊群效应"的存在，处于信息劣势的普通投资者容易模仿养老保险基金的市场行为，从而加剧资本市场的波动。此外，如果养老保险基金规模过大，超出本国经济的吸收能力，可能会形成资本资产泡沫，导致宏观经济的不稳定。因此，随着我国养老保险基金积累规模的不断扩大和进入资本市场的份额逐渐增加，在看到其给资本市场带来积极影响的同时，也必须高度关注其可能带来的消极影响。这需要在政策制定和监管实践中采取更加审慎和全面的态度，以确保养老保险基金和资本市场的健康发展。

2.5.3 养老保险基金与资本市场良性互动的条件

资本市场与养老保险基金之间存在着一种相辅相成的关系。资本市场能够将养老保险基金有效地转化为生产性投资，进而实现其保值增值的目标。这一过程不仅解决了养老保险基金在跨期消费中面临的实物形态与价值形态的矛盾，还为资本市场的稳定发展注入了新的活力。养老保险基金作为资本市场的重要融资来源之一，它的参与不仅推动了资本市场的稳定发展，还促进了各类金融机构的蓬勃发展。同时，养老保险基金的投资活动也对被投资公司的治理优化产生了积极的影响，推动了资本市场的创新与制度建设。这些都可以被视为养老保险基金与资本市场之间良性互动的积极成果。然而，这种良性互动并不是无条件的。养老保险基金与资本市场的良性互动是在一定的约束条件下实现的。这些约束条件可能包括法律法规的规范、市场监管的有效性、投资者的理性程度等多个方面。只有在这些约束条件得到满足的情况下，养老保险基金与资本市场之间的良性互动才能够得以持续和深化。因此，在推动养老保险基金与资本市场良性互动的过程中，需要充分考虑这些约束条件，并采取有效的措施来保障其实现。

首先是良性互动的基础性条件。其一是可持续发展的养老保险制度。养老保险制度的可持续性关键在于其财务的稳健性。一个科学、合理的养老保险制度不仅能够有效调节参保者之间的贫富差距、平衡代际矛盾，还能够通过缴费激励机制，鼓励参保者提高缴费额度与年限。这样的制度设计不仅有助于增强公众信任，还能吸引更多人积极参保，为养老保险基金注入源源不断的活力。养老保险基金作为制度运行的基石，其收支平衡是进入资本市场、实现保值增值的前提条件。当前，许多国家通过延迟退休年龄、延长缴费年限等措施，确保养老保险制度的可持续发展。我国也在不断探索与改革，以期建立更加公平可持续的养老保险制度。其二是实体经济的持续增长与宏观经济的相对稳定。虚拟经济的迅猛发展虽然对实体经济具有推动作用，但其过度发展也会带来泡沫经济的风险，对实体经济造成损害。实体经济作为国民经济的根基，其持续增长是养老保险基金保值增值的物质基础。同时，养老保险制度的正常运行也依赖于稳定的宏观经济环境。宏观经济的波动不仅会影响养老保险基金的投资运营，还可能引发公众的信任危机，进而影响养老保险的参保与缴费积极性。因此，实体经济与宏观经济的持续增长是养老保险基金与资本市场良性互动的前提。其三是富有效率的资本市场。资本市场是养老保险基金保值增值的重要场所。一个富有效率的资本市场能够提供丰富的资产配置方式和多样化的风险分散手段，降低养老保险基金的投资风险，提高投资收益。为了实现这一目标，需要建立健全多层次的资本市场体系，营造良好的信用环境和有序的价格形成机制。资本市场的发展滞后将制约养老保险基金的投资运营，甚至带来潜在风险。其四是完善的现代企业制度与合理的企业治理结构。企业在资本市场上的融资优势来自其市场竞争力和完善的现代企业制度。产权清晰、独立核算、自我发展的企业更受养老保险基金的青睐。同时，养老保险基金作为机构投资者，对被投资企业的治理结构也有一定要求。这推动了企业在信息披露透明度方面的提升，增加了其投资价值。此外，税收政策也是影响养老保险基金与资本市场互通的重要因素，合理的税收优惠政策可以激发养老保险基金的投资积极性。

其次是良性互动的制度性条件。其一是健全的法律制度。为了实现社会保险基金与资本市场的良性互动，必须建立健全相应的法律法规体系。需要清理与资本市场发展、社会保险基金入市投资相抵触的行政法规、地方性法规、部门规章及政策性文件，消除制度障碍，并针对资本市场和社会保险基金入市投资的法律需求，填补制度空白，完善法律缺陷，确保投资活动的合法性与规范性。目前，我国资本市场法律体系已初步建成，该体系以《中华人民共和国证券法》《中华人民共和国证券投资基金法》《中华人民共和国公司法》等核心法律为基础框架，并包含行政法规、司法解释、部门规章，以及交易所、登记公司、行业协会制定的自律规则。可是，与资本市场法律体系的成熟程度相比，养老保险基金投资运作的立法尚处于起步阶段，需加强地方社会保险基金投资运作的立法工作，确保投资行为有法可依。同时，应赋予执法机构充分的权力，特别是制裁违法行为的权力，并通过培训提高执法者的业务水平和责任感。其二是良好的信用环境。社会保险基金与资本市场的良性互动离不开良好的信用环境。信用混乱不仅破坏市场秩序、降低经济运行效率，更严重影响市场机制配置资源的作用。在资本市场中，应当建立健全诚信准则体系，致力于维护诚信秩序的稳定与和谐；对于那些严重违反法律法规、破坏市场秩序以及严重失信的机构和个人，应当依法依规实施市场禁入措施。同时，建立信用信息管理、信用风险分担及防范预警制度，加强日常信用风险防范。社会保险基金领域同样面临信用问题，如参保人、用人单位缴费违规行为，以及基金管理部门的不透明管理引发的信任危机。因此，需加强对违规行为的劝诫、惩治力度，提升社会保险及相关部门的公信力。其三是有力的监管。实现社会保险基金与资本市场的良性互动，离不开有力的监管体系。这包括政府及相关部门的监管、社会保险基金管理部门与资本市场的自律约束以及新闻媒体的监督。政府监管应涵盖受托运营机构的资格条件、投资比例及投资组合规则、监管职责权限、财务审计及信息公开等方面。同时，对中介机构的监管也不容忽视，如会计师事务所、资产评估机构等，防止其违规行为对社会保险基金投资造成损失。社会保险基金投资运营管理部门和受托运营机构应建立内部自我监督体系，开展自我监督、自纠自查。资本市场相关行业协会如中国证券业协会、中国注册会计师协会等也应发挥自律管理作用，促进市场健康稳定发展。新闻媒体在宣传与监督方面同样发挥重要作用，有助于促进社会保险基金与资本市场的良性互动。

总体而言，社会保险基金与资本市场的良性互动受到多种因素的制约。这些因素包括宏观经济的稳定状况、国际经济资本流动、经济政治与社会法律环境、心理文化等多个方面。传统习俗、文化心理在潜在层面上对社会保险基金的运行和资本市场的建设也有广泛影响，并制约着养老保险基金治理结构的价值取向和行为方式。因此，在推进社会保险基金与资本市场良性互动的过程中，需要综合考虑各种因素，制定科学的政策，确保互动的顺利进行。

2.6 养老金融的经济学基础

莫迪利安尼和布伦伯格（Mordigliani and Brumberg, 1954）等人所提出的"生命周期假说"，以及萨缪尔森（Samuelson, 1958）、戴蒙德（Diamond, 1965）等学者所创立的世代交叠模型（即OLG模型），共同构成了新古典养老金融理论的经济学基础。

2.6.1 生命周期假说

生命周期假说结合储蓄与个人生命周期的联系，系统阐述了不同生命周期阶段内的收入分配。该假说指出，理性消费者会平衡整个生命周期的收入与消费，进而实现终身效用最大化。换言之，理性消费者倾向于保持跨期消费的平稳性。

在生命周期假说的框架下，可以假设个人或家庭的生活分为工作和退休两个阶段。在工作阶段，个人通过劳动获得收入；而退休后，由于不再从事工作，因此没有劳动收入。退休期间的消费需求则必须依靠工作阶段的储蓄来满足。基于这样的设定，可以构建一个包含两个阶段的生命周期模型。为了实现终身消费的平稳性，个人需要在工作阶段将部分收入进行储蓄，以确保退休后有足够的资金支持消费。这样的储蓄和消费行为旨在最大化个人的终身效用。因此，在个人的生命周期内，储蓄和财富往往会呈现出驼峰型的分布特征：在工作阶段逐渐积累财富，达到峰值后，在退休阶段逐渐消耗（见图2-5）。

生命周期假说进一步指出，社会养老保险制度的引入会对个人在两个阶段的可支配收入产生影响，从而改变其生命周期内的储蓄行为。从理想的角度来看，个人的养老保险缴费行为可被视为为实现退休阶段消费稳定而采取的预防性储蓄。退休阶段越长，理性个体越倾向于积极参与养老保险的缴费，以确保自己在退休后能够拥有充足的经济保障。

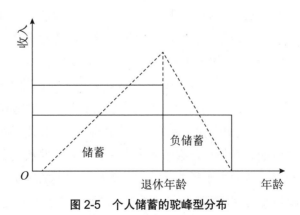

图 2-5 个人储蓄的驼峰型分布

资料来源：董克用，王燕. 养老保险[M]. 北京：中国人民大学出版社，2000: 19.

2.6.2 世代交叠模型

世代交叠（OLG）模型作为现代宏观经济学的重要基础，主要研究在任意给定时期内不同代际之间的交易行为。① 该模型最初的设计思路是根据个体的出生日期将其归类到特定的生存世代（即特定时间段），并确保在任何时刻，至少有一个世代的人处于活跃状态。在每个世代的生命周期中，不同阶段的个体都会与其前一代或后一代进行各种交易。这种跨世代的交易行为构成了 OLG 模型的核心分析框架，为宏观经济研究提供了有力的工具，如图 2-6 所示。

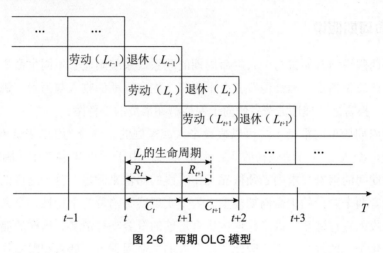

图 2-6　两期 OLG 模型

假设在一个封闭经济体内有不同代际的人群。在任一时期，每一代际的人群都可与其他代际人群进行交换。在两期世代交叠模型中，有年轻人和老年人两类社会成员，也即在职职工和退休职工。于是，每一微观个体都会经历劳动期和退休期。这种模型结构清晰地描绘了代际间的经济交换和生命周期内的角色转变。假设 t 时期的劳动人口数量为 L_t，由于每位微观个体只存活两期（t 是 L_t 人群的工作期，$t+1$ 是 L_t 人群的退休期），$t+1$ 时期退休人口都来自上期的劳动人口 L_t，人口不断地新老更替，新生劳动力 L_{t+1} 在 $t+1$ 时期出现，而 L_{t-1} 退休人口在 t 时期末全部消亡，于是 t 时期人口总量 $N_t = L_t + L_{t-1}$，以此类推。生命周期假说认为微观个体的受教育程度、劳动能力、收入、需求等变化都会体现在劳动供给和储蓄行为中，在整个生命周期内，以跨时消费平滑实现消费效用最大化。并假设 t 时期劳动人口 L_t 的工作年限为 C_t 年，在 $t+1$ 时期，t 时期的劳动人口转变为退休人口，且生存年数为 R_{t+1}，t 时期的劳动人口 L_t 的生命终止于 t 与 $t+1$ 之间的某时点。t 时期的劳动人口 L_t 提供 1 单位的劳动，并将 C_t 年内获取的劳动收入用于消费和储蓄，在退休后 R_{t+1} 年内仅消费 t 时期的储蓄及其产生的利息。使用世代交叠模型可研究养老保险与宏观经济变量的相互作用，揭示其内在关联机制，并从基金收支平衡角度，分析老龄化、经济增长率、劳动力市场变化等对养老保险制度的实质性影响。此分析有助于深入探究养老保险制度的运行机制与未来挑战，进而支持政策制定。②

---

① Diamond P. A. National Debt in a Neoclassical Growth Model[J]. American Economic Review，1965，55（5）.
② Modigliani, F., & Brumberg, R. H.（1954）. Utility Analysis and the Consumption Function: An Interpretation of Cross-section Data. In K. K. Kurihara（Ed.），Post Keynesian Economics（pp. 388-436）. New Brunswick: Rutgers University Press.

新古典养老保险经济学致力于探究公共养老保险制度及其与经济变量间的相互关系，主要研究内容包括：从市场失灵、公共选择、再分配理论等视角解读公共养老保险制度的起源背景；探讨不同筹资和给付模式的特点、机制及效率；分析养老保险制度模式选择对储蓄行为、经济增长及社会福利的影响；研究不同养老保险制度模式对劳动力价格、数量和质量的影响；探讨养老保险基金投资对资本市场的效应，深入分析基金投资风险、策略、资产组合及政府监管等核心问题；针对现有制度问题，提出减少公共税收、增强市场竞争、尝试私人管理等改革途径，以增强制度对资本积累和经济增长的支持力度等。[①]

2.7 养老金融的人口学基础

人口转变理论专注于研究人口的发展阶段、演变过程及其背后的成因。该理论系统性地划分并阐释了人口发展的不同阶段，其起源可追溯至20世纪30年代的西方国家，并在"二战"后取得显著进展，成为多国人口预测与人口政策的重要理论支撑。

法国人口学家阿道夫·兰德里在1909年发表的《人口革命》一书中，首次全面而系统地提出了人口转变理论。根据他的观点，人口的发展可以划分为三个明显的阶段：原始的、中期的和现代的，这三个阶段与不同的经济发展时期紧密相连，并依次更替。在第一阶段，即从西欧的史前时期至新石器时代，生产力水平相对低下。此阶段，经济因素对人口发展的影响主要体现在食物供应的数量上，直接影响人口死亡率。当食物供应充足时，人口死亡率降低，反之则上升。因此，第一阶段内人口增长可主要归因于死亡率下降。在第二阶段，即从新石器时代到中世纪，经济因素开始通过影响婚姻关系来间接影响生育率。随着经济的发展和社会的变迁，人们的婚姻观念逐渐改变，进而影响了生育行为。在第三阶段，从欧洲产业革命直至当今，经济、社会、文化等的迅猛发展深刻影响人类的生活方式和婚姻生育观念。起初是人口死亡率下降导致人口急剧增长。随着死亡率的持续下降和生育率的逐渐降低，人口增速开始放缓。最终，人口进入了一个低死亡率、低出生率、低增长率的"三低"状态。这一阶段的人口发展特征与现代社会的经济、文化和科技水平紧密相连。

英国人口学家布拉加出版的《人口发展的阶段》（1947年），拓展了兰德里的人口转变理论。基于发达国家经济社会状况和人口数据，布拉加将人口演变细分为五个阶段：①"高位静止"，出生率和死亡率均高，人口几乎不增；②"初期增长"，生育率维持高位，死亡率因经济发展而下降，人口开始增长；③"后期增长"，出生率和死亡率均降，但死亡率下降较慢，人口增速放缓；④"低位静止"，出生率和死亡率均低且稳定，人口几乎不增，此时工业化和城市化水平高，人们重视教育和子女素质；⑤"衰减"，死亡率高于出生率，人口负增长。布拉加认为，这五个阶段主要基于发达国家数据，发展中国

---

① 周娅娜. 长寿风险对我国社会养老保险财务可持续的影响及应对策略研究 [M]. 北京：经济科学出版社，2020.

家可能未完整经历。该理论为理解各国人口动态提供了重要框架和参考。

弗兰克·诺特斯坦深入继承并发展了兰德里的人口转变理论，认为人口转变的根本驱动力在于工业化、现代化和城市化进程。1944年，他预见到"二战"后欠发达地区将重演西欧的人口转变，论证了发达国家人口转变原理的普适性，他认为这是生产力演进的普遍规律。在研究欧洲人口时，诺特斯坦观察到死亡率对现代化的响应比生育率更快。于是，他将农业社会向工业社会的人口转变划分为四阶段。第一阶段：工业化前，特征是高出生率、高死亡率、低自然增长率；第二阶段：工业化萌芽，死亡率显著下降，出生率基本不变，自然增长率上升；第三阶段：工业化深化，出生率也开始下降，自然增长率放缓但仍高；第四阶段：完全工业化，死亡率和出生率都极低，自然增长率也很低，甚至可能为零或负。诺特斯坦的理论为理解全球人口动态提供了新视角，并强调了工业化、现代化和城市化在人口转变中的核心作用。

尽管学者在人口转变的阶段和理论解释上存在分歧，但都认同人口转变涉及死亡率和出生率的变化，且两者都经历了由高到低的转变，这是社会发展的普遍现象；人口发展与社会经济紧密相连，受多重因素影响，是经济和社会发展的必然趋势，终将导致人口零增长或负增长。然而，人口转变理论的先驱们虽成功描述了出生率和死亡率的转变，却未将人口老龄化纳入研究。尽管如此，该理论仍为后人理解和解释人口老龄化提供了基础。

长寿风险是人口转变的最后阶段必然结果，源于人口老龄化，与人口转变紧密相连。随着婴幼儿死亡率降至极低，老年人口死亡率下降，整体人口平均预期寿命延长。因此，必须更加关注和应对长寿风险带来的挑战。

2.8　风险管理理论在养老金融中的应用

风险管理，作为一门系统的管理科学，起源于"二战"后的美国。自20世纪60年代以来，它逐渐受到全球众多国家的重视，并快速演变为企业现代化经营管理中不可或缺的一环。风险管理理论已在全球范围内得到广泛使用。20世纪末，风险管理理论不断深化发展，从原先的纯粹风险管理学说逐步演变为整合性风险管理学说，也就是全面风险管理。二者区别如表2-2所示。

纯粹风险管理学说认为，风险管理的核心对象是纯粹风险或静态风险。该学说主张，风险管理的理论、方法和实践应主要围绕纯粹风险展开，并与保险业务紧密相连。并认为风险管理的基本任务是识别和分析威胁企业的纯粹风险，进而在风险自留和风险转移之间寻求最优的风险管理决策方案，以实现"风险成本最小，企业价值最大"的目标。

全面风险管理学说强调，企业风险管理的对象应全面涵盖企业的所有风险，既包括静态风险，也包括动态风险。该学说主张从企业整体角度出发，进行全方位的风险管理，旨在最小化纯粹风险的不利影响，同时最大化动态风险的收益性。目前，全面风险管理已成为风险管理发展的主流趋势，无论是在理论层面还是实践层面，风险管理都正在转向以企业整体风险为管理对象。①

表 2-2 纯粹风险管理与全面风险管理的区别

	纯粹风险管理	全面风险管理
管理方法	分别处理单个风险	一切风险整体化考虑
管理对象	纯粹风险为主	纯粹风险与投机风险兼顾
管理目标	损失最小化	公司价值或股东价值最大化
管理工具	个别风险单独衡量	VaR、EC、RAROC 等整体风险管理工具
风险处理方式	风险分离管理	风险组合管理
风险承担的市场形态	众多分离的市场	整合的市场
风险管理人员	风险经理负责可保风险，财务经理负责财务风险，市场经理负责市场风险	首席风险执行官汇总所有风险整体处理

资料来源：曾忠东. 保险企业全面风险管理研究 [D]. 成都：四川大学，2006：43.

风险管理理论的核心思想涵盖六个关键环节：第一，设定风险管理目标，这是风险管理活动的基石，关乎其成败。目标可细分为总目标、损失前目标和损失后目标，旨在以最小的成本获取最大的安全保障，实现企业价值最大化，并确保经济可行性、减少忧虑、履行法律义务、维持企业生存、持续经营、稳定收入、持续成长和承担社会责任。第二，识别风险，这是风险管理的基础和前提，要求系统、全面地分析和评估各种潜在和存在的风险，找出风险源及风险因素转化为风险事故的条件，并持续关注风险的变化。第三，衡量与评价风险，为风险管理者选择处理方法和进行决策提供依据，要求对风险因素进行量化描述和分析，评估企业整体风险、风险间的相互作用及对风险主体的可能影响和吸纳损失的能力。第四，制定风险管理对策，包括风险控制对策和风险融资对策，旨在规避或减少损失，并获得经济补偿。第五，实施风险管理计划，将各项任务和对策付诸实践，并在各职能部门进行分配和协调，保持部门间的通力合作，采取积极的防范措施，以最小化损失后果。第六，检查和评估风险管理计划，为确保其有效性，必须定期进行检查和评估，并根据实际情况进行修正和调整，以实现预定的风险管理目标。②

在养老金融领域，风险管理理论有着重要应用。一方面，可依据其理念设定养老金融风险管理目标，如保障养老金资产安全、实现资产稳健增值，达成以最小成本获取最大安全保障，助力养老金融体系稳定运行。另一方面，通过识别养老金融活动中面临的各类风险，像长寿风险、市场风险、利率风险等，进而衡量与评价这些风险对养老金融资产及养老保障体系的影响。在此基础上，制定并实施风险控制对策，如优化资产配置、加强投资监管；以及风险融资对策，如合理安排养老保险基金筹集与给付。同时，定期检查和评估风险管理计划，确保养老金融风险管理的有效性，以应对养老金融领域不断变化的风险挑战，保障养老金融的健康发展。

---

① 保险企业全面风险管理系统框架构建 [J]. 经济体制改革，2006（01）：66-69.
② 周娅娜. 长寿风险对我国社会养老保险财务可持续的影响及应对策略研究 [M]. 北京：经济科学出版社，2020.

2.9 保险精算理论与养老金融实践

20 世纪 50 年代，随着社会保险制度和精算科学的进步，社会保险精算研究逐渐受到重视。布朗的《人口数学》、凯里森的《利息理论》以及 D.伦敦的《生存模型》等为精算学在社会保障领域的应用奠定了基石。如今，社会保险精算已广泛应用于国际，许多国家建立了社会保障精算制度，进行长期预测。重要国际组织也设立专门精算机构，为各国提供指导。

社会保险精算致力于在社会保险领域进行定量计算和预测，探索关键因素，旨在确保社会保险制度财务稳固。完备的社会保障精算评估体系包含五个核心环节：明确目标与范围、搜集整理数据、构建评估模型、确立精算假设，以及分析结果和敏感性测试。

研究养老金融面对的长寿风险时，需评估风险规模，剖析对现有制度的潜在影响。为寻求应对策略或改革方案，需依赖社会保险精算技术进行探讨和分析。为全面评估并预测长寿风险对养老保险可持续性的影响，需运用精算模型深入分析养老保险的财务收支状况。此过程中，需预测人口、经济、投资回报率等因素，以准确设定缴费基数和年利率，估算基金收入和支出总额。养老保险精算模型由多个模块组成，其中参保人数和结构的预测尤为关键（见图 2-7）。[①]

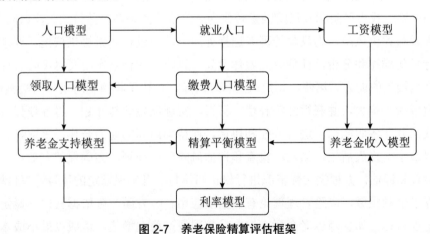

图 2-7 养老保险精算评估框架

资料来源：王晓军.社会保障精算原理[M].北京：中国人民大学出版社，2000.

本章小结

通过本章的学习，学生能够理解养老金融的相关理论，并把握人口老龄化与经济增长、经济结构、利率水平及资产配置之间的紧密联系。同时，学生也将对养老保险基金与资本市场之间的互动关系有清晰的认识。在理论框架的构建方面，养老金融的经济学

---

① 王晓军，詹家煊.非稳态下公共养老金资产负债表的编制与精算平衡调整[J].统计研究，2020，37（03）：20-32.

基础、人口转变理论、风险管理理论、保险精算理论等知识点可为学生提供坚实的理论基础，有助于其全面理解养老金融的运作机制和原理。

关键术语

人口老龄化、经济增长、人口红利、劳动参与率、人力资本、经济结构、就业结构、利率、资产配置、生命周期假说、世代交叠模型、风险管理、保险精算

复习思考题

1. 试述人口结构和人口老龄化是如何影响经济和金融发展的。
2. 试着用数据阐释人口老龄化与重要经济和金融指标之间的关系。
3. 谈谈人口老龄化是如何通过改变储蓄和投资行为来影响金融市场的。
4. 结合中国养老金融产品市场发展，谈谈你对养老金融与资本市场关系的理解。

在线自测

自测 2.1

自测 2.2

延伸阅读

银发经济：催生多元投资机遇的深度解析

随着我国老龄化程度的不断加深，国务院于 2024 年 1 月 15 日发布了《关于发展银发经济增进老年人福祉的意见》（以下简称《意见》），标志着我国首个针对银发经济的政策正式出台。这一政策的实施，预计将从需求端、供给端和资金端催生一系列投资机遇。

在需求端，投资者应重点关注政策支持和老年人生活/精神需求增长的方向。《意见》围绕增进老年人福祉，在老年人生活和精神需求及相应配套措施上着墨较多。随着老龄化深入和总体消费水平上升，将带动医疗健康、养老服务和养老金融、老年消费、文娱旅游以及宠物经济等相关需求的增长。

在供给端，劳动力供给的减少将驱动机械化、智能化和无人场景需求的增加。随着老龄化带来的适龄劳动力减少和国内劳动力"性价比"下降，生产活动中机械化、智能化对人工的辅助和替代或加速，日常生活中的无人场景需求也将增加。这将为通用自动化、无人驾驶、无人物流以及农业机械等领域带来显著的投资机遇。

在资金端，利率中枢下行和资金长线化将利好长久期和红利资产。老龄化通常伴随长端利率中枢下行，这可能通过影响贴现率和投资者预期收益率来影响权益市场结构表

现。具体来说，贴现率下行将利好长久期资产，对新兴产业形成资金链优势；而社会广义投资回报率中枢下行则将提升红利资产的吸引力。

银发经济的崛起将从多个方面催生投资机遇。投资者应密切关注相关政策动态和市场需求变化，以把握这一领域的投资机会。同时，也需要关注不同经济体之间的差异以及老龄化进程中的非线性影响因素，以制定更为精准的投资策略。

引自：策略专题研究：银发经济蓝海下的投资脉络，新浪财经。

第3章 养老保险基金的筹集与给付

学习要求

- 了解养老保险基金的筹集与给付。
- 理解现收现付制和基金积累制的含义。
- 掌握待遇确定型计划和缴费确定型计划的含义。

3.1 养老保险基金的筹集

3.1.1 养老保险基金筹集的原则

第一,效率性。养老保险基金的筹集必须确保社会经济的高效运行,避免阻碍社会经济发展。效率推动发展,发展实现保障,效率、发展和保障三者紧密相连。因此,在制定养老保险基金筹集策略时,必须兼顾社会公平和生产效率,合理协调国家、企业和个人在养老保险基金筹集中的负担比例,以平衡三方的利益。

第二,公平性。养老保险基金的筹集过程实质上也是社会收入的再分配过程,因此,公平问题在这一环节中显得尤为重要。养老保险基金的管理公平可以分为水平公平与垂直公平。水平公平是指将社会风险分散到同一收入层次的人群中,并依据受益性原则来筹集养老保险费用;垂直公平是指基于养老保险费用的筹集机制,实现高收入群体和低收入群体之间的互济。养老保险制度将工作的一代与退休的一代,以及不同地区、行业、职业的人群紧密联系在一起,通过互助共济的方式强化了社会融合。

第三,平衡性。养老保险基金作为整个养老保险制度的物质基础,为社会养老保险的保障对象提供基本生活保障。在筹集阶段,遵循"以支定收、收支平衡"原则,即养老保险基金的筹集总额应以预期需给付的养老保险费用总额为依据来确定,大体上保持收支双方的平衡关系。这种平衡包括近期横向收支平衡和远期纵向收支平衡两种形式。

第四,稳定性。稳定性是确保养老保险制度长期、持续运行的关键。为此,须在社会保险方式、基金结构、负担比例、筹集模式以及养老基金运营管理等各个环节建立相对稳定的制度,并通过立法手段确保制度的稳健与可持续性。

3.1.2 养老保险基金的来源与筹集形式

1. 养老保险基金的来源

第一,缴费收入。养老保险的缴费收入是其主要的资金来源渠道,通常根据特定的负担原则，由企业、个人和政府三方共同承担。这种负担方式在全球范围内广泛存在，但具体的分摊比例会因国家的政治、经济、社会及历史文化背景而有所不同。在某些国家，企业承担大部分费用，个人负担较小部分，而政府则通过直接投入或承诺在基金出现赤字时提供弥补来支持养老保险制度。然而，也存在一些例外情况，如新加坡的公积金模式仅由企业和个人承担费用，智利则规定仅由个人缴费。

第二，特别捐税补助。特别捐税补助是政府为扩大社会养老保险基金来源而设立的一种特别性捐税。除了依法从财政预算中直接拨付社会养老保险款项外，政府还通过征收特别捐税来增加养老保险基金的收入。这些收入直接进入社会养老保险基金的特别账户，由相关的社会保险机构独立管理和使用。

第三，基金营运收入。随着各国养老保险制度逐步采用部分积累制或完全积累制的财务机制，养老保险基金的规模不断扩大。基金营运收入逐渐成为养老保险基金的重要来源之一。通过对养老保险基金进行有效的投资运营，可以获得一定的投资收益，这些收益对于提高养老保险待遇水平具有至关重要的作用。

第四，滞纳金和罚金收入。养老保险基金管理机构会对企业因违法欠缴、隐瞒少缴社会保险费而征收滞纳金和罚金。这些滞纳金和罚金全部归入养老保险基金，作为基金的一部分收入。这种做法有助于维护养老保险制度的公平性和可持续性，确保所有企业和个人都能按时足额缴纳社会保险费。

2. 养老保险基金的筹集形式

养老保险基金的征缴率对于其短期和中长期的平衡具有直接的影响，而一个有效的养老保险基金筹集方式则有助于提高这一征缴率，从而确保养老保险制度的持续稳定运行。从全球各国的实践来看，主要存在以下几种常见的养老保险基金筹集形式。

第一，社会保险税。社会保险税是众多国家选择的一种筹集方式。通过社会保险税筹集的养老保险基金，其保障项目通常简洁明了，缴纳和支付均遵循统一标准。这种方式筹集的养老保险基金属于政府财政收入，是政府预算的组成部分。美国是最早利用税收手段筹集养老保险基金的国家，其做法后来也在欧洲各国得到广泛采纳。在某些国家，社会保险税甚至已经超越个人所得税，成为最主要的税种。

第二，养老保险缴费。它是雇主和雇员以共同缴费方式筹集的，并由政府指定的专门机构负责管理和运作，不属于政府财政收入。当出现收不抵支时，政府将通过财政专款补贴养老保险基金。尽管政府财政部门不直接参与养老保险基金的管理和运作，但会监督养老保险基金的收支情况，比如，在德国等实行养老保险缴费的国家，每个保险项目都配有一套相对独立的缴费计算体系。

第三，强制储蓄模式。强制储蓄模式也被称为个人账户制，是政府通过强制储蓄的方式筹集养老保险基金的一种模式。新加坡的中央公积金制度就是这一模式的典型代表。在这种模式下，雇主和雇员的缴费会被存入雇员的私人账户，账户余额及投资收益都属于雇员个人，政府仅部分拥有使用权和调剂权。

3. 养老保险基金三种筹集形式比较

从管理效率、制度约束性和再分配性这三个维度，可以对社会保险税、强制储蓄模式以及社会保险缴费这三种筹集形式进行如下比较。

其一是管理效率。社会保险税和强制储蓄模式相较于社会保险缴费展现出更高的管理效率。具体来说，社会保险税的管理集中在财税部门，而强制储蓄模式的收缴与发放则由住房公积金部门统一负责。这种集中化的管理方式有助于降低管理成本和提高效率。相比之下，社会保险缴费的管理较为分散，不同项目的保险费由不同部门负责征缴，导致管理成本相对较高。

其二是制度约束性。社会保险税由于其强制性特征，其征收、管理和支付都受到严格的法律规定和约束。在强制储蓄模式下，雇主和雇员的缴费直接进入个人账户，形成了强有力的利益约束机制，即没有缴费就没有给付。相比之下，社会保险缴费的征缴与支出主要由地方和部门发布的条例规定，其法律约束性相对较弱，且利益约束性也不如强制储蓄模式强。因此，社会保险缴费的约束机制相对较弱。

其三是再分配性。社会保险税作为一种税收机制，通过将其征收的一部分国民收入从高收入群体转移至低收入群体，实现收入再分配，保障低收入者的基本生活。社会保险缴费虽然也在一定程度上实现了财富在不同收入人群之间的再分配，但由于其与人们的工作收入相关联且没有设免征额，因此无法覆盖没有工作或缺乏劳动能力的人群。这部分人群只能通过社会福利或社会救济项目获得帮助。因此，社会保险缴费的再分配性质相对较弱。而强制储蓄模式的再分配性则更弱，因为其个人账户中的缴费与给付完全取决于个人的收入水平，仅具有个人的生命周期内再分配功能，既缺乏不同年龄人群之间的代际再分配，也缺乏不同收入人群之间的互助共济。

3.1.3　养老保险基金的筹集模式

根据收支平衡的原则，养老保险基金在筹集与支付过程中需要确保两个维度的平衡：横向平衡与纵向平衡。横向平衡是指，在一年内，所筹集的养老保险基金总额应当与同年需要支付的费用总额保持平衡。而纵向平衡则关注参保职工在整个缴费期间的缴费总额与未来可以支取的费用总额之间的平衡。基于这两种平衡关系，形成了两种主要的养老保险基金筹集模式：现收现付制和完全积累制。现收现付制侧重于当年的收支平衡，即以当年的缴费收入来支付当年的养老金支出。而完全积累制则更注重长期平衡，它将参保职工的缴费逐年积累起来，形成个人账户，用于未来的养老金支付。此外，还有一种派生的筹集模式——部分积累制。这种模式结合了现收现付制和完全积累制的特点，既考虑当年的收支平衡，又为未来的养老金支付进行一定的积累。部分积累制旨在在短期和长期之间寻求一种平衡，以确保养老保险制度的可持续性和稳定性。

1. 现收现付制

现收现付制是一种基于短期（通常是一年）横向平衡原则的养老保险基金筹集制度。

在此制度下,养老保险费率是根据当前需要支付的养老金来确定的,以确保在短期内的收入与支出保持平衡。为了避免频繁调整费率和应对可能出现的短期经济波动,通常会保留一小部分流动资金作为储备。现收现付制实质上是一种代际间的互济,即当前在职人群缴纳养老保险费,已退休人群基于此获得养老金。这是一种下一代人供养上一代人的制度,体现了代际间的收入再分配。

2. **完全积累制**

完全积累制,也称为基金制,是基于长期纵向平衡原则的养老保险基金筹集制度。在确定缴费率时,会综合考虑人口、工资、物价、利息等社会经济因素进行宏观测算,以确保养老保险基金积累与其投资收益可以满足未来养老金的支付。同代自养是完全积累制的关键,即每个人在年轻时通过缴纳养老保险费来积累自己的养老金,退休后则从这些积累中支取。这体现了个人生命周期内的收入再分配。

3. **部分积累制**

部分积累制融合了现收现付制与完全积累制的特点,在确定缴费率时,综合考虑了横向与纵向收支平衡。在这种模式下,当期筹集的养老保险费一部分会进入社会统筹账户,用于支付当前的养老金支出;另一部分则会进入个人账户进行积累,以备将来支付个人的养老金需求。部分积累制旨在吸收前两种筹集模式的优点,通过综合性的筹集方法来确保养老保险制度的可持续性和稳定性。

3.2 养老保险基金的给付

养老保险基金的给付遵循社会保险制度的规定,按照既定的条件、标准和程序,由社会保险管理部门负责将基金发放给符合条件的社会成员,以确保他们的基本生活需求得到满足。货币给付是养老保险基金支付的主要方式,具体金额的计算通常基于一个基准收入(如本地平均工资或个人的缴费工资等),并乘以相应的系数来确定养老保险待遇的数额。根据待遇确定方式的不同,养老保险有两种给付类型,分别是待遇确定型(defined benefit,DB)和缴费确定型(defined contribution,DC)。

DB 计划是指先为劳动者设定一个退休后的生活水平标准,然后依据精算原理来确定其应缴纳的养老保险费用。该计划采用以支定收模式,以维持短期横向平衡为主,通常不会有结余。待遇确定型计划往往与现收现付制相关联。

DC 计划则是综合考虑未来的养老金给付压力、基金的保值增值需求、通胀率、企业负担、劳动力市场及薪金等因素,基于保险精算确定一个相对稳定的长期缴费比例或标准,据此筹集养老保险基金,并全额或部分划入劳动者的个人账户中,同时允许这部分基金产生实际或名义上的投资回报。这种计划实质上采用的是"以收定支"的模式,主要维持的是长期的纵向平衡,通常与完全积累制或部分积累制相关联。

3.3 现收现付制与基金积累制的内涵特征

3.3.1 现收现付制与基金积累制的内涵

在分析现收现付制和基金积累制之前,需明确一个核心前提:即社会成员在退休后,通常不再拥有劳动收入。这意味着,为了支持退休期间的生活消费,资金主要来自两方面——养老金收益和工作期间的养老储蓄。

养老金收益的来源有两种不同机制。第一,现收现付制的核心是由当前在职的一代人通过缴费来支撑已退休一代人的养老金给付,是一种代际间的转移支付机制。第二,基金积累制则要求养老金计划的参与者在工作期间进行养老储蓄与投资,以便在退休时使用这些投资回报来养老。它采用个人强制储蓄模式。所以,现收现付制与基金积累制存在根本性的差异。然而,从实物经济和社会资源分配的角度来看,两者都呈现出一种现收现付的性质(Blake, 1982)。这是因为,无论是哪种制度,退休人员所需的产品和服务都是社会总产出的一部分。两者的差异在于依靠不同的方式行使对部分社会产品与服务的要求权。现收现付制依赖政府强制性的财政税收力量,将部分当期社会产品与服务转移给老年人,而基金积累制则通过退休者工作期间的储蓄来换取所需的产品与服务。

3.3.2 现收现付制与基金积累制的特征

从融资的角度来看,现收现付制实质上是一种代际间的转移支付,即由当前工作的一代人承担退休一代人的养老金支付。其主要特点如下。

一是短期收支平衡原则。现收现付制注重当前的资金平衡,所以通常没有大规模的资金积累。这一特性部分规避了通货膨胀导致的基金贬值风险,同时基金投资需求不高,也降低了基金保值增值的压力。

二是人口结构老化的挑战。现收现付制的长期收支平衡极易受到老龄化冲击。随着老年人口占比攀升,养老待遇水平可能会减少,又或劳动人口的缴费负担会增加。老龄化加深可能使其面临清偿风险,极端情况下甚至有可能走向破产。

三是政府的担保责任。在现收现付制中,政府扮演着最后担保人的角色。因此,清偿风险有可能转化为政治风险,对政府的稳定性和信誉造成影响。

相对而言,基金积累制则是一种"代内自养"的方式,即个人在工作期间进行养老储蓄,用于退休后的消费。基金积累制的主要特征包括以下几方面。

一是缺乏收入再分配功能。基金积累制几乎不具备收入再分配的功能。即使是完全积累制的养老金计划,也不会对下一代人的福利产生影响。比如,规定缴纳比例的积累制计划的养老金水平是基于个人的缴费记录与投资收益确定的。由此,积累制下的参保人之间不存在代内收入再分配。这种制度下的养老金收益实际上是一种延迟支付的承诺,即将部分短期消费转化为养老投资。

二是依赖于资本市场投资回报。在基金积累制下,养老保险的缴费通常会被分散投资于各种金融产品,如权益类证券、固定收益类证券等,以期通过资本市场投资获得回报。这意味着基金积累制的养老投资报酬来自资本市场。

三是高营运成本和风险。基金积累制需要管理巨额的资金,并寻找合适的投资机会和理想的投资工具。因此,基金积累制的成功与否取决于养老基金运营公司的运营能力、资本市场的有效性以及法律监管体系的健全程度。相较于现收现付制,积累制在长期营运过程中面临更为复杂且多样的风险,其中包括通胀风险、经济周期风险、金融危机风险等。

3.4 现收现付制和基金积累制的运行管理

3.4.1 现收现付制的基本原理

在实践中,现收现付制的运用早于对其的理论探讨。其实际运作可以追溯至俾斯麦时期,而理论层面的探讨则始于1958年萨缪尔森所发表的一篇经典论文。该文初步挖掘了现收现付制背后的经济学原理。接下来,将详细介绍萨缪尔森的世代交叠模型,并首先聚焦于两期世代交叠模型下现收现付制的缴费报酬率。模型的基础假设包括:每一代人都经历工作和退休两个阶段,人口增长率用 n 表示,技术进步率则设等于 0;模型不考虑投资储蓄等金融因素,也就是所有产品当期生产当期消费。在这样的设定下,现收现付制要求就业人口将工资的 θ 比率作为养老保险税上缴,政府则利用这些税款为同期的退休人口提供养老金。为了保证该制度的持续运行,必须确保每一代人获得的养老金报酬率与人口增长率保持一致。

具体分析过程如下。

假设 t 期的工人数量为 L_t,工资率为 w,人口增长根据 $L_{t+1}=(1+n)L_t$,t 时期工人缴纳税收 $T_t=\theta w L_t$,这一期退休人口所获得的养老金 B_{t+1} 等于当期工人缴纳的税收,于是 $B_{t+1}=T_{t+1}=\theta w L_{t+1}$。这样,退休人口获得的养老金与其缴纳的税收比例,即养老储蓄的报酬率为 $B_{t+1}/T_t=T_{t+1}/T_t=L_{t+1}/L_t=1+n$。

由此可知,现收现付制允许不存在任何金融产品的条件下进行养老储蓄并在退休期进行养老消费。假定技术进步率为 g,也就是劳动生产率为 g,当劳动生产率增长与实际工资增长相等时,工资增长率也将等于 g,即 $w_{t+1}=(1+g)w_t$,于是,微观个体的退休期养老金与其工作期缴费之比是:

$$B_{t+1}/T_t=T_{t+1}/T_t=\theta w_{t+1}L_{t+1}/\theta w_t L_t=(1+g)(1+n)\approx(1+n+g)$$

于是,养老保险缴费的报酬率大约为 $n+g$,在现收现付制下,参保的缴费回报率等于人口增长率和劳动生产率之和。

现收现付制有几个核心参数值得细致分析。这些参数不仅影响养老保险体系的运行效率,还直接关系每一代人的福利水平。

赡养率(DB_t)= 退休人口(老年人口)/就业人口

$$\mathrm{DB}_t = \frac{N_{t-1}}{N_t} = \frac{1}{1+n}$$

老年人口比重越高,赡养比率就越高,相反,就业人口增长越快,赡养比率越低。

$$替代率(\mathrm{RR}_t) = 养老金/工资$$

$$\mathrm{RR}_t = \frac{B_t}{w_{t-1}} = \theta(1+g+n)$$

替代率受多种因素的共同影响,具体包括养老保险缴费率、人口增长率、劳动生产增长率(或工资增长率)等。据此,还可以进一步推断出养老保险缴费率的变化趋势和水平。

$$\theta = \frac{\mathrm{RR}_t}{(1+g+n)}$$

上式表明,在人口增长率与劳动生产增长率之和下降时,若要维持养老金替代率不变,养老保险缴费率需要增加,这意味着社会养老负担上升。

除了能让每代人的消费水平保持稳定外,现收现付制还能给第一代退休人员带来额外的收益。这意味着,这一代人在退休时获得的养老金,无须以工作期缴费或纳税为前提。所以,在不考虑资本积累时,现收现付制的实施对经济整体而言是一种帕累托改进,即在不损害任何人利益的前提下,至少改善了一部分人的境况。

3.4.2　现收现付制模型在一般经济下的理论拓展

前文所述的世代交叠模型的核心假设是经济环境中不存在金融产品和资本市场,也就是微观个体无法通过储蓄实现养老。于是,现收现付制的引入成为一种实现帕累托改进的有效策略。然而,为了更准确地反映现实世界的复杂性,需要在模型中进一步融入资本市场和养老储蓄的元素。

在一个拥有资本市场和养老储蓄选项的经济体中,世代交叠模型仍然具有适用性,但此时的经济环境已经不再是一个纯粹的没有资本和储蓄行为的经济体了。在动态有效的经济环境下,引入现收现付制养老金体系会使初始一代人受益,而未来代际人群可能遭遇福利损失。尽管如此,在满足某些特定假设的条件下,整个社会的福利净损失有可能降至零。若是在动态无效的经济环境中引入现收现付制,现收现付制养老金制度依然会展现出帕累托改进。

接下来是具体的推导过程。

假定现收现付制下第一代退休者得到的额外收益是 T_0,随后每一代就业人口的报酬率为 $(1+g)(1+n)-1=\gamma$。资本市场可以使储蓄获得收益率 ρ。在动态有效的经济环境中,ρ 需要大于经济增长率 γ(Cass, 1965)。因此,除了第一代老年人之外,引入现收现付制后的每一代人都会面临潜在的福利损失。这是因为,在现收现付制下,养老金计划的报酬率往往低于资本市场所能提供的投资报酬率。换句话说,如果个人能够将资金自由投资于资本市场,可能会获得更高的回报。

在一个动态有效的简单经济模型中,所有后续代际因现收现付制而遭受的消费损失的现值总和,恰好等于第一代退休者所获得的额外养老金收益,也即意外收益。这意味着,从整个社会的长远角度来看,现收现付制的引入可能并不会导致整体的福利净损失,而是将资源和财富在代际之间进行了重新分配(Feldstein,1995a,1995b;Murphy & Welch,1998)。第一代退休人口的意外获益是 $T_0 = \theta w_0 L_0$。每代人缴纳的养老保险税为 $\theta w_t L_t$,投资收益是 $\gamma \theta w_t L_t$。假如全部资金投资于资本市场,个人的收益是 $\rho \theta w_t L_t$。于是,t 时期的就业人口的收入损失是 $(\rho - \gamma) \theta w_t L_t$。这部分损失在人们退休期间实现,损失的现值为 $(\rho - \gamma) \theta w_t L_t / (1 + \rho)$。由于工资增长率是 g,人口增长率是 n,上式转化为 $(\rho - \gamma) \theta (1 + \rho)^{-1} w_0 L_0 (1 + \gamma)^t$。所有代际损失的现值是(从 $t = 0$ 到无限期):

$$(\rho - \gamma)(1 + \rho)^{-1} \theta w_0 L_0 \sum_{t=0}^{\infty} \frac{(1 + \gamma)^t}{(1 + \rho)} = \theta w_0 L_0 = T_0$$

经过推导,可以得知第一代退休者所获得的养老金(即额外收益)在数值上与所有后续代际的消费损失现值总和相等。这一结论依赖于三个关键的隐含假设。首先,个人的储蓄收益率必须等于资本的边际收益率,这意味着不存在资本收入税的影响;其次,资本的边际收益率需要等同于代际消费折现率,以确保跨期消费的公平性和效率;最后,人口增长率被视为外生变量,可避免微观个体劳动力供给决策的扭曲。以上结论与这三个假设紧密相连,缺一不可。

3.4.3 完全积累制的基本原理

在完全积累制下,$t-1$ 期的工作期微观个体按比例 τ 缴纳养老保险费,且由金融机构投资于资本市场;t 期的退休期微观个体将依据缴费总量和投资收益率 r 获得养老金。t 期的养老金等于 $p_t = (1 + r) \tau w_{t-1}$。

在完全积累制养老金体系中,长期资本报酬率主要由资本和劳动这两种生产要素的相互作用决定。为了更深入地理解这一过程,可以借鉴索洛(1956)的新古典经济增长模型。

索洛模型遵循规模报酬不变和要素边际报酬递减规律,假定产出由资本与劳动共同决定。这意味着,随着资本或劳动投入的增加,每单位额外投入所带来的产出增加会逐渐减少。当资本和劳动两大要素市场达到均衡状态时,资本的价格就是利率,劳动的价格就是工资,也分别等于资本和劳动两大要素的边际生产率。

在完全积累制下,长期资本报酬率将受资本市场均衡状态、劳动市场状况以及生产要素边际生产率等多种因素的共同影响。从长期视角审视,劳动力增长率为 n,即 $N_t = N_0 (1 + n)^t$。若以每期人均消费量最大化作为评价长期经济效率的标准,索洛模型提出了经济增长的黄金定律:当经济的资本增长率恰好等于劳动力增长率与劳动生产率增长率之和时,经济将处于最优增长路径上,此时的利率即为长期动态下的最优利率。

以下是对完全积累制下资本增长与利率确定问题的分析。首先,假定总储蓄包括两部分：一部分是转化为资本的储蓄，另一部分是就业人口的养老储蓄。根据索洛模型，第一部分储蓄主要来自资本的利润，即资本家通过积累资本所得进行储蓄，并全部转化为资本 K。第二部分储蓄则是工作期微观个体的养老储蓄 τw_{t-1}，每个劳动者的养老储蓄累积形成全社会的养老储蓄总额 $\tau w_{t-1} N_{t-1}$。

在完全积累制下，经过多代人的积累和传递，每一代人的养老储蓄将同时作为另一代人的养老金给付。因此，第二部分的养老储蓄与养老金给付之间将保持一种相对稳定的状态。尽管在实际操作中可能无法清晰区分这两种不同类型的储蓄，但一个封闭经济的总储蓄去向是明确的：第一部分将转化为资本，用于维持经济中人均资本的不变（即替换损耗的折旧资本）和推动人均资本的增长；而第二部分则用于维持与现有现收现付制相同的养老基金收支平衡。当经济进入黄金增长路径时，经济的资本增长率将等于劳动力增长率与劳动生产率增长率之和；利率将达到长期动态下的最优水平；养老保险体系也将实现可持续的收支平衡。这意味着，在完全积累制下，通过合理的储蓄和投资安排，可以同时实现经济增长和养老保障的双重目标。[①][②]

$$\frac{K_t - K_{t-1}}{K_{t-1}} = r - \delta = n + \lambda$$

在该经济体系中，资本的边际报酬率（亦即利率 r）在扣除资本折旧率 δ 之后，应等于人口增长率与劳动生产率增长率 λ 之和。换句话说，为了实现经济的可持续增长，资本回报在弥补损耗后，还需足够支撑人口和劳动生产率的增长。当经济步入黄金增长路径时，资本的边际报酬率等于折旧率、人口增长率和劳动生产率增长率三者之和，也就是 $r = n + \lambda + \delta$；净利率则是 $r_{net} = n + \lambda$；整理可得 $p_t = (1 + n + \lambda) \tau w_{t-1}$。

分析发现，无论是现收现付制还是完全积累制，养老金体系的收益率是相同的，也就是，只要养老金体系能够保证经济的最优储蓄率，养老金增长的物质基础就是完全一致的。换言之，养老金增长的唯一物质源泉是下一代就业人口的增长及其劳动生产率的提高。

若现收现付制下的经济总储蓄不足，也就是当实际利率高于黄金增长路径下的最优利率时，若引入基金积累制，提高国民储蓄率，利率就能够回到黄金增长路径下的最优利率。此时，养老金体系从现收现付制过渡到基金积累制，既可提升经济效率，又能实现养老金体系的帕累托改进。

3.4.4　两大体系优缺点的比较

1. 两大体系稳健运行的基本前提

现收现付制和基金积累制是两种不同的养老保险筹资方式，它们的平稳与健康运行需要满足特定的条件。这里，将重点讨论这两种体系平稳运行的两个最基本前提。

---

① 袁志刚. 中国养老保险体系选择的经济学分析 [J]. 经济研究，2001（05）：13-19.
② 封进. 中国养老保险体系改革的福利经济学分析 [J]. 经济研究，2004（02）：55-63.

第一,从福利的角度来看,养老保险体系的选择与经济的资本存量密切相关。具体来说,如果经济的资本存量超过了黄金律所需的资本存量,那么现收现付制的养老保险体系将更有利于提高经济福利。相反,如果经济的资本存量低于黄金律水平,那么基金积累制的养老保险体系在福利方面将更为合适。然而,值得注意的是,对于具有不同储蓄率的经济体而言,并不存在一个普遍适用的"最佳"养老保险体系。因此,需要根据经济的具体情况来选择合适的养老保险制度。从经济增长和国民福利的角度出发,当经济处于动态无效状态时,现收现付制通常是一个更为合适的制度选择;而当经济处于动态有效状态时,基金积累制则更为合理。这样的选择能够确保养老保险体系与经济状况相匹配,从而实现经济的平稳运行和国民福利的最大化。

第二,在两种不同的养老保险体系下,老年人获取养老金的方式存在显著差异。在现收现付制下,政府承诺并通过强制税收体系确保养老保险体系的稳定运行,从而保障老年人对养老金的要求得到满足。然而,如果政府的强制税收体系存在缺陷,或者财政压力过大,就可能导致参保者对现收现付制的养老保险体系失去信心,进而引发逃避征缴等严重问题。因此,在现收现付制下,降低养老保险体系的政治风险、确保公众对体系平稳运行的信心以及塑造稳定的预期至关重要。相比之下,在基金积累制下,养老保险体系的平稳运行则依赖于养老基金的保值增值。这就要求建立高效率的养老保险基金管理与投资机构,以及健全的资本市场。特别是健全且高效率的资本市场,对于有效配置数额巨大的养老保险储蓄,将其转化为未来生产能力具有关键作用。而这些投资能否真正转化为未来的生产力,是未来老年人是否有足够物质基础进行消费的关键所在。因此,在基金积累制下,养老保险体系的健康运行需要健全的资本市场和有效的基金管理机构作为基本保障。

2. 现收现付制和基金积累制在效率和公平方面的对比

养老保险体系有三大功能,即储蓄功能、保险功能与再分配功能。其中,储蓄功能是个体在工作期进行积累,为退休期的消费支出做好充分准备。在现收现付制下,这一功能通过代际间的转移支付来实现,即由当前的工作一代来支付退休一代的养老金,进而替代个体的私人储蓄。保险功能是养老金体系为个体构筑经济安全网,如养老金可作为个人长寿风险和收入风险的保障。这种具有强制性的保险功能,不仅可在代际间实现风险的有效共担,也能在代内生成风险共担的效应。再分配功能是通过代内与代际间的第二次收入分配,实现社会或政府期望达成的收入分配格局。基金积累制和现收现付制在这三大功能上的表现并不完全相同。通常认为,基金积累制在储蓄功能上更为突出,而现收现付制则在保险和再分配功能上更为显著。这种功能上的差异导致了关于两种养老保险体系优劣的广泛争论。这些争论往往从效率与公平的角度出发,对两者进行比较和评价。至于选择哪种体系更为合适,需要根据具体的国情、经济社会发展阶段以及人口结构等因素进行综合权衡。在这种权衡中,效率与公平的平衡成为一个关键考量点。

在确定养老保险体系是通过现收现付制还是完全积累制为老年人提供养老金时,必须深入考虑效率与公平之间的平衡。这种权衡是评估两种体系优劣的关键视角。养老保险体系的初衷在于构建一道安全屏障，保护老年人免受贫困的侵袭，并为他们可能面临的生活水平急剧下降的风险提供坚实保障。然而，这一体系在运行过程中不可避免地会对个人的经济行为产生影响，如消费储蓄决策、劳动力供给选择等，进而可能引发资源分配的扭曲和效率损失。于是，从效率的角度出发，养老保险体系的设计应致力于最小化这种扭曲效应，以实现经济资源的最优配置。这就要求在制度设计时精心权衡保障与效率之间的关系，确保在提供必要保障的同时，尽可能减少对市场机制的干扰。同样地，公平也是养老保险体系设计中不可或缺的因素。一个理想的养老保险制度应当在保护老年人免受经济风险的同时，确保不同群体之间的公平待遇。这包括代际公平和代内公平，即养老金的分配既要体现当前工作一代与退休一代之间的合理负担，也要确保同一代人内部的相对公平。所以，最优的养老保险制度选择必须在两大目标——效率与公平——之间进行审慎权衡。这需要根据具体的经济社会条件、人口结构变化以及财政可持续性等因素进行综合考虑，以期在保障老年人福祉的同时，实现经济的高效运行和社会的和谐发展。

从保险和收入再分配的角度来看，现收现付制的养老保险体系为个人提供了多重风险保障。具体来说，这种制度通过"累进"的年金式养老金，有效地为个人在整个生命周期中可能面临的收入风险和寿命风险提供了保障。同时，与通货膨胀率挂钩的养老金调整机制，也为个人抵御通货膨胀风险提供了有力支持。此外，在现收现付制下，老年人的养老金水平与青年人的收入直接挂钩，这不仅体现了代际间的紧密联系，也在一定程度上实现了代际风险的共同分摊。在现收现付制下，个人的养老金水平实际上是一种政府承诺。这意味着政府有权调整养老金水平，从而给个人带来一定的政治风险。此外，这种制度下的保险功能与收入再分配功能往往紧密相连，难以完全区分。相比之下，基金积累制的养老保险体系在保险和收入再分配方面的功能相对较弱。在基金积累制下，个人的养老金主要依赖于其个人账户的养老储蓄。然而，在私人保险市场上，由于逆向选择等问题的存在，目前尚缺乏有效机制为个人提供针对收入风险和寿命风险的年金保险。同时，私人市场提供的年金通常不会根据通货膨胀进行调整，这进一步削弱了其保险功能。此外，基金积累制在代际收入再分配和代际风险分摊方面的作用也相对有限。总体而言，现收现付制在保险和收入再分配方面表现出更强的功能，更加注重对老年人的保护和公平原则。然而，这种制度也可能改变个人的经济决策，如代际收入转移替代个人生命周期储蓄、缴费与收益联系不紧密导致的劳动力供给决策变化等。这些变化都可能引发经济的扭曲性效率损失。而基金积累制由于将个人养老金水平与养老储蓄紧密挂钩，对个人经济决策的影响较小，因此可能产生的效率损失也相对较低。

从经济学的角度出发来选择适合的养老保险体系，不仅需要从理论上深入分析现收现付制和基金积累制的各自优势与不足，更为关键的是，这一选择必须紧密结合国家的具体国情来进行。而国情涵盖诸多方面，包括但不限于一国的经济发展水平、财政状况、人口结构、文化传统以及社会保障需求等。因此，根据这些具体国情，在效率与公平这两大核心价值之间找到恰当的平衡点，进而设计出一个既符合经济规律又满足社会需求的养老保险体系，无疑是一项极具挑战性的任务。

3.5 待遇确定型计划

3.5.1 DB 计划的内涵

DB 计划是一种为雇员提供稳定退休收入的养老金计划。该计划预先明确了参与者退休后的养老金计算方法和养老金权益的获取规则。一般而言，参与者所累积的养老金权益与其参与计划的年限、计算养老金权益前的历史薪资水平等因素息息相关。同时，退休后能够享受的养老金待遇则紧密依赖于参与者在退休前的工资水平和工龄长短。

通过 DB 计划，雇员得以在退休后拥有稳定的收入来源，从而无须过度担忧老年生活的经济问题。更为重要的是，这类计划通常是由雇主承担全部的缴费责任。因此，与养老金投资相关的所有风险也由雇主一并承担。这意味着，一旦投资收益未能达到预期水平，雇主将需要增加额外的缴费来弥补资金缺口，以确保雇员的养老金权益不受资本市场波动的影响。简而言之，DB 计划为雇员提供了一个安全、稳定的退休收入来源，并有效地将投资风险转移给了雇主。

然而，DB 计划的一个显著缺点是没有为每位参与者设立独立的个人养老金权益账户。这种结构的缺失导致养老金权益的转移性大受限制。当参与者需要从一个计划转移至另一个计划时，他们既得的养老金权益往往难以顺利携带。尽管可以通过预设的公式来尝试计算这些既得权益，但在实际操作中，将这些权益整合进新的 DB 计划却非易事。

从风险管理的视角审视，DB 计划向参与者承诺提供终身的养老金待遇，且这种待遇往往与参与者退休前的工资水平紧密挂钩。这样的承诺无疑让雇主承担了巨大的风险，其中包括长寿风险、通货膨胀风险和利率风险等。长寿风险源于参与者可能活得更长，从而需要支付更多的养老金；通货膨胀风险则意味着养老金的实际购买力可能会随时间推移而下降；而利率风险则关乎养老金投资回报的不确定性。所有这些风险最终都由雇主来承担，这无疑增加了 DB 计划的运营难度和不确定性。

3.5.2 DB 计划的分类

DB 计划主要有两种方式来设定养老金待遇，分别是固定给付计划和单位权益计划。在固定给付计划中，参与者退休后获得的养老金数额是固定的，与其过去的工龄和工资水平无关。这类计划通常会设定一个最低工作年限要求。如果参与者的工作年限未达到这个标准，其养老金待遇将会按比例相应减少。这种方式常见于对所有参与者提供统一补贴的情况，比如，我国当前的城乡居民基本养老保险基础养老金支付就是采用这种模式。单位权益计划具体界定了在每一单位时间内个体能够累积的养老金权益。"单位时间"的界定通常与工资发放和养老金领取的周期保持一致。在该类计划中，养老金权益的数额确定方式多样，既可以是固定的数额，也可以与个体退休前的最后平均工资或其在工作期间的平均工资相关联，按照特定的比例进行计算。参保人退休后可领取的养老金总额是其在计划中累积的所有养老金权益的总和。

3.5.3 DB 计划的特征

为了抵消通货膨胀对养老金实际购买力的侵蚀，通常，DB 计划会引入指数化调整机制来设定养老金待遇，将养老金待遇与特定的指数（如价格指数、工资指数或预设的固定指数）挂钩。虽然这种方法理论上能确保养老金的长期充足性，但由于其带来的较高成本，实际应用中并不普遍。荷兰的职业年金计划便是这种指数化调整待遇设计的一个实例。再比如，我国城镇职工基本养老保险中的基础养老金待遇也会根据经济发展和物价变动等因素进行调整，以确保养老金的实际购买力不下降。

在资金筹集方面，DB 计划通常采取雇主缴费的方式，也存在雇主与雇员共同缴费的少数情况。这些缴费及由此产生的投资收入将用于支付未来的养老金待遇。无论缴费责任是由雇主单独承担还是共同承担，一旦养老基金的累积资金不足以支付应得的养老金，雇主都需要额外承担缴费责任以确保计划的持续运行。在 DB 计划框架下，养老金待遇水平是提前确定的，而计划的成本、负债以及偿付能力则会由专业的精算师进行定期评估。基于这些评估结果，缴费水平也会根据计划的偿付能力状况进行相应调整。

在发展初期，多数 DB 计划采用的是现收现付模式，即依靠当期收入来支付同期的养老金支出。这种模式在 20 世纪 70 年代之前的美国 DB 计划中非常普遍。然而，该模式存在一个显著缺陷，它缺乏将负债与资产相对应的管理机制。因此，一旦企业面临经济困境，如亏损或破产，其员工的养老金权益将无法得到充分保障。为了弥补这一缺陷并保障员工权益，美国政府于 1974 年颁布了具有里程碑意义的《雇员退休收入保障法案》（ERISA）。该法案明确要求职业年金计划必须建立基金积累制度，且基金的累积规模应至少等于计划成员所累积的养老金权益总额。这一规定实际上推动了完全基金积累制度的建立。此外，为确保养老基金的独立性和安全性，ERISA 法案还进一步规定，养老基金必须与雇主的资产进行严格分离管理。这一举措有效防止了雇主财务状况对养老基金的不利影响，从而为员工的养老金权益提供了更加坚实的保障。

在全球范围内，养老金计划的融资模式普遍趋向于建立基金积累制，这使 DB 计划的资产负债管理成为其风险管理的核心环节。为进一步加强 DB 计划的风险防控，部分国家还采用了类似再保险的保证机制。以美国为例，其在《雇员退休收入保障法案》的指导下，设立了 DB 计划养老金待遇担保机构（PBGC）。该机构要求设立 DB 计划的企业缴纳一定费用，以形成风险共担机制。当养老金计划因故终止，且计划资产无法覆盖其负债时，PBGC 将承担补偿责任，确保参与者的养老金权益不受损害。英国在 2004 年的养老金法案中也采纳了类似策略，通过建立养老金担保基金来为 DB 养老金计划提供额外保障。这些举措共同增强了 DB 计划的稳健性和可持续性，为参与者提供了更加坚实的养老金保障，有效缓解了他们对未来养老问题的担忧。

3.6 缴费确定型计划

3.6.1 DC 计划的内涵

DC 计划，即缴费确定型养老金计划，是一种为参与者提供退休收入的储蓄机制。在此计划中，缴费水平是预先设定的，无论是固定金额还是基于特定基数（如工资、企业利润或股权）的一定比例。这些缴费及其随后的投资收益均会被详细记录并单独管理在每位参与者的个人账户中。DC 计划赋予参与者较大的自主权，他们可以根据自身的风险承受能力和投资目标，在提供的选项中选择适合的投资方式。然而，这种自主权也意味着参与者需要自行承担因投资决策而产生的风险。当达到退休年龄时，参与者可以选择一次性提取个人账户中的全部累积资金，或者将其转换为退休年金形式定期领取。退休年金的数额将根据个人账户的累积余额以及当时的年金转换率来确定。

3.6.2 DC 计划的分类

根据不同的缴费方式，DC 计划可以进一步细分为多种类型，如定期缴费计划、利润分享计划和雇员股权计划等。这些不同类型的 DC 计划为参与者提供了灵活的退休储蓄选择。

定期缴费计划是一种养老金储蓄机制，要求雇主或雇员按预定的金额或工资比例定期向该计划缴纳费用。这一金额或比例在设定后往往保持稳定，仅在特定情况下并经过相应审批流程后才可能进行调整。以美国的货币购买计划为例，它就是一种典型的定期缴费计划。在此类计划中，雇主会定期向雇员的个人账户存入固定金额或工资的一定比例作为养老金缴费。在税收方面，雇主在规定费率或上限内的缴费可以享受税收减免优惠，而雇员的缴费则需使用税后收入进行，且不能直接从工资中预扣。无论是雇主还是雇员的缴费，都会汇入雇员的个人养老金账户。当达到规定的退休年龄时，雇员通常会使用个人账户中的累积资金来购买生存年金，以确保退休后能够获得稳定的定期养老金收入。然而，如果在退休前出现雇佣关系中断或养老金计划终止的情况，雇员可以选择一次性提取个人账户中的所有资金。同样地，如果雇员在退休前不幸去世或遭受永久性伤残，他们或其受益人也有权一次性领取个人账户的累积余额。这一机制为雇员提供了一定的灵活性和安全保障，确保他们在不同情况下都能获得应得的养老金权益。

利润分享计划是一种独特的养老金计划，其核心在于雇主将公司利润的一部分用于员工个人账户的缴费。这种设计旨在将员工的养老金收益与企业的业绩表现紧密相连，从而激发员工更高的工作热情和效率，进而推动企业整体生产率的提升。在利润分享计划中，通常不要求雇员承担额外的缴费责任，但为他们提供了自愿缴费的选择。当雇主决定进行利润分享时，这些资金会按照既定规则分配给每位员工。分配方式通常基于员工的工资比例，确保每位员工都能公平地分享到企业的成功发展。有些计划还会综合考虑员工的工龄和工资水平，以更全面地反映他们的贡献和价值。然而，由于企业利润的波动性以及养老金计划中利润分享比例的可能调整，每位员工实际获得的缴费金额并不是固定的。这种动态调整机制要求员工不仅关注个人的工作表现，还要积极关注企业的整体发展状况。

在美国，雇员股票红利计划和雇员股权计划是两种重要的养老金计划，它们主要投资于雇主公司的股票，并以公司股权的形式进行分配。这两种计划在分配雇主缴费时，通常采用与利润分享计划相似的方法，即根据参与者工资在所有参与者工资总额中的比例来确定分配金额。为了确保以股权形式存在的养老金权益的价值得到保障，美国的相关法规明确规定，如果退休后获得的公司股票因某种原因无法在资本市场上自由交易，雇员有权将股票反售给雇主，交易价格应以当前的市场价格为准。这一规定为雇员提供了额外的保障，确保他们能够公平地获取自己应得的养老金权益。股权计划对雇主而言具有很大的吸引力。第一，它可以稳定公司的支持者基础，增强员工对公司的忠诚度和归属感。第二，通过股权计划进行养老金缴费，雇主可以避免因出售股票而产生的额外费用，从而降低成本。然而，这种计划也存在一定的风险。由于投资主要集中在雇主公司的股票上，因此无法有效地分散投资风险。一旦公司股价出现大幅波动或经营状况不佳，雇员的养老金权益可能会受到较大影响。

3.6.3 DC 计划的特征

DC 计划通过预先设定缴费金额，并以个人账户的形式记录缴费及投资收益，从而增强了养老金权益的透明度。这种安排不仅便于雇员理解和接受自己的养老金状况，同时也方便其在不同工作间转移和携带养老金权益。

尽管 DC 计划有其独特的优势，但其提供的退休待遇并非固定不变。实际上，退休后的养老金水平取决于多个因素，包括缴费金额、投资回报以及退休后选择如何领取账户中的资金。即便缴费金额是预先确定的，投资回报仍可能受到金融市场波动的显著影响。特别是在金融危机时期，养老基金可能会遭受重大损失，导致退休人员的养老金待遇大幅下降。

此外，对于那些选择将养老金以年金形式领取的雇员来说，他们还需要面对长寿风险和利率变动风险。这些风险可能导致年金支付水平下降，从而影响退休生活的质量。

在 DC 计划中，采用完全基金积累的个人账户管理方式。这意味着雇主和雇员的缴费都会直接计入个人账户，账户中的资金将用于投资以积累养老金。通常，DC 计划会对雇主缴费归属个人账户设定特定规则。例如，可能要求雇员达到一定的工作年限后，才能完全获得雇主缴费部分的权益。如果未能满足这些条件，雇员可能只能获得部分权益。对于那些因未达到既得权益条件而被收回的缴费和投资收入，DC 计划通常会进行再分配。这些资金可以被重新分配给其他参与计划的成员，或者用于减少下一年度的雇主缴费负担。这种安排有助于保持计划的财务稳健性，并确保所有成员都能公平地分享养老金资源。

大多数 DC 计划都享有税收优惠，这一点在各国养老金政策中普遍存在。以美国为例，政府通过税收延迟政策为 DC 计划提供税收优惠。具体来说，雇主和雇员可以使用税前收入向个人账户缴费，这意味着在缴费环节就可以减少应纳税额。此外，个人账户中通过投资所获得的收益在一定期限内也可以享受减税或免税待遇，这进一步鼓励个人进行养老金储蓄。可是，政府通常会设定税收优惠的最高限额，以确保公共财政的可持续性和公平性。只有当养老金最终从个人账户中提取并用于退休生活时，才会对这部分资金征收个人所得税。这种税收延迟政策有助于鼓励个人进行长期养老储蓄，并为退休后的生活提供稳定的收入来源。

3.7 DB计划和DC计划的比较

DB 计划和 DC 计划各有特点。虽然它们在提供老年退休收入的经济保障方面有着共同的目标，但在待遇水平、成本大小以及风险分担等方面存在显著的差异。

在相同条件下，人们普遍认为 DB 计划的养老金待遇相较于 DC 计划会更高。在 DB 计划中，养老金的支付是遵循一个预设的公式，这个公式通常会将工作年限和退休前的工资作为决定因素。因此，不论工作期间的工资增长情况、金融市场的波动，还是退休后寿命的延长，都不会影响已经承诺的养老金待遇。这意味着工资增长的风险、投资风险和长寿风险等均由雇主来承担。与此相反，在 DC 计划中，雇主的责任仅限于向个人账户缴费。雇员的养老金水平则会受到多种因素的影响，包括缴费的多少、缴费的年限、投资回报率，以及退休时转换为年金的价格等。因此，DC 计划下的养老金待遇存在不确定性。特别是金融风险会直接影响个人账户的价值，而人口寿命的延长则可能导致退休后的待遇降低。再者，由于投资风险主要由个人承担，且大多数人缺乏投资知识和信息，因此许多人会选择相对保守的投资策略。有研究显示，DC 计划的投资回报率普遍低于 DB 计划。根据美国政府会计署（U.S. Government Accountability Office，GAO）的分析，一个为同一家企业工作至退休的雇员，在 DB 计划下所获得的退休金通常会高于在相同条件下的 DC 计划（Bodie, 1989）。此外，大多数的 DB 计划还会为雇员及其家属提供包括死亡、失能、医疗等在内的附加保障，而这在 DC 计划中通常是没有的。然而，对于那些经常更换工作的雇员来说，DB 计划相较于 DC 计划，可能提供的待遇水平较低，原因在于，在养老金权益的积累过程中，大多数 DB 计划有滞后性与后置性的特征。滞后性指的是，DB 计划通常会明确规定获得养老金权益的最低工作年限，通常是 5—10 年。如果雇员在这个期限之前离开计划，他们可能无法获得养老金权益，或者只能获得部分已积累的权益。后置性则是指，越接近退休，每年工作所积累的养老金权益就越多。这种设计有利于留住优秀员工、稳定员工队伍，但对于频繁流动的员工来说，他们可能会损失养老金权益。同时，DB 计划的既得权益规定较为严格，这可能导致流动员工在转出时的既得养老金权益受到影响。相比之下，DC 计划下每年获得的养老金相对稳定，且既得条款的规定较为宽松，因此对流动员工更为有利。

从管理成本的角度来看，DB 计划需要定期进行成本和负债的测算，这是基于预定的养老金待遇来进行的。这一过程要求具备较强的资产负债管理技术，因此，其精算成本相对较高。而 DC 计划虽然在计划设计上也需要运用精算技术来定期评估养老基金达成养老金目标的情况，但由于其并没有设定严格的养老金待遇目标，因此其精算成本相对较低。然而，若从账户管理和投资成本的角度来考虑，DC 计划因为需要为每个雇员分别建立个人账户，并且雇主在提供专门的投资咨询服务后，由雇员个人做出投资决策，这一过程中涉及的管理环节和投资选择较多，因此 DC 计划的管理成本和投资成本会相对较高。

从风险管理的视角来审视，DB 计划所面临的因工资增长、利率波动、寿命延长等因素导致的负债增加，这些风险均由雇主一方来承担。同样，由投资风险和利率下滑所带来的资产损失，也是雇主的责任。为了确保计划的偿付能力，雇主需要对这些新增的负债进行额外的缴费。在某些国家，还存在强制性的 DB 计划待遇保证机构，这类机构的功能类似于再保险。例如，前面所提及的美国的 PBGC 和英国的养老金担保基金，雇主需要向这些待遇保证机构缴纳费用。从投资管理的角度来看，DB 计划运用的是集体账户管理模式。在这种模式下，投资决策是委托给专业的投资机构来执行。这种集中化的投资管理方式能够充分发挥资金规模的优势，提高投资效率，从而更有效地追求优化的投资回报。

在 DC 计划中，投资决策及其伴随的投资风险均由雇员个人承担。同时，通货膨胀风险和长寿风险这两大长期风险也落在了个人的肩上。由于个人在选择投资时往往会倾向于保守策略，这就可能导致投资回报低于通货膨胀率，进而使个人账户中的基金面临贬值的风险。此外，当个人账户资金需要转换为年金时，还会遇到长寿风险和年金转换时价格上升的风险等其他挑战。

3.8 混合计划

3.8.1 混合计划的含义

混合计划融合了 DC 计划和 DB 计划的特点，它综合了两者的优点，可为参与者提供一个综合性的解决方案，该方案既融合了 DB 计划所提供的待遇担保特性，又兼具 DC 计划中养老金权益的透明度和便携性优势。这种计划的代表性类型包括 20 世纪 80 年代在美国兴起的现金余额计划和养老金权益计划。在监管和税收政策方面，混合型计划会根据其自身的特性，被归类到 DB 计划或 DC 计划中。

DB 型混合计划融合了 DB 计划和 DC 计划的特色，保留了 DB 计划的基本特征，即对养老金待遇进行预先承诺，计划资产通过混合基金（commingled funds）进行投资，相关的投资风险由计划发起人承担。在监管层面，它遵循与传统 DB 计划相同的规定，涵盖领取养老金的最低要求、既得权益的积累和归属规则、最低融资标准等，并需定期向

PBGC 缴费。然而，DB 型混合计划同时采纳了 DC 计划的某些特征，例如，提供退休时一次性领取选择权，允许参与者在计划中途退出并一次性领取已积累的养老金权益，以及定期公布养老金权益积累情况等。这些特点使计划权益积累的透明性和可携带性与 DC 计划相类似。常见的 DB 型混合计划类型包括现金余额计划（cash balance plans）和养老金权益计划（pension equity plans）等。这些计划旨在为参与者提供更加灵活和透明的养老金安排，同时确保稳定的养老金待遇。

DC 型混合计划融合了 DC 计划与 DB 计划的某些特点。它保留了 DB 计划的一些特征，例如，提供担保待遇，基于确定的待遇目标来计算缴费，甚至为特定雇员提供有倾向性的待遇。然而，与 DB 计划不同的是，DC 型混合计划采用个人账户的方式来记录缴费和投资收益。计划的投资决策权在于参与者自身，因此投资风险也由参与者个人承担。最终，计划所提供的待遇完全由个人账户的实际价值来决定。在实际应用中，常遇到的 DC 型混合计划有目标待遇计划（target benefit plans）和最低保证计划（floor-offset plans）等。这些计划旨在提供一定程度的待遇保障，同时保持个人账户的灵活性和透明性。接下来，将详细介绍几种典型的混合计划，以便更好地了解其运作机制和特点。

3.8.2　四种典型的混合计划

1. 现金余额计划

现金余额计划在表面上与 DC 计划有着相似之处。在现金余额计划中，雇主的缴费和利息收入被记录在一个用于追踪和结算权益累积的个人账户里。计划参与者会定期接收到关于其个人账户余额的报告，其积累的养老金权益直接等同于个人账户的余额。当参与者选择退出计划或退休时，他们可以选择一次性领取其个人账户的余额，或者选择将其转换为生存年金进行领取。如果选择转换为年金，那么可以转换为生存年金的数额将取决于退休时个人账户的余额以及转换时的年金价格。然而，在实际操作中，大多数的现金余额计划仅提供一次性领取的选项。与 DC 计划形成对比的是，在现金余额计划中，个人账户仅为名义账户，雇主无须对每个账户进行实际缴费；该账户的记账利率并非基于计划资产的实际投资收益率来确定，而是依据事先承诺的名义利率来设定。所以，个人账户余额通常与计划的实际资产价值不相等。这一点揭示了现金余额计划最为显著的特点，即其名义账户的性质。名义账户的余额，也被称为现金余额，这也是"现金余额计划"这一名称的由来。在现金余额计划的框架下，名义利率可以是预先设定的固定利率，也可以与某一指数（如价格指数、国债回报率等）挂钩，或者根据经济环境的变化进行调整。名义缴费通常与参与者的个人工资相关联，通常表现为工资的一定比例。此外，现金余额计划还可以提供与 DC 计划类似的贷款条款。然而，从本质上讲，现金余额计划实际上是一种预先承诺待遇的 DB 计划。在这种计划下，基于设定的待遇目标，利用名义利率来计算名义缴费，并将其计入名义个人账户。在退休时，积累的养老金权益将与个人账户的余额相等，并且需要与预先设定的待遇目标保持一致。

与传统 DB 计划相比,现金余额计划通过名义个人账户的方式来记录养老金权益。当决定退出计划时,参保者有权选择一次性领取与个人账户余额相等的养老金权益。这解决了传统 DB 计划下养老金权益不透明以及难以转移的问题,也为参与者提供了更大的灵活性和便利性。因此,这类计划特别受到年轻雇员和流动性较大雇员的青睐。从养老金权益的积累模式来看,现金余额计划的权益积累分布更为均匀,这与传统 DB 计划的"后置性"权益积累形成鲜明对比。模拟研究显示(McMonagle,2001),在传统 DB 计划下,相较于长期坚持同一份工作的雇员,那些频繁更换工作的雇员最终所获得的养老金给付较低。而在现金余额计划下,更换工作对养老金权益的负面影响会相对较小。从另一个角度来看,由于现金余额计划的权益积累分布均匀,因此将一个具有后置性权益积累的传统 DB 计划转换为现金余额计划,可以有效地节约养老金计划的成本。此外,现金余额计划还可以采用低于预期投资回报率的记账利率,这样实际利率与记账利率之间的差额也有助于降低计划的成本。从雇主和精算管理的视角来看,现金余额计划在设定的待遇目标下,需要运用精算技术对计划的成本和负债进行准确评估。这一评估过程涉及名义账户余额、计划精算负债和计划资产三个方面的平衡与衔接。在计划的运行过程中,名义账户余额(cash balance)与计划资产价值可能并不相等。但是,在雇员退出计划时,他们所携带的养老金权益价值将等于名义账户余额。因此,在预测计划成员未来养老金权益时,需要按照预期的名义账户价值进行计算。在现金余额计划中,精算负债代表计划的筹资目标。计划积累的资产需要与精算负债相对应,以确保计划的偿付能力。如果参与者在退休前离开计划,那么按精算负债等额积累的资产可能会小于现金余额账户的价值,这时计划就会产生财务缺口。因此,精算管理和风险评估在现金余额计划中显得尤为重要。

在实践中,会遇到一些计划,它们保留了现金余额计划的基本特征,但在风险和收益的分配上进行了一些创新性的调整。例如,美国的最低余额养老金计划(minimum balance pension plan)为参与者提供的养老金待遇是现金余额计划和传统 DB 计划中待遇较高的那一个。这种设计旨在确保参与者能够获得更加优厚的养老金待遇。此外,还有一些现金余额计划将养老金权益的积累与特定的股票指数相挂钩。这样的设计使参与者有可能获得更高的投资收益,但同时也伴随着更大的风险。这种风险与收益的平衡需要参与者根据自身的风险承受能力和投资偏好进行权衡。除了上述两种类型外,还存在一些现金余额计划的变形计划。这些计划将计划资产价值超出账户价值的部分定期分摊到个人的累积权益中。这样,当实际投资收益超过记账利率时,参与者可以在其余额账户中看到由此产生的额外权益。这种设计旨在让参与者分享到计划实际投资收益的超额部分,从而提高了养老金计划的吸引力和灵活性。

当传统的 DB 计划转变为现金余额计划时,若原 DB 计划是基于最后平均工资来确定养老金待遇的,即参与者在职业生涯后期积累的权益大于前期,这种转变将会导致权益的均衡积累。对于服务年限较长的参与者而言,这可能意味着一种养老金的损失(pension wearaway),也就是说,他们在退休后能获得的养老金权益将低于在原 DB 计划下的数额。出于同样的原因，雇主有时会选择从 DB 计划转向现金余额计划，以降低未来的养老金成本。然而，在实际操作中，为了保护参与者免受计划转换带来的损失，可以设计相应的选择权作为转换方案的一部分。例如，在计划转移之际，可以允许雇员自主选择是转向新计划还是保留在原计划中。对于那些因转换而养老金权益受到不利影响的雇员，也可以提供其他选择，如允许他们选择留在原 DB 计划中，或是调整他们在现金余额计划中的账户余额，以弥补潜在的损失。此外，还可以在雇员的其他养老金计划下增加缴费，以进一步提升他们的养老金待遇。这些措施旨在确保雇员在计划转换过程中不会遭受不公平的损失，并维护他们的养老金权益。

2. 养老金权益计划

养老金权益计划作为一种 DB 型混合计划，它与现金余额计划在某些方面有着相似之处。两者都是基于预先设定的待遇水平来确定缴费的。然而，与现金余额计划不同的是，养老金权益计划设定退休时一次性领取的额度，而非传统 DB 计划那样规定退休后的年金给付水平。此外，如果参与者在退休前选择退出计划，他们可以一次性领取已经积累的养老金权益。养老金权益计划与现金余额计划之间的关键差异在于其如何设定退休时的养老金权益。养老金权益计划是以参与者的最后工资为基础来设定这一权益的，其中，"最后工资"可以是退休前一年或几年的平均工资。相比之下，现金余额计划则是基于参与者的整个职业生涯的平均工资来设定养老金权益。换言之，在现金余额计划下，每年积累的养老金权益与当年的工资成比例，因此，退休时积累的养老金总权益与职业生涯的平均工资成比例。而在养老金权益计划下，每年积累的养老金权益是退休前工资与一个比例系数的乘积。到退休时，积累的总权益也是退休前工资与一个比例系数的乘积，但这个比例系数实际上是退休前各年积累的比例系数之和。如果参与者在退休前选择退出计划，那么他们所积累的养老金权益将是退出前的工资与退出前积累的总权益比例的乘积。值得注意的是，养老金权益计划并不设立名义上的个人账户。不过，在权益的积累方面，它采用了与现金余额计划类似的利率设定方式。这可以是一个固定的规定利率，也可以是与某个指数挂钩的利率。这种设定方式使养老金权益计划在权益积累上具有一定的灵活性和适应性。

养老金权益计划的养老金权益积累模式与传统的 DB 计划有相似之处。在养老金权益计划中，每年积累的退休前工资比例系数可以设定为恒定值，也可以在一段特定时期内保持不变，甚至还可以随着工作年数或年龄的增长而递增。这种递增的设计，实际上会产生一种类似于传统 DB 计划的养老金权益积累后置效果。然而，养老金权益计划中的权益系数通常在一段时期内保持相对稳定，不会频繁调整。正因如此，其权益累积速度在职业生涯的后期阶段，可能并不如传统 DB 计划那般迅猛。尽管如此，这种在权益设计上的后置性依然具有一定的优势。它有助于稳定员工队伍，因为员工知道，随着他们服务年数的增长，他们将能够获得更为优厚的养老金待遇。这种设计对于年长的雇员来说尤为有利，因为它为他们提供了更大的优惠和保障。这种优惠不仅是对他们长期忠诚服务的回馈，也是激励他们继续留在企业、贡献自己的力量与智慧的重要因素。

与传统 DB 计划相比，现金余额计划和养老金权益计划展现出了独特的优势。这两种计划为参与者提供了透明且可携带的养老金权益，从而极大地促进了劳动力的流动。透明性意味着参与者能够清晰地了解自己的养老金积累情况，而可携带性则确保了他们在更换工作时能够轻松转移自己的养老金权益。当然，这两种 DB 型混合计划通常也提供两种领取选择权：一种是在退休时或中途退出时一次性领取养老金；另一种是按年金方式领取。这样的设计旨在满足不同参与者的个性化需求。然而，对于选择一次性领取养老金的参与者来说，他们面临着一个挑战，那就是如何确保这一次性领取的养老金能够转化为退休后稳定且足够的定期收入。如果不能有效地进行这一转换，那么这些参与者可能会发现，尽管他们已经领取了一次性养老金，但在退休后却难以维持预期的生活水平。这与仅提供一次性给付的 DC 计划所面临的问题相似，即可能无法实现养老金计划最初设定的待遇目标。因此，对于参与现金余额计划和养老金权益计划的人来说，在做出领取选择之前，进行充分的规划和咨询显得尤为重要。这样才能确保他们的养老金能够真正发挥其应有的作用，为他们的退休生活提供稳定且可靠的保障。

3. 目标待遇计划

目标待遇计划的核心特点是设定了一个明确的待遇目标。该目标采用了与 DB 计划相类似的待遇计算公式。例如，根据工作年数和最后平均工资的比例，或是工作期间平均工资的比例，来计算出养老金的待遇。然后，通过精算方法来评估成本，并据此确定缴费的水平。这些缴费会被计入个人的账户，而投资决策则由个人来做出，投资所带来的收益或损失都会被计入个人账户。在这个计划中，每位参与者的目标待遇可能会有所不同，这也导致了在同一计划下，不同参与者的缴费也会存在差异。养老金的最终待遇，是取决于个人账户的余额以及这些余额转换为生存年金的价格。因此，实际获得的养老金水平有可能会与预先设定的目标产生偏差。与 DC 计划相似的是，在目标待遇计划下，雇主只承担缴费的责任。如果计划的资产价值低于为达到目标待遇所预期的资产水平，雇主并不需要补充额外的缴费。这样的设计使目标待遇计划在保留了 DB 计划某些特点的同时，也融入了 DC 计划的灵活性，为参与者提供了更多的选择和自主权。

4. 最低保证待遇计划

最低保证待遇计划包含两个既相互关联又保持独立性的子计划，其一是提供最低待遇保障的 DB 计划，其二是提供基础养老金给付的 DC 计划。这两个计划相互配合，共同为参与者提供全面的养老金保障。在 DB 计划中，其待遇设计充分考虑了参与者的年龄、工作年数以及工资水平等多重因素。该计划采用了标准的 DB 计划待遇设定公式，旨在为参与者提供雇主所设定的最低待遇保证。这一设计确保了参与者在达到退休年龄后，能够获得一个稳定的、有保障的最低养老金待遇。与此同时，DC 计划则按照个人账户的模式进行管理和运行。参与者可以根据自身情况灵活选择退休时一次性领取养老金，或者将其转换为年金形式进行领取。这种个性化的领取方式，使参与者能够更好地规划自己的退休生活。当 DC 计划所提供的养老金待遇大于等于 DB 计划所设定的最低待遇时，参与者将按照 DC 计划所提供的待遇进行领取，此时 DB 计划无须承担任何支出。然而，当 DC 计划所提供的养老金待遇低于 DB 计划所承诺的最低待遇时，参与者除了可以领取 DC 计划所提供的待遇外，还可以从 DB 计划中领取最低待遇与 DC 计划所提供待遇之间的差额部分。这种双重保障的机制，确保了参与者在任何情况下都能够获得足够的养老金待遇，从而有效地保障了他们的退休生活品质。

最低保证待遇计划是一种创新的养老金计划，它在 DC 计划的框架内，融入了 DB 计划的理念。具体来说，是为参保者设定一个最低目标待遇水平，并由雇主为最低目标待遇水平提供可靠保证。这一独特设计使最低保证待遇计划既保留了 DC 计划权益透明、携带方便的优点，又能够有效地保护参与者免受市场风险对养老待遇的潜在影响。更重要的是，该计划还允许参与者自己做出投资决策，从而在一定程度上赋予他们更多的自主权和选择权。参与者在这一计划中至少可以获得 DB 计划所设定的最低待遇，这为他们提供了一层坚实的保障。而当 DC 计划的投资收益表现更佳时，参与者还有机会获得高出最低待遇的额外给付，这无疑是一种额外的激励和回报。因此，最低保证待遇计划不仅满足了流动频繁的年轻雇员对计划可携带性的需求，同时也为年老的和工作年限较长的雇员提供了最低的收入保证。这种双重优势使该计划对不同年龄段的参与者都具有相当的吸引力，无论是初入职场的年轻人，还是即将步入退休的老员工，都能在这一计划中找到适合自己的养老解决方案。

从管理的视角来审视，最低保证待遇计划因其融合了 DB 计划和 DC 计划两种类型，故而管理层面需同时遵循两类计划的相关法规与要求。以美国为例，该计划必须遵守对 DB 计划的法律规定，如向 PBGC 缴费等；同时，亦需肩负起 DC 计划所伴随的各项管理职责，如账户管理、为参与者提供多样化的投资组合策略选择等。此外，管理者还需负责向参与者阐释 DB 计划与 DC 计划之间的内在联系及互动方式。因此，相较于单一的养老金计划，最低保证待遇计划的管理成本自然水涨船高。

本章小结

通过本章的学习，学生应能够全面理解养老金计划的筹集与给付机制，掌握养老保险基金筹集与给付的核心理念。明确筹资的效率性、公平性、平衡性和稳定性原则，熟悉基金来源的多样性，包括缴费收入、特别捐税补助等。了解筹集形式的多样性，如社会保险税、养老保险缴费等，并理解它们在不同社会背景下的适用性。在支付方式上，学生应掌握货币给付的主导地位，并熟悉 DB 计划与 DC 计划的不同特点。DB 计划侧重为劳动者设定退休后生活水平标准，而 DC 计划则强调个人自主投资决策。同时，还应深入理解现收现付制与基金积累制的内涵与特征，明白现收现付制强调代际间转移支付，而基金积累制注重个人养老储蓄。通过运行管理分析，能够洞察两种制度在实际操作中的运作方式及面临的挑战，并了解混合计划的含义及典型形式，如现金余额计划和养老金权益计划。

关键术语

养老保险基金、现收现付制、基金积累制、缴费确定型计划、待遇确定型计划、替代率

复习思考题

1. 谈一谈我国的基本养老保险和个人养老金的筹集和给付方案。
2. 试着对比现收现付制和基金积累制的差异。
3. 谈一谈 DB 计划和 DC 计划的异同。

在线自测

自测 3.1

自测 3.2

延伸阅读

基本养老保险个人账户属性探析

在基本养老保险制度中,个人账户的设计初衷在于通过个人缴费实现养老储蓄的积累,以确保参保人在退休后能够获得稳定的养老金收入。然而,从实际运行情况看,个人账户在缴费、运营管理与给付三个阶段展现出了相互矛盾的属性,这些矛盾属性在一定程度上影响了个人账户的可持续性和制度目标的实现。

1. 缴费阶段的私人产权属性

在缴费阶段,个人账户的养老储蓄明确体现了私人产权性质。参保人的缴费及其增值情况均在专属的个人账户账务中详细记录,这一设计使参保人能够清晰了解自己的养老储蓄状况,并基于缴费记录享受长缴多得、多缴多得的激励机制。个人缴费义务的承担,体现了参保人自我积累和自我养老的责任,也强化了个人账户的私人产权意识。无论是在企业职工基本养老保险,还是在机关事业单位工作人员养老保险及城乡居民基本养老保险中,个人缴费的原则均得到了贯彻,确保了个人账户在缴费阶段的私有产权属性。

2. 运营管理阶段的私有产权属性弱化

然而,在运营管理阶段,个人账户的私有产权属性却受到了不同程度的弱化。由于个人账户的投资管理与收益分配未能充分兼顾参保人的意愿,个人账户养老基金在实际运行中常常面临被挪用或低收益的问题。以企业职工基本养老保险个人账户为例,尽管其规模庞大,但长期处于空账状态,未能实现真实的资金积累。此外,即便是部分地区进行了个人账户做实试点,其投资管理方式也未能充分考虑参保人的投资意愿。个人账

户养老基金的投资收益往往与参保人个体的积累额增值无直接关联，而是采用制度设计的记账利率进行核算。

3. 给付阶段的现收现付制特征

进入给付阶段后，个人账户的私人产权属性在一定程度上被淡化，甚至在某些方面表现出现收现付制的某些特征。具体而言，尽管个人账户养老金的计发标准在设计时已融入了预期寿命、利率等精算平衡因素，但在实际待遇调整过程中，却往往与基础养老金的调整保持一致，未能充分体现个人账户作为积累制应有的特性。回顾近20年的发展历程，个人账户养老金待遇的调整均紧密跟随基础养老金的增长步伐。这种调整策略虽然有助于稳定整体基本养老金的替代率水平，但也在无形中模糊了个人账户与现收现付制统筹账户的界限，长远来看，可能对统筹账户的可持续性构成额外的压力，进一步扩大其收支缺口。特别值得注意的是，基本养老金在过去20年间实现了持续上涨。在2015年之前，我国基本养老金的涨幅较为显著，平均每年达到约10%的水平。然而，自2016年起，基本养老金的增长幅度有所放缓，从当年的6.5%逐步下降至近年来的3%左右。将这一趋势与同期资本市场的收益率相对比，不难发现个人账户在维持精算平衡方面面临着不小的挑战。

从制度设计的深层次分析，个人账户养老金的计发与调整机制在精算平衡方面存在明显不足，这与其作为终生年金产品的初始设计理念相悖。个人账户养老金本应致力于在整个参保人的生命周期内实现精算平衡，确保养老储备的有效积累与合理支付。然而，当前的调整方式却更多地关注整体养老金替代率的稳定，忽略了个人账户作为个人养老保障重要组成部分所应具备的独立性与可持续性。

为了确保个人账户制度的长期稳定运行，有必要对其计发与调整机制进行深入的改革与优化。

资料来源：艾蔚. 应对未来个人账户养老金缺口的政策选择研究[M]. 上海：上海交通大学出版社，2018.

第4章 养老保险基金的投资运营

> **学习要求**
> - 掌握养老保险基金投资运营的内涵。
> - 熟悉养老保险基金投资运营的原则。
> - 识别养老保险基金的投资风险。
> - 掌握养老保险基金的投资规则和监管要求。
> - 了解养老保险基金的投资决策与策略。

随着我国社会经济的蓬勃发展和养老保障制度的日益完善,养老保险基金的规模也在稳步扩大。为确保基金能够保值增值,同时保障各项养老保险费用的均衡与及时支付,对基金进行安全且高效的投资运营显得尤为重要。本章将深入探讨养老保险基金投资运营的基本概念与核心原则,详细介绍各类养老保险基金投资工具及其组合策略,并着重阐述如何构建一套科学有效的养老保险基金运营预警体系,以全方位确保基金的安全稳健运行。

4.1 养老保险基金投资运营的内涵与原则

4.1.1 养老保险基金投资运营的内涵

1. 养老保险基金投资运营

投资运营是一个以资本增值为核心目标的过程,其中投资主体会积极通过多元化的渠道来筹集资金,并策略性地运用这些资金,旨在实现资本增值和利润最大化。这个过程紧密地依赖特定的投资体制,并通过这些体制来发挥效能。不同的投资体制会呈现独特的投资运营流程。通过深入研究这些体制并选择最佳的投资组合方式,可以优化全资源的配置,充分发挥资源的最大潜能,从而创造更大的经济效益和社会效益。

养老保险基金的投资运营是一个更为具体和专业的领域。它涉及养老保险基金的管理机构或它们委托的专业投资机构,将这些基金中积累或暂时闲置的部分资金,直接或间接地投资于国家法律或政策所允许的金融资产或实物资产。这样的投资策略旨在获取稳定的收益,确保养老保险基金能够实现保值甚至增值,从而为未来的养老金支付提供坚实的资金保障。

2. 养老保险基金投资运营的可能性与必要性

养老保险基金的投资运营潜力深受其性质与筹集模式的影响。第一，养老保险基金的本质属性为其投资运营提供了可能。该基金旨在为参保的老年人提供稳定的经济来源。在资金的持续缴存与支付过程中，会形成一定数量的暂时闲置资金。由于资金收入与支付之间存在时间差，这为养老保险基金进行投资创造了时间上的契机。第二，养老保险基金的筹集方式对其投资运营的可行性产生关键影响。基金筹集模式有现收现付制、完全积累制和部分积累制三种。在养老保险制度初建时期，各国普遍采用现收现付制。然而，随着社会经济的发展和人口老龄化的挑战，现收现付制逐渐暴露出资金不足的弊端。因此，各国纷纷改革养老保险制度，转向完全积累制或部分积累制。这种转变使养老保险基金得以积累一定规模的资金，为其后续的投资运营奠定了坚实的物质基础。养老保险基金的性质与筹集模式共同决定了其投资运营的潜力。通过合理的投资运营，养老保险基金有望实现保值增值，更好地应对未来支付压力，确保老年人的稳定生活。

养老保险基金面临的风险与压力凸显了对其进行投资运营的紧迫性。首先，通货膨胀的经济环境对养老保险基金构成了严重威胁。在通胀背景下，长期积累的养老保险基金实际购买力会逐渐下降，导致基金价值受损。同时，通胀还推高了生活成本，使依赖养老金生活的退休人员需要更多资金来维持基本生活，这进一步加大了养老保险基金的支出压力。其次，人口老龄化趋势加剧了养老保险基金的运营难度。随着老年人口比重不断增加，社会保险制度的负担日益加重。在现收现付制下，当在职劳动者比例下降时，为了维持或提高养老保险待遇水平，就不得不提高企业与劳动者的缴费率，这无疑增加了缴费者的经济负担。此外，人口预期寿命的延长也导致养老保险给付期限相应延长，支出大幅增加，给养老保险基金带来了沉重的支付压力。最后，养老保障水平的不断提升也要求养老保险基金进行投资运营以实现增值。随着社会经济的发展和人民生活水平的提高，人们对养老保障的需求也在不断增长，这导致养老保险支出呈现持续上升趋势。为了避免给国家财政和缴费者带来过重的负担，同时避免对经济发展和劳动力市场造成负面影响，必须对长期积累的养老保险基金进行有效投资运营，以创造更多的价值来满足不断增长的养老保障需求。

4.1.2 养老保险基金投资运营的原则

养老保险基金作为社会保障基金中规模最大、最关键的组成部分，构成了养老保障制度的基石和财政支柱。其投资运营的重要性不言而喻，直接关系养老保险制度的平稳运行和政策目标的顺利实现。因此，各国在对待养老保险基金的投资上均采取了极为审慎的态度，并遵循以下核心原则。

首要是安全性原则。这一原则要求确保投资的养老保险基金能够按照预定计划如期、全额回收，并获得预期的投资回报。养老保险基金作为社会稳定的重要工具，承载着几代人的经济保障利益，与社会政治、经济的稳定息息相关。若因投资风险水平过高而导致投资失败，不仅会使预期的投资回报无法实现，更可能对养老保险制度的经济基础构成威胁，进而有可能引发社会的不稳定因素。鉴于此，养老保险基金的投资实践中，安全性原则始终被置于首要位置。需要加强对各种风险的监测和防范，并严格按照高标准进行投资运营，以确保养老保险基金的安全无虞。通常情况下，采用现收现付制的基本养老保险基金对安全性的要求尤为严格。因此，在较多实行现收现付制的国家中，国债、高信用级别的企业债券及相关金融工具成为首选的投资标的，而股票市场往往被避免或仅占据极小的投资比例。相比之下，补充养老保险基金在投资安全性方面的要求较为宽松，可以选择更多元化的投资工具进行投资，如股票、实业投资、风险投资等。

其次是收益性原则。收益性原则要求，在确保投资安全性的基础上，养老保险基金致力于追求投资收益的最大化，其投资的终极目标是实现基金的保值与增值。由于受通货膨胀、工资增长及替代率等多重因素的影响，国家必然要求养老保险基金能够通过投资获取良好的回报。这种收益率不仅直接关系养老保险基金的财务稳健性，也影响投保人缴费水平的高低。然而，在实践中，要同时实现养老保险基金的高安全性与高收益性并非易事。因为追求收益往往伴随着风险的增加，养老保险基金需要在这两者之间找到恰当的平衡点。

再次是流动性原则。流动性原则同样是养老保险基金投资中不可忽视的一环。流动性指的是投资资产能够迅速且无损地转换为现金的能力。在投资过程中，养老保险基金必须保持足够的流动性，以便在需要时能够及时满足养老保险待遇的支付要求。这就要求对养老保险的收支情况进行准确预测，并精心设计投资组合。既要确保基金投资的长期盈利能力，又要保持足够的短期支付能力，因此需要留有一定比例的资金和短期投资。如果将所有基金都盲目地投入长期项目或难以变现的资产中，一旦面临支付需求，就可能导致资金短缺，进而影响养老保险基金的正常运作。不同性质的养老基金对投资过程中的流动性需求不尽相同。比如，完全积累制下，养老基金因其投资期限相对较长，对流动性需求相对较低，故而可在投资策略上拥有更大的灵活性，选择多样化的长期投资工具，追求较高的投资收益。而现收现付制下，养老保险基金则需要更高的流动性来保证即时的支付能力，因此更倾向于选择短期金融工具进行投资，如短期国债、银行存款、高信用级别的企业债券或商业票据等。

最后是公益性原则。公益性原则是养老保险基金投资中应当坚守的社会责任。养老保险基金的投资需要兼顾经济效益和社会效益，投资方向选择应充分考虑政府经济政策和公共政策目标，优先选择那些对经济和社会发展有积极贡献的项目进行投资，如养老设施建设、基础卫生设施建设项目等。通过这种方式，养老保险基金不仅能够实现自身的保值增值目标，还能为社会带来实实在在的福祉和利益。

4.2 养老保险基金投资工具及其组合

在实际操作中，养老保险基金投资运营的几大原则往往存在相互制约的关系，难以同时达到最优状态。通常，高收益往往伴随着高风险，而安全性较高的投资往往收益率较低。同样地，流动性较差的投资工具往往能提供较高的收益率。这表明，养老保险基金的投资运营原则是一个相互协调、统一的整体。因此，在进行养老保险基金投资管理时，必须全面、深入地理解各种风险，并根据实际情况选择恰当的投资工具，构建有效的投资组合。只有这样，才能在确保基金安全性的同时，尽可能地提高收益性和流动性，同时兼顾公益性原则，从而实现养老保险基金长期、稳定、健康的发展。

4.2.1 养老保险基金的投资风险

养老保险基金在投资过程中，不仅会受到政策风险、经济周期风险以及通货膨胀风险等系统性风险的挑战，还会面临一系列非系统性风险。这些风险主要涉及投资模式的选择、投资项目的决策、投资组合的构建、投资管理的执行以及资产的流动性等多个方面。与系统性风险不同，非系统性风险是可以通过基金管理者的专业操作来加以防范和化解的。

1. 投资模式选择风险

养老保险基金在投资决策时面临多种投资模式的选择，其中常见的包括政府集中管理、私人分散管理以及公私合营管理。这些模式的选择并非随意，而是深受各国特有的经济与制度条件影响，包括但不限于养老保险制度的设计特点、公众的金融素养与接受度，以及国家的法律与信用体系完善程度。然而，正是这些复杂的决策因素，使投资模式的选择充满风险。一旦养老保险基金所选用的管理模式与养老保险制度的核心功能不匹配，或者与国内的金融市场环境、公众的金融认知产生较大偏差，就可能造成养老保险基金运作效率低下，甚至可能阻碍社会保险制度整体功能的发挥，对养老保险基金的长期稳健发展构成威胁。

2. 投资项目风险

这种风险主要涉及养老保险基金所投资的具体项目。如果所投资的项目出现问题，如上市公司经营不善、实业项目亏损等，将直接影响基金的投资收益。

3. 投资组合风险

在构建投资组合的过程中，养老保险基金在实现保值增值目标时，需综合考虑安全性、收益性、流动性以及公益性等。若投资组合选择不当，将可能形成投资组合风险，导致无法实现资产组合的预期功能。例如，过度依赖国债的投资组合虽能实现相对稳定的收益，但也可能使养老保险基金成为政府财政融资的工具，从而暴露于财政风险之下。此外，固定的债券与股票组合虽具备战略性资产配置的某些特点，但在应对宏观经济与金融市场动态变化时可能显得捉襟见肘；特别是在股票市场低迷或股票投资出现亏损时，整个投资组合的收益及养老基金的资产负债管理都将受到冲击。

4. 投资管理风险

投资管理风险主要涵盖两大方面：一是投资主体内部控制的不足；二是相关监管机构在监督投资主体时可能出现的风险。如果投资主体未能实施高效且恰当的投资管理策略，例如，资产配置不合理、风险管理及内部审计职责划分不明确，或者管理制度存在缺陷等，可能导致资产配置失衡、内部控制机制失效等问题。同时，监管机构在监督投资主体时也可能面临一系列风险。这些风险可能源于对投资主体的选择失误，比如，未能充分评估其专业能力或信誉，对投资主体的从业资质审核不严格，外部审计程序存在瑕疵，导致审计质量不达标，以及信息披露和信息沟通机制的不完善，这些都可能阻碍监管机构有效行使职责，从而增加投资管理风险。

5. 流动性风险

流动性风险是指在基金运营过程中，因资金难以迅速变现或贷款对象支付困难而导致投资收益出现不确定性的情况。高流动性资产拥有完善的二级市场，可以快速低成本变现；而低流动性资产缺乏成熟的二级市场，变现成本高，极易在变现过程中遭受损失。

6. 币种风险

随着全球化进程的加速，养老保险基金的国际投资已成为其管理策略中的重要组成部分和发展趋势。通过在国内及国际金融市场中多元化配置资产，养老保险基金能够有效地分散投资风险，从而减轻国内宏观经济波动或金融市场震荡对其投资造成的潜在冲击。然而，汇率的波动可能对基金的投资收益产生显著影响，从而带来所谓的币种风险。为了有效管理这种风险，养老保险基金在进行国际投资时不仅需要仔细匹配不同币种的资产，还需要采取一系列保值和避险策略。这些策略可能包括使用外汇衍生品进行对冲，或选择在汇率相对稳定的国家或地区进行投资等。

4.2.2 养老保险基金的投资规则

尽管各国养老保险基金在投资策略上因国家、资本市场的不同而有所差异，但为确保基金投资的安全性、收益性、流动性和公益性，并有效规避风险，各国普遍遵循以下投资运营规则。

一是分散化投资策略。这一策略强调将基金投资于多种性质、期限和地区的投资工具，以构建风险和收益之间的理想平衡。在养老保险基金的投资组合中，应包含固定收益和权益类工具，结合低风险和高风险、高收益的投资机会，并覆盖中长期和短期投资工具。此外，为降低币种风险，基金还可以选择投资于不同国家和地区的金融工具。

二是投资风险等级的控制。尽管高风险投资工具可能有高收益，但鉴于其巨大的不确定性和潜在损失风险，监管当局通常都会严格管控养老基金选择的金融工具风险等级。比如，根据国际公认的评级标准，养老保险基金通常不会选择 BB 级以下债券，部分监管当局甚至规定仅能选择 A 级或更高级别的债券，以确保养老保险基金投资的安全性。此外，在股票投资方面，许多国家也倾向于选择成熟行业、具有自然垄断特征的行业或大企业的股票，以尽量避免新兴产业或小企业股票带来的较高风险。

三是控制高风险投资工具的比例。在养老保险基金的投资组合中引入高风险投资工具，通常是为了追求更高的投资回报。然而，为了确保养老保险基金的安全性和稳定性，必须对这些高风险工具在投资组合中所占的比例进行严格限制。例如，我国《基本养老保险基金投资管理办法》就明确规定了股票、股票基金、混合基金以及股票型养老金产品等高风险投资工具的投资比例上限，即合计不得超过养老基金资产净值的30%。此外，该办法还规定，养老基金资产参与股指期货、国债期货等衍生金融工具交易时，必须仅以套期保值为目的，进一步降低了高风险投资可能带来的损失。通过这些措施，可以有效地平衡养老保险基金的风险和收益，确保其长期稳健发展。

四是重视长期性投资。将中长期投资工具如股票、中长期债券等纳入投资组合。这些投资工具不仅有助于确保养老基金的长期稳定增长，还体现了养老保险基金追求长期价值增值的战略目标。长期投资不仅仅是一种策略，更是一种理念。这意味着在债券和股票等投资中，更看重的是利息和股息的持续收入，而非短期内的证券买卖价差所带来的资本利得。

五是强化投资管理。为确保养老保险基金的有效运作，必须将基金的筹集、给付与投资运营环节进行分离。若选择委托专业的基金投资管理公司进行运营，则需要建立一套科学严谨的准入制度和效益评价标准。准入制度应涵盖对基金投资管理公司的最低注册资金、净资产、专业投资人员资质等方面的要求，同时还应考虑其内部投资制度的完善性和市场信誉等因素。而效益评价标准则应包括资金收益率、风险度以及基金投资管理公司的财务状况和经营业绩等综合指标，以确保投资效益的最大化和风险的最小化。

4.2.3 养老保险基金的投资工具选择与投资决策

1. 养老保险基金的投资工具选择

全球范围内，养老保险基金在不同历史阶段采用了众多投资工具，几乎涵盖所有可行的投资方式。基于养老保险基金的特殊性质和投资原则，其主要可采用以下几种投资方式。

第一，银行存款。由于银行存款具有低风险、高流动性和简便易行的特点，它成为养老保险基金的常规投资选择。为了支持社会保险事业，许多国家为存入银行的养老保险基金提供优惠利率。在通货膨胀较为严重的时期，一些国家还采取了保值甚至增值措施来确保基金的价值。然而，银行存款的整体收益率相对较低。

第二，债券投资。养老保险基金在债券方面的主要投资工具包括国债、地方政府债券、金融债、企业债以及资产支持证券等。国债是由中央政府发行的债券，通常被认为是最安全的投资工具，其信用等级为最高级。地方政府债是由地方政府或其代理机构发行的债券，其信用等级略低于国债，但仍然属于高级别。它们都属于政府债券，都享有国家信用的支持，因此投资风险极低，且利率通常高于同期银行存款，这使政府债券成为一种风险较小、收益相对较高的投资工具。养老基金通常保有一定数量的国债，以满足其流动性和安全性需求。金融债是由银行、保险公司等金融机构发行的债券，其信用等级通常也较高，但具体等级取决于发行机构的财务状况和信用记录。企业债是由非金融企业发行的债券，其信用等级因企业而异。资产支持证券是由资产池产生的现金流支持发行的债券，其信用等级取决于资产池的质量和现金流的稳定性。一些高质量的资产支持证券可能具有较高的信用等级。相比之下，金融债、企业债和资产支持证券的收益率虽然高于政府债券，但同时也存在违约风险。高信用等级公司债券常受到养老基金的青睐。

第三，贷款合同。贷款合同作为一种常见的金融协议，主要涉及住房抵押贷款和基础设施项目融资。在住房抵押贷款方面，这类合同通常涉及个人或企业以房产作为抵押物，从银行或其他金融机构获得贷款。在某些国家，政府支持的住房计划中的抵押贷款往往还附带政府担保，这不仅降低了投资风险，还为投资者提供了稳定的收益来源。而在基础设施项目融资领域，贷款合同则扮演着更为关键的角色。这类合同通常涉及大型基础设施建设项目，如桥梁、公路、电站等。这些项目的融资往往依赖于项目建成后的预期收益现金流以及政府的税收担保。由于这些项目通常具有长期稳定的收益和较低的风险，因此也吸引了众多投资者的关注。

第四，股票。股票作为股权投资的一种形式，其风险性相较于固定收益证券更高，但同时也带来了更高的投资回报潜力。为了提升养老保险基金的收益水平，多数国家都允许将部分基金投资于股票市场。然而，出于对风险的考量，有些国家会对这一投资比例设定上限。股票投资的收益主要来源于两方面：股票买卖的价差以及持有期间的股息收入。

第五，投资基金。投资基金实质上是一种社会化的信托投资方式，它通过发行基金单位来汇聚分散的资金，并由专业的投资机构进行管理和运作。这些机构会在证券市场上进行分散投资，包括股票、债券等多种金融商品或其他行业，投资者则根据其持有的基金份额来分享基金的增值收益。投资基金的显著优势在于其能够提供专家理财服务，实现资产的组合投资以分散风险，具有良好的流通性，以及能够提供相对较高且稳定的收益。随着全球信托投资业务的不断发展和国际资本流动速度的加快，投资基金已经逐渐成为养老保险基金投资组合中不可或缺的一部分。

第六，不动产投资。不动产涵盖土地、住宅、厂房、办公楼等多种形式的财产，是常见的投资选择之一。其收益来源主要有两方面：一是通过获取经营权后的出租活动获得的租金收入；二是在不动产买卖交易中实现的价差收益。不动产投资通常需要大量的资金投入，且流动性相对较差。尽管如此，当经济面临通货膨胀压力时，不动产的价值往往会相应上升，从而在一定程度上保护投资者的资产免受通胀的侵蚀。

第七，风险投资。风险投资是一种专注于支持具有发展潜力的私营企业的投资方式。它特别倾向于向那些致力于高新技术开发和产业化的中小企业提供股权资本。风险投资的回报主要通过股权转让（交易）来实现，这既是一种创新的投资方式，也体现了高风险与高回报并存的特性。由于风险投资的目标企业多处于初创或成长阶段，因此其风险水平往往高于传统的股票投资，但相应地，其带来的回报潜力也更加显著。

第八，衍生金融工具。衍生金融工具显著区别于股票、债券等传统金融工具。衍生金融工具交易多采用保证金制度，也就是投资者只需向保证金账户存入名义交易金额的一定比例，如5%的名义交易金额，就能建仓。所以，衍生交易具有非常高的杠杆效应。

在全球经济一体化、跨国公司增多及金融市场日益完善的背景下，衍生金融工具如利率期货、股指期权等已被用于养老基金风险管理，发挥着稳定投资收益，降低市场风险的功能。然而，由于其高风险特性，其在养老保险基金投资中的应用受限，难以大规模使用。目前，它们在养老保险基金投资中的应用主要局限于为投资组合提供止损保险，以控制潜在损失。在保障资金安全的前提下，养老保险基金对衍生金融工具的使用持谨慎态度，以确保长期稳定的投资回报。

2. 养老保险基金投资决策

投资决策是一个为实现其设定的投资目标而进行的系统性规划和行动过程。它依赖于科学的理论、方法和工具，旨在制定恰当的投资政策和策略，进行合理的资产配置，并在决策实施后对投资效果进行客观评估。当涉及社会保险基金的投资决策时，这个过程显得尤为关键和复杂。它不仅关乎资金的保值增值，还直接影响广大参保人的未来福利。养老保险基金的投资决策是一个持续、动态的循环过程，可以概括为以下五个核心步骤。

第一，明确投资目标。这一步骤是整个决策过程的基石。投资目标需要综合考虑预期的收益率和风险承受能力，并将其细化为具体的风险目标和收益目标。风险目标的设定与养老保险基金自身的风险承受能力密切相关，这受到诸如基金类别、转移支付需求比例以及参保人结构特征等多重因素的影响。例如，基本养老保险基金由于其对稳定性的高要求，通常风险承受能力较低；而补充养老保险基金则可能拥有更高的风险承受能力。同样，如果养老保险基金的规模远超其转移支付需求，那么其风险承受能力自然会更强。此外，参保人的年龄结构和收入结构等因素也会对基金的风险承受能力产生影响。一般来说，参保人越年轻、收入越高，养老保险基金在短期内的支付压力就越小，从而拥有更强的风险承受能力。收益目标则是通过期望收益来表达的。这一目标的设定必须结合市场状况进行考量，确保在给定风险水平下追求收益的最大化。换句话说，收益目标与风险目标需要保持内在的一致性，以实现整体投资效果的最优化。

第二，明确投资约束。明确投资约束是养老保险基金投资决策中不可或缺的环节。这些约束条件来自多个方面，包括流动性需求、投资期限、法律法规要求以及其他特殊考虑因素。首先，流动性需求是养老保险基金投资时必须考虑的重要因素之一。流动性需求与基金的风险承受能力紧密相连。如果养老保险基金对流动性有较高要求，即需要在短期内随时变现以满足可能的支付需求，那么其风险承受能力就相对较低。相反，如果流动性要求不那么严格，基金就可以考虑投资一些流动性较差但潜在收益较高的资产。因此，养老保险基金必须根据自身情况保持适当的流动性，以应对未来可能出现的可预测和不可预测的净现金流出。其次，投资期限也是影响养老保险基金投资决策的重要因素之一。一般来说，投资期限越长，基金的风险承受能力也相应增强。这是因为，长期投资可以为基金提供更多的时间来分摊市场波动带来的风险，同时也有机会从一些高风险高收益的投资项目中获得更高的回报。因此，在制定投资策略时，养老保险基金需要根据自身的投资期限来确定适当的风险水平和资产配置。最后，法律法规因素是养老保险基金投资过程中必须遵守的外部限制。这些法律法规规定了基金可以投资的项目的种类、单一投资项目的投资限额、不同风险类别投资项目的投资限额、基金投资的最低盈利限额以及基金提取投资准备金的最低比例等。这些规定限制了养老保险基金的投资选择,以确保其投资行为符合法律法规的要求,保障基金的安全和稳健运营。

第三,制定投资政策书和策略。养老保险基金在投资决策过程中,必须制定详尽的投资政策书和明确的投资策略。这些文件不仅为投资行为提供了指导原则,还确保了基金的投资活动与目标保持一致,并有效地控制了风险。投资政策书是养老保险基金投资的纲领性文件,它详细阐述了基金的投资哲学、原则和目标,建立了评估投资绩效的标准,明确了基金的使命,以及资产配置、投资运营和风险管理的核心原则。通过投资政策书,社会大众、受托资产管理从业者以及相关金融机构能够清晰地了解基金的投资政策和运营状况,从而增强了透明度和信任度。投资策略则是投资管理人进行投资决策时遵循的基本方法和纪律。它可以分为主动投资策略、被动投资策略和半主动投资策略。主动投资策略强调通过积极的市场分析和证券选择来寻求超越市场平均水平的回报;被动投资策略更注重与市场指数保持一致,以降低成本和风险;半主动投资策略则结合了前两者的特点,既追求一定的超额收益,又保持相对稳健的投资组合。

第四,进行资产配置。资产配置是养老保险基金投资过程中至关重要的环节,它决定了投资组合的业绩和风险水平。资产配置涉及将资金按一定比例分配到不同的资产类别中,以实现风险和收益的平衡。养老基金资产配置范围包括全球资产配置、权益投资与固收投资配置、行业和风格资产配置等三大类别,还可划分为战略性、战术性和混合性资产配置。这些分类帮助养老保险基金在不同的市场环境下灵活调整其投资组合,以应对各种风险并寻求最佳的投资回报。

第五,评估投资业绩。投资业绩评估是对投资管理人执行投资计划效果的系统性评价,旨在判断投资计划在何种程度及如何有效地实现了既定的投资目标。这一评估过程涵盖三个核心层面:首先是业绩衡量,这一步骤聚焦于投资组合的收益率和风险水平的具体计算。除了传统的收益率指标外,还关注经过风险调整后的收益率,以更全面地反映投资组合在不同市场环境下的表现。其次是业绩归因,即深入剖析投资组合收益的来源。这包括了解资产配置效益和证券选择效益对整体收益的贡献程度。通过这一分析,可以更清晰地了解哪些投资策略或决策对投资组合表现产生了积极影响。最后是业绩评价,这一过程将投资管理人的业绩与某个市场基准进行对比,以客观判断其表现是否超越或落后于市场平均水平。这种比较有助于投资者更准确地评估投资管理人的能力,并为未来的投资决策提供有力依据。

4.2.4　养老保险基金的投资组合与投资策略

1. 养老保险基金投资组合理论

投资组合理论被视为风险管理的定量分析之典范,适用于个人与机构投资者。其核心在于权衡风险降低的成本与潜在收益，以寻求最佳的投资决策。在确定资产组合的预期收益时，通常依赖于收益的均值和方差。当投资者在构建投资组合时，他们的目标是在可接受的风险水平下最大化预期收益，或在既定的收益水平下最小化风险。满足这些条件的投资组合被称为有效组合，它们为投资者提供了一种在风险和收益之间找到平衡的方法。

（1）均值—方差分析方法

20 世纪 50 年代，马柯维茨与其追随者共同创立现代资产组合管理理论，其核心内容有均值—方差分析方法、投资组合有效边界模型（M-V 模型）。现代资产组合管理理论包含以下基本假设：①所有投资者都是风险规避的；②所有投资者都追求效用最大化，在甄选最优投资组合的过程中，投资者会依据收益的均值和方差作为关键决策依据；③投资决策都是单期的，且市场存在无风险资产，投资者能以无风险利率实现资金借贷；④市场是有效的，也就是所有信息都是公开的或已知的。在这里，预期收益率指的是将各种可能的收益率按其概率进行加权平均后得出的结果，即均值；而实际收益率与预期收益率之间的偏差，则通过方差来表示，它是衡量离散程度的一个指标，常被用来评估风险的大小。

预期收益率的计算公式为：

$$E(r) = \sum_{i=1}^{n} p_i r_i$$

其中，

$E(r)$：预期收益率；

r_i：第 i 种可能结果的收益率；

p_i：第 i 种可能结果的概率；

n：可能结果的个数。

预期收益率的方差的计算公式为：

$$\delta^2 = \sum_{i=1}^{n} [r_i - E(r)]^2 \times p_i$$

其中，

δ^2：预期收益率的方差。

当预期收益率的方差较小时，意味着收益率的离散程度较低，即投资收益的波动相对较小，从而风险也较低；反之，若预期收益率的方差较大，则表明收益率的离散程度高，投资收益的波动会更为剧烈，因此风险也会相应增大。

（2）投资组合有效边界模型

在 M-V 模型推导出的投资组合有效边界曲线上，每一个点都是有效投资组合，理性投资者的投资组合都在有效边界上，而具体位置取决于投资者偏好，也就是与投资者的风险偏好和效用函数紧密相关的无差异曲线。

图 4-1 中，横轴代表风险，纵轴代表收益率。图中的 I_1、I_2 分别代表两种不同的投资偏好的无差异曲线，I_1 对应的投资者选择 N 点进行有效投资组合，I_2 对应的投资者则

选择 M 点进行无差异投资,但对比 N 点和 M 点可以发现,M 点意味着较高的风险和更高的投资回报率,因此 I_2 对应的投资者具有进攻型投资偏好。

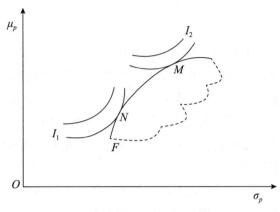

图 4-1 投资组合有效边界

2. 养老保险基金的投资组合实践

尽管全球各地的养老保险基金在投资组合上都遵循了多样化的原则,但不同投资工具在各国基金中的占比却有着显著的差异。在发达国家,为了控制养老保险基金的投资风险,通常会对股票、房地产等高风险投资项目设定一定的限制。然而,在发展中国家,由于资本市场尚未成熟、市场透明度相对较低等因素,它们在选择投资工具时往往会更加审慎。从表 4-1 中可以看出,部分 OECD 国家的养老保险基金在投资运营上展现出了几个明显的特点:首先,投资渠道呈现多元化的趋势,除了债券、股票等传统投资方式外,还包括现金、存款等其他投资方式;其次,债券和股票作为养老保险基金的核心投资工具,在总资产中占据了相当大的比重;最后,由于 OECD 国家的资本市场相对完善,因此低收益投资工具如现金和存款在总投资中的比重逐渐降低。不同国家会根据对安全性、稳定性和收益性的综合考量,采取动态监管的策略,在不同时期设定不同的限制条件来调整资金的投向。这种灵活且有针对性的监管方式有助于各国养老保险基金在保障资金安全的同时,实现稳健的收益增长。

表 4-1 部分 OECD 国家养老保险基金资产配置情况(2020 年)   %

OECD 国家	现金和存款	票据和债券	股票	其他
澳大利亚	11.4	6.4	24.4	57.8
意大利	5.8	39.2	17.1	37.9
加拿大	3.5	20.5	21.4	54.6
美国	0.3	25.3	32.7	41.7

资料来源:www.oced.org.

起初,我国养老保险基金投资渠道主要是银行存款和国债,比较狭窄。随着 2015 年 8 月《基本养老保险基金投资管理办法》的发布,我国养老保险基金的投资范围得到了显著扩大。现在,除了传统的银行存款和国债投资外,养老保险基金还可以涉足更多元化的投资领域,包括各类信用债券、股票、基金以及股权等风险资产。此外,养老保险基金还有机会参与国家重大工程和重大项目的建设，为我国经济发展注入更多动力。这一改革举措不仅有助于提升养老保险基金的收益水平，还能更好地保障广大老年人的养老权益。

3. 养老保险基金投资策略

养老保险基金投资策略是投资管理人在进行投资决策时的核心指导原则，它涵盖投资分析、证券选择以及必须遵守的投资纪律。养老保险基金投资策略包括主动型、被动型和半主动型三类。主动投资策略注重灵活调整，强调基于市场预期适时调整投资组合，而被动投资策略则保持投资组合的稳定，不随市场波动而调整。随着金融市场投资工具的日益丰富和投资技术的不断进步，养老保险基金投资策略也需与时俱进。目前，常见的投资策略主要有以下四种。

（1）固定比例投资组合策略。此策略将养老保险基金依照预设固定比例分配到各个投资领域，比如，股票等权益类资产，国债、政策型金融债、金融债、公司债等固收类资产，以及房地产等另类资产。这种策略的优点在于能够维持较低的投资成本，并且通过保持各类资产的固定比例来有效分散投资风险。

（2）常数投资策略。常数投资法的核心思想是将特定金额的资金按照既定比例分配到两种或更多种基金中。此外，该策略还设定了一个基金价格浮动的参考幅度。一旦某只基金的价格变动超过了这个设定的幅度，投资者就会选择卖出该基金。简而言之，常数投资策略通过预设的价格浮动范围来指导投资决策，帮助投资者在市场波动中保持一定的灵活性和控制力。

（3）变动比率投资策略。投资者根据金融市场上资产价格的实时变动，动态调整养老保险基金在债券、股票、房地产等不同领域的投资比例。这种策略要求投资者具备较高的市场敏感度和分析能力，以便及时捕捉市场机会并调整投资组合。

（4）保值策略。保值策略是一种稳健的投资方法。其一是选择那些与市场风险天然负相关的金融工具进行投资，获得较为稳定的收益率，能够为基金提供可靠的回报。为了实现这一目标，保值策略特别注重运用衍生金融工具进行套期交易，以在相当程度上规避投资风险，确保养老保险基金投资的相对稳定。其二是将养老保险基金投资于保值公债、保值存款等低风险资产。这些资产通常具有固定的利率或收益率，能够为基金提供稳定的现金流，并且在市场波动时能够保持相对稳定的价值。

4.3 养老保险基金运营的风险预警

4.3.1 养老保险基金运营预警指标体系

养老保险基金运营预警指标体系是一种重要的统计工具，它全面反映了养老保险制度体系的运行状况。该指标体系能够描述在特定时间和条件下养老保险基金的基本情况，包括基金的收支、投资运营、风险状况等关键信息。通过运用这一指标体系，可以为养老保险政策的制定和调整提供科学依据，有助于政策制定者更加准确地把握养老保险制度的现状和未来发展趋势。同时，该指标体系还能为养老保险管理和研究提供有力支持，推动养老保险制度不断完善和发展。因此可以说，养老保险基金运营预警指标体系是养老保险定量分析研究的基础和关键所在。

1. 预警理论基础

预警是一种针对未来潜在风险进行预测与评估的行为，它依据对未来的测度，对可能出现的不正常状态的时空范围及警情程度进行预报。构建风险预警机制的目的在于及时识别潜在风险，并提出相应的防范措施。所以，预警的最终目标在于实现有效的风险管理，降低风险损失。

预警研究的历史可以追溯到20世纪50年代，西方社会开始构建"先兆指标"体系，以监测和预测未来可能出现的问题。随着时间的推移，这一领域的研究不断深化和扩展。如今，在国际资本市场和金融领域，已经形成系统化的风险预警与防范方法，也有诸多风险预警和管理机制模型，其中，资本资产定价模型（CAPM）和风险价值模型（VaR）尤为知名，被广泛应用于各类风险管理场景。这些方法和模型为风险预警提供了有力的工具和支持，帮助更好地应对未来挑战。

养老保险基金预警系统的核心目的在于通过实现参照、纠偏以及超前调控来确保基金的稳定运行。这一系统相当复杂，由诸多相互交织的因素共同构成。要想深入开展预警研究，必须清晰识别并理解以下关键要素。

（1）警兆。风险不会无端发生，它总是在一定的原因和条件下逐步酝酿。从风险的初步萌生到最终爆发，通常会经历一系列阶段，包括潜伏、生成、发展、临近、显现及产生影响等。在这一系列阶段中，风险逐渐积聚并最终形成破坏力。但在风险真正造成破坏之前，往往会出现各种迹象或征兆，这些就是警兆。这些警兆不仅是风险爆发的预兆，同时也是及早识别并发现风险的关键指标。

（2）警源。顾名思义，警源指的是引发警情的根本原因。这些原因可能源自系统内部，即由于系统自身的某些缺陷或问题所导致；也可能源自系统外部，即由外部环境中的某些不利因素所诱发。理解和识别这些警源对于预防和控制风险至关重要。

（3）警情。警情是指可能出现的风险或异常情况。明确警情是进行预警分析的前提和基础。为了更准确地描述和衡量警情，需引入"警义"这一概念，它是指用预警指标的实际测量值来具体表达和反映养老保险基金的投资运营状况。通过分析和解读这些预警指标，能够更好地把握当前实际情况，及时发现潜在风险，并采取相应的规避措施。需要注意的是，警情并不是突然出现的，它往往经历了从警源的量变到质变的演化过程。在这一过程中，警兆也逐渐显现出来，为我们提供了风险即将爆发的信号。

（4）警义。警义是预警指标，既包括反映警情的指标，也包括捕捉警兆的指标。对于养老保险基金的投资运营状况，需要有针对性地设计和选择预警指标，以确保预警系统的有效性和准确性。

（5）预警界线。预警界线相当于一个警戒线或标准线，用于判断养老保险基金投资运营状况是否正常。只有当某个预警指标的实际值超过了预定的预警界线时，预警系统才会发出警报。因此，预警界线的确定对于准确监测各项指标的变化以及整体评估系统的运行状态具有至关重要的意义。它需要根据历史数据、行业标准以及专家经验等多方面因素进行综合考量和科学设定。

（6）警度。警度是用来衡量警情严重程度的指标，它反映了警情的大小和紧急程度。通常，警度分为五个等级：无警、轻警、中警、重警和巨警。

养老保险基金的预警系统发挥着至关重要的作用，它能及时测度可能出现的非正常情况和未来的风险状态，并发出预警。这一系统可以在重大警情出现之前就进行有效的控制和干预，从而避免或减少损失。同时，预警系统还能提供宝贵的信息和数据支持，帮助及时制定和调整养老保险基金的监控管理办法和措施。这些努力共同保障了养老保险基金的正常、健康、平稳运营，为广大参保人员的养老保障提供了坚实的支撑。

2. 养老保险基金运营预警指标体系

养老保险基金因其庞大的规模和长期的积累特性，使其管理变得尤为复杂和关键。该基金深受人口结构和通货膨胀水平的影响，这些外部因素的不断变化直接关系基金的稳定性和持续发展。

养老保险基金运营预警指标体系框架如图4-2所示。

影响养老保险基金当年积存量的主要因素包括：

（1）老年人口增长率。随着全球范围内老龄化的加剧，许多国家都面临老年人口占总人口比例持续上升的挑战。老年人口增长率的快速提升必然导致养老金支出的显著增加，进而使养老金积存量的增长率下滑，对养老保险基金构成严峻挑战。

（2）平均余命。平均余命指的是职工在退休后预期能够生存的年限。随着生活条件的持续改善和医疗技术的不断进步，长寿人数持续增加，人群平均寿命也在逐年升高。这意味着养老金的支付期限也会相应增加，这无疑加大了养老保险基金的支出压力。

（3）养老保险待遇水平。养老保险待遇与经济发展紧密相连，通常与工资水平和物价指数相挂钩。这意味着随着全体职工工资水平的提高，养老保险待遇也会相应增加。同时，当物价指数发生变化时，养老保险待遇也会做出相应调整，以确保待遇的实际购买力不受影响。因此，随着经济的持续发展和工资水平、物价指数的上升趋势，养老保险基金的支出也将逐年增加。

（4）单位缴费量。单位缴费是养老保险基金的重要收入来源之一，它基于单位职工的工资总额，并按照一定的百分比进行缴纳。单位缴费量的增长与工资总额的增长、缴费率以及收缴率的提升密切相关。因此，当工资总额增加、缴费率或收缴率上升时，单位缴费量也会相应增加，进而对养老保险基金的积存量产生积极影响。

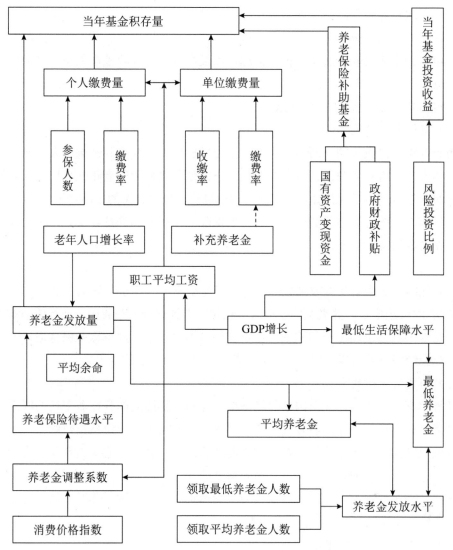

图 4-2 养老保险基金运营预警指标体系的总体框架

（5）个人缴费量。个人缴费是以职工本人上年度的月平均工资作为缴费基数，并按照一定的百分比进行缴纳，这部分费用会计入个人账户。随着社会生产力的不断进步和人均工资水平的持续提升，个人缴费量也相应增加，从而对养老保险基金的积存量产生影响。此外，缴费率也是决定个人缴费量的关键因素之一，在制定缴费率时需要充分考虑参保人员的经济承受能力。

（6）当年基金投资收益。养老保险基金面临多方面的挑战，包括通货膨胀、工资水平上涨、物价指数上升以及人口老龄化等。为了应对这些挑战，仅仅依靠提高单位和个人缴费率或增加国家财政支出是不够的，许多国家选择通过对养老保险基金进行投资运营来实现保值增值，进而增加基金的积存量。这种投资策略旨在利用市场机制提升基金的收益能力，为未来的养老金支付提供更可持续的资金支持。

（7）养老保险补助基金。它主要用于弥补养老保险基金的不足，主要由两部分组成：

一是政府财政对养老保险基金的当年补贴；二是国有资产变现所得的资金。这种通过增加养老保险补助支出来缓解基金压力的做法，在全球范围内的一些市场经济国家中已被广泛采用。为了应对养老金隐性债务问题，以及缓解养老保险基金收支失衡的状况，我国政府也采取了划转国有资产的策略，为养老保险基金提供额外的资金支持。

影响养老金发放水平的指标包括：

（1）老年人口增长率

随着老年人口数量的不断增加，养老金的发放量也相应受到影响。人口老龄化现象导致老年人口与就业人口的比例发生变化，进而使养老保险的老年抚养比逐年攀升。这种沉重的养老负担不仅对社会再生产能力构成挑战，更对人民的生活水平产生深远影响。因此，老年人口的迅速增长势必会导致养老保险老年抚养比的持续上升，进而不可避免地影响养老金的发放水平。

（2）职工平均工资

养老保险基金的筹集与发放是建立在职工工资基础之上的。随着社会经济的不断发展和 GDP 的持续增长，养老金的发放水平也相应得到提升。在我国，现行的基本养老金制度便是参考社会平均工资的涨幅，逐年调整基本养老金。此举旨在保持退休人员生活水平与社会经济发展同步，使他们能够合理分享到社会发展的成果。

（3）消费价格指数

经济学家普遍认为，一个国家的经济增长与通货膨胀之间存在着密切的联系，即较高的经济增长率往往会伴随着较高的通货膨胀率。而居民消费价格指数则是一个能够较为准确地反映通货膨胀水平的指标。对于养老金而言，其实际购买力会受到物价水平的影响，因此，在不同的物价水平下，相同数量的养老金所能购买的生活资料和服务也会有所不同。为了确保养老金的实际购买力不受通货膨胀的侵蚀，养老金的待遇必须根据居民消费价格指数的变化进行相应的调整。

（4）最低生活保障水平

基本生活水平一般是指平均每个人每天为了满足基本生活需要而达到的收入或生活费用标准。然而，与中青年和儿童不同，老年人的需求结构具有其特殊性，尤其是在医疗保健方面，他们的需求相对较高。因此，在确定最低基本养老金标准时，必须综合考虑退休老人的生存资料和医疗保健两方面的需求，确保这一标准能够满足他们的正常生活需要。对于那些低于此标准的退休老人，应该采取措施将他们的养老金水平提高到这一标准，以保障他们的基本生活权益。

4.3.2　养老保险基金运营的系统动力学模型

1. 系统动力学简介

系统动力学是研究复杂信息反馈系统的一门学科，创立于 1956 年，由美国麻省理工学院的教授福里斯特（J. W. Forrester）首次提出。经过多年的发展和演变，系统动力学已逐步成熟，并在多个学科和领域中得到广泛的应用和研究。在系统动力学的研究过程中，首先以定性分析为基础,再通过定量分析来加强其理论基础。该方法着重于从系统的内部机制和微观结构出发,进行剖析与建模。另外,依托于计算机模拟技术,系统动力学能够探究系统内部结构与其动态行为之间的内在联系,进而为实际问题解决提供有效的策略与方案。

系统动力学采用回路的方式来描绘系统的整体结构框架,并通过构建因果关系图和流图来揭示系统中各要素之间的逻辑联系。为了更精确地刻画这些要素之间的数量关系,系统动力学进一步运用了数学方程进行描述。在进行模拟分析时,系统动力学依赖于专门的仿真平台作为技术支撑。整个分析过程遵循从定性分析到半定量分析,再到定量分析的逐步深化路径,最终通过计算机对定量的数学模型进行模拟分析,以揭示系统的动态行为特征。综上所述,系统动力学的基本研究方法涵盖因果关系图、流图、数学方程以及仿真平台等多个重要方面。①

因果关系图是运用因果关系链来揭示系统要素间相互影响的工具。在这些关系链中,正负极性分别代表正负两种截然不同的影响作用,从而清晰地展现系统中复杂的逻辑结构。

流图作为一种图形化工具,能够清晰地描述系统中各要素的性质以及整体框架。它可区分变量性质,直观地刻画系统要素间的逻辑关系,描绘系统的动态过程。

在系统动力学中的方程用于量化系统要素间的局部关系,通过一组数学关系式对系统要素之间的关系进行了精确的定量描述,具体包括水平方程、速率方程和辅助方程三类,分别呈现状态变量、速率变量和辅助变量的动态变化规律。

仿真平台扮演着将系统动力学模型导入计算机,并执行仿真实验与调试的核心环境角色。研究者能够根据其研究目标与需求,在此平台上构思多样化的实验方案,进而对系统的动态行为进行模拟与分析。其中,Vensim 仿真平台因其广泛的应用和强大的功能而备受青睐。

然而,运用系统动力学模型来认识和解决问题需要逐步深入、多次反复、循环往复并不断提升,具体有五个主要步骤(见图 4-3),每个步骤都为研究者提供了更深入的系统理解和问题解决方案。

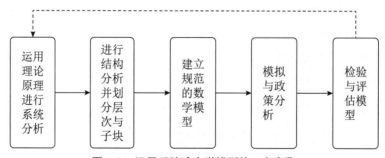

图 4-3　运用系统动力学模型的五个步骤

第一步,运用相关理论原理进行系统分析。明确建模的目的,选择需要建模的系统,并基于现有的理论和原理对系统进行深入分析,以确定是否适合建立模型。

第二步,进行系统的结构分析并划分层次与子块。根据系统的实际运行情况,提出

---

① 李旭. 社会系统动力学:政策研究的原理、方法和应用 [M]. 上海:复旦大学出版社,2009.

一个关于系统内部反馈结构导致动态变化的假设。在此基础上，进行系统的结构分析，合理划分层次与子块，以更好地理解和描述系统的动态行为。

第三步，建立规范的数学模型。在这一步中，需要编写公式，确定参数之间的行为关系以及初始化条件。同时，根据现有的数据资料进行整理和分析，对系统中涉及的变量进行预测，为模型的建立提供数据支持。

第四步，进行模拟与政策分析。对建立的模型进行模拟测试，检验模型得出的行为结果是否符合实际情况。通过模拟和政策分析，可以评估不同政策或策略对系统行为的影响，为决策提供支持。

第五步，检验与评估模型。对建立的模型进行全面的检验与评估，以确保其准确性和可靠性。在这一步中，可以得出具体化的方案设计，为实际问题的解决提供指导。通过不断的检验与评估，可以不断完善和优化模型，提高其应用价值。

2. 系统动力学模型在养老保险基金投资运营中的运用

系统动力学模型为研究者提供了一个将定量测算与定性分析紧密结合的方法，借助此模型，研究者能够剖析各项指标与养老保险基金警情间的内在关联，并研究基金发生警情时的有效应对策略。

养老保险基金系统动力学模型的整体框架由8个关键组成部分共同构建，包括养老保险基金发放量、养老保险基金上缴量、基金运作收益、养老保险补助基金、社会工资水平、养老保险基金平均发放量、养老保险基金发放水平以及养老保险基金总量。这些部分之间的相互作用关系构成了模型的核心结构。具体来说，社会工资水平的变化会直接影响生活水平的调整，进而对养老保险基金的发放量和上缴量产生影响。养老保险基金发放量与养老保险基金平均发放量之间存在紧密的数量关系，二者相互关联并相互影响。同时，养老保险基金的发放量也会直接影响养老保险基金总量的计算，即除去已发放的养老保险基金后，剩余部分即为当前阶段的养老保险基金总量。养老保险基金平均发放量的水平是决定养老保险基金发放水平的关键因素。此外，养老保险基金的上缴量作为养老保险基金总量的重要来源之一，对于维持基金的稳定运行具有重要意义。养老保险基金总量与基金运作收益之间存在正相关的关系——基金总量越大，运作收益就越高；而运作收益的增加又会进一步促进基金总量的增长。同样地，养老保险基金总量与养老保险补助基金之间也存在着类似的相互影响关系。通过对这些相互作用关系的分析，我们可以更全面地理解养老保险基金系统的动态运行过程。

4.3.3 养老保险基金运营预警体系的构建

1. 养老保险基金运营预警体系的职能及主要内容

养老保险基金运营预警体系承载预报、矫正与免疫三大职能。预报职能涉及全面监测、识别、分析与判断基金运营活动，评估潜在风险并及时发出预警。矫正职能作为预防控制措施，针对基金运行中的过失与错误进行及时纠正，确保基金在复杂环境下既安全又增值。免疫职能通过积累经验教训而形成，使预警体系能预测并快速识别同类风险与危机。构建时应以预报为导向，矫正为手段，免疫为目标，确保预警体系有效可持续。

预警体系的核心内容主要包括：①明确风险预警目标，即确保养老保险基金的安全性、增值性和稳定性，以保障民众"养命钱"安全。通过实时监控和准确判断风险，旨在规避或最小化风险，实现利益最大化。②感知和评估风险是风险管理的基础工作，也是风险预警的前提。这一环节能够及时有效地为风险管理提供必要的信息支持，为后续的预警和处置工作奠定坚实基础。③提出风险预警需基于客观事实和科学推断，准确表述基金面临的风险，并形成预警报告，以指导后续处置工作。④有效处置风险是预警体系的核心环节，直接作用于基金运营管理，决定预警体系的有效性，旨在避免或最大限度降低基金风险，确保基金安全稳健运行。

2. 养老保险基金运营预警体系的构建

在构建养老保险基金运营预警体系时，首要任务是进行风险预警要素的设计。鉴于中国养老保险基金的独特性，可以将其风险预警要素划分为四个主要类别，即收支风险、投资风险、操作风险和道德风险。随后，进入运营预警体系的构建阶段。基于前述对养老保险基金风险预警要素的分析，可以着手构建中国养老保险基金运营预警体系。具体而言，该体系应涵盖以下五个方面。

（1）剖析风险本质。这要求研究者对养老保险基金各类风险的内涵进行深入分析，明确风险产生的根源、风险的特点，以及这些风险在中国养老保险基金运营中的具体表现等，从而为后续的风险预警提供坚实的基础。

（2）精准预测风险。针对不同类型的风险，需要根据其自身特点采用相应的预测方法，确保预测的准确性和有效性。

（3）建立预警指标体系。通过分析中国养老保险基金的性质、资金来源、运营环节等，以及基金风险内涵，可以建立一套完整的风险预警指标体系，用于全面监测和评估基金运营过程中的各类风险。

（4）构建预警模型。借助数理统计、精算学、金融学等量化方法，研究风险预警指标，确定风险预警区间。这有助于更加科学地判断风险水平，并达成风险预警的目标。

（5）完善预警机制。在风险预警技术软件的支持下，考虑风险预警政策等外部环境条件，建立完善的风险预警机制，确保预警体系的顺畅运行和预警效果的最大化，从而为中国养老保险基金的安全稳健运营提供有力保障。

本章小结

通过本章的学习，学生应能够系统掌握养老金投资运营知识，了解在确保基金安全前提下追求合理收益的重要性，及其对参保人员利益和社会稳定的影响。掌握投资工具的选择与配置技巧，熟悉多元化投资策略。同时，了解基金运营预警机制，提升风险应对能力。

关键术语

养老保险基金、投资运营、投资工具、投资组合、均值—方差分析方法、现代资产组合管理理论、投资策略、投资风险、投资决策、运营预警、预警指标体系

复习思考题

1. 在考虑养老保险基金的投资运营时，如何平衡收益性与安全性原则？请结合具体的投资工具和策略，分析可能的解决方案，并讨论在实际操作中可能面临的挑战。

2. 构建一个有效的养老保险基金投资组合需要考虑哪些因素？请从风险分散、资产配置、流动性需求以及长期收益目标等角度进行分析，并提出你的投资组合构建方案。

3. 如何构建一个有效的养老保险基金运营预警体系？请从预警指标的选择、数据监控的频率、预警阈值的设定以及应对措施的制定等方面进行讨论，并说明这样的预警体系在实际运营中的意义。

在线自测

自测 4.1

自测 4.2

延伸阅读

挪威政府养老金全球基金（GPFG）的投资组合构建与业绩表现

一、挪威养老金体系概述

挪威的养老金体系建立较早，可追溯至1936年，当时挪威政府颁布了首部养老金法案，建立了基本的养老金制度。1959年，挪威进一步建立了基本养老金制度，确保所有公民在退休时均可享有基本养老金。历经数十年的发展，挪威已形成了由政府养老金、职业年金和个人养老金所构成的"三支柱"体系。其中，政府养老金作为第一支柱，采用现收现付制，并细分为政府养老金全球基金（GPFG）与政府养老金挪威基金（GPFN）。与GPFN用于支持当前养老金支付的职能不同，GPFG的定位是作为国家养老储备金，不用于当前的养老支出。GPFG的前身是挪威政府石油基金，于2006年初更名而来，资金主要来自北海区域石油开采的外汇收入。为避免输入性通胀，政府将所有石油带来的外汇收入用于境外投资。经过数十年的积累，GPFG已成为全球最大的主权基金，截至2023年末，其规模约为15.76万亿挪威克朗（约合1.55万亿美元）。

二、GPFG的资产配置与组合构建

（一）配置流程与目标设定

根据GPFG的设立初衷，其主要职能是在全球范围开展投资，且投资有严格限制，包括禁止投资于挪威实体发行或以挪威克朗发行的证券，以及挪威境内的房地产和基础设施。GPFG的投资目标是在适宜的投资管理框架内，实现扣除成本后尽可能高的投资收益。为实现这一目标，GPFG采用参考组合模式进行资产配置与投资管理，该组合由挪威财政部设立，包含股票和债券两大类基础资产，作为GPFG的投资指引与考核基准。

当前参考组合结构为股票占比70%，债券占比30%。

（二）资产配置历程

GPFG自其前身石油基金1996年正式成立以来，资产配置方案历经多次变化，主要趋势为权益类资产配置比例持续增加。1997年，GPFG开始配置权益类资产，比例为40%。2006年，GPFG呈请财政部提高权益类配置至50%~60%，并于2007年获批，在2007—2009年逐步将配置比例增加至60%。10年后，在新的市场环境下，GPFG建议将股票配置比例提升至75%，2017年，财政部审议后明确将参考组合的权益类配置比例定为70%。GPFG的敞口主要在发达国家或地区，占比约为80%，新兴国家与地区占比不足20%。具体国别层面，美国占比最高，为46.9%，日本次之，占比为7.4%。

三、GPFG的投资组合业绩

2023年度，挪威GPFG总组合收益率（以货币篮子计价）约为16.14%，略低于参考组合基准0.18%。从资产类别来看，除房地产外，其余大类资产均实现盈利。其中，公开市场股票资产年度收益率最高，约为21.25%，对总组合收益贡献最大。固定收益资产收益率约为6.13%，未上市基础设施资产收益率约为3.68%。未上市房地产资产则出现亏损，幅度约为12.37%。从超额收益率来看，总组合受房地产资产拖累，低于业绩基准0.18%。然而，公开市场股票与固定收益资产均超越了各自基准，分别获取了0.38%与0.51%的年度超额收益率。

过去10年，GPFG总组合累计收益率约为92%，其中公开市场股票组合做出了主要贡献。具体而言，公开市场股票累计收益率最高，约为130%；未上市房地产与固定收益实际组合同期累计收益率分别约为49%与23%。未上市基础设施由于纳入组合相对较晚，因此只有过去3年的累计收益率，约为14%。考虑到参考组合中公开市场股票占比较高，自2013年以来超过60%，因此在过去10年里，总组合的主要收益由股票资产贡献。

权益类资产的收益贡献需要相对较长周期且充分分散，才有更大概率可以获取长期风险溢价提供的超额收益。自GPFG将股票资产引入总组合开始（即1998年，从100%各国国债变化为"40%股票+60%债券"），在最初的十余年周期内（1998年至2009年），引入股票后的实际组合相比于全部投资于固收，会带来超额损失约5 000亿挪威克朗。但在2009年后，股票市场开始从全球金融危机中逐渐恢复，走出了一波长达十余年的牛市，不仅将2009年以前的超额损失快速修复，并且在截至2021年测算时点，累计已经取得超过3万亿挪威克朗的超额盈利。

GPFG在历次的股票市场大幅下挫的情景中，都未曾出现过恐慌抛售，也未曾出现过由于恐慌暂停再平衡机制，而是根据投资指引，坚持开展再平衡操作，也因此为挪威国民从全球资本市场获得超额盈利、夯实远期养老储备做出了显著贡献。

引自《国家金融与发展实验室-NIFD季报：机构投资者的资产管理，北欧四国养老基金资产配置与投资运营情况研究》。

第 5 章　基本养老保险

> **学习要求**
> - 理解基本养老保险的内涵及其重要性。
> - 掌握基本养老保险制度的建立与发展历程。
> - 熟悉基本养老保险的主要内容和运作机制。
> - 了解基本养老保险的可持续发展问题及国际经验。

5.1　基本养老保险概述

5.1.1　基本养老保险的含义

基本养老保险,也称为公共养老金计划,是根据国家法律、法规的规定强制实施的一种社会保险制度。其目标是在劳动者达到国家规定的退休年龄、解除劳动义务的年龄界限,或因年老等缘由导致劳动能力丧失之后,能够依法从国家和社会获得物质帮助,从而保障其基本生活。基本养老保险制度具有强制性和互济性等特点,它的资金来自用人单位和劳动者的缴费及财政的支持。这种制度模式是世界上多数国家普遍实行的,能够有效地分散和抵御各种养老风险。

5.1.2　基本养老保险的基本原则

1. 保险权益的赋予与资格条件的匹配原则

在全球范围内,实施此项原则主要体现为以下四种形式。

第一,养老保险权益与劳动义务的均衡原则。依照此原则的国家通常明文规定,有资格享受养老保险待遇的是那些在工作岗位上付出了一定年限劳动后退休的老年人。国家和政府通过立法或制度的形式,明确规定了公民的合法劳动年龄范围,其中退休年龄被设定为劳动年龄的上限。当劳动者达到这一年龄界限时,国家将依据既定的退休制度,既引导他们离开原有的工作岗位,又确保他们能够获得社会提供的物质援助和服务。不论劳动者在达到退休年龄后的实际劳动能力如何,都必须按照规定办理退休手续。这也可以视为他们为获得养老保险待遇而必须履行的一项义务,即在工作岗位上付出一定年限的劳动后,选择退出劳动市场。基于这一均衡原则,在确定养老保险的申领条件和待遇水平时,应充分考虑劳动者在退休前为社会所做的贡献,包括其劳动时间和劳动强度等因素。大多数实行国家保险型老年保障模式的国家,如苏联、中国都曾用这一原则来构建其老年社会保障体系。

第二，享受养老保险的权益与缴纳保险费用的对等性原则。在养老保险制度的实施中，许多国家遵循了一个核心原则：养老保险的权益与个人的保险费用缴纳是对等的。这意味着，想要在退休后获得养老保障的人，必须在工作期间参与社会保险并缴纳相应的保险费用。这是享受老年社会保障的一项基本条件。在具体的制度设计上，有的国家将解除劳动作为享受养老保险的前提，而有的国家，尤其是那些劳动力相对匮乏的国家，则会通过政策激励来延长人们的劳动时间和保险缴纳时间，如为长期投保和延迟退休的人提供更高的退休金待遇。通常情况下，个人缴纳保险费的年限越长，其在退休后能享受到的养老保险待遇就越高。当个人的投保年限超过了法定的最低要求时，他们将有资格获得更为优厚的养老保险待遇。例如，日本就明确规定，未达到法定投保年限的个人是无法领取退休金的。西方发达国家中，德国、美国、法国、丹麦、瑞典等都采用了这种将养老保险权益与个人的保险缴纳年限或缴纳金额挂钩的对等性原则。

第三，养老保险待遇与工作贡献相挂钩的原则。虽然现代老年保险、社会福利和服务制度普遍建立在对老年人社会贡献的广泛承认之上，且在众多福利国家中，老年人的养老保障待遇颇为优厚，覆盖面也相当广泛，但在实际操作层面，老年人的养老待遇往往还是会依据他们的工作历史和贡献程度而有所不同。在经济发展水平相对较低的发展中国家，这种待遇差异表现得尤为明显。例如，多数国家在设定退休金标准时，都会将个人原有的工资水平和职位等级作为重要的参考因素。具体到执行层面，养老金和各项福利待遇的确定也需要综合考量多种条件。以日本为例，普通劳动者要想领取全额退休金，必须满足缴纳保险费总计 25 年的条件，这其中就隐含了对个人工作年限的要求。此外，很多国家还会对某些特定行业或工种的退休人员在待遇上给予一定的倾斜。比如，对于那些从事繁重或危险性工作的工人，国家允许他们提前退休，同时不会削减其应得的退休金。在化工、煤炭、冶金等行业工作的工人、工程技术人员以及管理人员，则可以享受到更高的养老金待遇。而那些为国家做出杰出贡献或具有特殊功勋的人员，在退休时还可以额外获得功勋养老金的奖励。

第四，养老保险权益与国籍或居住期限相挂钩的原则。在养老保险制度的实施中，一些国家遵循了这样的原则，即只要个人是本国居民或在本国居住满一定年限，就有资格享受养老保险待遇，而无须考虑其工作时间和保险缴纳年限。这种原则主要被那些实行全民保险制度的国家所采用，如新西兰和澳大利亚等。在这些国家，无论个人的职业背景、工作历史如何，只要满足国籍或居住期限的条件，就能平等地获得养老保险的保障。

2. 保障基本生活水平的原则

在劳动者结束其职业生涯后，老年社会保障制度所提供的养老金往往成为他们的主要经济支柱。为确保老年人的基本生活需求得到满足，养老金的发放必须充分考虑到其日常生活的实际开销。养老保险是专为老年人设计的一种长期、持续性的福利，通常按照一定的周期（如每月）和标准进行发放。然而，老年人实际领取的养老金水平及其购买力，可能会受到社会经济因素如通货膨胀和物价波动的影响。同一数额的养老金，在不同的物价环境下，所能购买的商品和服务也会有所不同。为保护老年人的基本生活不受经济波动的冲击，特别是通货膨胀和物价变动的影响，政府必须根据这些经济指标及时调整养老金和社会救济金的发放标准。许多国家已通过立法手段，确保老年人的生活质量不会因经济环境的变化而受损。调整养老金的方式一般有两种。

一是养老金与物价上涨同步自动增长。这种机制可以确保养老金的实际购买力不受货币贬值影响，保持其稳定的价值。然而，这也带来了较大的工作负担，特别是在物价波动频繁的情况下，调整的难度和工作量都会增加。因此，尽管像瑞士等国家在名义上采用了自动调整机制，但实际上它们通常每两年对养老金标准进行一次调整，并且只有在物价上涨超过8%时，才会进行临时的即时调整。

二是养老金根据物价上涨进行不定期调整。这种方式既能够避免产生过大的工作负担，又能够基本上确保老年人的生活水平不受物价上涨的严重影响。通过不定期的调整，可以更灵活地应对物价波动，同时保证养老金制度的可持续性和老年人的生活质量。

3. 共享社会经济发展成果的原则

随着社会经济的不断进步，老年人的社会保险待遇也应随之提升，确保他们能够分享到社会发展的红利。特别是在业者的工资水平上涨时，老年人的社保待遇也应得到相应的提高。这一原则的确立基于以下两点理由：第一，老年人为社会的经济发展奠定了坚实的基础，他们通过多年的辛勤劳动和无私奉献，为社会的进步创造了条件，做出了不可磨灭的贡献。因此，他们已经充分履行了劳动的义务，并承担了推动社会发展的历史责任。第二，社会的发展必须坚守公平的原则。为了防止退休者与在业者之间的收入差距过分悬殊，避免社会中出现大量的低收入老年群体，必须确保老年人的收入能够持续、稳定地增长。

上述原则是实行养老保险制度的国家普遍遵循的准则。除此之外，一些经济发达的国家在制定养老金待遇标准时，还进一步考虑到了被抚养人口的需求。这些国家实施了"照顾被抚养人口"的原则，规定对退休者的配偶和未成年子女提供额外的补贴或抚养费。日本、瑞士等国家便是实施这一原则的典型代表。

5.1.3 享受资格与条件

养老保险的享受资格与条件由养老保险基本原则和养老保险类型决定。在全球多数国家中，养老保险的给付条件呈现出复合型特征，也就是参保人需同时满足两个或更多的资格条件，才具备领取养老金待遇的权利。这些条件主要包括以下四种。

第一是年龄与投保期限的双重条件。为确保个人在退休后能够获得稳定的养老金收入，被保险人需同时满足两个核心条件，一是达到国家法定的退休年龄，二是累计缴纳保险费满足规定的年限要求。

第二是年龄与工龄的双重条件。除了年龄因素外，被保险人还需满足一定的工作年限要求才能领取养老金。例如，某国规定，男性工人和职员在年满60岁，并且一般工龄达到 25 年时，可以从劳动保险基金机构领取根据其本企业工龄长短计算的养老补助费，这项待遇将持续至其去世。对于女性工人和职员，年龄要求为 50 岁，一般工龄满 20 年，她们也可以享受规定的养老补助费待遇。这样的条件设置确保了只有那些为社会做出足够贡献的人才能享受到应有的养老保障。

第三是年龄、工龄和投保年限要求。例如，英国的规定是男性年满 65 岁，女性年满 60 岁；每年缴纳 50 周以上的国民保险费，累计缴费满 20 年，享受基本养老保险待遇；如果参保人在整个工作期间有 90% 的年份有缴费，且缴费达到 52 周，可以享受全额养老金；否则只能享受减额待遇。近年来，面对人口老龄化日益加剧以及退休金支出迅速增长的挑战，发达国家纷纷进行了养老金制度的改革。这些改革措施包括实施多支柱养老金方案、提高退休年龄以及延长缴费年限等，旨在确保养老金制度的可持续性和稳定性。通过这些改革，发达国家旨在更好地应对未来的人口老龄化挑战，保障老年人的生活质量和福利水平。

第四是年龄与居住期限的双重条件。为了有资格领取养老金，参保人须同时满足两个核心条件，其一是达到所在国家法定的退休年龄，其二是满足国家规定的居住期限要求。在实行公共养老金制度的国家中，双重标准是普遍采用的做法。比如，在丹麦，若要享受年金待遇，国民须在年满 67 岁之前的连续五年内居住在本国，并且同时具备丹麦公民身份。在加拿大，国民需年满 65 岁，并且自 18 岁以后，在加拿大居住每满一年，就有资格领取最高养老金的 1/40，该年限范围是 10 年到 40 年。

这些条件构成了目前世界范围内实施养老保险资格条件的四种主要类型。实际上，享受养老金的资格条件相当复杂，需根据各国的具体国情和经济状况来确定。尽管如此，在工龄和投保条件等方面，各国的规定还是存在一定的共性和相似之处。

5.1.4 养老金的给付方式

老年保障待遇是旨在确保退休老年人经济稳定的一项重要制度安排，它是对老年人的一种长期性物质补偿机制。由于涉及众多因素，其实施方式相对复杂且具体。综合全球多数国家的实践，可以从以下两个方面来理解养老金的给付方式。

第一，养老金待遇计算包括绝对金额制和薪资比例制两种方法。绝对金额制是将被保险人及其供养的直系亲属按照既定的不同标准进行分类，每一类别的人都会获得相同绝对金额的养老金。这种计算方式的特点在于，养老金的数额与被保险人退休前的工资水平无直接关联，主要应用于普通国民保险或家庭补贴的支付，覆盖面较大。薪资比例制则是以被保险人退休前某一时段内的平均工资或最高工资数额为计算基数，根据一定比例计算养老金待遇，通常还会考虑是否参保、投保年限等因素。如果养老金待遇与投保年限无关，那么养老金待遇通常是工资基数与某一固定比例的乘积，该比例确定可能参考被保险人收入或工龄等因素。若养老金待遇与投保年限有关，则养老金是计算基数、比例和投保年限三者的乘积。这时，比例的重要性相对较低，而"基数"和"投保年限"成为决定养老金数额的关键因素。

世界各国在养老金计算上可能采用上述两种方法中的一种，但也有国家会同时采用两种方法，即既有国民年金（通常采用绝对金额制），又有与就业相关的年金（采用薪资比例制）。

第二，养老金的给付范围、项目及数额的国别差异。各国养老金的给付范围、项目及标准均依据其国民经济发展水平和社会需求来确定，因此存在显著的国别差异。有些国家的养老金制度的覆盖范围广泛，既覆盖被保险人本人，还涵盖其无收入的配偶、未成年子女及其他直系亲属。在瑞士和瑞典，养老金给付项目包括基本养老金、低收入补助、看护补助、超缴保险费期间的增发额、超龄退休补贴，以及针对配偶和未成年子女的补贴等。全球范围内，向被保险人抚养的直系亲属提供家属补贴已成为普遍做法，补贴发放方式多样，有的与收入和投保期限无关，有的则与养老金水平相关联。关于补贴对象，不同国家的规定有所差异，有的国家无条件限制，而有的国家则设定了特定条件，如配偶和子女的年龄限制、子女的数量限制等，以体现政策的针对性和公平性。

5.2 我国基本养老保险的构成与发展历程

5.2.1 我国基本养老保险的构成

我国的社会养老保险体系由三个部分组成，分别是基本养老保险、企业/职业年金和个人养老金。其中，基本养老保险是最重要、最基本的养老保险制度，是社会养老保险制度的重要组成部分，也是国家和社会根据一定的法律和法规建立的；基本养老保险按覆盖的人群类型分为城镇职工基本养老保险[①]、机关事业单位养老保险和城乡居民基本养老保险三种类型（见表 5-1）。

城镇职工基本养老保险由政府根据法律法规强制建立和实施，实行社会统筹与个人账户相结合的"统账结合"模式。该模式下，统筹养老金采取现收现付制，由企业依据本单位职工工资总额的特定比例缴纳保险费，并纳入基本养老保险统筹账户，由统筹基金支付统筹范围内当期退休人员的统筹养老金，基金出现支付不足时由政府给予补贴；个人账户养老金实行预筹积累制，职工依据本人工资的特定比例缴纳保险费，并归入个人账户。统账结合模式作为一种独特的制度设计，既体现了养老保险的社会互济保障功能，又着重强调了个人劳动贡献之间的差异，实现了国家责任与个人自我保障之间的有机结合。

机关事业单位养老保险与城镇职工基本养老保险相似。

城乡居民基本养老保险制度遵循自愿参保的原则，旨在为城乡居民提供养老保障。

[①] 城镇职工基本养老保险现在被称为企业职工基本养老保险，这一名称变化的背后有多重逻辑。在养老保险制度确立之初，基本养老保险主要适用于城镇大型全民所有制企业和部分集体企业的职工。随着所有制形式的多样化，基本养老保险的适用范围逐渐扩大，涵盖城镇中被雇用的灵活就业人员。此外，"企业职工基本养老保险"更强调企业在职工养老保险中的责任和义务。

与城镇职工基本养老保险制度设计相似，其养老金待遇包含基础养老金和个人账户养老金两个部分。其中，基础养老金的支付标准由中央和地方政府共同确定，并全额支付给符合领取条件的参保人；而个人账户缴费则由个人缴费、集体补助以及政府补贴三部分共同构成，是集个人劳动贡献、集体支持以及政府引导为一体的养老保险资金筹集机制。

表 5-1　基本养老保险分类与对比

条款项目	城镇职工基本养老保险	机关事业单位基本养老保险	城乡居民基本养老保险
参保对象	城镇各类企业及其职工、个体工商户、灵活就业人员等	按公务员法管理的单位、参照公务员法管理的机关（单位）、事业单位工作人员等	年满16周岁（不含在校学生）、未参加机关事业单位养老保险和企业职工养老保险的城乡居民
参保规定	强制参保		自愿参保
缴费方式	按月缴费，按照国家规定的本人工资的比例缴纳基本养老保险费，计入个人账户		按年缴费，自愿选择缴费档次，政府根据居民缴费多少给予补贴，与个人缴费一同存入个人账户
领取条件	达到法定退休年龄，累计缴费满15年		年满60周岁，累计缴费满15年
养老金计算	养老金＝统筹养老金＋个人账户养老金；养老金根据个人累计缴费年限、缴费工资、当地职工平均工资、个人账户金额、城镇人口平均预期寿命等因素计算		养老金＝基础养老金＋个人账户养老金；中央确定基础养老金最低标准，建立基础养老金最低标准正常调整机制；个人账户养老金由个人缴费、集体补助、政府补贴构成

注：根据2024年9月的《全国人民代表大会常务委员会关于实施渐进式延迟法定退休年龄的决定》，从2030年1月1日起，将职工按月领取基本养老金最低缴费年限由15年逐步提高至20年。

资料来源：中国政府网 https://www.gov.cn/zhengce/index.htm 和中华人民共和国人力资源和社会保障部 https://www.mohrss.gov.cn/SYrlzyhshbzb/shehuibaozhang/zcwj/yanglao/。

5.2.2　基本养老保险制度的缘起与发展

1. 城镇职工基本养老保险和机关事业单位养老保险的建立和发展[①]

在新中国成立至改革开放前的时期，我国养老保险制度经历了建立与逐步发展的阶段。1951年，政务院颁布了具有里程碑意义的《中华人民共和国劳动保险条例》（以下简称《劳动保险条例》），确立了企业职工养老保险制度的基础，规定保险费全部由企业承担。最初，这一制度仅在人数超过100人的国营、公私合营以及合作社经营的特定行业中实施。然而，到了1953年，修订版《劳动保险条例》显著扩展了养老保险的覆盖范围，将其延伸至所有工厂、矿场，以及交通事业的基本建设单位和国营建筑公司。随后，在1955年，国务院进一步将养老保险制度延伸至国家机关和事业单位的全体工作人员，建立了与企业劳保退休金制度并行的机关事业单位退休金制度，从而形成了具有特定历

---

① 本节对城镇职工养老保险改革历史的介绍部分参见《中国社会保障四十年》第四章"养老保险理论创新与制度发展"。

史背景的退休金双轨制。此后，1966年的一项新规定又将集体所有制企业职工纳入了养老保险的保障范围。尽管在这一时期，《劳动保险条例》经历了多次调整和完善，但企业全额出资并统筹管理的制度框架始终未变。随着改革开放的到来，我国的企业形态开始呈现多元化趋势，包括私营企业和中外合资企业等新兴形式。为了适应这一变化，1984年，劳动人事部颁发的规定将中外合资企业中的中方员工也纳入劳动保险制度的保障范围。两年后，国务院进一步规定，有条件的私营企业也应当为职工办理社会保险，这标志着我国养老保险制度在适应经济体制改革的过程中，不断向更全面、更公平的方向发展。

20世纪80年代中期，随着我国经济体制改革的帷幕以城市为重点逐步拉开，改革聚焦于搞活国有大中型企业，企业开始逐步转型为自主经营、自负盈亏的经济实体。这一转型不仅使企业成为独立的商品生产者和经营者，还赋予它们独立法人的地位。同时，通过实行企业留利和费改税制度，企业逐步从计划经济体制的束缚中解脱出来，迈向市场化运营。然而，这一改革进程也暴露出了企业间养老金负担不均衡的问题，企业界对于均衡养老金负担的呼声日益高涨。为应对这一问题，部分地区率先开展了以县、市为统筹区域的养老保险改革试点。1991年6月，国务院做出重要决策，颁布了《关于企业职工养老保险制度改革的决定》，明确规定养老保险费用由国家、企业和个人三方共同分担，并将统筹层次提升至省级，从而彻底改变了劳保制度下养老金的筹资和运营方式。随后，在1993年，《中共中央关于建立社会主义市场经济体制若干问题的决定》进一步确立了"社会统筹与个人账户相结合"的改革思路。两年后，国务院通过发布《关于深化企业职工养老保险制度改革的通知》，进一步细化和明确了这一改革方向，为我国养老保险制度的持续健康发展奠定了坚实基础。

1997年7月，《关于建立统一的企业职工基本养老保险制度的决定》在汇集并研究各地试点经验的基础上，对养老保险制度进行了全面的规范与统一，明确了养老保险的缴费比率、个人账户规模、养老金待遇计发方法等，为我国企业职工基本养老保险制度的建立和完善提供了重要的政策指导和依据。该决定的出台，标志着我国城镇职工养老保险制度方案正式确立。随着时代的发展，为了进一步完善养老保险制度，2005年国务院再次做出重要决策，颁布《国务院关于完善企业职工基本养老保险制度的决定》。在这一新决定中，对1997年所颁决定的相关制度细节进行了调整和优化。为了适应做实个人账户的需求，个人账户的比例被调整至8%，并明确规定个人需缴纳工资额度的8%进入个人账户，而企业则需缴纳员工工资总额的20%进入社会统筹账户。

20世纪80年代末至90年代中后期的城镇职工养老保险制度改革，呈现出以下几个显著特点：首先，改革将传统的现收现付制转变为现收现付制与积累制相结合的混合体制。改革前养老金体系的资金来自企业收入或国家财政收入，采用即时支付的方式，养老金体系运行过程中既无资金积累，也无保值增值需求。伴随着退休人口数量的不断增加和平均寿命的持续延长，这种模式的资金供给压力逐渐加大。1997年的改革引入了部分积累制，即在现收现付的基础上增加了一定的资金积累，这样的制度设计更好地适应了人口老龄化的趋势，提高了对财政风险的抵御能力。其次，改革扩大了养老保险金的来源，实行由国家、企业和个人共同承担养老保险费用的机制。引入个人缴费改变了过去养老金单纯由国家或企业承担的局面，个人、企业与国家共同分担风险是我国养老保险历史上的一项重大突破。从长远来看，这种个人和企业共同缴费的机制不仅有助于减轻国家的财政负担，还能促进个人自我保障意识的提升，体现了权利与义务相统一、贡献与待遇相挂钩的原则。再次，改革进一步扩大了养老保险的社会覆盖面。在改革之前，城镇职工养老保险制度未能覆盖私营企业、个体工商户、中外合资和外资企业，以及全民集体企业中的计划外编制职工等群体，制度覆盖面亟待拓展。而1997年颁布的决定明确要求将城镇职工养老保险扩展到城镇所有企业及其职工，实现了更广泛的社会保障。最后，改革推动了养老保险管理的社会化和统筹层次的提升。改革前，养老金的管理和发放主要由企业负责；改革后，地方政府成立了社会保险局来负责社会保险基金的收缴、拨付、管理和运营工作。同时，养老金的发放也实现了社会化，由银行、邮局等社会服务机构承担。到2000年，城镇养老金的社会化发放目标已经基本实现；到2006年，全国养老金的社会化发放率达到了100%。此外，养老金的资金池管理也从企业层面提升到了市级或省级层面，这有助于发挥投资的规模效应并平衡收支。

2015年初，国务院颁布的《关于机关事业单位工作人员养老保险制度改革的决定》明确规定，自2014年10月起，在机关事业单位启动基本养老保险制度改革。这一新制度在单位和职工的缴费责任划分以及待遇发放规则上，与城镇职工养老保险保持了一致性。具体而言，改革后单位需按工资总额的20%进行缴费，而个人则需按其缴费工资的8%进行缴费。此项改革的实施，标志着我国养老金双轨制开始走向"并轨"。此后，机关事业单位工作人员也需要进行单位和个人共同缴费，这与企业职工的缴费机制保持一致，有助于实现养老保险制度的公平性。自2019年5月1日起，单位缴费比例有所调整。2022年1月起，根据国家的统一部署，全国范围内单位缴纳养老保险的比例统一调整为16%。这一变化是在全国多省陆续发文后实施的，目的是逐渐实现全国养老缴费标准的统一。个人缴纳养老保险的比例目前是8%，并且在全国范围内保持一致。

2. 城乡居民养老保险制度的建立和发展

从全球社会保障的发展历程来看，农业人口的社会保障通常滞后于工业人口。社会保障作为生产与商品经济发展的产物，与特定经济形态紧密相连。农业生产社会化和农村商品经济发展相对缓慢，制约了农村社会保障制度的完善。但随着农业生产向现代化和社会化转型，建立和完善农村社会保障制度成为历史必然趋势。新中国成立后，农村居民长期未纳入养老保险范围。自党的十一届三中全会以来，农村实施联产承包责任制，激发农民生产积极性，推动多种经营和商品经济发展，促进了农村社会生产力和生活水平的提升。这些变革为农村社会保障制度的建立和发展提供了物质基础，也为农村居民享受更全面、公平的社会保障服务创造了条件。

市场经济的快速发展给中国农村社会带来了巨大变革，这使农村养老保险制度的建设变得更为迫切。第一，家庭养老资源逐渐减少，传统的家庭养老安全网作用显著减弱。

在市场经济环境下，农民有更多机会外出自由择业，大量农民涌入城市从事工商业活动。这导致留守老人逐渐面临空巢化和隔代化的居住局面，不仅家务和农业劳动负担加重，而且在生活和经济上也遭遇了新的困境。第二，土地作为农民的保障功能正在明显下降。在传统社会中，土地是农民生活的最后保障线，但随着现代化进程的推进，土地对老年人的保障作用正在迅速减弱。第三，集体经济的保障功能也在削弱。一些地方的集体经济逐渐弱化，集体积累减少，社会对子女养老的约束力也随之下降。因此，加快建立农村养老保险制度已成为当务之急。发展社会保障不仅是对农村社会经济发展的必然要求，更是确保农村老年人实现"老有所养、老有所依"目标的重要举措。

《中共中央关于制定国民经济和社会发展十年规划和"八五"计划的建议》明确指出，建立健全养老保险和待业保险制度是完善我国社会保障体系的必要举措。针对农村地区，应采取积极引导策略，逐步建立适应农村特点的养老保险制度。20世纪80年代末至90年代初，民政部在山东牟平等数十个县率先开启农村养老保险试点，为后续推广奠定基础。1992年10月，民政部发布《县级农村社会养老保险基本方案（试行）》（以下简称《方案》），标志着"老农保"制度正式实施。该方案规定，"老农保"筹资和运作主要包括：建立管理机构，为参保农民设立个人账户；保险费主要由个人缴纳，集体给予补贴，并全部计入个人名下；以县级为基本核算单位，实行分级管理，确保基金稳健运营和保值增值；参保者达到领取年龄时，养老金标准根据个人账户积累总额确定，由社会保险机构定期发放，以保障老年农民基本生活需求。

1993年，国务院正式授权民政部主管农村社会养老保险工作。至1995年，全国已有超过1 400个县依照《方案》展开试点工作，吸引了近5 000万农村人口参与社会养老保险。随后，在《国务院办公厅转发民政部关于进一步做好农村社会养老保险工作意见的通知》中，民政部进一步提出了按经济发达程度分类推进的策略，鼓励经济发达地区积极引导农村居民参保，以基本建立起养老保险制度。然而，"老农保"的制度设计基于基金制，这对养老金基金的投资运营提出了较高要求。在实际操作过程中，由于利率波动等多种因素，导致原先承诺的养老金收益率无法实现。各地不得不多次下调养老金标准，导致参保居民领取的养老金已无法满足基本生活保障的需求。因此，从1999年开始，"老农保"停止受理新业务。

自2003年起，在人力资源和社会保障部的引领下，各地纷纷启动了农村居民养老保险的试点工作。这些试点在资金筹集和待遇支付方面，已初步展现出后来被称为"新型农村社会养老保险"（以下简称"新农保"）的框架。2009年9月，国务院颁布《关于开展新型农村社会养老保险试点的指导意见》，其中的指导原则是新农保致力于"保障基本、广泛覆盖、灵活适应、持续发展"，强调从农村的实际情况出发，从较低的起点开始，保持养老保险筹资给付标准与经济社会发展的承受能力相互协调；鼓励个人（家庭）、集体和政府之间共同分担养老责任，构建权利义务平衡的养老金体系。此外，新农保还注重政府的主导作用与农民的自愿参与相结合，以引导广大农村居民积极参与保险。在实施上，中央确定基本原则和主要政策，地方则负责制定具体实施细则,并对参保居民实行属地化管理。新农保的核心目标在于探索并建立一种新型的农村社会养老保险制度,有机融合个人缴费、集体补助以及政府补贴等多重资金来源,特色是将社会统筹与个人账户相结合,形成优势互补,同时与其他社会保障政策,如家庭养老、土地保障以及社会救助等相互衔接,共同构成农村社会保障体系,保障农村老年人的基本生活需求。在制度的具体设计上,新农保采用个人账户和社会统筹相结合的方式,提供多种缴费档次选择,并通过多缴多补的激励机制,鼓励农民提高参保水平。

新农保于2009年底启动了首批试点,覆盖全国约10%的县级行政区。随后在2010年,第二批试点迅速展开,试点范围扩展至全国25%的县级行政区。到了2011年,新农保的试点进一步推进,涵盖全国高达60%的县级行政区。令人瞩目的是,到2012年底,新农保已全面覆盖全国所有县市区,比原定计划整整提前了8年。新型农村社会养老保险制度的推出,标志着政府开始承担起新的农村社会养老保险责任,彻底改变了过去存在的不公平现象。这一制度的建立,对于解决农村社会保障的缺失问题、缓解农村家庭养老的压力起到了积极作用。同时,新农保的"低水平、广覆盖"原则与中国当前的社会经济发展水平相契合,确保了制度的可行性。此外,通过将个人账户与政府补贴相结合、发放基础养老金,并采取中央与地方共同分担资金的方式,有力地促进了制度的持续发展和管理制度的有效执行。然而,在新农保制度的执行过程中也暴露出一些问题。比如,农民的参保积极性不高,许多人选择最低档次参保。同时,对于流动的农民工群体,其权益转移问题尚未得到妥善解决。

在改革开放之前,劳保体系为职工及其家属提供了保障,而退休金体系则覆盖全体公务员。在这样的制度安排下,城市中并不存在除这两者之外的大规模居民群体缺乏保障的问题。然而,随着人口流动的日益频繁以及原有劳保体系职能的调整,城市中不属于职工群体的养老问题逐渐显现。当全国大部分地区的农村居民开始纳入新农保体系时,城镇居民却仍缺乏相应的养老保险制度。为了填补这一空白,2011年6月,国务院在总结此前部分地区试点经验的基础上,印发《关于开展城镇居民社会养老保险试点的指导意见》。该意见决定从2011年7月1日起,启动城镇居民社会养老保险(以下简称"城居保")的试点工作。其实施范围与新农保试点大致相同,并设定了在2012年底实现全覆盖的政策目标。

随着城居保的建立和完善,我国终于构建起了覆盖全体公民的三大养老保险体系和退休金制度,为每一个社会成员提供了基本的养老保障。

党的十八大提出了加强社会保障体系建设、强化公平性和适应流动性的指导原则,党的十八届三中全会明确要求整合城乡居民基本养老保险制度。在这一背景下,国务院于2014年2月颁布了《关于建立统一的城乡居民基本养老保险制度的意见》。该意见的核心目标是将原先分立的新农保和城居保两种养老保险制度进行整合,以建立统一的城乡居民基本养老保险制度,进一步推进社会保障体系的完善与发展。同时,该意见还确立了到"十二五"规划末期在全国范围内基本实现新农保和城居保制度合并实施的目标。

合并后的城乡居民基本养老保险制度在缴费档位上做了增设,为参保人员提供了更多选择。此外,还明确规定了在缴费期间,个人账户可以随着户籍的迁移而灵活调整。截至2022年底的统计数据显示,城乡居民基本养老保险的参保人数已达到 54 522 万人,其中实际领取养老保险待遇的人数为 17 268 万人。①

5.3 我国基本养老保险的主要内容

5.3.1 城镇职工基本养老保险制度的主要内容

1. 参保

1997 年,当城镇职工基本养老保险制度初建时,其适用范围被明确限定为城镇的各类企业及其职工。随着社会保障体系的持续优化与完善,2005 年国务院颁布了《关于完善企业职工基本养老保险制度的决定》,要求进一步扩大企业职工基本养老保险制度的覆盖面,明确规定除了城镇各类企业的职工外,个体工商户、灵活就业人员等也被正式纳入企业职工基本养老保险的参保范围。

2. 缴费

城镇职工基本养老保险的缴费机制由企业和职工共同承担。在制度建立初期,规定企业所需缴纳的养老保险费用通常不超过其工资总额的 20%(此比例包括划入个人账户的部分)。职工个人缴费比例不低于其缴费工资的 4%。自 1998 年起,这一比例每两年将上调 1 个百分点,最终提升至职工本人缴费工资的 8%。随着个人缴费比例的逐步提升,企业划入个人账户的部分相应逐步减少至 3%,与个人的缴费共同构成个人账户的 11% 总额。自 2006 年 1 月 1 日起,个人账户规模几经调整,其缴费比例统一由原先的缴费工资的 11% 降低至 8%,调整后的这 8% 完全由个人缴费构成,企业缴费部分全部划入统筹账户。在现行的制度中,大多数省份的企业缴费比例维持在缴费工资的 16%,这笔资金全部汇入统筹账户。而缴费工资的计算依据是个人的月平均工资。但当个人月工资低于当地职工月平均工资(通常为上一年度当地非私营单位在岗职工的月平均工资)的 60% 时②,则按照该月平均工资的 60% 来计算缴费工资。相反,如果个人月工资超出当地职工月平均工资的 300%,那么超出部分将不计入缴费工资,同样也不作为计发养老金的基数。③

---

① 中华人民共和国人力资源和社会保障部,2023 年度人力资源和社会保障事业发展统计公报,https://www.mohrss.gov.cn/SYrlzyhshbzb/zwgk/szrs/tjgb/202406/W020240617617024381518.pdf.
② 2019 年,国家统一了各地养老保险缴费基数上下限的核定规则,明确以全口径城镇单位就业人员平均工资为基础,按照 60%~300% 的比例来核定。在此之前,各地核定缴费基数上下限所使用的平均工资大多是基于城镇非私营单位的社平工资。采用全口径社平工资作为核定基础后,这一变化旨在进一步平衡和减轻企业的社保缴费压力,促进养老保险制度的公平性和可持续性。
③ 《国务院关于深化企业职工养老保险制度改革的通知》(1995 年)的附件《办法之一》和《办法之二》。

3. 领取资格

城镇职工基本养老保险的养老金主要由两部分组成，也即基础养老金和个人账户养老金。要领取基础养老金，必须满足两个条件：一是达到法定退休年龄，二是缴费年限至少达到15年，从2025年起，最低缴费年限将缓慢增加，直至2030年达到20年。一旦满足这些条件，退休人员就可以按月领取基础养老金，这种领取方式将持续到退休人员去世为止。对于那些已经达到法定退休年龄但不符合基础养老金领取条件的人来说，可以选择一次性领取个人账户中累积的养老金余额。这种一次性领取的方式为这部分人提供了一种灵活的养老金支取选择。

法定离退休条件① 包括：

①职工达到国家规定的按月领取基本养老金最低缴费年限，可以自愿选择弹性提前退休，提前时间距法定退休年龄最长不超过3年，且退休年龄不得低于女职工50周岁、55周岁及男职工60周岁的原法定退休年龄。

②对于从事特殊行业或岗位，如井下、高空、高温、特别繁重体力劳动或其他有害身体健康的工作的职工，男性工人和干部在年满55岁、女性工人和干部在年满45岁，且连续工龄满10年的情况下，均可享受退休养老待遇。

③对于男性工人年满50岁、女性工人年满45岁，且连续工龄满10年的情况，如果经医院证明并经劳动鉴定委员会确认其完全丧失劳动能力，那么他们可以提前办理退休手续。

④中央和国家机关的部长，以及省、自治区、直辖市的党委书记、省长、主席、市长等具有相当职务的干部，其退休年龄可适当延长至65岁。此外，对于教授、研究员及相当于这一级职称的高级专家，在经过所在单位报请省、自治区、直辖市政府或中央、国家机关部委批准后，亦可延长其退（离）休年龄，但延长的时限不得超过70岁。

4. 计发和待遇

根据2005年《国务院关于完善企业职工基本养老保险制度的决定》的规定，当职工达到退休年龄并且其缴费年限累计超过15年时，将有资格领取基础养老金和个人账户养老金。基础养老金的月给付额度是依据当地上年度在岗职工的月平均工资与职工个人的指数化月平均缴费工资的平均值。也就是，每增加一年的缴费期限，就添加该平均值的1%进入基础养老金。个人账户养老金的月给付额度，则是根据个人账户的总储存额来确定，具体计算方式为个人账户储存额除以计发月数。通常情况下，对于60岁退休的职工来说，他们的个人账户养老金月发放额度将是其个人账户累积额度除以139。对于那些达到退休年龄但其缴费年限累计不满15年的职工，他们将无法领取基础养老金，可以选择一次性领取其个人账户余额。

对于在国务院1997年发布的《关于建立统一的企业职工基本养老保险制度的决定》

---

① 《国务院关于工人退休、退职的暂行办法》（1978年）、《国务院关于安置老病病残干部的管行办法》（1978年）、《全国人民代表大会常务委员会关于实施渐进式延迟法定退休年龄的决定》（2024年）。

实施前已参加工作，并在该决定实施后退休，且缴费年限累计达到15年的参保人，将遵循新老办法平稳过渡、待遇水平基本平衡等原则。在发放基础养老金和个人账户养老金的同时，还会额外确定并发放过渡性养老金，以确保其养老待遇的连续性和稳定性。此外，我国城镇职工基本养老保险的基础养老金待遇标准在参保职工退休后，会根据经济社会的发展状况和物价水平进行相应的调整。从2005年至2023年，我国已经连续18年提高了企业退休人员的基本养老金。因此，企业退休人员的月均养老金待遇已从2005年的大约727元增加到2023年的约3 743元。①

5.3.2　城乡居民养老保险制度的主要内容

1. 参保

居民养老保险遵循自愿参保原则。根据2009年新农保试点意见和2011年城居保试点意见的规定，非在校生且年满16周岁，同时未参加城镇职工基本养老保险的农村居民和城镇居民，均可选择在各自的户籍所在地参加新农保或城居保。而在2014年新农保和城居保整合之后，满足条件的居民则可以在其户籍所在地参加统一的城乡居民养老保险。

2. 缴费

2009年的新农保试点意见引入了"统账结合"的模式，要求参保者为个人账户缴费，且缴费与工作状态无关。该模式为参保人提供了五个缴费档位，分别是每年100元、200元、300元、400元和500元，参保人可根据自身情况自愿选择合适的档位。地方政府为了鼓励参保，对个人缴费进行补贴，补贴标准不低于每人每年30元。对于选择较高档次缴费的参保人，地方政府还会给予适当的额外补贴。所有缴费和补贴资金都将全额进入个人账户，并且个人账户的储存额将按照中国人民银行公布的人民币一年期存款利率计算利息。对于重度残疾人等缴费困难的群体，地方政府会代其缴纳部分或全部最低标准的养老保险费。在2011年的城居保试点意见中，缴费档位得到进一步的细化，共设置了从100元/年到1 000元/年的10个档位，每个档位之间的间隔为100元。到了2014年，新农保和城居保整合之后，缴费档位又新增了1 500元/年和2 000元/年两个更高档次。同时，政策还规定，对于选择500元/年及以上档次标准缴费的参保人，地方政府的补贴标准将不低于每人每年60元。

3. 领取资格

新农保、城居保以及城乡居民养老保险均设有如下规定：当制度开始实施时，对于已经年满60周岁且没有享受城镇职工基本养老保险待遇的人员，根据政策规定按月领取基础养老金，而无须缴纳任何费用。对于距离领取年龄不足15年的人员，他们应按年度进行缴费，同时也允许他们进行补缴，但累计的缴费年限不得超过15年。而对于距离领取年龄超过15年的人员，他们则必须按年度缴费，并确保累计的缴费年限不少于15年。

---

① 由2023年度人力资源和社会保障事业发展统计公报中的数据计算而得。https://www.mohrss.gov.cn/SYrlzyhshbzb/zwgk/szrs/tjgb/202406/W020240617617024381518.pdf.

特别需要注意的是，在 2009 年的新农保试点方案中，有一项规定明确指出：那些已经年满 60 周岁的参保者要领取基础养老金，其前提是他们的符合条件的子女也必须参保。这一规定旨在鼓励更多的年轻人参与到养老保险体系中来，从而确保养老保险制度的可持续性和长期发展。

4. 计发和待遇

新农保、城居保以及城乡居民养老保险均明确规定，参保者在年满 60 岁后即可开始领取养老金，这一待遇将持续终身。养老金的发放由两部分组成：一是个人账户部分，按照累积额除以 139 的标准每月发放；二是由中央和地方财政全额承担的基础养老金。最初，基础养老金的标准设定为每月最低 55 元。若参保人不幸去世，其个人账户中的资金余额将依法由其继承人继承。国家会根据经济发展状况和物价变动等因素，适时对基础养老金的最低标准进行调整。自 2014 年 7 月 1 日起，全国城乡居民养老保险的基础养老金最低标准已经提高至每人每月 70 元；2018 年这一标准达到每人每月 88 元；2024 年这一标准达到每人每月 123 元。对于中西部地区，中央财政提供全额的基础养老金补助；而对于东部地区，中央财政则提供 50% 的补助。

在实际执行养老保险政策时，许多地方政府都基于中央设定的标准，并结合自身的财政实力以及社会经济发展水平，对基础养老金的发放额度进行了相应的提升。以北京为例，自 2018 年 1 月 1 日起，64 岁及以下和 65 岁及以上的参保者的基础养老金标准，已分别提升至每人每月 705 元和 715 元。而到了 2023 年 1 月 1 日，这一标准又进行了新的调整：所有符合按月领取城乡居民基本养老保障待遇条件的人员，其基础养老金标准统一调整为每人每月 924 元。[①] 再看上海的情况，自 2018 年 5 月 16 日后，基础养老金调整为每人每月 930 元，这一水平在当时已经相当可观。然而，随着时间的推移，上海再次对基础养老金进行了调整：自 2023 年 7 月 13 日起，基础养老金的额度已提升至每人每月 1 400 元。[②]

5.3.3 基本养老保险基金的投资管理

全国社会保障基金理事会在对基本养老保险基金进行受托运营时，须严格遵循《中华人民共和国社会保险法》《基本养老保险基金投资管理办法》以及国务院、人力资源和社会保障部与财政部颁布的相关批准文件。为确保基金的安全与稳健增值，人力资源和社会保障部与财政部共同对基本养老保险基金的管理和投资运营情况进行全面监督。

在投资理念方面，全国社会保障基金理事会须秉持"长期投资、价值投资、责任投资"的核心原则，始终致力于追求长期投资目标，保持战略定力，结合国家战略发展目标，不断寻求优质投资标的并进行长期持有，以期实现超越市场平均水平的投资回报。

---

① 北京市人力资源和社会保障等 3 部门关于调整 2023 年城乡居民养老保障相关待遇标准的通告，https://www.beijing.gov.cn/zhengce/zhengcefagui/202307/t20230714_3162866.html.
② 上海市人力资源和社会保障局 上海市财政局关于 2023 年调整本市城乡居民养老保险领取养老金人员养老金的通知，https://rsj.sh.gov.cn/tshbx_17729/20230726/t0035_1417299.html.

同时，作为负责任的机构投资者，全国社会保障基金理事会在确保基金安全与保值增值的基础上，还需要积极关注环境、社会、治理等多重责任，关注ESG债券、绿色融资等新兴投资领域，为促进全社会的可持续发展提供重要支持。

在投资方式上，全国社会保障基金理事会采用直接投资与委托投资相结合的策略进行投资运作。其中，直接投资主要包括固定收益类资产投资和权益类资产投资两种方式。而委托投资则包括境内的多元化投资工具，以实现投资组合的多样化和风险的有效分散。

投资范围方面，基本养老保险基金的投资活动被严格限定在境内市场。其投资标的包括银行存款、国债、政策性金融债券、金融债券、企业债券、养老金融产品、可上市流通的证券投资基金、股票、股权，以及股指期货、国债期货等多元化的金融工具。此外，基本养老保险基金还可以通过适当的方式参与国家重大工程和重大项目的建设，并进行股权投资。股权投资的范围则明确限定为中央企业及其一级子公司，以及地方具有核心竞争力的行业龙头企业，以确保投资的安全性和回报的稳定性。

为确保基本养老保险基金资产的独立性，其资产已与全国社保基金、划转的部分国有资本、全国社会保障基金理事会机关财务分别建账，分别核算。这有助于确保基金的安全性和稳健性。

在资产配置与风险管理方面，全国社会保障基金理事会必须建立完善的资产配置体系和风险管控机制。通过战略资产配置计划、战术资产配置计划和资产再平衡等手段，实现各类资产的中长期目标配置和年度内目标配置。同时，风险管理贯穿投资运营的全过程，全国社会保障基金理事会需要采取与各类资产风险收益特征相匹配的风险管理方法，以确保与投资运营相关的风险能够被有效识别、全面分析，并实现可控管理。

在投资运营管理方面，全国社会保障基金理事会须始终坚持以习近平新时代中国特色社会主义思想为指导，深入学习并贯彻党的二十大精神。面对资本市场大幅波动的复杂形势，保持稳健审慎的态度，有效开展投资运营和风险管理工作。通过长远谋划基本养老保险基金受托工作的高质量发展、科学合理地配置基金资产、积极探索并创新可持续投资实践，以及全面优化投资风险管控体系等一系列措施，履行基金安全和保值增值的主体责任。

在财务状况方面，截至2022年底，基本养老保险基金的资产规模达到18 453.73亿元，基金的负债总额为2 255.58亿元，这些负债主要包括在投资运营过程中形成的短期债务，以及待退还给委托省份的到期结算本金和利息。基金的净资产或权益总额为16 198.15亿元。在这部分权益中，直接投资的金额为6 304.98亿元，占比为38.92%；而委托投资的金额为9 893.17亿元，占比为61.08%。在基本养老保险基金的总体权益构成中，权益总额达到16 198.15亿元，其中，委托省份的基本养老保险基金权益占据了主导地位，具体数额为16 033.42亿元详细构成是委托省份所提供的委托本金14 409.43亿元，通过投资运营所实现的记账收益1 606.69亿元，同时，为保障投资安全而设立的风险准备金为17.30亿元。

从投资业绩的维度进行深入分析，2022 年度基本养老保险基金在权益投资领域展现出了稳健的回报表现。该年度基金的权益投资收益额达到 51.05 亿元，对应的投资收益率为 0.33%，其中已实现的收益额为 458.71 亿元，已投资收益率为 3.10%；交易类资产的公允价值发生了 −407.66 亿元的变动，这影响了整体的投资收益率。尽管如此，当从更长期的角度审视基本养老保险基金的投资表现时，自 2016 年 12 月开始受托运营至今的累计数据依然令人瞩目。其投资收益额累计达到 2 670.82 亿元，年均投资收益率为 5.44%，充分体现了基金在长期投资运营中的稳定性和增值潜力。[①]

5.4 我国基本养老保险的可持续发展

5.4.1 基本养老保险可持续发展的内涵

基本养老保险的可持续发展内涵包括可持续性、公平性、效率性和与经济社会发展相适应等方面。

可持续性是指基本养老保险制度需要具有长期稳定的支付能力，以确保参保人员在达到法定退休年龄后能够按时足额领取基本养老金。这要求养老保险基金的收入和支出保持平衡，并具备应对未来人口老龄化和经济风险的能力。

公平性是指基本养老保险制度须遵循公平原则，确保所有参保人员都能够享受到相应的养老保险待遇。这包括实现养老保险的全民覆盖，缩小不同行业、不同地区之间的待遇差距，以及保障弱势群体的养老权益。

效率性是指基本养老保险制度需要高效运行，确保养老保险基金的投资运营能够获得合理的收益，以提高基金的支付能力和抗风险能力。同时，养老保险的管理和服务也需要提高效率，为参保人员提供便捷、高效的服务。

与经济社会发展相适应是指基本养老保险制度需要与经济社会发展水平相适应，根据经济社会发展的变化及时调整养老保险政策和待遇水平。这要求养老保险制度既要保障参保人员的基本生活需要，又要避免给经济社会发展造成过大的负担。

我国基本养老保险制度在过去几十年中取得了显著的成就，不仅在扩大覆盖范围、增加基金储备、提高待遇水平等方面取得了进步，还在制度创新和基金管理上展现了成效。这些成就为我国养老保险制度的可持续发展奠定了坚实的基础，与此同时，基本养老保险可持续发展仍面临严峻的挑战。根据党的十九大针对社会保障体系建设所确立的指导原则——覆盖全民、城乡统筹、权责清晰、保障适度、可持续及多层次，反观我国现行的养老保险体系，不难发现仍存有一些亟待解决的问题，迫切需要通过深化改革来加以完善和优化。[②]

---

① 考虑到 2016 年基本养老保险基金仅运作 6 天，年均投资收益率不包括 2016 年的收益率情况。
② 习近平：决胜全面建成小康社会 夺取新时代中国特色社会主义伟大胜利——在中国共产党第十九次全国代表大会上的报告，https://www.gov.cn/zhuanti/2017-10/27/content_5234876.htm.

5.4.2 基本养老保险可持续发展面临的问题

中国基本养老保险可持续性，特别是城镇职工养老保险的财政平衡，一直是社会各界密切关注的焦点。从现有数据来看，当将财政补贴纳入基金收入时，城职保并未出现收支失衡的情况。然而，一旦扣除财政补贴，仅依靠保费和基金利息收入已经无法覆盖养老金的支出。以 2022 年为例，城职保的总收入达到 63 324 亿元[①]，这其中包含了 7 043.82 亿元的财政补贴[②]。而在同一年，养老金的总支出为 59 035 亿元。如果去掉财政补贴的部分，可以明显看出，2022 年的城职保收入已经无法满足支出需求，呈现出收不抵支的局面。这一情况凸显了财政补贴在维持城职保财政平衡中的重要作用，同时也引发了对于养老金财政可持续性问题的进一步关注和思考。

基本养老保险可持续性问题主要体现在以下五个方面。

一是人口老龄化的影响。随着人口老龄化的不断加剧，养老保险的缴费人群相对减少，而领取养老金的人群相对增加，这给养老保险基金的收支平衡带来了巨大压力。

二是经济增长放缓的影响。经济增长速度的放缓可能导致养老保险基金的投资收益下降，进而影响基金的可持续性和支付能力。

三是养老保险基金收支平衡压力。由于人口老龄化、经济增速放缓等多种因素的影响，养老保险基金的收支平衡面临严峻挑战。如果无法保持基金的收支平衡，将可能影响养老保险的可持续发展。

四是制度不够完善。目前，我国的基本养老保险制度还存在一些不够完善的地方，例如，养老保险的覆盖面不够广泛，部分人群无法享受到养老保险的保障；养老保险的待遇水平不够公平，不同行业、不同地区之间的待遇水平存在较大差异，等等。这些问题都可能影响养老保险的可持续发展。

五是多支柱养老保险体系发展不平衡。目前，我国的多支柱养老保险体系发展还不够平衡。第二支柱企业年金发展缓慢，覆盖率有限；第三支柱个人养老金起步较晚。这种结构不平衡问题也可能影响养老保险的可持续发展。

此外，城镇职工基本养老保险转轨引致的隐性债务是历史问题，也对基本养老保险可持续发展产生了负面影响。

5.4.3 应对基本养老保险可持续发展问题的可行措施

（1）深化养老保险基金调剂机制与推进全国统筹进程

随着我国人口老龄化趋势的加剧，建立更加公平、可持续的企业职工基本养老保险制度显得尤为迫切。为此，我国在养老保险基金调剂机制上不断探索与创新，从中央调剂制度向全国统筹调剂制度迈进，旨在均衡地区间基金负担，提升制度整体的抗风险能力。

[①] 2022 年度人力资源和社会保障事业发展统计公报，http://www.mohrss.gov.cn/SYrlzyhshbzb/zwgk/szrs/tjgb/202306/W020230630516037377667.pdf.

[②] 2022 年全国一般公共预算支出决算表，https://yss.mof.gov.cn/2022zyjs/202308/t20230825_3904170.htm.

中央调剂制度的巩固与优化。自2018年中央调剂制度实施以来，其在均衡地区间养老保险基金负担方面发挥了重要作用。该制度通过统一调剂部分养老保险基金，有效缓解了部分省份的基金支付压力，为养老保险制度的可持续发展奠定了坚实基础。未来，中央调剂制度需进一步优化，具体措施包括：①动态调整上解比例。根据各省份经济发展状况、人口结构变化及基金收支情况，适时调整上解比例，确保调剂制度的灵活性和有效性。②强化预算管理和执行监督。建立健全中央调剂基金预算管理制度，加强对预算执行情况的监督，确保调剂资金按时足额到位。③提升信息化管理水平。利用大数据、云计算等现代信息技术手段，加强中央调剂基金的信息系统建设，实现数据实时共享和动态监控，提高管理效率。

全国统筹调剂制度的全面实施。2022年，中国正式实施养老保险全国统筹，标志着我国养老保险制度进入了一个全新的发展阶段。全国统筹调剂制度在继承中央调剂制度优点的基础上，进一步实现了五大关键方面的统一，具体包括：①统一养老保险政策。通过制定全国统一的养老保险政策，消除地区间政策差异，确保不同地区、不同群体在养老保险待遇上的公平性。这不仅有利于维护社会稳定，还能激发劳动力的自由流动，促进经济发展。②统一基金收支管理制度。规范养老保险基金的筹集、使用和管理流程，提高基金的安全性和使用效率。实施统一的收支两条线管理，确保专款专用，防范基金被挪用或挤占的风险。③建立中央和地方支出分责机制。明确中央和地方政府在养老保险基金支出中的责任边界，通过合理分担基金支出责任，减轻地方财政压力，保障养老金的按时足额发放。同时，激励地方政府加强基金征缴和监管力度，共同维护养老保险制度的稳健运行。④统一经办服务管理和信息系统。推进养老保险经办服务的标准化、规范化建设，提升服务质量。加强信息系统建设，实现全国范围内的数据共享和互联互通，为参保人员提供便捷、高效的服务体验。同时，利用信息化手段加强基金监管，防范各类风险隐患。⑤建立统一的省级政府考核机制。将养老保险工作纳入地方政府绩效考核体系，建立科学的评估指标和奖惩机制。通过对地方政府在养老保险工作中的表现进行监督和评估，激励地方政府更好地履行职责，推动养老保险制度的不断完善和发展。

表5-2是2019—2023年养老保险统筹调剂预算数。由表5-2可知：①养老保险统筹调剂体系中地域分布的差异性及其经济逻辑。省份依据其经济发展水平与养老保险基金的收支状况被明确划分为上缴省份与下拨省份。上缴省份，如北京、上海、广东等经济发达地区，凭借其雄厚的经济实力与高效的缴费体系，持续为养老保险基金贡献净增量，稳固了全国统筹调剂制度的经济基础。与之相反，下拨省份，尤其是产业结构落后、人口外流严重的地区，面临较大的养老金支付压力，需通过中央调剂基金的支持以保障退休人员的基本生活。这一地域分布特征，不仅体现了地区间经济发展的不均衡性，也凸显了养老保险制度在区域协调方面的重要性。②调剂预算数的阶段性演变与政策成效。从时间维度观察，养老保险统筹调剂预算数的变化呈现出鲜明的阶段性特征。在中央调剂制度阶段（2019—2021年），调剂预算数保持稳定增长，上缴与下拨省份的数量及调剂额度趋于稳定，有效缓解了部分经济欠发达地区的养老金支付压力，为养老保险制度

的可持续发展奠定了初步基础。随着全国统筹调剂制度的正式实施（2022—2023年），调剂预算数的变化更加动态化，上缴省份数量显著增加，下拨省份调剂额度逐年攀升，体现了全国统筹调剂制度在扩大调剂范围、增强调剂力度方面的显著成效。此外，资金流动格局的灵活调整，确保了资金的合理分配与高效利用，进一步促进了养老保险制度的公平性与可持续性。③缴拨地区经济社会特征与制度效应。上缴地区与下拨地区在经济社会特征上的差异，深刻影响了养老保险统筹调剂制度的实施效果。上缴地区凭借发达的经济体系、优化的产业结构及高度城市化水平，为养老保险基金提供了稳定的资金来源，不仅减轻了中央调剂基金的压力，也为全国养老保险制度的均衡发展注入了强大动力。而下拨地区则因产业结构偏重、人口流失等问题导致基金收支失衡，面临巨大的养老金支付压力。全国统筹调剂制度通过净拨付资金的方式，有效弥补了这些地区的基金缺口，不仅保障了当地退休人员的基本生活，也促进了区域间养老保险基金的平衡发展，缩小了地区间的养老保障水平差距。这一系列制度效应，彰显了养老保险全国统筹在应对人口老龄化挑战、促进经济社会协调发展方面的重要作用。

表5-2　2019—2023年养老保险统筹调剂预算数

地区	2019年	2020年	2021年	2022年	2023年
北京市	262.8	462.59	520	323.26	364.19
天津市	-11.8	-8.82	-10	-54.4	-61.07
河北省	-59.6	-29.49	-33	-4	-17.69
山西省	-35.2	-44.37	-50	2.59	2.77
内蒙古自治区	-61	-85.78	-97	-165.6	-219.56
辽宁省	-215.8	-555.58	-625	-819.9	-844.31
吉林省	-98.2	-145.19	-164	-237.6	-218.69
黑龙江省	-183.8	-485.56	-547	-821.58	-829.32
上海市	102.4	130.53	146	67.92	32.27
江苏省	107.6	152.43	171	178.86	177.11
浙江省	108.6	136.49	153	94.72	20.45
安徽省	-29.2	-4.27	-5	84.14	116.24
福建省	86.4	168.5	190	67.45	81.18
江西省	-32.2	-39.72	-44	36.66	-25.02
山东省	78.8	70.71	80	-15.2	-38.7
河南省	-15	-10.5	-11	24.44	-80.88
湖北省	-92.4	-186.87	-210	-32	-39.51
湖南省	-68.8	-25.63	-28	22.8	17.79
广东省	474	645.71	726	885.11	1 158.14
广西壮族自治区	-29.2	-11.5	-13	30.55	40.49
海南省	-5.8	-1.36	-2	21.62	33.09
重庆市	-39	-18.39	-20	50.06	20.46
四川省	-177.8	-50.57	-57	87.43	97
贵州省	0	0	0	46.54	65.19

续表

地区	2019年	2020年	2021年	2022年	2023年
云南省	0	0	0	61.81	81.93
西藏自治区	0	0	0	10.58	17.3
陕西省	-17.8	-10.11	-11	37.6	58.7
甘肃省	-20.6	-22.8	-26	-12	-39.71
青海省	-4.6	-8.17	-9	-12.8	-22.76
宁夏回族自治区	-7.2	-4.68	-6	2.82	-0.05
新疆维吾尔自治区	-2.6	-8.1	-9	38.07	55.29
新疆生产建设兵团	-13	-10.99	-12	-0.8	-3.17

注：正数表示上缴数量，负数表示下拨数量。

（2）退休年龄延迟

延迟退休对基本养老保险可持续发展既有正向影响，也可能带来挑战。随着人均寿命的延长和老龄化程度的加深，养老金支付压力逐渐增大。延迟退休可以缓解这一压力，因为更多的人在延长的工作年限内继续缴纳养老保险费，增加了养老金的收入来源。同时，延迟退休也减少了领取养老金的人数和年限，相对减轻了养老金的支付负担。延迟退休意味着劳动者在工作期间更长时间地缴纳养老保险费，这有助于增加养老保险基金的积累。长期来看，这有助于提高养老保险的支付能力和抗风险能力，为基本养老保险的可持续发展提供更有力的支撑。同时，延迟退休可以更好地平衡不同代际之间的养老负担。在现行基本养老保险制度下，当代人的养老金主要来自下一代人的缴费。延迟退休可以延长当代人的工作年限和缴费时间，减轻下一代人的缴费负担，促进代际公平和养老保险的可持续发展。延迟退休还可以延长劳动者的劳动年限，提高劳动力供给。这有助于缓解劳动力短缺问题，促进经济增长和社会发展。然而，延迟退休也可能带来一些问题，如对老年人就业和劳动力市场的影响等。

（3）多支柱养老保险体系平衡发展

在当前的社会背景下，随着人口老龄化的不断加剧，基本养老保险制度面临巨大的支付压力。为了应对这一挑战，学术界进行了广泛而深入的研究，提出建立养老保险第三支柱。养老保险第三支柱，是指在第一支柱基本养老保险和第二支柱企业/职业年金之外的个人自愿参与养老保险。发展这一支柱，可以鼓励个人在工作期间积累更多的养老储蓄，为退休后的生活提供更充足的保障，满足更高层次的养老需求。实现养老责任的分担，是减轻基本养老保险压力的关键。在传统的养老保险制度下，基本养老保险承担着主要的养老责任，但随着人口老龄化的加剧，这种单一的养老保障模式已经难以为继。因此，需要将养老责任分担到个人、家庭、社会等多个层面，共同承担养老保障的责任。这样不仅可以减轻基本养老保险的压力，还可以促进养老保障体系的可持续发展。

发展养老保险第三支柱和实现养老责任分担，需要政府、企业和个人等多方面的共同努力。政府需要出台相关政策，鼓励和支持商业养老保险的发展，提高个人参与养老保险的积极性。2018 年个人税收递延型商业养老保险试点启动，标志着个人养老金制度开始进入实质性发展阶段。2022 年底，我国个人养老金制度的框架已基本形成，包括政策引导、市场运作、监管管理等多个方面。2024 年底，个人养老金制度已在全国范围内实施。

5.5 公共养老金发展的国际比较

5.5.1 美国的公共养老金计划

1. 美国三支柱养老金体系的起源

美国是典型的多层次养老金制度国家，政府从 20 世纪 30 年代开始通过立法手段确立并实施公共养老保险制度。1935 年，具有里程碑意义的《社会保障法案》在美国国会获得通过，为该国养老保险制度的构建提供了坚实的法律基石。该制度最初以"老年保险"（OAI）的形式推出，旨在保障老年人的经济安全。随后在 1939 年，遗属保险（SI）被纳入其中，使保险范围扩大，并更名为"老年和遗属保险"（OASI）。到了 1956 年，非因工伤残保险也被包含进来，从而形成了更为全面的"老年、遗属和残障保险"（OASDI）综合项目。而在 1965 年，老年健康保险（即医疗保险）的加入，进一步丰富了保险内容，最终构成了"老遗残健保险"（OASDHI）这一更为完善的综合项目。

此外，为了鼓励企业建立年金制度，作为第二支柱的补充养老金计划，1974 年美国颁布了《雇员退休收入保障法案》（Employee Retirement Income Security Act），该法案通过提供税收优惠等政策措施，有效促进了企业年金制度的发展。在 20 世纪 70 年代末，美国又颁布了《国内税收法》，推出了著名的 401（k）计划，这一创新举措建立了类似个人账户制度的私人养老金制度，为美国的养老金体系增添了新的层次和活力。

2. 美国三支柱养老金体系的构成

经过长达一个世纪的持续演变和不断优化，美国构建了一个多元化、稳固的养老保险体系，该体系由三大支柱构成：国家法定养老保险、私营退休养老保险以及个人储蓄养老保险。

作为国家养老保险体系的第一支柱，国家法定养老保险具有强制性，由政府主导并面向全体社会成员，旨在为他们提供基础且稳定的退休生活保障。这一制度的资金来源主要是雇员和雇主共同缴纳的工资税，税率根据收入水平的不同，在 12.4%（雇主和雇员各自承担一半）至 15% 之间浮动。此外，部分养老金所需缴纳的所得税收入也成为预算收入的一部分。当资金收入超出支出时，盈余部分将存入一个特定的信托基金。这个基金主要投资于支付市场利率的美国长期国债，并由联邦政府进行统一管理。其运作方式严格遵循《社会保障法案》的规定，采用现收现付制。自 1937 年以来，工资税（Payroll Tax）在美国税收体系中占据了举足轻重的地位，跃升为国民最大的单一税收项目支出，显著超过了联邦所得税（Federal Income Tax）对多数人的财务影响。据统计，超过80%的美国公民所缴纳的工资税额甚至超越了其联邦所得税负担。时至今日，美国工资税制度不仅覆盖面极为广泛，还将绝大多数退休职工纳入其保障范围，覆盖率高达94%以上，平均每位符合领取条件的退休职工，每月可从该制度中获取约820美元的养老金。

第二支柱，即私营退休养老保险，是由政府雇主或企业雇主出资并基于自愿原则设立的。其中，政府雇主提供的养老金计划主要针对公共部门员工，涵盖联邦、州和地方政府为其雇员设计的各类养老金计划。而企业雇主养老金计划则源于1974年颁布的《雇员退休收入保障法案》，该法案通过提供税收优惠等政策激励，鼓励企业建立养老金计划。企业雇主养老金计划主要有两种形式。第一种是缴费确定型计划，其核心特征在于其"限定投入"的原则。在此模式下，雇员与雇主共同参与到个人收益账户的资金积累过程中，也就是，雇员根据自身经济状况与未来规划，决定向该账户缴纳一定比例的工资，而美国多数企业规定雇员的缴费上限通常设定为其工资总额的13%。与此同时，雇主亦会依据雇员所选择的缴费比例，定期向该账户注入相应资金。在资金管理层面，尽管雇主通常会提供投资咨询服务，以辅助雇员做出更为理性的投资决策，但账户的最终投资方向选择权完全掌握在雇员手中。这意味着雇员可以根据自身风险偏好与收益预期，将账户资金灵活投资于包括股票、债券等在内的多元化金融产品市场。《雇员退休收入保障法案》对缴费确定型养老金计划的管理运作、资金投入限额以及税收优惠措施等方面均制定了详尽而严格的规定，以确保计划的合法合规运行并维护参与者的合法权益。可是，由投资决策所带来的潜在收益或亏损风险，则需由雇员自行承担。第二种是待遇确定型计划，它以"限定福利"为其显著标志。在此模式下，雇主承担向达到一定工作年限条件的雇员支付固定数额养老金的责任。通常，雇员所获得的养老金数额通常与其工作年限紧密相关，工龄越长，则相应的养老金待遇水平越高。待遇确定型养老金计划通过雇主对未来养老金支付的明确承诺，有效降低了雇员在退休规划方面的不确定性。然而，随着人口老龄化趋势的加剧以及金融市场波动的加大，雇主在履行养老金支付义务方面亦面临不小的挑战与压力。

第三支柱是个人储蓄养老保险，其核心构成是个人自愿设立并自主管理的个人退休账户（IRA），它是在联邦政府倡导下，借助税收优惠措施激励个体参与的补充性养老金安排。此外，个人储蓄及商业养老保险亦纳入此支柱范畴。该计划始于1981年，初期对所有纳税人开放税前注资渠道，但历经政策调整，当前仅限于低收入或未纳入雇主养老金计划的群体享受税前注资优惠，其余则需以税后收入投入。IRA账户由专业金融机构运作，实施多元化投资策略以谋求资产增值。整体上，企业雇主养老金计划和以个人退休账户为代表的第三支柱，共同构成了"私人养老金体系"，并在美国养老保险制度中占据关键地位，为退休人员提供了稳定且可持续的收入来源。

截至2020年末，美国养老保险三支柱体系的资产规模已累计超过35万亿美元。在这个庞大的体系中，第一支柱——由联邦政府发起的联邦社保基金，为美国绝大多数民众提供了稳定且基础的养老收入来源。第二支柱，即由企业主导、雇主与雇员共同参与的雇主养老保险计划，为雇员提供了重要的养老资金支持。而第三支柱，即政府提供税收优惠、个人自愿参与的个人退休储蓄账户，已成为美国养老资金增长的关键动力。这三大支柱共同构成了美国全面且多层次的养老保险体系，为民众的退休生活提供了坚实的保障（见表 5-3）。

表 5-3 美国养老保险三支柱（2020 年）

指标	第一支柱 联邦社保基金（OASDI 基金）		第二支柱 雇主养老保险		第三支柱 个人退休储蓄账户（IRAs）		
	OASI 基金	DI 基金	DB 计划	DC 计划	传统 IRA	罗斯 IRA	雇主发起式 IRA
资产规模（万亿美元）	2.81	0.097	10.68	9.78	10.29	1.21	0.71
占全部养老资产比例	7.9%	0.3%	30.0%	27.5%	28.9%	3.4%	2.0%
特点	采取社会保障税的形式缴纳，覆盖面广；只能投资于美国政府发行的特种债券，收益率较为稳定。		DB：雇主缴费并承担主要风险，雇员退休后能领取固定的退休金。DC：雇主和雇员共同缴费，雇员承担主要投资风险，雇员退休后能领取的退休金水平取决于投资情况。		个人自愿参与、自主缴费，政府给予一定的税收优惠。		

3. 美国第一支柱：联邦社保基金

美国养老保险的第一支柱起源于 1935 年颁布的《社会保障法案》，这是美国政府推动建立的一项强制性联邦公共养老保险制度，其计划结余基金则被称为联邦社保基金。联邦社保基金在美国养老保险体系中扮演着至关重要的角色，它为美国民众，尤其是低收入人群提供了最基础的养老保障。据统计，2020 年联邦社保基金的资产规模达到 2.9 万亿美元，占美国养老保险总规模的 8.2%。这一数字不仅体现了联邦社保基金在美国养老保险体系中的重要地位，也反映了美国政府对民众养老保障问题的重视和投入。

在资金来源方面，OASDI 基金主要通过联邦政府统一征收的社会保障税来筹集。比如，雇员和雇主需分别按照雇员工资额的 6.2% 来缴纳社会保障税，而个体经营人员则需按照其收入的 12.4% 来缴纳。这些资金随后会进入由美国社会保障局（Social Security Administration，SSA）设立的社会保障基金。在资金运作上，SSA 将社会保障税委托给两个独立的信托基金——OASI 基金和 DI 基金委员会进行管理和运作。根据《社会保障法案》的严格规定，联邦社保基金的投资渠道被严格限定于持有由美国政府全面担保本金与利息偿付的特种债券。因此，基金的收益率基本上与美国国债收益率挂钩。从资产规模来看，OASDI 基金自成立以来一直呈现稳步增长的态势。从 1957 年的 230.42 亿美元起步，到 2020 年末，其规模已经增长至 2.91 万亿美元，年复合增长率达到 7.98%。在这个总额中，OASI 基金的规模为 2.81 万亿美元，占比高达 96.7%；而 DI 基金的规模则为 965.7 亿美元，占比为 3.3%。这一数据清晰地反映了 OASDI 基金，特别是其中的

OASI部分，在美国养老保险体系中的重要地位和作用。

从资产配置的角度来看，OASDI基金的投资主要集中在长期债券上。截至2020年底，OASDI基金对长期债券的投资额高达2.85万亿美元，占其总资产的98.9%；而对短期债券的投资额仅为315.20亿美元，占比仅为1.09%（见表5-4）。这种资产配置策略反映了OASDI基金对长期稳定收益的追求。值得注意的是，随着美国老龄化程度的不断加剧以及OASDI基金投资收益率的持续下降，美国国内对于联邦社保基金的财务可持续性存在越来越多的担忧。事实上，2020年美国官方发布的精算报告预测，如果不采取有效措施加以改善，OASDI基金将在2034年面临耗尽的风险。

表5-4 美国第一支柱资产配置结构变化情况　　　　　单位：万亿美元

年份	长期债券		短期债券	
	资产规模	占比（%）	资产规模	占比（%）
1990	0.15	87.46	0.02	12.54
2000	0.97	92.12	0.08	7.88
2010	2.53	97.08	0.08	2.92
2020	2.85	98.91	0.03	1.09

资料来源：SSA（美国社保局）。

5.5.2　德国的公共养老金计划

1. 德国养老金体系的起源

德国是现代社会保障制度的发源地。① 在养老金领域，德国人的态度显得相对传统和保守，他们对资本积累制的养老金制度持有较大疑虑。② 在2001年之前，战后德国的法定养老保险几乎是老年人唯一的退休收入来源。③1999年的统计数据显示，高达85%的退休收入依赖于第一支柱——法定养老保险，相比之下，第二支柱职业养老金仅贡献了5%，而第三支柱个人养老金则占据了剩余的10%。④ 为了解决养老体系的可持续发展问题，有效应对人口结构老龄化所带来的严峻挑战，并在养老保障领域内更好地实现社会公平，德国对其养老金制度实施了一系列深刻的改革举措。其中，2001年的里斯特养老金改革⑤与2004年对德国养老金体系的重新定义尤为引人注目。2001年5月，由政

---

① 郑秉文. 欧盟国家社保基金监管立法及其对中国的启示[J]. 中国社会保障，2008（11）：28-31.
② 刘涛. 德国养老保险制度的改革：重构福利国家的边界[J]. 公共行政评论，2014（6）：7-27.
③ Bäcker G，Naegele G，BispinckR，et al. Sozialpolitik und soziale Lagein Deutschland. Band 2：Gesundheit，Familie，Alter und Soziale Dienste. 5. Auflage[J]. Sozialpolitik Und Soziale Lage in Deutschland，2000：43-91.
④ 尼雪. 德国社会法体系及其养老保险法律制度评述[J]. 辽宁大学学报（哲学社会科学版），2017，45（6）：116-122.
⑤ 德国早在20世纪50年代就步入了联合国定义的老龄化社会，成为欧洲人口老龄化比较严重的国家之一，进入20世纪80年代后，少子高龄化趋势更为严重。20世纪90年代的几次改革旨在缓解法定养老体系所面临的财政压力，延后问题的爆发，却不能从根本上解决问题。2001年5月11日，由德国红绿联合政府提出的《养老金改革法》（AVmG）获得了联邦议院的通过，因瓦尔特·斯里特（Walter Riester）时任施罗德内阁的劳动和社会事务部部长，主抓此次改革，因此此次改革被称为"里斯特改革"。

府推动的《养老金改革法》(AVmG)在联邦议院获得通过,这标志着里斯特养老金改革的正式启动。此次改革由时任劳动和社会事务部部长的瓦尔特·里斯特主导,因此得名"里斯特改革",继里斯特改革之后,德国于2004年再次对养老金体系进行了重大调整,重新定义了其架构,将传统意义上的"三支柱"模式拓展并优化为"三层次"体系[1]。这一转变标志着其养老金制度向更加多元化、多层次化方向的发展。

一是里斯特改革。德国于2001年实施的重大举措,不仅使名义上的三支柱养老金体系得以实质性落地,还构建了一个多元化、综合性的养老金框架。其间,德国政府采取了双轨并进的策略。一方面,通过直接补贴、税收优惠政策以及给予企业的税收减免,积极鼓励和支持企业建立并发展职业养老金计划。这一系列激励措施旨在激发企业的积极性,促使其为员工提供更为优厚的退休福利,从而有效分散法定养老保险体系的压力。另一方面,通过颁布并实施《老年财产法》(AVmG)及其后续修正案,德国正式引入了具有显著政府补贴与税收优惠特征的里斯特计划(Riester-Rente)。该计划不仅拓宽了养老金融产品的供给渠道,允许包括保险公司、银行、基金公司以及德国住房互助储金信贷社在内的多元化机构参与,还极大地丰富了个人和家庭的养老投资选择。知名的商业养老金服务提供者,如安联保险集团、德意志银行旗下的零售资产管理部门,以及联合投资资产管理公司(Union Investment Asset Management)等,均积极响应市场需求,推出了多样化的里斯特产品。这些产品覆盖了保险合同、银行储蓄计划、基金投资方案乃至结合住房储蓄的里斯特住房储蓄合同(Wohn-Riester)等多种形式。总的来说,2001年的改革通过构建一个更加完善和多元化的养老金体系,为德国应对人口老龄化挑战和实现养老体系的可持续发展奠定了坚实基础。

二是2004年的养老金改革。2002年,为了更好地应对未来的经济和人口变化对社会保障制度的挑战,德国政府专门成立了"德国社会保障制度可持续融资委员会",负责人是吕鲁普教授,因此也常被大众称为吕鲁普(Bert Rürup)委员会。该委员会的主要职责是对经济和人口发展趋势进行精确预测,并为政府的决策提供科学依据。基于吕鲁普委员会的研究成果,2004年,德国政府决定启动新一轮的养老金改革。此次改革的核心目标是将人口结构的变化直接反映在养老金支付率上,以确保养老金制度的公平性和可持续性。这样,当前缴费人的经济压力将得到有效缓解,代际间的公平性也将得到更好实现。同时,为了增强养老金体系的灵活性和多样性,里斯特养老产品的审批标准得到了进一步简化,产品类型也得到了丰富和拓展。此外,《老年人收入法》(AltEinkG)的修订也成为这次改革的重要组成部分。新法规定,缴纳养老金的个人可以选择延迟缴纳个人所得税,即在缴纳养老金时暂时免税,而在领取养老金时再进行纳税。这一举措旨在为个人提供更多财务规划的空间和税收优惠。在这次改革中,原有的养老金三支柱体系被重新定义为三层次结构。这种重新定义考虑了不同种类养老金在养老体系中的作用差异以及国家税收政策的差异性。在新的三层次结构中,前两个层次将得到政府的财

---

[1] 于秀伟. 德国新型个人储蓄性养老保险计划述评[J]. 社会保障研究,2013(03):106-112.

政补助，而第三个层次则更加灵活自由，允许个人根据自身需求进行选择。总体来看，德国政府的这一系列改革举措既强调了政府在养老金保障方面的责任和作用，也充分尊重了个人的自主选择和灵活性。这种政府保障与个人选择相结合的方式，为构建更加公平、可持续和灵活的养老金制度奠定了坚实基础。

2. 德国三层次养老金体系的构成

德国的三层次养老体系具有鲜明的特点，既体现了国家对公民养老的责任，又充分尊重了个人的自主选择。参见表 5-5。

德国的第一层次养老金涵盖法定养老保险和吕鲁普养老金两个部分。最初，法定养老保险体系主要聚焦于雇佣劳动者，而个体劳动者则被排除在国家退休保障体系之外。2004 年德国实施了吕鲁普计划，为个体劳动者量身打造了一项新的养老方案。该计划为参与个体提供高比例的退税优惠。因此，在德国，吕鲁普计划也被称为"个体劳动者养老金"或"基础养老金"。这一变革使第一层次真正发挥了"基础保障"的功能，并且在更大程度上体现了"群体公平"的原则。

第二层次整合了原有第二支柱的企业补充养老计划和原本应划归第三支柱的里斯特计划。这一层次的设立，旨在作为第一层次的有力补充。在国际比较中，德国原有的"三支柱"比例失衡问题显得尤为突出，企业补充养老部分仅占老年人退休收入的 5%。将里斯特养老金纳入第二层次，与企业补充养老共同发挥作用，可以显著缓解体系不均衡发展的问题。此外，里斯特养老金与企业补充养老金的覆盖群体存在较大的重合度，这在提高雇员退休收入方面发挥了至关重要的作用。

第三层次主要涵盖那些原则上不能享受国家税收优惠政策的个人自发建立的养老金计划。这一层次的设立，为那些希望通过个人努力增加退休收入的人群提供了更多选择。

重新界定后的三层次模式使法定养老金从最强支柱转变为体系的一个有机组成部分，更清晰地表明了德国未来养老金改革的方向：将 2001 年和 2004 年两次养老金改革的成果——里斯特养老金和吕鲁普养老金明确划入德国养老金体系。[1]

表 5-5　德国三层次的养老金体系

层次	内容
第一层	享受政府税收优惠的基本养老金 - 法定养老保险[2] - 吕鲁普养老金
第二层	享受政府税收优惠的补充养老金 - 企业补充养老金 - 里斯特养老金
第三层	非税优的个人自发建立的养老金

资料来源：http://www.safima-net.de/kc-altersvorsorge。

---

[1] 于秀伟，《德国新型个人储蓄性养老保险计划述评》，载于《社会保障研究》2013 年第 3 期。
[2] 农民养老金和特定职业养老金（医生、建筑师、公证人、律师和税务顾问等）比照法定养老保险运行，因而也被划归到第一层次基本养老金的范畴。

在经过吕鲁普改革之后，德国面临着日益严峻的人口老龄化挑战。为了应对这一压力，德国政府在 2007 年颁布了《退休年龄法》(RV-AltAnpG)，计划从 2012 年至 2029 年期间，逐步将退休年龄从 65 岁提高至 67 岁。

随后，在 2013 年，为了进一步简化税收优惠产品的认证程序，并提高投资者对养老产品的认知度，德国政府通过了《养老金完善法案》。该法案要求吕鲁普养老金（Rürup）和里斯特养老金（Riester-Rente）的供应商采用统一的产品信息表。这一举措使保险公司、银行、基金公司以及住房互助储金信贷社所提供的税收优惠产品更加透明，同时也增强了各类产品之间的可比性。

2014 年，由于抵御老年贫困的国内呼声越来愈强，公众愈发关注社会公平价值，以及政府负担公共养老金能力的提高，德国政府决定启动新一轮的养老保障制度改革。这次改革更加注重社会公平和正义。

目前，在德国养老金体系中，确定收益型（DB）模式仍然占据主导地位。尽管确定缴费型（DC）模式在德国长期以来并未受到广泛青睐，但近年来受到欧盟其他成员国养老制度变革的影响，德国开始扩大补充养老金的覆盖范围。

3. 德国的第一层次养老金

（1）法定养老保险

德国的法定养老保险是其社会保障体系的核心支柱，广泛覆盖德国的大部分就业人口，包括雇员（无论行业）、公务员等。该制度强制要求所有符合条件的就业人员及其雇主参与，确保了养老金计划的广泛覆盖和可持续性。法定养老保险的缴费与待遇紧密挂钩，个人的养老金水平依据其缴费历史和收入水平确定，这激励了长期、稳定的参保行为。制度设计上，法定养老保险结合了现收现付制与积累制，当前工作人口的缴费主要用于支付当前退休人员的养老金，同时建立储备基金以应对未来人口老龄化的挑战。此外，德国还推行了灵活的退休制度，允许参保人在达到法定退休年龄前后根据自身情况调整退休时间，既保障了老年人的生活质量，也促进了劳动力市场的灵活性。

（2）吕鲁普养老金

吕鲁普养老金是德国政府为鼓励个人储蓄养老而设计的一项自愿性补充养老计划，对所有在德国居住和生活的纳税人开放，包括雇佣劳动者、个体劳动者、公务员及退休人员等。与法定养老保险不同，吕鲁普养老金强调个人责任与自愿参与，通过个人储蓄和政府补贴相结合的模式，为参保人提供更加灵活和个性化的养老保障方案。该计划的一个显著特点是其税收优惠政策，参保人的缴费可作为"特别支出"享受高额的退税待遇，这不仅增强了吕鲁普养老金的吸引力，也使其特别适合自雇人士和高收入群体。随着过渡期的推进，税收减免比例逐年提高，至 2025 年后实现全额免税。同时，在养老金领取阶段，德国政府也采取了分阶段纳税的策略，逐渐引导参保人适应全额纳税的环境。吕鲁普养老金还提供了多样化的投资选择和领取方式，参保人可以根据自己的风险偏好和财务状况进行灵活配置，确保养老资金的长期增值和个性化使用。

5.5.3 英国的公共养老金计划

1. 英国公共养老金计划的沿革

英国是福利国家模式的典型代表。身为老牌资本主义国家，英国在建立社会保障制度和倡导福利制度方面堪称先驱。其养老金体系设计为普惠性制度，这在福利国家体系中具有重要的地位。

在1908年，英国效仿德国，引入了政府或社会主导的公共养老金计划。这一初步尝试主要基于资产调查，为少数人群提供有限的剩余型制度保障。然而，真正的转变发生在20世纪40年代中期，其基石是1942年发布的《贝弗里奇报告》。该报告为英国的社会保障制度勾画了一幅宏伟的发展蓝图，极大地推动了该制度的进步。随着"二战"的结束，英国以此报告为基础，依据1946年的《国民保险法》，构建起了更加完善的国民保险、国民救助以及国民保健制度，从而率先宣布建立了"福利国家"。1946年的《国民保险法》明确规定，只有按定额缴费，才能获得相应的定额养老金待遇。其中，男性退休年龄设定为65岁，女性为60岁。为了获得全额养老金，男性需要缴费满44年，女性则需满40年。此外，定额养老金的待遇标准会定期进行提升。

在20世纪50至70年代的"黄金时代"之后，由于经济危机和人口老龄化等多重因素的影响，英国社会福利开支的增长速度超过了其经济增长速度，导致财政出现严重赤字，进而使社会养老面临巨大的财政压力。面对这样的形势，英国政府必须对原有的"从摇篮到坟墓"式福利制度进行改革。为此，在1975年，英国政府制定并颁布了《社会保障法》。在这部新法中，虽然缴费的年龄和年限条件保持不变，但取消了原先的定额缴费制度，取而代之的是实行统一费率的国家收入关联养老金计划（SERPS）。根据新法规定，养老金制度现在由两部分组成：一是国家基本养老金；二是与收入相关联的附加养老金制度。所有工薪雇员都必须参与这一新的养老金制度。

1986年，撒切尔夫人推行了"协议进入"（contract-in）和"协议退出"（contract-out）计划，从而开始建立企业年金制度。根据这一改革方案，若企业年金计划的养老保障不低于SERPS的最低标准，雇员便可依个人意愿选择退出SERPS，加入企业年金计划，当然也可选择保留在SERPS内。这一改革实质上为雇员提供了更多的选择权，使养老金制度更加灵活和个性化。同时，这也标志着英国养老金制度向多元化和市场化方向迈出了重要一步。

在20世纪90年代，英国的私人部门养老金计划迎来了快速发展的时期，但随之而来的是一系列问题的暴露。这些问题推动了政府职能的转变，使其从直接的养老金提供者转变为养老金市场的规则制定者和监督管理者。政府开始关注如何更有效地规范和监管私人部门养老金计划，同时思考为养老金计划成员提供更高质量的服务。为解决问题，英国政府在养老金法律评估委员会（即"古德委员会"）的建议下，颁布了《1995年养老金法案》。该法案的实施进一步加强了养老金的安全保障。政府还设立了"职业养老金计划监管局"，这一新设机构专门负责职业养老金计划的全面监管。同时，为了增强对养老金计划成员的服务责任，政府还建立了私人部门养老金计划的监管组织体系。另外，为了更好地保护老年妇女的养老权益，议会在1999年通过了《福利改革和养老金法案》，标志着英国政府在养老金领域的改革进一步深化。

进入 21 世纪后，英国政府进一步增强了对社会弱势群体的关怀，并对相关制度进行了细致的调整。为了应对日益严重的收入不平等问题，从 2002 年开始，英国政府逐步推行了国家第二养老金（S2P）计划，以取代先前的国家收入关联养老金计划（SERPS）。新计划特别关注中低收入群体、从事特殊职业的人员以及长期患病或残疾的人士，旨在为他们提供更加优厚的补充性养老保险，从而更好地保障他们的生活水平和社会福祉。相较于 SERPS，S2P 在财富再分配方面展现了更为显著的效果。

此外，为了提升企业养老金计划的保障能力，英国政府自 2006 年 4 月起实施了最低养老金保障（MIG）制度。该制度旨在确保即使在企业遭遇破产危机或养老金储备不足的情况下，也能保障对部分养老金的支付，从而有效地维护了养老金受益人的合法权益。这些措施共同体现了英国政府在社会保障领域的持续努力和创新。

2. 英国养老金体系的结构

在 1975 年之前，从法定角度来看，英国的养老保障体系相对单一，主要依赖于国家基本养老金（BSP）计划这一支柱。然而，经过多次的历史性改革与调整，英国的养老保障体系已经逐渐演变为一个多层次、多支柱的制度体系，涵盖政府养老金计划、职业养老金计划以及个人养老金计划等多个方面。

在这个体系中，第一支柱是政府养老金计划。这一计划由 BSP、S2P 以及 MIG 等制度构成。所有缴纳了国民保险税且未选择参与职业养老金或个人养老金计划的雇员，都将被自动纳入 S2P 计划之中。政府养老金的显著特点在于其由政府提供，并且政府承担最终的兜底责任。其资金来源主要有两个方面：一是雇员和雇主共同缴纳的国民保险税，二是政府通过一般税收收入安排的财政补贴，用于对符合家计调查的残疾人、低收入者等特殊人群进行税费的免除。对于普通收入群体而言，由 BSP 计划和 S2P 计划共同构成的第一支柱，其最高替代率大约在 35% 左右。

第二支柱为职业养老金计划。这一计划由企业和公共部门的雇主自愿设立，包含职业年金计划和个人年金账户（APPS）两部分，常采用待遇确定型、缴费确定型或二者混合型等模式运作。考虑到第一支柱政府养老金计划的替代率不高，多数退休人员将第二支柱的职业养老金作为维持生活的主要依靠。目前，参与职业养老金的人数约占全国人口的 45%，已成为英国养老金体系中不可或缺的一部分。据统计，英国职业养老金的替代率大约达到了 50%。

第三支柱则是个人养老金计划。该计划遵循个人自愿参加的缴费确定型模式。根据英国的法律规定，如果雇主没有为员工提供职业年金计划，就要与一家或多家保险公司合作，以便其员工能参与到此类计划中。员工可以在指定的保险公司和投资种类中自由选择参与，雇主需为选择加入的员工代扣并缴纳相应费用。同时，个人也可直接参加保险公司提供的缴费确定型养老金计划及寿险计划，无须通过雇主。为了激励员工积极参与第三支柱养老金计划，政府采取了一项措施，即对于从 S2P 计划中"协议退出"的员工，政府会将其缴纳的国民保险税中的 5.8%（具体为员工缴纳的 2% 和雇主缴纳的 3.8%）

直接转入其个人养老金计划账户。此类计划的税收优惠政策与职业年金计划相似。

英国的养老金体系如表 5-6 所示。

表 5-6　英国的养老金体系

分类	计划	主要内容
政府养老金	BSP 计划	BSP 计划的资金来源主要是国民保险税。除了如残疾人等特定人群可以获得免税优惠并由政府进行补助外，雇主以及年收入超过 5 000 英镑的雇员都需要按规定缴纳。在英国，社会保险税的缴纳标准是基于雇员的纳税能力而定的。具体来说，雇员需要缴纳其工资的 11% 作为社会保险税；雇主则需为雇员工资超过一定额度的部分缴纳 12.8% 的税。对于经过收入审查的自雇者和低收入人群，可以享受较低的照顾性税率，而高收入者则需额外多缴一些。 关于养老金的领取年龄，也就是法定退休年龄，男性设定为 65 岁，女性为 60 岁（公共部门中，不论男女法定退休年龄均为 60 岁）。在 2010 年之前，男女需要分别缴纳 44 年和 39 年的养老金，才能在达到退休年龄时享受全额养老金的待遇（失业期间也可计算为缴纳年限）。然而，由于规定的缴纳时间相对较长，2008 年时，有 60% 的退休女性和 10% 的退休男性未能获得全额养老金。到了 2010 年，政府决定将最低缴纳年限统一降低至 30 年，并且不区分性别。但仍然有 25% 的退休女性和 5% 的退休男性难以达到领取全额养老金的资格。现在 BSP 的标准为每人每周 102.15 英镑，并会根据物价水平进行相应的调整。在物价稳定的情况下，该标准每年会提升 2.5%。近年来，由于英国社会平均工资的增长速度超过了物价上涨的幅度，BSP 的增幅实际上低于社会平均工资的增幅。因此，BSP 占社会平均工资的比例逐年下降，目前的替代率仅为大约 18%。
	S2P 计划	养老金的发放水平，通常约为雇员在其职业生涯中收入最高的 20 年的平均工资的 25%。这一比例具体还会根据雇员的收入层级和工作年限来进行微调。在 2012 年以前，S2P 计划的调整主要是基于消费者价格指数。但自 2012 年之后，其调整方式发生了变化，开始与工资收入增长率相挂钩。政府为雇员提供了一定的灵活性，允许他们从 S2P 计划中"协议退出"，转而选择加入如"职业养老金计划"或"个人养老金计划"等私人养老金计划。随着时间的推移，S2P 与工资收入的比例逐渐上升，并最终稳定在 13%~18% 的范围内。 据统计，如果一个雇员缴费满 40 年，那么他的 S2P 和 BSP 的替代率约为 17%~18%。由于 BSP 的养老金替代率不高，多数退休人员的主要资金来源仍是依赖职业养老金。
	MIG 制度	最低养老金保障制度，是政府设立的补贴制度，旨在帮助领取国家养老金但生活贫困的群体。经费来自政府税收，旨在确保低收入老年人的收入达到国家规定的最低标准，提升其生活质量。包括最低收入保障补助、储蓄补助和特殊补贴三种形式。最低收入保障补助针对养老金低于贫困线的人员，英国贫困线是英国家庭收入中位数的 60%。储蓄补助鼓励工作期间储蓄，政府对 65 岁以上（女性 60 岁以上）且达到一定储蓄金额的人员提供额外的补贴，分为财力调查补贴和非财力调查补贴两种。财力调查补贴主要包括租房补贴和市政税补贴，这些补贴的发放会基于个人的财务状况进行审核。非财力调查补贴则包括冬季取暖燃油补贴和个人看护补贴，这类补贴的发放不依赖于个人的财务状况。

续表

分类	计划	主要内容
职业养老金计划	职业年金计划由企业和公共部门的雇主自愿提供,由职业养老金计划和个人年金账户构成。通常采用待遇确定型、缴费确定型和二者混合型三种模式。	这些养老金主要投资于以股票为主导的资本市场。目前,所有公共部门和多数大公司提供的都是待遇确定型养老金计划。然而,由于DB计划潜在成本较高,可能因经济波动而导致高额赤字,越来越多的大公司正在对职业养老金计划进行调整。这些调整主要包括两个方面:一是转变为缴费确定型养老金计划,在这种模式下,雇员按照工资的一定比例进行缴费,由雇主负责投资,待雇员退休后支付本金和收益;二是继续选择待遇确定型养老金计划,但雇员会与保险公司签订合同,将风险转移给保险公司承担。同时,公共部门的养老金计划也正在酝酿相应的调整。在英国,法律并未规定职业养老金具体的缴费比例。通常情况下,大约四分之一的费用由雇主承担,也有雇主和雇员共同缴费的情况,具体费率由雇主决定。 政府对在缴费和投资阶段的职业年金计划实施税收优惠政策,仅在养老金领取阶段进行课税。而获得税收减免优惠,需要养老金计划在英国皇家税务及海关总署完成注册手续。同时,为了防止免税政策被用作逃税手段,政府对职业年金缴费设定了一定的免税额度。具体来说,每人在退休前可免税的职业年金缴费总额不得超过150万英镑,在此上限以内,缴费额度可以是雇员的全部工资。
个人养老金计划(个人账户计划)	采用个人自愿参加的缴费确定型模式。	根据英国法律,若雇主未提供职业年金计划,需与保险公司合作,确保雇员可加入养老金计划。雇员可自选参与雇主指定的保险公司及投资选项。雇主需代扣费用并按时缴费。个人也可直接选择保险公司的养老金或寿险计划。政府为鼓励雇员参与个人养老金计划,对从S2P计划"协议退出"的雇员,将其5.8%(其中雇员部分占2%,雇主部分占3.8%)的国民保险税转入个人养老金账户。这类个人养老金计划在税收优惠政策上与职业年金计划享有相似的待遇。

资料来源:成新轩,武疏. 英国养老保险市场化改革及其对中国的启示 [J]. 河北学刊,2007(1):185-186;

财政部国际司. 英国社会保障制度概述.(2013-04-09).http://gjs.mof.gov.cn/pindaoliebiao/cjgj/201304/t20130409_813504.html.

3. 英国公共养老金计划的主要特点

英国是福利国家模式的典范,其法定养老保险制度展现出独特的特点。

在制度覆盖方面,英国采用了多层次、多支柱的制度设计,全面覆盖所有国民。对于普通收入的职业者,制度实施了与收入相关联的安排。在筹资环节,强调家计收入调查,旨在为低收入者提供平等且普遍的基础养老金,同时赋予他们社会保护。此外,该制度还特别关注弱势群体和收入不公等问题。

英国的养老保险资金主要有两大来源:一是雇员和雇主共同缴纳的国民保险税;二是由一般税收收入提供的财政补贴。值得一提的是,政府财政还承担家计调查补贴费用和非缴费性津贴的支出。

在保障待遇上,第一支柱着重于平等和普遍惠及。这一支柱与收入脱钩,意味着无论参保人的缴费额度如何,他们都将享受相同的定额待遇。同时,该制度还强调家庭成员间的互助共济和再分配。但需要注意的是,由于第一支柱的最高替代率约为35%,英国的国家基本养老金仅能满足员工退休后的基本或最低生活需求。若追求更高的退休待遇，则主要依赖职业养老金和个人养老金。目前，英国有67%的人参与了个人养老金计划。

5.5.4 日本的公共养老金计划

自1972年起，日本的人口自然增长率持续下滑，呈现明显的减少趋势。最新的人口普查数据揭示，截至2020年10月1日，包含外国居民在内的日本总人口已缩减至约1.26亿，较2015年减少了大约86.8万人。这一数字标志着自1920年开始实施人口普查以来，继2015年之后，日本再次经历了人口的负增长，并且首次跌出了全球人口排名的前十位。在少子化方面，日本的总和生育率已连续多年下滑，且远低于维持世代更替所需的2.1‰的水平。自1973年达到19.4‰的高峰后，日本的人口出生率便持续走低，至2020年已降至6.6‰，显示出年轻一代生育意愿的显著减弱。与此同时，日本65岁及以上年龄段的人口比例却从1960年的6%持续上升至2020年的29%，远远超出了联合国定义的7%的老龄化社会标准，凸显出重度老龄化的严峻挑战。值得一提的是，日本的平均预期寿命现已跃居世界首位，这意味着老龄化问题在未来还将进一步加剧，给日本的社会养老保障体系带来了沉重的压力。

为应对这一老龄化危机，日本政府的养老金制度扮演着至关重要的角色。其中，日本政府养老投资基金（GPIF）作为目前全球最大的公共养老金机构，以其保守稳健的投资策略，在养老金融领域中占据着举足轻重的地位。

1. 日本养老金计划的发展历程

日本的养老金制度可以大致划分为公共养老金和私人养老金两大类。其中，公共养老金制度的演变历经了三个重要的阶段。

第一阶段是制度的初创期（1942—1964年）。在1942年，日本颁布了《劳动者保险法》（该法在1944年被更名为《厚生年金保险法》），这部法律为工商企业的雇员建立了一套养老保险制度。随后的1948年，依据《国家公务员共济组合法》，国家公务员共济年金制度得以建立，由政府各部门的工会组织负责实施。此后，地方公务员、私立学校教职员等的共济年金制度也逐步得到确立。随着战后经济的复苏，社会保障体系的滞后问题日益显现。为了解决这一问题，并打破原有社会养老保险体系在覆盖范围上的限制，日本政府在1959年制定了《国民年金法》。该法于1961年开始全面实施，规定年龄在20岁至60岁之间的自营业者、农民、无业人员以及学生都有义务加入国民年金。这一举措标志着"国民皆年金"——人人都能享有养老金的制度体系的形成。

第二阶段为制度的完善期（1965年至1984年）。在此期间，制度进行了一系列的调整与完善。主要举措包括在国民年金额度计算的基准中引入了物价浮动机制，即考虑房租、物价变化等因素对给付水准的影响。此外，原先的完全基金积累制模式被修改为待遇确定型，以更好地保障养老金的支付能力。同时，对国民年金进行了标准报酬再评价，并参照厚生养老保险的支付标准逐步进行了上调，以更好地适应经济社会的变化。

第三阶段为制度的改革期（1985年至今）。这一阶段的改革旨在推动养老金制度适应日本社会老龄化的发展趋势。1985年，日本先后颁布了《国民年金法》《厚生年金法》《共济年金法》的修正案，确立国民年金为国家强制性养老金。在此基础上，全体国民可以另外通过厚生年金、共济年金追加"报酬比例养老金"，由此将原本分散管理、各自独立的三者整合为国民年金、厚生年金和共济年金的二层年金制，从而改变了由行业划分年金体系所导致的给付不平等和混乱的局面。到了2000年，为了进一步保障公共年金保险费收入与年金支付额的平衡，日本政府将厚生年金报酬比例部分的初始支付年龄由60岁提高到65岁。针对少子高龄化加剧的问题，2004年对养老金制度的财政框架进行了修正，旨在建立一个"可持续的、安心的年金制度"。这包括抑制保险费用的提高、固定未来某一期限的缴纳水平，以及将基础养老金国库负担由1/3提高到1/2等措施。2012年的改革以共济养老金制度与厚生养老金制度相适应为基本方向，废除了以公务员为对象的共济年金，将其统一到厚生年金制度中，实现了雇员养老金的一元化。

日本的企业和私人养老金制度在公共养老金体系之外起到了重要的支持和补充作用。这些制度并非强制性，而是提供了一种额外的养老保障选择。在企业年金方面，其最初是作为企业对员工稳定性的激励措施而出现的。企业在职工退休时，会一次性给予员工一笔退休金，这种被称为"一次性退休金"的制度，其年金计划完全由企业自行制定。1959年，日本政府为了推动退休金的普及，创设了中小企业退休金共济制度。随后，在1962年，政府又设立了"税制合格退休年金制度"（该制度在2011年被废止），在税法上给予企业退休金以优惠待遇。当1965年厚生年金制度进行修订时，政府创设了"厚生年金基金制度"，允许企业和雇员共同缴费，为实现基金的规模效应，政府允许将原本应上缴至厚生年金保险的部分资金转而投入该基金进行投资运营。到了2002年，日本对企业年金进行了进一步的改革，引入了缴费确定型养老金（DC计划），并设立了新的待遇确定型企业年金（DB计划，非代理厚生年金部分），以提供更多样化的养老保障选择。在个人年金方面，2001年日本制订了"个人型缴费确定年金"计划。该计划的参与人最初主要是公司职员。到了2017年，该计划的覆盖范围进一步扩大，包括公务员、家庭主妇和个体经营者等更多群体。这意味着年龄在20岁至60岁之间、已经加入国民年金的日本居民，都有资格加入这一计划，从而为自己未来的养老生活提供更多一层的保障。

2. 日本养老金体系的结构

日本的养老金制度体系可以概括为"三大支柱"，这一体系经历了从复杂到简化、从分散到统一的演变过程。通过一系列的改革措施，日本的养老金制度逐渐完善并形成了现今的结构。

根据厚生劳动省所制定的划分标准，日本目前实施的养老金制度有三个层次。第一层次是国民年金，亦称基础年金，覆盖20岁至60岁的全体国民。这一层次为全体国民提供了基本的养老保障。第二层次是与收入关联的厚生年金，主要针对公司职员和公务员。在这一层次中，保费由个人和企业或国家共同承担，各自承担一半。这种安排确保了养老金的可持续性和稳定性。第三层次是不同类型的企业年金和个人年金。这一层次为企业和个人提供了更多的选择空间，可以根据自身需求和经济状况自由选择加入。

为了便于国际比较，可以将这三个层次对应到全球养老金制度中常用的"三大支柱"体系。在这个体系中，第一支柱是具有强制性的公共养老金制度，包括国民年金和厚生年金。这一支柱为全体国民提供了基础且全面的养老保障。第二支柱是公司职员自愿加入的企业年金计划。这一支柱为企业员工提供了额外的养老保障，有助于员工在退休后维持较高的生活水平。第三支柱是个人自愿参与的个人养老金计划。这一支柱为个人提供了更多的养老储备选择，可以根据个人风险偏好和投资需求进行个性化配置。

总的来说，日本的养老金制度体系通过这三个层次或"三大支柱"为全体国民提供了全面且多层次的养老保障。

3. 日本养老金计划的运营管理

日本政府养老投资基金（GPIF）负责日本公共养老储备金的市场化运作。为应对生育率下降和老龄化，日本将部分养老金作为储备金，此前储备金主要通过政策性金融体系融资，投资低收益项目，流动性和回报率受限，尝试私人投资机构投向金融市场也累计亏损，促使其管理机制向市场化转型。2001年GPIF成立，受厚生劳动省委托管理养老储备基金，2006年获独立行政法人地位。

（1）运营管理模式

GPIF的运营管理采用理事会制度，实现决策、监督和执行分离。理事会由10名成员组成，包括理事长和9名专业人士，负责制定投资策略和中期计划；审计委员会独立监督基金运作；执行办公室落实理事会决策，具体管理养老储备基金日常运营。2017年改革后，各功能明确划分，提升了运营质量和效率。

（2）投资模式

GPIF投资理念是以最小风险实现稳定回报，投资策略为被动投资追求稳健收益，通过委外管理确保运营稳定。2022财年，资产由38家外部公司管理，涉及154个子基金，其中148个为外部管理。

投资模式以委外和被动投资为主，结合传统与另类资产配置。因内部股权投资管理限制，主要资产委外投资，以减少政府干预、提升专业性和分散风险。近年来，被动投资占比超80%。为优化被动投资，GPIF加强与指数提供商合作，引入指数发布系统、尽职调查、签订直接合作协议等，提高效率和透明度，降低成本和风险。

（3）政策资产组合变化与现状

GPIF每五年根据中期目标调整政策资产组合，2006年至2019年进行了三次重大调整。显著变化是国内债券比重从2006年的67%降至2019年的35%，国内和国外股权比重稳步上升，2019年四类传统资产（国内股债、国外股债）各占25%。为灵活应对市场变化，为各类投资设定偏差限制，2020年4月新增债券和股权各自±11%的总偏差限制。

2013年起，GPIF配置另类资产，投资上限为总投资组合的5%，主要投资基础设施、私募股权和房地产。基础设施投资侧重核心设施获长期稳定收益；私募股权投资强调投资时机多元化；房地产投资集中在发达国家核心房地产基金，采用"核心式"投资策略靠租金获稳定回报。另类投资依赖外部管理，通过FOF组合投资，2022年开始通过参与有限合伙企业（LPS）投资以提升效率，采用内部收益率（IRR）评估投资成效。

（4）风险管理

GPIF 采用多层次长视角的风险管理模式，关注无法实现养老金融资长期回报目标的风险，而非市场价格短期波动风险。以政策资产组合为中心，通过管理策略和资产多元化投资，在投资组合、资产类别及资产管理人等层面全方位进行风险管理。遵循投资组合风险管理六大原则（表 5-7），关注市场、流动性、信用和国家风险等四类风险（表 5-8），确保养老金长期稳定增值。

表 5-7　GPIF 风险管理的六大原则

风险管理原则	主要内容
原则 1	制定政策资产组合并进行适当管理，确保以最小的风险实现养老金所需的投资回报
原则 2	将投资组合分散至具有不同风险回报特征的多类资产
原则 3	在整个投资组合、单个资产类别和单个资产管理人层面进行风险管理，同时确保整个投资组合与每个资产类别实现基准收益率
原则 4	基于对市场环境的判断，在政策资产组合的偏差范围内可以灵活调整投资，但必须有合理的依据
原则 5	虽然市场价格存在短期波动，但 GPIF 的目的是利用其长期投资期限，更稳定、更有效地获得投资回报，并保持养老金支付所需的流动性。为确保流动性，GPIF 采取适当措施，包括平稳出售资产，同时考虑市场价格形成以及确保资产不短缺
原则 6	在养老金储备的投资和管理方面，不断提高专业水平，明确问责制度，全面谨慎履行作为专家的监管和受托责任

资料来源：GPIF2022 年报，平安证券研究所。

表 5-8　GPIF 风险管理关注的四类风险

组合风险类型	主要内容
市场风险	因利率、汇率、股票及另类资产等各种市场风险因素波动而导致组合资产（包括衍生工具）价值变动的风险
流动性风险	因被迫以远高于正常水平的利率筹集资金，而难以取得所需资金或蒙受损失的风险，由于现金流出意外增加等原因（现金管理风险），以及因市场混乱而无法进行市场交易或被迫以明显低于正常水平的价格进行市场交易，而产生损失的风险（市场流动性风险）
信用风险	因组合资产的发行人、受托进行资产管理的机构或衍生工具交易对手的财务状况恶化等因素而导致资产（包括衍生工具）价值减少或消除而蒙受损失的风险
国家风险	由于相关国家的外汇情况或政治经济条件而造成外国资产损失的风险

资料来源：GPIF2022 年报，平安证券研究所。

（5）投资管理绩效及可持续投资策略

2022 财年，GPIF 面临地缘政治紧张、全球通胀上升等挑战，资本市场波动性增加，投资收益率连续四个季度为负，但长期看相对于日本 10 年期国债的超额收益率仍稳定。

GPIF 重视环境、社会和公司治理（ESG）因素，将其与财务分析结合，贯穿资产选择、投资决策和组合管理全过程，积极参与并选择跟踪 ESG 指数进行被动投资，在可持续投资方面取得显著进展。

5.5.5 新加坡的中央公积金制度

1. 新加坡中央公积金制度的发展历程

在新加坡,养老保障的历史可追溯至 1871 年,当时依照英国公务员法,新加坡制定了《公务员退休金法》。然而,这一制度并未广泛覆盖,直至 1955 年,除了国家公务员和大企业的员工,大部分国民并未享有养老保障。进入 1950 年,新加坡在深入研究全球各种社会保障制度后,两位立法议员首次提出了中央公积金制度的构想。随后的 1953 年,新加坡颁布中央公积金法令,明确规定雇主和雇员需按工资的一定比例缴纳费用,从而形成了具有新加坡特色的强制储蓄型个人保障制度。1955 年,随着新加坡中央公积金局的设立,这一制度正式落地实施。

中央公积金制度在设立初期,仅作为一个为雇员提供退休金的强制性储蓄计划,功能相对单一,只设有"普通账户"。但新加坡政府并未止步,在 1965 年后还在持续探索和创新。在 1977 年,新增了"特别账户",旨在满足养老和应急需求。而原先的"普通账户"则可支持购房、子女教育、购买保险等重大支出事项。到了 1984 年,制度进一步完善,增设了"医疗储蓄账户",专注于医疗保健和医疗保险的需求。1987 年规定,当雇员年满 55 岁时,还会为其开设"退休账户"。在缴费方面,新加坡政府展现出极大的灵活性,根据经济状况和劳动力成本的变化,适时调整公积金的缴费比例。例如,1955 年法令初颁时,雇员和雇主各自按工资的 5% 缴纳。而在 20 世纪 70 年代,这一比例经历了多次上调。到 1984 年,公积金的总缴费比例甚至达到了历史最高的 50%,雇主和雇员各占一半。但两年后,雇主缴费比例有所下调,总体降至 35%,其中雇员承担 25%,雇主承担 10%。进入 1995 年后,新加坡政府采取差别化缴费机制,根据年龄段来设定不同的缴费比例,即随着年龄的增长,个人所需缴纳的养老金比例相对降低。

历经变革,新加坡的中央公积金制度现已成为该国养老保险体系的核心支柱。该制度的核心目标是通过完全积累式的强制性储蓄计划,确保每个公民和永久居民在退休、医疗、住房等多个方面享有稳定的经济保障。中央公积金制度要求雇主和雇员必须按照规定的缴费率共同缴纳公积金,并存入会员的个人账户。这种强制性储蓄的方式有效确保了公积金资金池的充足,为职工未来的各项需求提供了坚实保障。为了实现不同用途下的专款专用,新加坡公积金制度采用了精细化的账户管理体系。对于 55 岁以下的会员,他们的个人账户存款将按照特定比例分配到普通账户、特别账户和医疗储蓄账户三个子账户中。这种设计使公积金不仅用于养老保障,还能满足会员在医疗、住房和教育等多方面的需求。当会员年满 55 岁时,中央公积金局将在其个人账户中增设退休账户,并将普通账户和特别账户的存款转入退休账户内。这一转变体现了制度对于退休人员特殊需求的关注,确保他们在退休后能够拥有稳定的收入来源,维持生活品质。

2. 新加坡养老金体系的结构

新加坡中央公积金制度的创立,标志着其养老保障体系的初步构建。这一制度自 1955 年 7 月 1 日起实施,经过半个多世纪的持续演变与扩展,不仅巩固了新加坡养老保障的基础，还逐步演化成为涵盖三支柱的养老金体系（见表 5-9）。然而，这一体系内部的发展并不均衡，第一支柱占据了主导地位。截至 2019 年末，新加坡养老金三支柱的总资产管理规模达到 4 388.7 亿新元，其中第一支柱占比高达 91.9%，第二支柱和第三支柱则分别占 0.7% 和 7.4%。尽管存在不均衡，但整体资产管理规模自 2010 年以来一直保持着平稳的增长态势，年复合增长率达到 9.7%。

新加坡的第一支柱公共养老金主要由中央公积金（CPF）构成，这是一个完全积累型的强制性养老储蓄计划，其资金由企业和个人共同负担，政府则通过税收优惠政策给予企业一定的支持。CPF 制度结构完善，包含普通账户（OA）、特别账户（SA）、保健储蓄账户（MA）以及针对 55 岁以上会员的退休账户（RA）。这些账户共同确保了会员在退休后的经济安全与医疗保障。保健储蓄计划（Medisave Scheme）和终身健保计划（MediShield Life）作为 CPF 的补充，进一步强化了会员的医疗费用支付能力。截至 2019 年末，CPF 的参与人数达到 398 万人，占新加坡总人口的 70%，彰显了其广泛的覆盖面与深远的影响力。

新加坡的第二支柱职业养老金包含民政事务 – 投资计划（Home Affairs-INVEST Plan）和雇员储蓄退休及保费基金（SAVER-Premium Fund）两个强制参与计划。尽管这两个计划各具特色且针对特定人群设计，但其资产规模占比却一直维持在较低水平，不足 1%。民政事务 – 投资计划专为内政部政府公务人员设计，旨在帮助他们平稳过渡到退休生活；而雇员储蓄退休及保费基金则服务于新加坡武装部队的雇员，确保他们在各个阶段的经济稳定。这两个计划虽规模有限，但在保障特定职业群体退休生活方面发挥着重要作用。

新加坡的第三支柱个人养老金计划体现了政府支持与个人自愿参与的结合。这一支柱由补充养老金计划（SRS）和中央公积金投资计划（CPFiS）两个子计划构成。SRS 计划允许居民在税前将部分收入存入专用账户进行养老储蓄，并在投资阶段享受免税优惠；而 CPFiS 计划则允许会员将公积金储蓄投资于多元化的金融产品以实现资产增值。这两个计划不仅为新加坡居民提供了更多的养老储蓄选择，还通过税收优惠与投资灵活性激发了个人参与的积极性。截至 2019 年末，第三支柱的管理规模占新加坡养老金资产总规模的 7%，显示了其在养老保障体系中的重要补充作用。

表 5-9 新加坡养老金三支柱概况

三支柱体系	计划名称	起始日期	运作类型
第一支柱	中央公积金（CPF）	1955	强制性，DC
	保健储蓄计划（Medisave Scheme）	1984	强制性，DC
	终身健保计划（MediShield Life）	2015	强制性
第二支柱	民政事务 – 投资计划（Home Affairs-INVEST Plan）	2001	强制性（某些公务员），DC
	雇员储蓄退休及保费基金（SAVER-Premium Fund）	1998	强制性，DC
第三支柱	补充养老金计划（SRS）	2001	自愿，DC
	中央公积金投资计划（CPFiS）	1986	自愿，DC

注：中国证券投资基金业协会，新加坡养老金制度经验（2021-10-12）。

3. 新加坡第一支柱养老金：中央公积金

新加坡的中央公积金制度覆盖了所有公共与私人部门的雇员，确保了广泛的制度参与和权益保障。新加坡的中央公积金制度中的个人账户被划分为多个类别。具体来说，针对55岁以下的会员，其个人账户细分为普通账户（OA）、特别账户（SA）及保健储蓄账户（MA）三大板块。普通账户内的资金灵活多样，不仅支持会员用于购置住房、投资于政府认可的保险项目与教育基金，还允许转拨至父母退休账户。特别账户则专注于晚年生活的稳固保障，既可作为紧急备用金，也是投资于各类金融产品的坚实后盾。至于保健储蓄账户，其用途专一且明确，专款专用于住院医疗费用与日常医药开销。而当会员年满55岁后，其账户体系相应调整，简化为退休账户（RA）与保健储蓄账户（MA）两部分，以更加贴合其即将步入退休生活的财务规划需求。

该制度的资金主要来自雇主与雇员的共同缴纳。对于55岁以下的参保者，其供款率为37%，其中雇员负担20%，雇主承担17%。这些资金将分别进入普通账户、特别账户以及医疗储蓄账户。不同年龄段和不同类型的参保人，其缴费率也会有所不同，这一设计体现了制度的灵活性与公平性（见表5-10）。

表5-10 新加坡中央公积金制度中员工年龄与公积金缴纳率（自2023年1月1日起）

员工年龄	雇主缴纳率 （占月薪的百分比/%）	员工缴纳率 （占月薪的百分比/%）	总缴纳率 （占月薪的百分比/%）
55岁及以下	17	20	37
55岁以上至60岁	14.5	15	29.5
60岁以上至65岁	7	9.5	20.5
65岁以上至70岁	8.5	7	15.5
70岁以上	7.5	5	12.5

注：以上缴纳率适用于月薪超过750新元的员工。

当雇员年满55岁且其账户中留有规定的最低存款额时，便有资格一次性领取保险金，并享受至少2.5%的复利回报。最低存款额的要求随时间而调整，以便于动态适应制度与经济环境的变化。

退休者每月可从其最低存款中领取养老金，领取方式灵活多样。他们可以选择以最低存款额向保险公司购买年金保险，从而获得稳定的月度支付直至生命终结；或者选择将资金存入银行；亦可将养老金保留在中央公积金局。在后两种情况下，当被保险人达到法定退休年龄时，便可每月按固定数额领取养老金，直至最低存款用尽。

新加坡中央公积金制度在劳工部的宏观监督下运行，由中央公积金局统一负责制度执行与资金管理的规范性，同时，部分投资决策权适度下放给政府认证的私人机构，旨在结合公共管理的严谨与私人部门的灵活高效，共同促进资金运作的稳健与增值。中央公积金局负责集中管理基金，主要投资产品是政府发行并担保的特殊新加坡政府证券（SSGS），这些非流动债券专为中央公积金定制，确保了资金的绝对安全性。SSGS的票面利率与公积金制度规定的利率紧密相连，该利率并非实际收益率,而是基于新加坡主要大型银行一年期存款利率与月末储蓄存款利率的简单平均数加权计算得出,每季度更新一次,且始终不低于中央公积金法案规定的2.5%最低收益保证。这样的设计确保了会员能够稳定获得公平的利息收入,无须承担任何投资风险。

新加坡中央公积金制度的独特之处还在于政府为公积金账户提供了利率保护。自1955年7月起,公积金利率初定为2.5%,后于1968年9月上调至5.5%,并在1970年1月进一步提升至5.8%。在1975年至1985年期间,该利率稳定保持在6.5%的水平。这一设定旨在为公积金储蓄提供稳定的回报,确保会员的权益。自1986年起,公积金利率开始实行浮动制,中央公积金局会根据市场利率的变动,每半年对公积金利率进行调整。这种灵活性有助于制度更好地适应经济环境的变化。退休特别账户通常会享受到保护性的优惠利率,这是政府对退休人员的一种特殊关照。与此同时,中央公积金制度还设定了缴费的上限,以平衡制度的公平性和可持续性。例如,2025年1月1日起,月薪上限达到了7 400新元。这意味着超过这一数额的工资部分将不计入公积金的缴纳计算中。这样的设计既确保了公积金制度的可持续性,又在一定程度上减轻了高薪人群的缴费负担。

本章小结

通过本章的学习,学生应能够全面把握基本养老保险制度的核心理念,理解其深层含义,并清晰掌握其建立与发展的历史脉络。同时,了解和掌握基本养老保险的关键要素,包括城镇职工基本养老保险与城乡居民养老保险的具体规定,以及基本养老保险基金的投资运营策略。此外,学生还应理解基本养老保险的可持续发展问题,对当前存在的挑战有清晰的认识,并熟悉有效的应对策略。另外,通过学习全球公共养老金的发展趋势和各国实践,学生应能够理解并借鉴世界各国在公共养老金方面的做法。

关键术语

基本养老保险、城镇职工基本养老保险、机关事业单位养老保险、城乡居民基本养老保险、参保、缴费、领取资格、计发和待遇、基金投资管理、可持续发展、公共养老金、养老金给付方式、中央公积金

复习思考题

1. 简述基本养老保险的含义及其重要性。
2. 阐述城镇职工基本养老保险和城乡居民养老保险制度的主要内容和区别。
3. 分析基本养老保险可持续发展的内涵,并讨论当前面临的主要问题及可行的解决措施。
4. 说明公共养老金的基本原则,并比较不同国家公共养老金计划的享受资格与条件

以及给付方式。

5. 选择一个你感兴趣的国家（如美国、德国、英国、日本或新加坡），详细介绍其公共养老金计划的特点及对我国的借鉴意义。

在线自测

自测 5.1

自测 5.2

延伸阅读

全国社保基金投资范围扩容解析

为确保全国社会保障基金（以下简称"社保基金"）的安全、高效及可持续运营，财政部与人力资源社会保障部对实施了超过二十年的《全国社会保障基金投资管理暂行办法》（以下简称《暂行办法》）进行了全面审视与革新，2023年12月形成了《全国社会保障基金境内投资管理办法（征求意见稿）》（以下简称《意见稿》），旨在构建一个更加适应当前金融市场环境、兼顾短期安全与长期可持续增长需求的社保基金投资管理体系。

一、修订背景分析

2001年的《暂行办法》为我国社保基金的投资管理奠定了坚实的基础。然而，随着金融市场的日新月异与社保基金规模的持续扩张，原规章在指导实际投资运营中的局限性日益凸显。面对投资品种的日益丰富与市场环境的快速变化，《暂行办法》相对简化的规定已难以满足复杂多变的投资需求。主管部门的专项批复虽然能够缓解燃眉之急，却也导致了管理规定的碎片化与复杂化。

二、基本原则的重塑

本次《意见稿》在基本原则层面进行了重大革新，更加凸显了社保基金作为主权基金的战略定位。具体而言，一是摒弃了"流动性至上"的传统观念，转而强调"收益性"与"长期性"并重，为社保基金开展多元化投资（包括另类投资等）提供了更为广阔的理论支撑与实践空间；二是将投资管理目标由单一的"增值"调整为"保值增值"，这一变化不仅体现了对短期市场波动的容忍度，更强化了对长期风险偏好的精准控制，实现了稳健性与灵活性的有机结合。

三、投资范围和投资比例的设定

《意见稿》在投资范围上的调整尤为引人瞩目。一方面，可投资资产类别实现了大幅扩容，由原先的六七个大类跃升至十余个大类，新增了直接股权投资、资产证券化产品、套期保值工具及多种养老金产品等，极大地丰富了社保基金的投资选项；另一方面，直接投资范围亦得到显著扩展，不再局限于银行存款与国债等传统领域，而是将符合条件的产业基金、股权投资基金等纳入其中,显著提升了社保基金直接参与市场运作的能力与深度。

针对投资比例的调整,《意见稿》结合新的投资范围进行了更为细致的比例设定(表5-11)。其中,尤为值得关注的是股权实业投资比例上限的提升——由原先的20%增至30%,这一变化不仅彰显了对实体经济支持力度的加大,也体现了对长期价值投资的坚定信念。

表 5-11 社保基金投资范围和投资比例的变化

资产类别	暂行办法(2001年)	扩围前(2015年前)	扩围后(2015年后)	管理办法(征求意见稿)	
银行存款、国债	≥50%	≥40%	≥40%	银行存款、同业存单、国债、政策性、开发性银行债券、地方政府债券、政府债券回购、中国国家铁路集团有限公司发行的铁路债券、汇金债	≥40%
银行存款	≥10%	≥10%	≥10%	银行存款	≥10%
单家银行存款	≤存款总额的50%			单家银行存款	≤存款总额的25%
企业债、金融债	≤10%	≤10%	≤20%	信用等级在投资级以上的企业(公司)债、金融债、非金融企业债务融资工具、货币市场基金、债券型证券投资基金、货币型养老金产品、固定收益型养老金产品、资产证券化产品	≤20%
资产证券化产品	—	≤10%	≤10%	资产证券化产品	≤10%
	—			债券正回购资金余额(每个交易日)	≤社保基金资产净值的10%
证券投资基金、股票投资	≤40%	≤40%	≤40%	股票、股票型证券投资基金、混合型证券投资基金、股票型养老金产品、混合型养老金产品、公开募集基础设施证券投资基金、上市公司优先股、中国存托凭证	≤40%
实业投资	—	≤20%	≤20%	直接股权投资、非上市公司优先股	≤20%
				产业基金和股权投资基金(含创业投资基金)	≤10%
	—			上市公司优先股和非上市公司优先股	≤5%
	—			套期保值工具(股指期货、国债期货、股指期权等)	只能以套期保值为目的
单个投资管理人投资于单一企业的证券/基金	≤企业证券/基金份额的5%			单个投资管理人投资于单一企业的证券/基金	≤企业证券/基金份额的10%
	≤其管理社保基金资产总值的10%				≤其管理社保基金资产总值的10%

续表

资产类别	暂行办法(2001年)	扩围前(2015年前)	扩围后(2015年后)	管理办法（征求意见稿）	
	—			单个投资组合投资于单一企业的证券/基金	≤企业证券/基金份额的5%
委托单个投资管理人进行管理的资产		≤社保基金委托资产总值的20%		委托单个投资管理人进行管理的资产	≤社保基金委托资产总值的10%
	—			投资单一股权项目	≤投资标的总规模10%
	—			投资单一资产证券化产品、优先股	≤投资标的总规模20%
直接投资范围		银行存款、在一级市场购买国债		银行存款、同业存单，符合条件的直接股权投资、产业基金、股权投资基金（含创业投资基金）、优先股，经批准的股票指数投资、交易型开放式指数基金以及经国务院批准的其他产品或工具	

资料来源：政策文件。

四、管理人与费率机制的优化

在管理人与费率机制方面，《意见稿》同样进行了重要调整。一方面，对投资管理人的资质要求进行了全面升级，涵盖资本实力、管理经验、治理结构等多个维度，以确保其专业性与稳健性；另一方面，实施了更为科学合理的分类管理费率制度，针对不同类型的投资产品设定了差异化的费率上限，如股票类、债券类、货币现金类产品的管理费率分别下调至0.8%、0.3%、0.1%，同时托管费率也大幅降至0.05%，旨在有效降低运营成本并提升资金使用效率（见表5-12）。

表5-12　费率上限调整对比

暂行办法（2001）		征求意见稿		
管理费率	≤1.5%	管理费率	股票类	≤0.8%
			债券类	≤0.3%
			货币现金类	≤0.1%
			股权投资基金	≤1.5%
托管费率	≤0.25%	托管费率		≤0.05%

引自：平安证券《养老备忘录系列（一）：全国社保基金投资范围小幅扩容》。

第 6 章　企业年金和职业年金

> **学习要求**
> - 掌握职业年金的分类与特点。
> - 了解职业年金的发展趋势。
> - 熟悉中国企业年金与职业年金的设计。
> - 理解年金基金的投资策略与风险管理。

6.1 职业年金的含义与分类

作为养老保险体系的第二支柱，职业年金[①]是一种重要的补充养老保险制度，它通过基金积累制的管理方式以及市场化的投资运营手段，提高退休人员的收入水平。

职业年金，根据其缴费与待遇之间的关系，可被划分为两大类别，分别是待遇确定型计划（DB 计划）与缴费确定型计划（DC 计划）。在 DB 计划中，雇员退休后可领取的养老金标准是预先设定的，而缴费水平则根据这一预定待遇、基金的实际运营状况、雇员参与计划的年数以及工资增长率等多个因素来决定。这种方式为雇员提供了一种相对稳定的退休收入预期。相对而言，DC 计划则是先确定缴费水平，通常是雇员工资的一个固定比例。随着缴费的不断积累和投资收益的持续增加，雇员的第二支柱养老金将根据这些缴费及其投资收益的累积额来发放。然而，由于投资收益的不确定性，DC 计划下的未来养老金水平也相应地存在不确定性。除了这两种传统的计划之外，还有一种结合了 DB 计划和 DC 计划特点的混合计划，这种计划旨在融合两者的优势，为雇员提供更加全面和灵活的退休保障。

此外，根据计划的建立是否强制，职业年金又可分为强制性和自愿性两类。强制性的职业年金是依法必须建立的，其覆盖范围、缴费标准、基金管理以及养老金待遇等方面都有明确的法律规定。从国际实践来看，公职人员的职业年金通常都属于强制性的，我国亦是如此。而由企业设立的职业年金则多为自愿性质，但在澳大利亚，雇主对职业年金的缴费是强制性的。

---

① 国际上的职业年金通常针对各类企业的雇员。而在中国，则根据单位性质的不同，分别设立了企业年金和职业年金，实施主体和服务对象有所区别。无论是国际上的职业年金还是中国的企业年金和职业年金，都同属于养老保险体系的第二支柱，旨在通过雇主（或国家代表雇主）和个人的共同缴费，为劳动者退休后提供额外的养老金保障。它们都承担着补充基本养老保险、提高退休人员生活水平的功能。同时，通过市场化投资运营，实现资金的保值增值，确保养老金的长期可持续支付。

6.2 职业年金的起源

在工业化与城市化进程兴起之前，养老的主要责任由家庭承担。在传统的大家庭结构中，父母一代肩负着抚养子女的责任，而相应地，子女则必须履行赡养父母的责任与义务。这种以家庭为基础的养老模式，其根基深植于农业经济和大家庭制度之中。在这样的传统家庭环境里，老年人通常拥有对财产的绝对分配权，并在家庭中享有至高无上的声望。大家庭中年轻人比例较高，为家庭养老提供了坚实的人口基础。子女共同分担赡养父母的责任，使每个人的负担相对较轻。同时，受限于较低的经济发展水平，人们的寿命较短，老年人在丧失工作能力后存活的时间不长，这些因素都使家庭养老成为可能。

然而，工业革命带来了深刻的社会变革。随着大批人口向城市迁徙，以家庭为中心的传统生产与生活方式逐渐被打破。城市中的社会经济环境充满了新的不确定性，而市场的蓬勃发展为人们实现经济独立开辟了新的道路。在此背景下，家庭财产的传承方式也发生了变化，不再仅仅依赖于代际继承，而是更多地取决于个人在年轻时的财富积累。因此，老年人在家庭财产分配中的主导权逐渐削弱乃至消失。同时，家庭结构也趋向于小型化，这使家庭在养老方面的功能逐渐减弱。

在工业化早期，铁路运输业的工作环境异常艰险，导致雇员伤残比例居高不下。为保障终身残疾雇员的老年经济来源，1875年，美国运通公司（American Express Company）推出全球首份正式的职业年金计划。此计划最初专为公司的永久残疾工人设计，设定了明确的领取条件，即伤残雇员必须为公司服务满20年，并达到60岁，方可享受定期养老金待遇。随后，在1880年，美国的巴尔的摩与俄亥俄铁路公司也跟随建立了职业年金计划。随着时间的推移，职业年金逐渐扩展到其他工业领域、公共事业和服务业等行业。

早期的职业年金主要由雇主出资建立，参与者个人无须缴费。养老金主要来源于企业的当期收入。一些企业通过建立专门的内部储蓄账户来管理这些资金，而另一些企业则选择建立信托基金进行管理。

职业年金的发展主要受到以下三个方面的推动。

首先，雇主为了提升生产效率，会为老年员工提供退休待遇，旨在促进新老员工的更替，使年轻、有活力的员工能够更快地融入工作岗位，从而提高整体生产效率。同时，职业年金作为员工福利的核心内容之一，不仅有助于企业吸引优秀人才，还能够稳定现有员工队伍，降低人员流动率，在人力资源市场上的竞争力也得到显著提升。在美国，第二次世界大战期间的"工资稳定计划"（wage stabilization program）刺激了养老金计划的发展。因为在该计划下，雇主难以通过提高工资来吸引优秀劳动力，因此更倾向于建立养老金计划。

其次，政府税收政策的鼓励对职业年金计划的发展起到了促进作用。为了减轻社会保障负担和分散老年风险，政府鼓励雇主建立职业年金，为员工提供养老金。政府往往会对职业年金计划的缴费以及养老基金的投资收益提供免税或减税的优惠政策；当雇员退休后开始领取养老金时，政府才会对这部分收入进行征税。由于大多数人在退休后的收入会低于在职期间的工资收入，这种征税模式实际上降低了参与者的税负，增加了其收入。政府的税收优惠也促使工会在与雇主谈判时更加关注建立职业年金计划。

最后，从国际职业年金的发展历程来看，职业年金可以视为工会与雇主集体谈判的结果。在美国，1948年，国家劳资关系委员会（National Labor Relations Board）支持工会在争取养老金福利方面的行动。该委员会规定，雇主有义务与工会协商职业年金计划的条款，未经正式谈判，雇主不得擅自修改或调整年金计划的条款。工会在养老金计划建立和设计中的重要地位为职业年金计划的发展提供了有力支持。

6.3　职业年金的发展趋势

从全球各国职业年金的发展历程来看，20世纪80年代之前，DB计划是最常见的养老金计划类型，在第二层次的养老金体系中扮演着至关重要的角色。在那个DB计划风靡的时期，众多大型企业为其员工提供的退休金方案都是基于DB模式的，而DC计划则主要是保险公司针对小型公司或个体经营者所提供的保险产品。然而，自20世纪80年代起，情况开始发生变化。DC计划逐渐受到了广泛的关注和青睐。这主要归功于DC计划的两大优势：一方面，它能使雇主摆脱因经济波动和人口寿命延长而带来的日益增长的债务负担，将相关风险转移给员工；另一方面，DC计划中的个人账户具有高度的灵活性和可转移性，这一特点非常符合现代劳动力市场流动性强的特征。这些优势使DC计划逐渐成为职业年金计划的主流类型。此外，某些国家的法律法规对DB计划施加了诸多限制，同时却对DC计划给予了不少激励，这也加速了DB计划的衰退和DC计划的崛起。

职业年金从DB计划向DC计划的转变，一般遵循几种不同的路径。首先，有的企业选择直接关闭DB计划，这意味着新员工无法加入，而已经在计划中的员工也不再累积新的养老金权益；其次，有的企业仅对未来新员工关闭DB计划，而已经在计划中的员工则继续在原计划下累积新的养老金权益；最后，还有一种方式是对未来新员工关闭DB计划，并对已在计划中的员工的未来新增养老金权益进行调整，以降低未来养老金负债的增长速度。根据美国政府问责局2008年的调查，美国有23%的DB计划选择了直接关闭，仅保留原计划参与者的既得养老金权益；12%的计划对新员工关闭，但对已在计划中的员工继续运行原有的DB计划；6%的计划则不仅对新员工关闭，还对已在计划中的员工的未来养老金权益进行了削减。下面以美国的职业年金发展为例，深入探讨职业年金的发展路径。

6.4 美国的职业年金

6.4.1 美国职业年金的发展

美国养老保险体系的第二大支柱，即雇主养老保险计划，主要覆盖了由私营部门和政府雇主发起的养老保险项目。该计划的历史可追溯至19世纪70年代，当时美国运通公司建立了世界上第一份正式的待遇确定型（DB）职业年金计划。在早期的几十年里，DB计划在美国养老金体系中占据了主导地位。从1940年到1970年，美国职业年金覆盖人数大幅增长，同时，养老基金的资产总额也迅猛上升。然而，1974年的《雇员退休收入保障法案》对DB计划下的雇主责任做出了严格规定，成为DB计划和DC计划发展的重要转折点。此后，DB计划在职业年金中的比重开始下滑，而DC计划的数量则开始增加。政府对DB计划的诸多约束条款，以及建立和管理DB计划的复杂性增加，使DB计划对雇主的吸引力大大降低。相反，DC计划以其灵活性和相对较低的成本，逐渐成为新建立计划的主要类型。特别是1981年美国税务局正式批准通过的401（k）计划，更是推动了DC计划的快速发展。此外，DC计划将原本在DB计划中由雇主承担的工资增长风险、投资风险以及长寿风险等转移至雇员身上。通过这种风险转移机制，雇主仅需按照既定周期向计划缴纳费用，便可充分履行其在养老金方面的责任与义务。同时，随着市场经济的发展和金融工具的创新，金融和经济的波动性增大，DB计划的雇主将面临更大的养老基金投资风险。而DC计划则可以将这些风险转移给雇员，对雇主来说无疑是一种更优的选择。

在计划设计上，DB计划和DC计划也存在显著差异。DB计划通常由雇主单方缴费，而DC计划则要求雇主和雇员共同缴费。这种设计差异使得在实现相同目标替代率的情况下，雇主在DC计划下的缴费更低。这也是许多小型企业纷纷放弃DB计划而转向DC计划的重要原因之一。另外，DC计划采用的个人账户管理方式，使养老金权益的积累过程变得更为透明且易于理解。同时，它也更好地契合了现代劳动力市场的流动性特点，为劳动者在不同工作岗位间的转换提供了便利。在现代服务业和高新技术产业蓬勃发展的背景下，传统的长期雇佣关系正在逐渐瓦解。这种变革加速了DB计划的衰退，并推动了更灵活的DC计划的发展。

6.4.2 美国职业年金的分类

根据雇主的不同，DB计划可细分为私营部门DB计划、联邦DB计划，以及州和地方政府DB计划。在资金来源方面，DB计划是由雇主为雇员设立统一账户，当雇员满足特定的条件时，如工资水平、工作年限和工资增长率等，通常由雇主负责为雇员缴费，并承担主要的资金风险。在支付方式上，雇员在退休后每月可领取固定的退休金。在资金运作层面，DB计划中的资金由雇主选择的专业管理机构（如银行、券商、基金公司等）进行管理和投资。这些管理机构负责决定资产的投资方向、投资机构和具体的投资标的，如股票、债券、私募股权、房地产、现金、商品和共同基金等，而雇员则不参与投资过程。DB 计划的一个显著缺点是携带性差。如果雇员离职，转换统一账户的流程相当烦琐，且雇主缴纳的那部分 DB 费用不可携带。

根据服务群体的差异，DC 计划涵盖多个子计划，包括专为私营部门雇员设计的合格雇员计划 [如广为人知的 401（k）计划]、针对教育及部分非营利组织雇员的避税年金计划 [即 403（b）计划]、为政府部门雇员提供的州及地方政府合格延迟薪酬计划（457 计划），以及专为联邦政府雇员打造的节俭储蓄计划（TSP 计划）等。在资金来源方面，DC 计划的特色在于雇主为雇员设立个人账户，并由雇主和雇员按照既定比例共同承担费用。这种共同缴费机制构成了 DC 计划的基础。在支付方式上，与 DB 计划不同，DC 计划中的雇主并不保证雇员退休后的具体退休金标准。退休金的多少完全取决于个人账户的投资收益情况，这种灵活性使退休金水平与个人投资选择紧密相关。在资金运作层面，DC 计划采取了一种更为个性化的方式。雇主将个人账户中的资金委托给投资机构，这些机构则提供多样化的投资产品组合供雇员挑选。雇员可以根据自己的风险承受能力和投资偏好，自主决定个人账户的资产配置，并承担相应的投资风险。与 DB 计划相比，DC 计划在便携性和灵活性方面展现出显著优势。雇主缴费部分可以随雇员的工作变动而转移，这种可携带性极大地增强了 DC 计划的吸引力。同时，由于雇员自行承担投资风险，这在一定程度上减轻了雇主的负担。DB 计划与 DC 计划的对比参见表 6-1。

表 6-1 美国雇主养老保险计划的类别

	DB 计划	DC 计划
全称	defined benefit plan，待遇确定型计划	defined contribution plan，缴费确定型计划
主要类型	私营部门 DB 计划、联邦 DB 计划、州和地方政府 DB 计划	401（k）计划、403（b）计划、457 计划、TSP 计划、基欧计划（Keoghs）和其他没有 401（k）计划特征的 DC 计划
资金来源给付方式	设立统一账户，雇主缴费并承担主要风险，保证雇员在退休后能领取固定水平的退休金	设立个人账户，雇主和雇员按规定比例共同缴费，雇员自担风险，不保证雇员退休后退休金领取水平
资金运作	雇主选择专业的管理机构（银行、券商、基金公司等）对统一账户中的资金进行投资，投资方向、投资机构和投资标的由管理机构决定，雇员不参与投资过程	雇主将个人账户中资金交给投资机构，由投资机构提供不同的投资产品组合供雇员选择，雇员自行决定个人账户的投资产品组合
领取方式	退休时以养老保险的形式支付	退休时既可一次性提取或者转入保险公司打理，也可以以年金形式定期提取
规模（2020 年）	10.68 万亿美元	9.78 万亿美元

资料来源：ICI（美国投资公司协会）。

401（k）计划在 DC 计划中占据着举足轻重的地位，它是由雇员人数超过 5 人的营利性组织所发起的，旨在增加企业员工的长期养老储蓄。相较于其他计划，401（k）计划的一个显著优势在于其采用的 EET 税收模式，这使参与者能够享受到税收递延的优惠政策。具体来说，在 EET 模式下，员工在缴费阶段和投资收益阶段均免税（exempting），仅在领取养老金时缴税（taxing）。这种税收模式不仅让员工能够赚取免税部分的复利，而且考虑到退休后收入通常较低，因此在累进税制下，退休后缴税能享受更多优惠，从而有效减轻了员工的税收负担。这一税收优势极大地吸引了员工参与雇主养老保险计划，使 401（k）计划成为当今美国企业年金的重要组成部分。截至 2020 年末，401（k）计划的资产规模已经达到 6.84 万亿美元，占 DC 计划总规模的 70%。在资产配置方面，401（k）计划主要依赖共同基金进行管理。数据显示，截至 2020 年末，共同基金管理的 401（k）计划资产达到 4.42 万亿美元，占整个 401（k）计划资产的 64.6%。在这些共同基金中，股票型基金、混合型基金、债券基金和货币基金的规模分别为 2.59 万亿美元、1.23 万亿美元、0.48 万亿美元和 0.12 万亿美元，它们在共同基金中的占比分别为 58%、28%、11% 和 3%。这一资产配置策略旨在实现风险的分散和收益的最大化，以满足员工长期养老储蓄的需求。

除了 401（k）计划外，DC 计划中还包括其他几种计划，然而它们的比重却在逐年下滑。截至 2020 年末，各项计划的资产规模有了明显的变化。具体来说，403（b）计划的总资产规模为 1.20 万亿美元，457 计划为 0.38 万亿美元，TSP 计划为 0.74 万亿美元，而其他私营部门 DC 计划则为 0.62 万亿美元。与 20 世纪 90 年代相比，这些计划合计在 DC 计划中的比重已从 50% 下降至 30%。这一趋势反映了其他 DC 计划的影响力在逐渐减弱，而 401（k）计划在 DC 计划中的地位日益凸显。

DC 计划的主要类别对比见表 6-2。

表 6-2 美国 DC 计划的主要类别

	401（k）计划	403（b）计划	457 计划	TSP 计划
全称	合格雇员计划	避税年金计划	州及地方政府合格延迟薪酬计划	联邦政府雇员节俭储蓄计划
对应法案	美国《国内税收法》新增的第 401 条 k 项	美国《税收法》（IRC）新增的第 403 条 b 项	美国《税收法》（IRC）新增的第 457 条	《联邦雇员退休制度法案》
适用范围	雇员超过 5 人的私营部门	教育部门和非盈利性组织	州、地方政府以及其他非营利性免税部门	联邦政府

资料来源：ICI（美国投资公司协会）。

6.4.3 美国 401（k）企业年金计划

1. 401（k）计划概况

美国的 401（k）计划是一种典型的制度设计，它体现了政府、企业和个人三方共同为员工的退休养老承担责任的理念。这一计划的命名来源于 20 世纪 70 年代末美国的《国内税收法》第 401 条第（k）项，也被称为"现金或递延安排"（CODA）计划。经过 40 多年的发展，401（k）计划已经从美国企业养老金体系中的一个次要、补充性的角色，迅速崛起为不可或缺的支柱。该计划主要适用于私人企业及部分非营利性组织，其核心目标是激励企业员工增加长期的养老储蓄资金。而401（k）计划的主要优势，则在于其能够享受到的税收优惠政策。具体来说，不仅雇主为计划的缴费可以获得税前扣除的优惠，雇员的缴费同样也可以在个人所得税前进行扣除。只有当雇员取现或者退休后开始领取养老金时，才需要缴纳相应的税款。可以说，税收优惠政策是推动401（k）计划发展的首要动力。而发达且健全的资本市场，则为401（k）计划的发展提供了第二个重要的推动力。这两个因素共同作用，使401（k）计划在美国的养老保障体系中占据举足轻重的地位。

401（k）计划明确规定，企业需为员工开设专门的401（k）个人账户。员工可自愿选择每月从薪资中划拨一部分资金，最高不超过法定限额，存入此个人退休账户。企业有选择性地为员工的账户注入资金，这种配合缴费并非强制，但在实际操作中，多数企业会按照一定的比例为员工个人账户注入相应的资金。这些资金在员工达到退休年龄之前，一般是不可支取的，但可以被用于投资。企业有义务为员工提供至少三种不同的证券投资组合选项。员工可以根据自身的风险承受能力和投资偏好，在这些选项中选择最适合自己的投资组合进行投资。所有的投资收益将全额归入员工的401（k）账户，相应地，投资风险也由员工个人全权承担。员工退休后能获得的养老金数额，不仅与其在职期间的缴费额度有关，还密切依赖于其投资组合的市场表现。当员工达到法定退休年龄时，他们可以选择一次性提取401（k）账户中的所有资金；或者选择分期领取，以确保稳定的收入来源；还可以选择将账户资金转为定期存款等方式，以获取固定的利息收益。

美国《国内税收法》及其相关配套法律法规对401（k）计划的各个环节均做出了明确规定，涵盖计划的发起、缴费、投资以及养老金的领取等诸多方面，共同构建了一套全面且严谨的运行管理和监管体系，以确保401（k）计划的合规性与稳健性。① 以下是对401（k）计划基本内容的概述。

参与资格：员工需年满21岁，为雇主服务至少满1年，且未加入其他集体协商的养老计划，方有资格参与401（k）计划。

非歧视性原则：计划内不得对高薪员工提供特殊待遇，必须遵循员工普惠的原则。

贷款条款：账户持有人可在任何年龄段从计划中申请贷款；但所贷款项需严格遵循五年内按季度分期偿还的规定。

困难取款：在面临特定困难情况时，允许进行取款操作，此类取款属于非偿还性质。但取款后的一年内，账户持有人不得再向计划进行缴费。同时，取款金额将计入所得税范畴，并需额外承担10%的罚金。困难取款的适用范围严格限定于支付医疗费用、学费或购买主要住房等特定情况。②

提前提款限制：通常情况下，个人账户中的养老金不得提前提取。仅在满足以下条

---

① 董克用，周宁，施文凯. 美国私人养老金计划税收政策借鉴及启示 [J]. 税务研究，2023（05）：91-98.
② 张占力. 美国401（k）计划积累过程的"政策漏斗"：规定、影响及对策 [J]. 社会保障研究，2018（06）：89-102.

件之一时，才允许进行提前提款：年龄超过 59.5 岁、死亡、永久丧失工作能力、发生大额医疗费用或在 55 岁后离职。若违反规定进行违规提前提款，将面临高额的强制性罚款。

便携性与转移性：当员工更换工作时，有权选择将现有的 401（k）计划账户余额转移至新雇主提供的 401（k）计划（若新雇主提供此类计划）。此外，员工还可以选择将资金转入个人退休账户，或者选择一次性提取账户内的全部余额。

领取规定：在年满 59.5 岁时，员工有资格开始从账户中领取养老金。当员工达到 70.5 岁时，必须开始从个人账户中提取资金。若未按规定提取，政府将对未提取部分征收高达 50% 的税。[1]

2. 401（k）计划的类型

美国 401（k）计划根据不同的特点和需求，主要分为四种类型：传统型 401（k）计划、安全港 401（k）计划、简单 401（k）计划，以及罗斯 401（k）计划。

首先，传统型 401（k）计划以高度的灵活性为显著特点。在此计划框架下，雇主拥有选择权，可以决定是否为雇员缴费、是否匹配雇员的缴费，或者同时采取这两种方式。另外，企业缴费的权益可以设定确权期限，意味着雇员需要达到一定的服务期限才能完全享有这些缴费的权益。该计划每年需要经过非歧视性检测，并且允许雇主根据市场环境调整每年的非选择性缴费比例。

其次，安全港 401（k）计划明确规定，雇主一旦进行缴费，该笔金额将立即且完全归属于雇员。这一特点显著区别于传统型计划，因为在传统型计划中，缴费金额的归属可能会受到更多条件的限制。此外，安全港计划还大大简化了税收规则和年度非歧视性检测的要求，从而减轻了雇主的行政负担。在此计划框架下，雇主每年必须履行匹配缴费或非选择性缴费的义务，这有助于确保雇员的退休储蓄得到稳定的增长。无论是安全港计划还是传统型计划，都适用于各种规模的雇主。

再次，简单 401（k）计划是专为小型企业量身定制的，其目标是给这些企业的雇员提供一个简便而有效的退休储蓄方案。此计划主要面向那些雇员人数在 100 人以下，且上一年度员工薪酬至少达到 5 000 美元的雇主。相较于传统型 401（k）计划，简单计划的一个显著优势是免除了年度非歧视性检测的烦琐程序。同时，它与安全港计划的相似之处是雇主每年也需要进行匹配缴费或非选择性缴费，而这些缴费一旦完成，其金额便即刻完全归属于雇员。

最后，罗斯 401（k）计划与其他计划的主要差异在于其缴费机制。该计划允许参与者使用税后收入进行缴费，在投资收益和资金领取时享受免税优惠。雇员可以同时参与罗斯计划和传统年金计划，但资金不能在两类计划的账户中转移。若雇员更换工作，罗斯计划账户中的资金转移至罗斯个人退休账户（Roth IRA）。[2]

---

[1] 李瑶，柏正杰. 美国企业年金制度的经验、教训与启示——以 401（k）计划为例 [J]. 社会保障研究，2018（06）：103-111.

[2] 肖汉平. 美国 401（k）计划与 IRA 运作机制研究 [J]. 证券市场导报，2005（11）：5-14.

3. 401（k）计划完全市场化的运作模式

401（k）计划受美国劳工部和国内收入署的监管，主要依据1974年的《雇员退休收入保障法案》（ERISA）和《国内税收法》（IRC）。ERISA旨在保护私营退休金参与者权益，规定了参与资格、权益归属、基金管理方式，并为DB型企业年金计划提供担保机制，要求合格年金计划通过合同或信托实施。企业可设立退休金管理理事会或委托金融机构管理。IRC则设定了缴费上限，并对提前取款、借款等行为制定了惩罚措施，以确保401（k）计划的稳定运行和鼓励长期投资。

在美国，养老金管理模式显著地体现了"受托人责任"和"谨慎人原则"。这两个原则共同确保了养老金资产的安全与稳健增值。然而，美国的法律和监管机构对于企业年金的投资管理并未设置过多的约束条件。为了规避因投资决策可能带来的"受托人责任"风险，企业雇主普遍倾向于将投资决策权下放给雇员个人。① 具体到401（k）计划，其管理流程包含以下几个核心步骤。

一是计划设立。企业首先需设立401（k）计划，并明确计划的条款与条件。计划成立前，需要对内部员工情况进行详细统计，对投资结构进行深入分析，或者借助外部专业咨询机构的帮助，以此为基础构建出计划的整体框架。

二是受托人设立。企业有权选择委派个人、组织或特设的委员会来承担受托人的角色。这些受托人将肩负起全面执行401（k）计划的责任，其核心任务是确保该计划的运作能够最大限度地符合参与者的利益。在此过程中，美国劳工部将对受托人履行职责的情况进行严密监控，以确保退休金计划的稳定性和退休金支付的安全性。

三是选择管理方式和管理机构。退休金管理方式分"混合式"与"分离式"。混合式集计划设计、账户管理、资产托管及投资管理等功能于一体，通常由大型401（k）计划经营者提供，费用较低。分离式则由不同专业机构分别提供服务，费用可能较高。美国私人养老金市场成熟且分工明确，有众多服务机构提供投资咨询、行政管理等配套服务，致力于降低成本以构建竞争优势。服务方包括托管人、行政与账户管理人等，共同支撑退休金市场的稳定运行。

四是精心制定投资菜单。在制定401（k）计划的投资菜单时，受托人须深入分析市场上的各类投资工具，评估其风险与收益，并考虑雇员的风险承受能力和投资偏好。为确保提供的投资选项能满足不同雇员的需求，受托人还会寻求专业投资机构的建议。经过综合考量，受托人会从基金公司、保险公司、证券公司及商业银行等多元化金融机构中，精心挑选出至少三种证券投资组合供雇员选择，包括共同基金、集合投资基金、可变年金/固定年金等多样化产品。

五是加强沟通交流与信息披露。在401（k）计划运营中，受托人负责与参与者沟通交流，准备计划说明书、投资指南等材料，确保参与者理解计划内容和投资策略。受托

---

① 董登新. 重新认识401（k）计划[J]. 中国社会保障, 2005（10）: 51-53.

人还要定期召开成员大会，解答疑问并分享信息，同时随时接受咨询。此外，受托人要编制并披露确保信息透明准确的定期报告，并每年向美国劳工部提交财务报告，以便监管机构了解计划财务状况，保障合规运营和参与者权益。这些措施加强了沟通交流与信息披露，支持了401（k）计划的稳健运营。

美国401（k）计划的立法与监管环境经历了显著的演变。尽管在20世纪80年代及90年代初、中期，该计划的成长环境并不理想，但自20世纪90年代末期以来，情况逐渐好转。特别是在1996年《小企业工作保护法案》的推动下，为了促进中小企业发展，美国国会鼓励企业主提供包括401（k）在内的养老金计划，简化了非歧视性检测并放宽了缴费限制，从而提升了员工参与度。同时，美国国税局自20世纪90年代后期也积极推动401（k）计划的"自动注册"法规，进一步简化了参与流程，有效提高了计划的普及率和参与度。

进入21世纪，美国的养老金政策迎来了重要的变革。2001年颁布的《经济增长和税收减免协调法案》（Economic Growth and Tax Relief Reconciliation Act，EGTRRA）积极推动了401（k）计划和其他缴费确定型（defined contribution，DC）养老金计划的发展。该法案的核心目的在于增加居民的长期养老储蓄，为此，它大幅提高了DC型计划的年度总缴费限额和员工税前缴费的限额，为年龄超过50岁的员工特别设立了"追缴机制"，以便他们有机会补充更多的养老储蓄。为了进一步提升养老账户的灵活性，EGTRRA法案还允许不同类型的DC型养老账户之间实现资金的自由转移，从而增强了养老账户的可携带性。此外，该法案还创新性地引入了"罗斯型"401（k）计划，允许员工使用税后收入进行缴费。这些政策原本设定为至2010年有效，但在其后的立法中得到了延续和扩展。随后的2006年，《养老金保护法案》（Pension Protection Act，PPA）的出台进一步刺激了养老储蓄的增长，并旨在提高401（k）计划的参与率。PPA法案不仅将EGTRRA中的临时性政策规定永久化，还为养老金计划的监管提供了更大的灵活性。PPA法案鼓励企业在设立401（k）计划时采用"自动注册"机制，以降低员工参与的门槛，并允许企业为养老金计划参与者提供合适的"默认投资"选择，从而简化了投资决策过程。

4. 401（k）计划与资本市场协同发展的互动

美国401（k）计划的成功，与其背后所依托的成熟资本市场密不可分。这一资本市场为401（k）计划提供了丰富多样的投资工具，从而满足了各类投资者不同的风险偏好和投资目标。同时，美国资本市场的法律法规体系和监管机制也较为成熟，为养老金的长期稳定投资提供了有力的法律保障和监管支持，使养老金能够实现安全有效的增值，从而确保了参与者的利益最大化。美国深厚的信托文化也为401（k）计划的稳健运营提供了有利的社会氛围。与此同时，401（k）计划的快速发展也在一定程度上促进了美国资本市场的进一步完善与成熟。随着越来越多的资金涌入资本市场，市场的流动性得到增强，投资产品的创新也层出不穷。这种良性的互动与循环，使美国资本市场与401（k）计划得以共同发展与繁荣。

（1）资本市场推动了401（k）计划发展

资本市场的长期投资价值对401（k）计划产生了深远的影响。它不仅是推动401（k）计划资产规模持续扩大的直接动力，还通过提供稳健的投资回报和增长机会间接地促进了投资者教育的普及，提高了养老金计划的参与率。1980年至2010年期间，美国标普500股票指数呈现出强劲的增长趋势，年均收益率高达9.7%，这一收益率远超通胀率，充分展现了资本市场在资产保值增值方面的卓越能力。更为重要的是，401（k）资产规模与美国标普500指数之间的相关性高达0.73，这进一步印证了资本市场对养老金计划增长的直接推动作用。对于许多美国家庭而言，养老金投资是他们首次接触资本市场的途径。在这一过程中，养老金计划的参与者逐渐加深了对股权文化和信托文化的理解，并对美国股市的中长期发展充满了信心。这种信心和认识的提升，反过来又刺激了养老金计划自身的发展，形成了一个良性的循环。因此，资本市场的长期投资价值在推动401（k）计划的发展中扮演了举足轻重的角色。

随着401（k）计划参与者的投资需求日益多元化，资本市场也在不断创新以适应这些变化。其中，共同基金作为资本市场的一个关键组成部分，通过提供充分分散化的投资组合选择，不仅降低了投资风险，还增加了投资回报的稳定性。共同基金的创新主要体现在服务创新和产品创新两个方面。在服务创新方面，共同基金积极开展广泛的投资教育活动，帮助投资者提升投资知识和技能。这些教育活动不仅提高了投资者的投资知识和技能，还使他们更加理性地对待投资风险，从而做出更明智的投资决策。为使投资更加简单化，共同基金还创新推出了生命周期基金和生命风格基金等新型基金产品。这些基金根据投资者的年龄、风险承受能力和投资目标等因素进行资产配置，为投资者提供了更加便捷、高效的投资方式。这些新型基金产品广受401（k）计划参与者的欢迎，成为他们的重要投资选择。在早期阶段，401（k）计划的发起人往往仅为参与者提供有限的投资组合产品选择，平均数量通常在3～5只之间。然而，随着资本市场的持续创新与发展，以及投资者对多元化投资需求的不断增长，当前401（k）计划所提供的投资组合数量已显著增加。据统计，目前401（k）计划平均提供的投资组合数量已上升至大约20只，这种多样化的投资组合选择不仅满足了不同投资者的风险偏好和投资需求，还有助于降低投资风险，提高投资收益的稳定性。

401（k）计划的资金流向显示，近60%的401（k）计划资产被配置在股票领域，主要通过股票基金、公司股票及平衡基金中的股票部分进行投资。通常，401（k）计划参与者在资产配置结构上表现出了相对的稳定性。尽管美国股市经历了诸如2001年互联网泡沫危机和2008年金融危机等显著的市场动荡，但除了股票市值波动对401（k）资产结构产生的直接影响外，参与者并未大幅度调整其资产配置。这表明在面对市场波动时，参与者保持了相对的理性，并坚持长期投资的理念。

不同年龄段的401（k）计划参与者在资产配置上表现出显著的差异，且这种差异与参与者的年龄紧密相关（见表6-3）。通常，年轻参与者更倾向于投资股票类产品，而年长参与者则偏好持有较高比例的低风险产品。比如，在20岁至30岁的年轻参与者群体中，股票基金和平衡基金的平均配置比重高达73%。相反，60岁至70岁的年长参与者在这两类基金上的平均配置比重仅为47%，明显低于年轻群体。这一数据清晰地反映了随着年龄增长，投资者在风险偏好上的变化。此外，年轻投资者还特别倾向于配置更高比例的平衡型基金，如目标期基金。2009年底的数据显示，20岁年龄段的计划参与者持有这类基金的平均比重高达23.5%。这表明年轻投资者在追求投资收益的同时，也注重资产的均衡配置和风险分散。

表6-3　不同年龄段的401（k）计划参与者的资产配置结构　　　　　　　%

年龄组	股票基金	目标日期基金	非目标日期平衡基金	债券基金	货币基金	保本基金	公司股票	其他
20s	38.3	23.5	11.2	7.7	3.5	5.5	7.3	3.3
30s	48.3	13.5	7.7	9.2	3.8	5.7	8.0	4.2
40s	47.3	9.9	7.1	9.9	4.2	8.3	9.4	4.2
50s	39.0	8.7	7.2	12.0	5.4	13.5	10.2	4.4
60s	32.2	7.6	6.9	13.9	7.3	19.9	8.3	4.1
所有	40.6	9.5	7.2	11.4	5.3	12.6	9.2	4.3

资料来源：ICI。

（2）401（k）计划已成为美国资本市场稳定的基石

401（k）计划以其长期性和稳定性的特点，成为美国资本市场的稳定基石。得益于养老基金对长期价值投资理念的坚守，美国股市在面对多次经济危机时，总能保持稳健，危机后又能快速复苏。养老资金以其特有的长期性和稳定性，为共同基金业注入了持续且稳定的资金流，这种资金具有强大的沉淀性和增量性，为资本市场的平稳发展打下了坚实基础。即使在2008年那场严重的金融危机中，养老金对共同基金的净流入依然保持正值，这充分显示了养老金对共同基金业的坚定支持。根据美国投资公司协会（The Investment Company Institute，ICI）对涵盖2 400万个DC型账户的参与者进行的调查，2008年金融危机后，绝大多数DC计划参与者仍坚持参与计划并继续缴费，仅有3.7%的参与者在2008年停止了账户缴费。这一数据进一步印证了养老金的稳定性和长期性，这种特性为美国股市和共同基金业的稳健发展提供了坚实保障。[①]

以401（k）计划为代表的养老基金在美国资本市场中具有基石地位。这些基金以其特有的长期投资视角和稳定资金流为市场的持续繁荣提供了坚实基础，它们如同稳固的基石，是支撑着整个资本市场的最底一层；第二层是投资期限稍短的保险基金，它们为资本市场提供了进一步的稳定性；第三层由庞大规模共同基金所构成，这些基金因养老金的直接投资而转变为长期资金，为市场注入了持久的活力；第四层是信托基金，它们以信任为基础，为投资者提供了更多的资产增值机会；第五层则是产业资本，它们与实体经济紧密相连，为资本市场的繁荣注入了源源不断的动力。最上层是商业银行的寻求

---

① 广发证券. 2024年证券行业深度分析：全球视野下的被动资管发展与中国借鉴[EB/OL].（2024-06-17）[引用日期]. https://www.vzkoo.com/read/20240617fcef27b77c411fa46a727a93.html.

短期利益的快进快出资金，一旦出现金融市场波动或危机袭来，最先逃离市场的就是此类资金。然而，当金融浪潮退去，露出资本市场的真正基石——养老基金时，市场便会迅速止跌回升。这是因为养老基金以其长期、稳定的投资特性，为资本市场提供了坚实的支撑。它们如同定海神针，无论市场如何波动，都能保持冷静与坚定，引领市场走向复苏。①

6.5 我国的企业年金与职业年金

在我国，企业年金和职业年金源于补充养老保险的演变。在其建立与发展历程中，经历了持续不断的改革与完善。时至今日，从制度构建的角度来看，这两类年金体系已经相对成熟和完备。

6.5.1 我国企业年金的建立与发展

企业年金的提出与初步建立。2000年底，国务院颁布《关于印发完善城镇社会保障体系试点方案的通知》（国发〔2000〕42号）。该文件首次正式提出了"企业年金"的概念，并明确了其运营管理的方式。文件明确指出，具备相应条件的企业，可为职工建立企业年金制度，通过市场化的运营和管理模式，实现资金的增值，从而为员工提供更为可靠的养老保障。企业年金采用的是完全积累的基金模式，所有缴纳的费用将全部积累在职工的个人账户中。文件规定缴费由企业和职工共同承担，企业在工资总额4%以内的缴费部分可列入企业的运营成本。

企业年金制度的建立和完善。为了进一步规范和完善企业年金制度，劳动和社会保障部在2004年1月6日发布了《企业年金试行办法》。这个办法详细规定了企业年金的建立条件、方式、资金来源、账户管理、投资运营以及享受条件等多个方面，为企业年金的实施提供了全面的指导。随后，在2004年2月23日，劳动和社会保障部会同银监会、证监会及保监会，联合颁布了《企业年金基金管理试行办法》。此办法详尽规定了受托管理、账户管理、资金托管以及投资管理等多个关键环节的操作流程和标准。同时，明确了受托人、账户管理人、托管人、投资管理人的准入条件和职责，以及中介服务机构的业务范围。此外，还详细规定了基金的投资、收益分配、费用、信息披露、监督检查等事项。在制度试运行一段时间后，为了使其更加适应实际需求和市场变化，相关部门对制度进行了修订和完善。2011年2月12日，四部门联合下发了《企业年金基金管理办法》，对之前的试行管理办法进行了修订。修订内容主要包括加强对企业年金理事会的监管、调整企业年金基金的投资范围和比例、原则性规定企业年金集合计划等。同时，还明确了风险准备金的使用、禁止承诺收益、收入分配和部分费用的收取及列支方式等。2017年12月18日，人力资源和社会保障部、财政部在修订《企业年金试行办法》

---

① Richard H. Hinz 等. 养老金匹配缴费：国际经验评述 [M]. 万晴瑶，译. 北京：中国劳动社会保障出版社，2015.

的基础上，又联合下发了《企业年金办法》。修订内容主要包括明确企业年金的自主建立原则，弱化硬性条件，明确单位和个人缴费比例，规定企业缴费的归属行为、归属限额和归属期限等。同时，还明确了个人账户下设企业缴费子账户和个人缴费子账户的管理方式，以及领取企业年金的资格条件和发放方式等。这些修订使企业年金制度更加完善、灵活和适应市场需求。

6.5.2 我国职业年金的建立与发展

关于职业年金的试点探索，始于 2008 年。为开展事业单位养老保险制度的改革试点，国务院选择五个省市先行先试，并与事业单位的分类改革相辅相成。通过试点的方式进行实践探索，不仅为后续的制度构建和政策制定积累了宝贵的经验，也为职业年金制度的全面推行奠定了坚实的基础。此外，该项改革举措对于缓解"双轨制"所引发的问题也起到了积极的推动作用。通过推动机关事业单位和企业等城镇就业人员实行统一的社会统筹与个人账户相结合的养老保险制度，不仅促进了养老保障体系的公平性和可持续性，还进一步完善了社会保障制度。在这一制度下，单位和个人共同肩负起缴费责任，确保了养老金的稳定来源。同时，养老金待遇的计算和发放与个人的缴费情况紧密相连。

职业年金制度的构建在近年来取得了显著进展。2015 年 1 月 14 日，国务院颁布了《关于机关事业单位工作人员养老保险制度改革的决定》（国发〔2015〕2 号），其中明确指出："为机关事业单位工作人员建立职业年金制度。"该决定要求，在参与基本养老保险的基础上，相关单位应为其员工增设职业年金，缴费比例为：单位需按照本单位工资总额的 8% 缴费，个人则需按照自己缴费工资的 4% 缴费。员工在退休后，有权按月领取职业年金待遇。这一决定的发布，为职业年金制度的推行提供了权威且明确的政策指引。随后，为了更加详细地指导职业年金制度的实施，国务院办公厅于 2015 年 3 月 27 日发布了《关于印发机关事业单位职业年金办法的通知》（国办发〔2015〕18 号）。该通知对职业年金制度的各项操作细节进行了深入阐述，包括但不限于费用来源、缴费标准、基金构成、账户管理方式、领取条件、经办管理流程以及投资运营管理等方面的规定。此外，该通知还明确了该办法的生效日期为 2014 年 10 月 1 日。为了进一步增强职业年金基金管理的规范性和透明度，人力资源和社会保障部、财政部于 2016 年 9 月 28 日联合颁布了《职业年金基金管理暂行办法》（人社部发〔2016〕92 号）。此办法详细界定了职业年金基金的建立单位、代理人、受托人、托管人及投资管理人的具体职责，并对基金的投资原则、投资范围、投资比例、收益分配与使用、计划管理、信息披露以及监督检查等关键环节做出了详尽规定。2016 年 10 月 31 日，人力资源和社会保障部办公厅连续发布了四个配套文件，包括《关于职业年金计划备案和编码规则等有关问题的通知》（人社厅发〔2016〕168 号）、《关于印发职业年金计划管理合同指引的通知》（人社厅发〔2016〕169 号）、《关于印发职业年金基金管理运营流程规范的通知》（人社厅发〔2016〕170 号）以及《关于印发职业年金基金数据交换规范的通知》（人社厅发〔2016〕

171号）。这些文件的发布，标志着职业年金制度建设已基本完成，为职业年金的规范管理和稳健运营提供了坚实的制度保障。

6.5.3 我国企业年金和职业年金的含义与分类

1. 我国企业年金和职业年金的含义

企业年金是基本养老保险的补充，由企业和职工自主决定是否建立，旨在提高职工退休后的生活水平。通过共同缴费，形成专门资金用于养老金发放。职业年金同样是养老保险的补充，但针对机关事业单位及其工作人员。与企业年金相比，职业年金具有强制性，由机关事业单位负责建立。在我国养老保险体系中，企业年金和职业年金共同构成了重要的第二支柱。它们都采用了完全积累制模式（DC型），这意味着每位参与者的年金积累都是独立的，与其个人缴费和投资收益直接相关。年金基金则通过委托受托加投资管理人的投资形式进行运作，以确保基金的安全性和收益性。

2. 我国企业年金和职业年金的分类

根据企业年金所采取的激励策略不同，可以将其划分为四种类型：普惠型企业年金计划、激励型企业年金计划、利润分享型企业年金计划以及股权激励型企业年金计划。普惠型企业年金计划具有广泛的普惠性，它适用于企业内的所有员工，不区分员工之间的缴费和待遇差异，因此其激励性质相对较弱。这种计划的核心目标是为企业的每一位员工提供统一的企业年金待遇，体现了平等和普遍性原则。激励型企业年金计划则更加注重对员工的差异化激励。它根据员工的级别、工作贡献、掌握的核心技术能力等因素，为符合企业奖励标准的优秀员工提供更加优厚的年金政策。这种计划旨在通过差异化的待遇，激发员工的工作热情，提升其生产效率，同时也是企业吸引和留住关键人才的一种有效手段。利润分享型企业年金计划将员工的年金缴款和待遇与企业的经营效益直接挂钩。这种计划允许员工参与企业的利润分配，从而让员工更加直观地感受到自己的工作成果与企业效益之间的紧密联系。通过这种方式，可以更有效地激励员工提高工作积极性，进而提升企业的整体劳动生产力。股权激励型企业年金计划则是一种更为深层次的激励方式。它通常与企业的股权相关联，通过赋予员工购买公司股票的权利等方式，让员工成为企业的"股东"，从而更加深入地参与到企业的发展中。这种计划不仅有助于激发员工的工作动力，还能促使员工为企业创造更大的价值，实现企业与员工的共同发展。

依据企业年金的委托人数量不同，可以将企业年金划分为两种类型：企业年金单一计划和企业年金集合计划。企业年金单一计划，是指由单个委托企业发起并建立的企业年金计划。在这类计划中，受托人会根据企业的具体需求和情况，选择适合的账户管理人、托管人与投资管理人。每个角色均需在其职责范围内，为委托企业提供专业化的服务，以实现企业年金基金的有效管理和运作。这种计划的优点在于其高度的定制性和灵活性，能够充分满足企业的个性化需求。而企业年金集合计划，则是由法人机构受托人主导设立的一种计划。在这种计划中，受托人会事先指定特定的账户管理人、投资管理人和托管人来承担相应的管理职责。这些管理人将共同制定和执行企业年金基金的管理制度和流程，以确保计划的顺利运行。与单一计划不同的是，集合计划是为多个企业委托人提供集中管理和服务的，因此具有规模效应和成本效益。这种计划适用于那些希望简化管理流程、降低管理成本并享受专业服务的企业。

3. 企业年金单一计划与企业年金集合计划的区别

从定义层面来剖析，企业年金单一计划，指的是受托人对单个委托人交付的企业年金基金进行独立管理的计划。这一计划形式凸显了高度的专属性和定制化特点，能够根据委托人的具体需求和偏好，量身打造符合其实际情况的年金管理方案。相较之下，企业年金集合计划则呈现出"一对多"的管理模式，也就是，同一受托人负责集中管理多个委托人交付的企业年金基金。这一模式显著体现了集中化和标准化的管理理念。

在管理模式方面，单一计划赋予委托企业较大的自主选择权。企业可以根据自身实际情况和需求，挑选合适的受托人、账户管理人、托管人及投资管理人，从而确保企业年金基金的投资管理活动能够紧密贴合企业的特定目标和策略。相较之下，集合计划则采用了一种更为集中和标准化的管理方式，受托人处于核心地位，并会提前构建一套标准化的管理团队和投资组合产品，以集中进行投资管理，在规模效应和成本控制方面具有明显优势。

就企业规模而言，单一计划往往更适用于资金雄厚的大型企业，通常设有一定的初始资金门槛，如 3 000 万元，以确保计划的可持续性和稳定性。而集合计划则更加灵活，不设初始资金限制，适用于各种规模的企业，特别是中小企业，降低了参与企业年金的门槛。

在管理费用方面，单一计划往往具有较强的个性化特点，费用标准通常由企业与各管理机构通过协商确定，更加灵活但也相对复杂。而集合计划则采用统一的市场化费用标准，简化了费用协商环节，提高了管理透明度。

从运营费用的角度来看，单一计划由于需要针对每个企业进行个性化的管理和服务，因此其运营成本相对较高，包括审计费、交易费、开户费等均由企业单独承担。而集合计划通过集中化管理和标准化服务降低了运营成本，这些费用由参与集合计划的所有企业共同分担。

在时间成本上，单一计划由于需要进行个性化的合同谈判和投资策略制定，从合同签订到投资运作的周期较长，通常需要两到三个月的时间。而集合计划则因其标准化的运营流程和合同文本大大缩短了这一周期，一般仅需15个工作日即可正式投入运营。

在人工成本方面，单一计划要求企业配备专门的管理人员参与合同谈判、投资策略制定等各个环节的决策和管理，通常占用的企业人力资源较多。而集合计划中的标准化服务和简化流程，能够降低企业在年金管理上的人力投入。

6.5.4　中国企业年金与职业年金的比较

企业年金与职业年金制度，作为我国养老金制度的第二支柱，其历史可追溯至20世纪90年代，当时我国开始探索并实施补充养老保险制度。历经近30年的发展与完善，这一制度已取得显著成果。然而，与成熟市场相比，我国的第二支柱养老金体系仍有待进一步健全和优化。尽管企业年金和职业年金同属养老金第二支柱，但二者之间存在一定的差异，且企业年金制度的建立先于职业年金。

根据《机关事业单位职业年金办法》（国办发〔2015〕18号）与《企业年金办法》（人力资源和社会保障部、财政部令第36号）的相关规定，我们可以清晰地看到企业年金与职业年金在制度设计上的共通之处与独特之处。两者均为补充养老保险的重要组成部分，旨在为职工提供更为稳定的退休生活保障。然而，在具体的实施细节和管理模式上，两者又呈现出各自的特点和差异。

企业年金与职业年金的相同点主要体现在以下四个方面。

第一，两者的养老保险性质是一致的。企业年金和职业年金都属于补充养老保险的范畴，它们都是在参与基本养老保险的基础上建立起来的，共同构成了养老金三支柱体系中的第二支柱。

第二，费用承担方式上，企业年金和职业年金也表现出相同的特点。这两种年金计划都需要单位和个人共同承担缴费责任，其中个人缴费部分会直接计入个人账户。

第三，基金管理方式相同。企业年金和职业年金均采用委托管理方式，要求受托管理人具备相应资格并保持基金独立性。选定受托人是建立年金制度的首要任务，可由符合规定的法人机构或企业年金理事会承担。资金管理上，年金基金必须与各方自有资产分离，确保安全性和专款专用，严禁挪用。职业年金同样需委托有资格的投资运营机构和商业银行进行投资管理和托管，签订书面合同明确双方权责。此管理方式旨在保护年金基金安全，确保稳健投资运营。

第四，待遇转移方式相同。职工或工作人员变动工作单位时，其企业年金或职业年金个人账户的权益可顺畅转移，确保年金待遇的连续性和个人权益。若新单位有相应年金制度，原年金账户权益将转入新计划；若无，则原账户可由原机构管理或转至保留账户。此设计促进年金待遇连贯性，便利职工流动，助力劳动力市场灵活性和人才合理流动。

企业年金与职业年金的不同主要体现在以下方面（见表6-4）。

首先，参与主体存在差异。企业年金的参与主体主要为企业及其职工，它是企业职工的补充养老保障。职业年金的参与主体是机关事业单位及其工作人员，这是公职人员特有的补充养老保障。

其次，两者的缴费标准不同。企业年金缴费标准灵活，企业年缴费不超工资总额8%，企业与职工合缴不超12%，可协商确定具体金额，便于个性化调整。而职业年金缴费标准明确固定，单位缴8%，个人缴4%，缴费基数与基本养老保险一致，确保稳定性和可预测性。

再次,参保条件也有所区别。企业年金的建立与参与是基于自愿原则的,企业可以自主选择是否建立企业年金制度,而员工也可以选择是否参与。这体现了企业年金的灵活性和自主性。相反,职业年金则是强制性的,机关事业单位必须为其工作人员建立职业年金,这确保了公职人员养老保障的全面性和稳定性。

最后,领取条件和领取方式也不尽相同。虽然企业年金与职业年金都是二选一,可企业年金的领取方式相对灵活。以分次领取为例,企业年金有按月、分次或一次性领取,职业年金仅有按退休时退休年龄对应的计发月数按月领取。

表 6-4 企业年金与职业年金区别

	企业年金	职业年金
参保对象	企业职工	机关事业单位工作人员
参保规定	自愿参保	具有强制性
缴费方式	企业和职工共同缴费,年度合计缴费不超过本企业职工工资总额的12%,其中企业缴费不超过职工工资总额的8%	单位和个人共同缴费,单位缴纳工资总额的8%,职工缴纳本人工资的4%
领取条件	达到法定退休年龄或完全丧失劳动能力、出国(境)定居	达到法定退休条件并依法办理退休手续、出国(境)定居
领取方式	二选一:①按月、分次或一次性领取;②将全部或部分企业年金个人账户资金用于购买商业养老保险产品,依据合同领取待遇并享受相应继承权	二选一:①按照退休时退休年龄对应的计发月数按月领取,发完停止,个人账户余额拥有继承权;②一次性购买商业养老保险产品,依据合同领取待遇并享受相应继承权

资料来源:https://www.mohrss.gov.cn/SYrlzyhshbzb/shehuibaozhang/zcwj/yanglao/.

6.5.5 我国企业年金和职业年金的政策支持

随着企业年金和职业年金的建立,政府从税收等角度推出了相应的配套政策。关于企业年金和职业年金的个人所得税征收问题,政策逐步调整,由原本的严格即时征税,转变为在领取年金前暂缓征收个人所得税。

在我国,补充养老保险一度是需要正常征收个人所得税的。国家税务总局在相关文件中对此进行了明确规定。例如,国家税务总局在2005年4月13日发布的《国家税务总局关于单位为员工支付有关保险缴纳个人所得税问题的批复》(国税函〔2005〕318号)中,明确阐述了保险金支付与个人所得税之间的关系。该批复指出,根据《中华人民共和国个人所得税法》及其他相关税收规定,企业为员工支付的保险金(除免税项目外),在保险金被保险公司收取并入账到被保险人账户时,需与员工当期的工资收入进行合并计算。这部分收入将按照"工资、薪金所得"项目来计征个人所得税。同时,税款将由企业负责代扣代缴。同年6月2日,《财政部国家税务总局关于个人所得税有关问题的批复》(财税〔2005〕94号)对这一问题进行了进一步的细化和补充。该批复规定,当单位为职工购买商业性补充养老保险等金融产品时,在办理投保手续的阶段,就应将这些支付视为个人所得税的"工资、薪金所得"项目,按照税法规定进行缴税。若因故退保且个人未获得实际收入，已缴纳的个人所得税可申请退回。这两份批复虽然是对黑龙江省和江苏省的特定回复，但其内容被抄送至全国各省、自治区、直辖市及计划单列市的财政税务部门，因此具有普遍的指导意义。

此外，国家税务总局也先后发布了相关通知和公告，明确了企业年金在个人所得税方面的具体征收管理办法。

2009年12月10日，国家税务总局颁布《关于企业年金个人所得税征收管理有关问题的通知》（国税函〔2009〕694号），详细阐述了企业年金个人所得税的征收细则。具体包括，在核算当月工资、薪金所得的个人所得税时，个人缴费不得作为扣除项目；由企业缴费归入个人账户的部分，被视为因任职或雇佣关系而获得的收入，应纳入个人所得税的征税范围。当该部分资金进入个人账户时，应单独视作一个月的"工资、薪金所得"（但不与常规工资、薪金合并计税），且不享受任何扣除，直接以"工资、薪金所得"项目计算当期应纳个人所得税，由企业在缴费环节代扣代缴。对于之前未扣缴企业缴费部分个人所得税的情况，税务机关会要求企业在规定期限内，以每年度未扣缴的企业缴费部分为应纳税所得额，按当年各职工月平均工资额对应的税率，汇总补缴相应税款。个人取得的其他补充养老保险收入，需全额并入当月工资、薪金所得，依法纳税。

随后，在2011年1月30日，国家税务总局颁布《国家税务总局关于企业年金个人所得税有关问题补充规定的公告》（国家税务总局公告2011年第9号），对前述规定进行了补充。该公告明确指出，若企业年金的企业缴费部分计入个人账户时，个人当月工资薪金所得与这部分缴费之和未超过个人所得税费用扣除标准，则免征个人所得税。然而，若个人当月工资薪金所得原本低于扣除标准，但加上企业年金缴费后超出该标准，则其超出部分需依照国税函〔2009〕694号文件的第二条规定计税。

对于企业年金和职业年金缴费部分正常征收个人所得税的原有做法，在一定程度上影响了企业和事业单位以及个人参与这些年金计划的热情，也间接违背了建立补充养老保险制度的初衷。为了解决长期以来关于企业年金和职业年金个人所得税处理的问题，财政部、国家税务总局以及人力资源和社会保障部，在深入研究和广泛征求意见的基础上，于2013年12月6日联合颁布了《关于企业年金职业年金个人所得税有关问题的通知》（财税〔2013〕103号）。该通知主要从以下三个方面，对企业年金和职业年金个人所得税的暂缓征收政策进行了明确和规范。

（1）缴费阶段的个人所得税政策。在满足特定条件时，企业年金和职业年金的缴费是可以暂不征收个人所得税的。如果企业和事业单位严格遵循国家相关政策规定的缴费方法和标准，为全体员工支付企业年金或职业年金单位缴费部分，在资金划入个人账户时，个人是暂时免于缴纳个人所得税的。此外，对于个人根据国家政策规定支付的企业年金或职业年金个人缴费部分，也存在税收优惠。只要这部分缴费不超过本人缴费工资计税基数的4%，就可以暂时从个人当期的应纳税所得额中扣除。然而，如果缴费超过了上述规定的标准，那么无论是企业或事业单位缴费还是个人缴费，其超出部分都应并入个人当期的工资、薪金所得，并依法计征个人所得税。这一规定旨在确保税收的公平性和合规性，防止通过年金缴费进行避税行为。对于这部分税款，由建立年金的单位负责代扣代缴，并向主管税务机关进行申报解缴。

（2）投资运营收益的个人所得税处理办法。政策明确规定，当年金基金的投资运营收益分配并计入个人账户时，个人暂时不需缴纳个人所得税。

（3）领取阶段的个人所得税政策。在个人达到法定退休年龄后，如果选择按月领取年金，那么每月领取的全额将按照"工资、薪金所得"项目适用的税率来计征个人所得税。此外，如果个人选择按年或按季领取年金，政策规定将领取的金额平均分摊到各个月份，然后每月领取额的全额同样按照"工资、薪金所得"项目适用的税率来计征个人所得税。①②

6.6 我国企业年金的发展现状

在政府的大力推动下，系列企业年金和职业年金政策文件得以颁布，年金制度框架已搭建完成。目前可得数据主要是企业年金的相关数据，下面通过企业年金数据来展示第二支柱的发展。

据统计，截至 2022 年末，全国已有 12.80 万户企业建立了企业年金制度，参与这一制度的职工人数达到 3 010 万人。此外，企业年金的投资运营也取得了可观的收益。数据显示，2022 年末，企业年金的投资运营规模已经达到 2.87 万亿元。自 2007 年开始投资运营以来，全国企业年金基金的年均投资收益率稳定保持在 6.58%，如表 6-5 所示。与 2022 年上证指数的年度跌幅 15.13% 和深证成指的年度跌幅 25.85% 相比，企业年金基金的投资收益更加稳健，具体如表 6-6 所示。

表 6-5 历年全国企业年金基金投资管理情况

年份	投资组合数（个）	资产金额（亿元）	当年加权平均收益率（%）
2007	212	154.63	41.00
2008	588	974.90	−1.83
2009	1 049	1 591.02	7.78
2010	1 504	2 452.98	3.41
2011	1 882	3 325.48	−0.78
2012	2 210	4 451.62	5.68
2013	2 519	5 783.60	3.67
2014	2 740	7 402.86	9.30
2015	2 993	9 260.30	9.88
2016	3 207	10 756.22	3.03
2017	3 568	12 537.57	5.00

① 引自：财政部 税务总局关于个人所得税法修改后有关优惠政策衔接问题的通知（财税〔2018〕164 号）。
② 引自：财政部 人力资源社会保障部 国家税务总局关于企业年金职业年金个人所得税有关问题的通知（财税〔2013〕103 号）。

续表

年份	投资组合数（个）	资产金额（亿元）	当年加权平均收益率（%）
2018	3 929	14 502.21	3.01
2019	4 327	17 689.96	8.30
2020	4 633	22 149.57	10.31
2021	4 965	26 077.44	5.33
2022	5 387	28 323.18	-1.83
年平均			6.58

注：1. 组合数和资产金额为期末全部组合情况。
2. 当年加权平均收益率计算的样本为投资运作满当年的所有组合。
3. 年平均收益率为2007年以来历年收益率的几何平均值。
资料来源：历年全国企业年金基金业务数据摘要。

表6-6　2022年全国企业年金基金投资收益率情况

计划类型	组合类型	样本组合数（个）	样本期末资产金额（亿元）	当年加权平均收益率（%）
单一计划	固定收益类	899	1 949.02	2.83
	含权益类	3 278	22 480.55	-2.37
	合计	4 177	24 429.57	-1.94
集合计划	固定收益类	91	1 160.4	1.64
	含权益类	158	1 439.91	-2.68
	合计	249	2 600.32	-0.78
其他计划	固定收益类	11	7.45	0.81
	含权益类	9	14.52	-2.13
	合计	20	21.97	-1.09
全部	固定收益类	1 001	3 116.88	2.40
	含权益类	3 445	23 934.98	-2.39
	合计	4 446	27 051.86	-1.83

注：1. 样本为投资运作满全年的所有组合。
2. 计划类型中其他计划是指过渡计划。
3. 组合类型按是否含权益类投资标的分为固定收益类和含权益类，以期初合同或备忘录为准，明确约定不能投资权益类的组合为固定收益类；没有明确约定或期间发生类别变动的，都为含权益类。
4. 收益率计算方法为符合条件样本组合收益率的规模加权，以上年末和当年4个季度末平均资产规模为权重；组合收益率为单位净值增长率；合计项供参考使用。
资料来源：基金监管局. 2022年3季度全国企业年金基金业务数据摘要[EB/OL].（2022-11-30）. https://www.mohrss.gov.cn/shbxjjjds/SHBXJDSzhengcewenjian/202211/t20221130_490989.html.

然而，尽管企业年金制度已在我国取得一定进展，但仍存在诸多问题。其中，建立企业年金的企业数量和参与的职工人数均相对较低，导致覆盖面过于狭窄。目前，企业年金主要集中在能源、金融等垄断性、资源型或盈利能力较强的行业，这使其基金结余规模相对较小，与养老金可持续水平较高的国家相比存在较大差距。从国际视角来看，在养老金的三支柱体系中，作为第二支柱的职业养老金通常是退休人员的主要收入来源。

其具体的待遇水平在很大程度上取决于缴费的规模和投资收益。鉴于此，我国急需加快企业年金和职业年金的发展步伐，激励更多的机构建立企业年金和职业年金。

同时，合理投资也是促进企业年金基金和职业年金基金保值增值的关键。通过提高第二支柱的保障水平，不仅可以为退休人员提供更加稳定的收入来源，还能在一定程度上减轻基本养老金的压力。因此，需要全面考虑，多方协同，以确保企业年金和职业年金制度在我国的健康、持续发展。

6.7 我国年金基金的投资范围与比例

根据《关于调整年金基金投资范围的通知》（人社部发〔2020〕95号），年金基金，乃是在法律框架内，依据设立的年金计划所筹集的资金及其投资运营收益所共同构成的补充养老保险基金。从分类上看，年金基金主要分为企业年金基金和职业年金基金。其中，企业年金基金主要由企业为员工设立，而职业年金基金则更多地与机关事业单位相关联。

年金基金的投资范围主要集中在境内投资和香港市场投资两大领域。在境内投资，年金基金拥有多样化的投资选择，根据风险程度，大抵包括银行存款、标准化债权类资产、债券回购、信托产品、债权投资计划、公募证券投资基金、股票，以及股指期货和国债期货等金融产品。在香港投资，年金基金可通过股票型养老金产品或公开募集证券投资基金，投资于港股通标的股票。

年金基金可投资的标准化债权类资产，指的是依法发行的固定收益证券。这些证券种类繁多，包括国债、中央银行票据、同业存单，以及政策性、开发性银行债券等。此外，信用等级在投资级以上的金融债、企业债、公司债、可转换债、可交换债、（超）短期融资券、中期票据、非公开定向债务融资工具，以及信贷资产支持证券、资产支持票据、证券交易所挂牌交易的资产支持证券等也在投资范围之内。这些资产可以通过公开发行或非公开发行的方式获得。

年金基金的投资组合需遵循以下规定，按公允价值进行计算。

首先，流动资产投资。流动性资产是指能够在短期内迅速变现而不损失本金的资产。在年金基金的投资组合中，流动性资产包括一年期以内（含一年）的银行存款、中央银行票据、同业存单，以及剩余期限在一年以内的国债、政策性银行债券、开发性银行债券。此外，债券回购、货币市场基金和货币型养老金产品等也属于流动性资产。为确保投资组合的流动性，这些资产的投资比例合计不得低于投资组合委托投资资产净值的5%。同时，清算备付金、证券清算款以及一级市场证券申购资金均被视作流动性资产。

其次，固定收益类资产。固定收益类资产是年金基金投资组合中的重要组成部分，旨在为基金提供稳定的收益来源。这类资产包括一年期以上的银行存款、标准化债权类资产、信托产品、债权投资计划、债券基金，以及固定收益型和混合型养老金产品等。然而，为了控制风险，这些资产的投资比例合计不得超过投资组合委托投资资产净值的135%。债券正回购的资金余额在每个交易日都不得高于投资组合委托投资资产净值的40%。此外，为避免重复计算，已计入流动性资产的部分不得再重复计入固定收益类资产。

再次，权益类资产投资。权益类资产包括股票、股票基金、混合基金以及股票型养老金产品（含股票专项型养老金产品）等。其投资比例合计不得超过投资组合委托投资资产净值的40%。在投资港股通标的产品方面，其比例不得超过投资组合委托投资资产净值的20%。对于单只股票专项型养老金产品的投资，其比例则不得超过投资组合委托投资资产净值的10%。此外，年金基金被明确禁止直接投资于权证。若因投资股票、分离交易可转换债等投资品种而衍生获得的权证，须在权证上市交易之日起10个交易日内卖出。

最后，关于信托产品、债权投资计划，以及信托产品型、债权投资计划型养老金产品的投资比例，其合计不得超过投资组合委托投资资产净值的30%。尤其是，投资信托产品以及信托产品型养老金产品的比例，合计不得超过投资组合委托投资资产净值的10%。另外，如果是专门投资组合，即将80%以上的非现金资产投资于银行存款、信托产品、债权投资计划或相关养老金产品中的一类而设立的投资组合，可以不受部分上述限制。

关于单个投资组合的年金基金财产，其投资应以公允价值进行计算。

首先，年金基金投资组合中单一证券品种的投资比例限制。在年金基金的投资组合中，对单一股票、单期发行的同一品种标准化债权类资产或单只证券投资基金的投资均受到严格的比例限制。具体而言，这些证券或基金的投资比例不得超过其发行量或基金份额的5%（其中，基金产品份额数以最近公告或发行人正式说明的数量为准）。同时，为确保投资组合的多样性，上述任一证券或基金的投资比例也分别不得超过该投资组合委托投资资产净值的10%。此外，对于资产支持证券或资产支持票据这类特殊证券品种，其投资比例同样受到限制，即不得超过该证券发行量的10%。

其次，年金基金投资单期信托产品或债权投资计划的规定。在年金基金的投资活动中，对单期信托产品或债权投资计划的投资需遵循特定比例限制。具体而言，投资单期信托产品或债权投资计划时，其投资比例分别不得超过该期信托产品或债权投资计划资产管理规模的20%。若年金基金设立的是专门投资信托产品、债权投资计划的投资组合，则可以不受此20%的比例限制。

再次，年金基金投资组合的整体配置要求。从全局视角出发，对于单个年金基金投资计划而言，其资产配置仍需严格遵循对流动性资产、固定收益类资产、权益类资产，以及信托产品、债权投资计划和信托产品型、债权投资计划型养老金产品的既定比例限制。

最后，法人受托机构与受托直投组合的管理规定。法人受托机构有权设立受托直投组合，将部分或全部直接分配给一款或多款养老金产品，必须强调的是，在单个受托直投组合中，配置本公司发行的养老金产品的总比例，不得超出该组合资产净值的40%。

本章小结

通过本章学习,学生能够全面了解并掌握职业年金的起源、分类和特点,以及它在全球范围内的发展趋势。通过对美国和中国的年金政策及实践的深入探讨,学生应理解职业年金在不同国家的发展脉络和其在社会保障体系中的重要地位。尤其是,通过对比分析美国的 401(k) 企业年金计划和中国的企业年金与职业年金制度,能够对不同国家职业年金制度的异同有更为清晰的认识。此外,还应理解企业年金和职业年金基金的投资运营策略。

关键术语

职业年金、企业年金、401(k) 计划、单一计划、集合计划、个人所得税

复习思考题

1. 简述职业年金的起源,并说明其对现代养老保障体系的意义。
2. 阐述职业年金的分类及其主要特点,并对比分析不同类型职业年金的优劣势。
3. 分析职业年金的发展趋势,特别是在全球化背景下,职业年金将面临哪些机遇与挑战。
4. 详细描述美国 401(k) 企业年金计划的概况,包括其主要特点、投资策略及参与者的权益保障。对比中国的企业年金制度,分析两者在制度设计、投资运营和政策支持等方面的异同。
5. 阐述中国企业年金和职业年金的含义、分类及政策支持,并结合实际案例,分析企业年金在实际运营中的投资范围与投资比例,以及如何实现长期稳定的收益。

在线自测

自测 6.1

自测 6.2

延伸阅读

中国职业年金制度概述、发展历程与现存问题

一、职业年金概述

机关事业单位职业年金制度,是针对机关事业单位及其工作人员在基本养老保险基础上建立的补充养老保险制度,与企业年金共同构成我国养老体系的第二支柱。该制度涵盖单位与个人的缴费比例、税收模式(EET 模式)、年金基金的投资运营及收益分配、年金的领取方式及税收处理、退休后年金的选择使用以及个人账户余额的继承权等相关

规定。具体而言，单位需按工资总额的8%缴纳职业年金费用，个人则按本人缴费工资的4%缴费，由单位代扣。税收上采用EET模式，即在缴费和投资阶段免税，领取时纳税。年金基金的投资收益也计入个人账户，同样暂免个税。退休后，缴费人可选择按月领取年金或一次性购买商业养老保险产品，且个人账户余额享有继承权。

职业年金各角色职责如表6-7所示。

表6-7 职业年金各角色职责

身份	主要职责
委托人	参加职业年金计划的机关事业单位及其工作人员，负责向管理其基本养老保险的社会保险经办机构申报职业年金缴费；确保职业年金缴费按期划入职业年金基金归集账户；协助社会保险经办机构发放职业年金待遇，并协助办理职业年金账户转移。
代理人	代理委托人集中行使委托职责，并负责职业年金基金账户管理业务的中央国家机关养老保险管理中心及省级社会保险经办机构。具体职责包括：设立独立的职业年金基金归集账户，归集职业年金缴费，并及时将职业年金基金归集账户资金划入职业年金基金受托财产托管账户；计算职业年金待遇，办理账户转移等相关事宜；监督职业年金计划的管理情况。
受托人	受托管理职业年金基金财产的法人受托机构。主要职责为：选择、监督、更换职业年金计划的托管人和投资管理人；制定职业年金基金的战略资产配置策略；建立职业年金计划的投资风险控制及定期考核评估制度，以严格控制投资风险。
托管人	接受受托人委托，负责保管职业年金基金财产的商业银行。其主要职责包括：安全保管职业年金基金财产；以职业年金基金的名义开设基金财产的资金账户和证券账户等；对所托管的不同职业年金基金财产分别设置账户；向投资管理人划拨资金；向受益人发放职业年金待遇；监督投资管理人的投资运作。
投资管理人	接受受托人委托，负责投资管理职业年金基金财产的专业机构。其主要职责为：对职业年金基金财产进行投资；建立职业年金基金投资管理风险准备金；建立投资组合的风险控制及定期评估制度。

资料来源：人社部、财政部《职业年金基金管理暂行办法》

二、职业年金发展历程

职业年金制度的发展大致经历了三个阶段。

制度试点阶段（2008—2010年）：国家开始在制度层面探索单位职业年金制度，并启动试点工作。2008年3月，国务院发布《事业单位工作人员养老保险制度改革试点方案》，在山西、上海、浙江、广东、重庆五省市先行试点。

制度确定阶段（2011—2015年）：2011年7月，国务院发布《事业单位职业年金试行办法》，对职业年金的资金来源、缴费比例、领取方式、基金管理等做出明确规定，标志着我国职业年金制度初步建立。2015年1月，国务院发布《关于机关事业单位工作人员养老保险制度改革的决定》，正式确立了职业年金制度。

制度完善阶段（2015年至今）：2015年3月，国务院发布《关于印发〈机关事业单位职业年金办法〉的通知》，将职业年金覆盖范围扩大至所有机关事业单位工作人员，并详细规定了缴费基数、来源构成和账户管理等内容。随后，《职业年金基金管理暂行办法》的发布，对职业年金基金的市场化投资运营做出了具体规定，并逐步与企业年金在投资管理规定上实现统一。

三、职业年金现存问题

尽管职业年金制度发展迅速，但仍面临诸多挑战。

账户管理设计的挑战：对于财政全额拨款单位，采取虚拟记账的方式，领取时再由同级财政拨付资金做实。这种方式虽然能缓解当期财政压力，但带来的隐性负债压力不容忽视。若财政资金紧张，可能导致"空账"现象，进而影响个人退休收入和养老待遇。

资金使用效率问题："虚实结合"的记账方式导致职业年金基金结余并未全部参与投资。实账部分虽参与市场化投资，按实际收益计息；但虚账部分仅按国家公布的记账利率计算利息，未通过实际投资实现增值，资金运用效率受损。

投资管理效率有待提升：受资金安全性要求、投资范围受限以及短期考核压力等因素影响，职业年金基金的投资管理效率仍有提升空间。需要进一步优化投资策略，提高资金运用效率，以实现职业年金基金的长期稳健增值。

引自：华创证券研报《探秘：我国二支柱年金的发展、困局与测算》。

第 7 章　个人养老金

> **学习要求**
> - 理解养老保险第三支柱的内涵。
> - 了解第三支柱与个人养老金的关系。
> - 掌握个人养老金的沿革、主要特征。
> - 了解不同国家和地区的个人养老金治理模式与税收优惠模式。

7.1 多层次养老金体系下的第三支柱

7.1.1 多层次的养老金体系

养老金体系的构建，作为应对老龄化社会挑战的关键策略，经历了从"三支柱"到"五支柱"的演进。1994 年，世界银行提出的"三支柱"养老金体系，为全球养老金制度改革奠定了基石：第一支柱，政府主导的现收现付制公共养老金，旨在实现社会收入的再分配；第二支柱，基于个人账户、市场化运作的职业养老保险，强调个人储蓄与资产积累；第三支柱，则是自愿性的个人养老储蓄计划，作为前两者的补充，满足个性化养老需求。

随后，2005 年世界银行进一步拓展为"五支柱"体系，新增的零支柱为非缴费型基础养老金，为老年人提供最低生活保障，而第一至第四支柱则在原有基础上细化，增强了制度的灵活性与覆盖面，特别是强化了家庭成员间的非正式支持及市场机制在养老金管理中的作用，展现了养老金制度设计的全面性与适应性。

7.1.2 自主与多元的第三支柱

在养老金体系的多层次架构中，第三支柱以其高度的灵活性和个性化特质，占据了个人养老保障的核心位置。这一支柱体系为个人提供了包括年金保险、定期寿险、养老基金以及养老储蓄等多种工具。通过这些多样化的养老规划工具，个人可以根据自身的风险承受能力、资金状况和养老目标，灵活地进行养老资产的配置与管理。

进一步细分，第三支柱可分为税优与非税优两类。税优第三支柱，即享受政府税收优惠政策支持的个人养老计划，通过税收减免或优惠措施，激励个人积极参与养老储蓄，提升养老保障水平。在中国，部分商业养老保险产品即属于此类，体现了政府对个人养老保障的支持与推动。

相比之下，非税优第三支柱则不依赖于特定的税收优惠政策，完全由个人根据自身需求和经济状况自主决策购买与退出，为追求多样化养老保障方案的个体提供了另一重要选项。

7.1.3 中国的个人养老金

在中国，养老保险体系已逐步确立起"三支柱"框架，其中第三支柱正日益成为个人养老保障的重要补充力量。第一支柱为政府主导的基本养老保险，广泛覆盖企业职工与城乡居民，提供基础养老保障；第二支柱为企业年金和职业年金，由雇主发起，为职工额外积累养老财富；而第三支柱，即以个人缴费为主体的个人养老金计划，则通过税优型商业养老保险、个人储蓄型养老保险等多种形式，鼓励个人主动参与养老规划，实现养老保障的个性化与多元化。特别是税优型个人养老金计划，凭借税收优惠政策的激励作用，有效促进了个人养老储蓄的增长，成为政府支持个人养老保障体系建设的关键举措之一。

7.2 税优个人养老金计划的主要特征

税优个人养老金拥有税收激励、完全积累、市场经办、个人自主和双峰监管五个重要特征。

7.2.1 税收激励

税收激励政策可谓是养老金第三支柱得以蓬勃发展的助推器。倘若缺乏税收优惠政策的扶持，第三支柱养老金的规模难以实现迅速扩张。各国针对养老金第三支柱所实施的税收优惠政策不尽相同（见表7-1），但大体上可归纳为以下三类。

首先，直接财政补贴。以德国的里斯特养老金计划为例，该计划所提供的国家补贴包括基础补贴以及可能的子女补贴。在2002年至2008年期间，基础补贴的金额呈现逐年递增的趋势，目前，成人每年的补贴额为154欧元，已婚夫妇则可获得308欧元；若有子女，最高可享受185欧元（2008年前出生）或300欧元（2008年及以后出生）的补贴。此外，自2008年起，26岁以下的年轻人参与该计划还有机会获得最高200欧元的一次性特别奖励。澳大利亚实施了类似的政策，个人每从其税后收入中向超级年金基金额外缴纳1澳大利亚元，政府将会配比缴纳1.5澳大利亚元。在此政策下，每位个人每年最多可获得介于1 000至1 500澳大利亚元的政府补助。

其次，税收减免和抵扣。在美国，个人被允许在税前向传统个人退休账户进行缴费，账户资产的增值部分并不需要缴纳投资收益税，当资金被领取时，个人需要缴纳相应的个人所得税。这种税务处理方式被称为EET模式，即在缴费（contribution）和投资收益（earning）阶段免税，在领取（distribution）阶段征税。而罗斯个人退休账户则是个人使用税后收入缴费，账户资产增值部分同样免税，领取时亦免税，这被称为

TEE 模式。荷兰、韩国、芬兰、丹麦、比利时、卢森堡、西班牙等多数国家也采用 EET 模式。

最后，设定缴费限额。这意味着只有在规定的缴费额度内才能享受税收减免。此类限制的主要目的在于平衡效率与公平，防止富裕阶层滥用税收政策，从而避免税收再分配的逆向效果。以里斯特养老金计划为例，该计划设定了明确的最低和最高缴费限额。自 2005 年开始，参与者每年的最低缴费限额被规定为 60 欧元，最高缴费限额被设定为参保人前一年度税前总收入的 4%。从 2008 年起，该计划对最高限额进行了调整，将其固定为每年 2 100 欧元。如果参与者的缴费额度低于其前一年度税前总收入的 4%，那么他们所能获得的国家补贴将会相应地减少。

表 7-1　典型国家税优个人养老金的税收政策概况

国家	基本情况
英国	个人养老金缴费不可在税前进行扣除。但税务局会根据个人的实际缴费额度，按照 8∶2 的比例，提供相应的补贴
澳大利亚	没有强制要求向第三支柱缴费。若个人自愿选择从其税前或税后收入中向超级年金账户进行缴费，那么这部分缴费便构成了养老金的第三支柱。税前对超级年金进行缴费，能够有效减少个人的税前收入，进而可能将收入降低到更低的所得税税率区间。若个人倾向于使用税后收入进行缴费，则可以享受到政府的缴费匹配优惠政策，政府以 1∶1.5 的比例对个人缴费进行补贴，但补贴年度上限为 1 500 澳大利亚元
加拿大	注册退休金储蓄计划（RRSP）的缴费额度根据个人收入水平确定税前可扣除额度。每年个人最高供款额度可达上一年劳动所得的 18%。例如，2013 年最高扣除限额为 23 820 加拿大元，2014 年提升至 24 270 加拿大元。未使用的扣除限额可结转至本年度。若结转后养老金缴费超出当年扣除限额，特别是超出 2 000 加拿大元部分，需按月缴纳 1% 税款。但取回超出部分、符合条件的团体 RRSP 缴费或在 1995 年 2 月 27 日前缴费可免税。集体注册退休金计划（PPRP）税前扣除规定与 RRSP 相同
新加坡	补充退休计划（SRS）允许税前扣除缴费，扣除额度根据上一年度个人及其雇主实际缴纳的养老金费用确定。非居民无法享受此项税前扣除优惠。关于缴费额度，2013 年规定为：居民最高可缴纳 12 750 新加坡元的 SRS 费用，外籍居民则最高可缴纳 29 750 新加坡元
美国	传统个人退休金计划允许税前扣除费用。在 2013 年，个人的缴费上限被明确设定为 5 500 美元。对于 50 岁及以上的个人，该上限提升至 6 500 美元。若个人或其配偶已被纳入雇主的补充养老计划［（如 401（k）计划）］，则其缴费可能只能部分税前扣除，甚至无法扣除。相较之下，罗斯个人退休金计划的特点在于其领取时免税
日本	2013 年合格个人养老金的税前扣除计算方法如下：缴费（A）低于 2 万日元时，缴费可全额税前扣除；缴费（A）在 2 万～4 万日元时，税前扣除额为：$A \times 0.5 + 10\ 000$；缴费大于 4 万日元时，税前扣除额为 $A \times 0.25 + 20\ 000$，但最高扣除额不得超过 4 万日元
德国	参与里斯特养老金计划的成员享有从政府获取补贴的权利，这些补贴包括直接补贴和特殊津贴两种类型。自 2008 年以来，成人每年可获得 154 欧元的直接补贴，而儿童则依据其出生年份的不同，每年可获得 185 欧元或 300 欧元的补贴，其中 300 欧元的补贴适用于 2008 年后出生的儿童。此外，政府在扣除所得税中的特殊津贴时设定了免税限额。自 2008 年起，该免税限额被设定为最高 2 100 欧元

资料来源：中国保险行业协会. 中国养老金第三支柱研究报告 [M]. 北京：中国金融出版社，2018.

7.2.2 完全积累

在完全积累制度下,个人养老金的主要来源是个人的储蓄。这意味着,个人养老金的总资产量完全取决于个人的缴费历史、所支付的管理费用以及投资表现等因素。通常情况下,个人养老金的总资产量与其一生的收入呈现正相关关系。完全积累制的个人养老金制度的成功与否,在很大程度上取决于其投资表现。这种制度下的投资风险是由参保人个人来承担的。如果投资的风险过大,那么不仅无法达到预期的投资回报,甚至可能会危及本金的安全。为了降低这种风险,大部分国家都积极地利用资本市场来获取长期稳定的收益。同时,这些国家也对各类资产(尤其是风险资产)在投资组合中的比例设定了较为严格的限制。此外,为了保障参保人的利益,管理费用也被设定了上限。

7.2.3 市场经办

养老金的管理方式主要包含三种类型:政府直接管理、公众机构管理以及私人机构管理。在养老保险的第三支柱中,为了最大化市场机制在资源配置中的效用,多数国家倾向于采用市场化的运营模式。个人养老金的市场化运营具体反映在经办机构、投资范围、投资工具以及投资策略的市场选择上。政府在此过程中并不直接插手基金或产品的管理,而是通过立法手段、税收政策以及对投资工具和范围的规范来进行宏观的调控与监督。同时,政府将日常的管理职责交由养老金融机构来执行,这些机构在遵循政府制定的"游戏规则"下进行操作,通过其专业的管理能力、适度的市场竞争以及完善的网络布局来提升整体的管理效率。

个人养老金市场汇集了银行、证券、保险、基金、信托等多个行业,但由于各国在历史、经济、文化以及对养老金的认知上存在差异,导致不同金融机构在个人养老金资产管理中的影响力各不相同。尽管多数国家都认同个人养老金投资具有金融产品的属性,但欧洲国家更看重养老金与保险业、社会保障之间的关联,甚至将养老金纳入保险监管的范畴。例如,在英国,个人养老金主要由商业保险机构提供,特别是团体个人养老金,其市场份额的近 90% 被保险公司占据。相反,拉美国家更重视养老金与资本市场之间的关系,将个人养老金纳入证券监管范围,基金在市场中占有更大的比重。从全球范围来看,养老金资产的规模正在持续扩张。截至 2020 年末,全球养老金资产的总规模已经达到 56 万亿美元。各国在养老金发展上并不均衡。诸如加拿大、美国、瑞士、英国等国家,其养老金的总规模已经超过了本国的 GDP,显示出强大的养老保障能力。然而,也有如法国、意大利、西班牙等国家,其养老金规模占 GDP 的比重仍然较低,存在较大的发展空间。进一步观察各国的养老保障体系,可以发现,尽管"三支柱"结构被普遍采用,但不同支柱的比重却存在显著的差异。在那些养老金规模占 GDP 比重较大的国家,如加拿大、美国和英国,第二和第三支柱的比重相对较高。而在日本、韩国和中国等国家,第一支柱仍然占据主导地位,显示出政府在养老保障中的重要作用。根据经济合作与发展组织的统计数据,2010 年至 2020 年间,其成员国的养老金总资产占 GDP 的比重从 63.6% 大幅上升至 99.9%,总规模也从 29.1 万亿美元增长至 54.06 万亿美元。

7.2.4 个人自主

绝大部分国家对于个人养老金采取的是自愿参与的方式,这与公共养老金的强制性参与、职业年金的半强制性参与形成鲜明对比。政府通过税收优惠政策,实质上是在让利于民众,以此引导和鼓励更广泛的公众参与。在个人养老金领域,个人被赋予了更多的自主权,包括但不限于是否参与、参与的程度、选择哪个管理人或经办机构、制定何种投资策略、如何进行组合配置以及决定待遇的领取方式等。

首先,个人可以自主决定是否参与个人养老金计划,以及参与的深度。这是一种个人自愿承担养老责任的表现。个人可以根据自身的收入水平、家庭负担、投资能力以及对未来保障的预期等实际情况,来做出是否参与以及参与到何种程度的决策。政府的税收政策通常十分明确,个人的参与程度和缴费额度将直接影响其能享受到的税收优惠或财政补贴;而那些超过规定限额的部分则需要按照正常税率纳税。这也是为什么在多数国家,个人养老金的覆盖率往往会低于公共养老金和职业年金。如何提高这一覆盖率,使其更有效地发挥作用,是制度设计时需要着重考虑的问题。

其次,个人可以自主选择管理机构以及养老金融产品。市场上不同的金融机构会提供各式各样的养老金融产品,以满足不同群体的养老需求。例如,在德国的里斯特个人养老金计划中,个人可以在四种不同的形态中自主选择和转换,包括里斯特养老保险、银行储蓄计划、基金储蓄计划和住房里斯特计划。

再次,个人在投资选择上也有较大的自由度。个人养老金账户的资产及其收益,在扣除必要的税收和费用后,全部归参保人所有。从产权角度来看,个人养老金属于私有产权,其所有权完全属于个人。这意味着个人不仅拥有投资决策权,还享有收益权,并需要承担相应的投资风险。然而,由于个人在决策时可能会受到惰性和拖延症的影响,同时,大部分居民可能缺乏处理复杂养老金投资组合的专业技能,因此,多数国家的监管机构会要求对个人养老金投资采取稳健的投资策略,以严格控制风险。监管机构还会敦促提供默认的投资工具选择,以提高效率并减少纠纷。

最后,个人在待遇领取形式上也有自主决定权。虽然为了防止老年贫困和保证养老金资产能真正用于养老保障,各国通常会限制一次性领取并引导个人选择年金化领取方式,但个人仍然可以在一定程度上自主选择领取形式。例如,在美国的传统 IRAs 中,虽然在缴费环节免税,但在领取环节需要征税,并且在 59.5 岁之前提取需要缴纳 10% 的罚金(在特定情况下可免除),而德国里斯特计划给予参保人退休时一次性领取 20% 的账户资产的选择权,剩余部分限定采用定期领取方式,并且要求达到 85 岁的退休者必须进行账户资产年金化。

7.2.5 双峰监管

养老金面临多方面的风险,包括人口风险、宏观经济波动风险、政治风险、市场风险、投资风险以及操作风险等。更为复杂的是,"委托—代理"关系可能带来的逆向选择和道德风险，这些风险有可能导致养老金资产的滥用和欺诈行为，进而可能触发系统性风险，威胁养老金制度的持久性。为了防范这些风险并增强制度的信誉，各国都加强了对养老金的监管力度。

对于税优个人养老金的监管，主要涉及税收和运营行为两大方面。多数国家采用财政税务部门和金融监管部门并行的"双峰"监管体制。通常，财政税务部门负责制定和执行税收政策，其主要目标是确保税收的公平性和防止税收的逃避。以美国为例，财政部负责制定个人养老金的税收优惠政策，而国税局则负责这些优惠政策的具体执行和监督。金融监管部门则肩负着监督投资运营行为的重任。

在运营行为的监管上，各国之间存在显著的差异，这些差异主要体现在监管主体的确定和监管方式的选择上。个人养老金通常由金融机构来管理，但监管主体的确定有三种主要模式：一是双主体监管，如在英国和澳大利亚等实行"双峰"金融监管体制的国家，澳大利亚的审慎监管局和证券投资委员会共同负责个人养老金的监管，前者主要关注对机构、产品和治理的监管，而后者则更侧重于对投资行为的监管；二是与保险业合并监管，例如，在2008年金融危机后，欧盟设立了保险和职业养老金管理局，强调养老金与保险之间的联系，将养老金纳入保险的监管框架内；三是与证券业合并监管，如美国证券交易委员会根据相关法律监管养老金资产管理机构和各类投资产品，但保险公司经营的年金保险则不在其监管范围内。

在监管方式上，主要有"自由型"和"约束型"两种。前者基于"审慎人规则"，主要监管养老金管理人的内部控制、治理结构和信息披露等方面，对其投资行为几乎没有限制；而后者则对投资的资产、地域和比例都有具体的限制。各国在选择养老金监管方式时，既受历史文化因素的影响，也受经济及资本市场发展成熟度等因素的影响。从发展趋势来看，尤其是在2008年国际金融危机之后，两种方式的融合成为一种趋势，许多国家开始倡导并实践两种方式的并行使用。

7.3 税收优惠政策

从全球视角审视，税收优惠作为一种直接且高效的措施，对于激励个人积极参与养老储蓄具有显著效果。鉴于我国人口老龄化趋势日益严峻，采取税收优惠政策来刺激个人养老金制度的发展显得尤为重要。在我国人口老龄化日益加剧的大背景下，利用税收优惠政策来推动个人养老金制度的发展，实际上是通过政府短期内的收入减少，来促使国民为未来储备更多的养老金。这种策略不仅具有杠杆效应，更是完善养老保险体系的关键举措。此举不仅能够缓解未来养老压力，还能够为老年人提供更加稳定和优质的生活保障。

7.3.1 个人养老金与税收优惠政策

养老储蓄的核心理念在于确保个体在退休之后能维持一个相对稳定且体面的生活标准，以此抵御老年时期可能遭遇的各类风险。综观全球，不难发现，税收优惠已被证实为激发个人进行养老储蓄的最直接且最为行之有效的手段，是推动养老保险第三支柱——个人养老金制度——蓬勃发展的关键力量。

从个人的视角来看，税收优惠政策的实施对个人养老储蓄的影响主要体现在两个方面。第一，它能够在很大程度上纠正个人的短视行为，从而提升个人的退休储蓄水平。在市场经济环境下，大多数人往往难以做出长远规划，容易低估未来的通货膨胀风险或高估投资回报率，甚至忽视了自己的预期寿命，这些都可能导致退休储蓄的不足。税收优惠政策实质上是通过政府的财政补贴来显著降低这种短视行为所带来的负面影响，进而提升个人的退休储蓄。第二，税收优惠还能直接降低个人参与养老储蓄的成本，并提高养老投资预期的未来净收益率，这在一定程度上会引导并改变个人的养老储蓄和投资行为。在现行的税收制度下，个人的工资收入在缴纳个人所得税后才能用于养老储蓄，且其投资收益还需再次缴税，这无疑增加了个人养老储蓄的成本。然而，实施税收优惠后，不仅可以降低个人在工作期间的边际税率，从全生命周期的视角来看，由于个人养老金制度具有平滑个人工作期间收入水平的作用，还能进一步降低个人所得税的边际税率。

从政府的角度来看，虽然税收优惠在短期内可能会导致一定的财政收入减少，但从长远来看，它却能大幅提高整个社会的经济福利。税收优惠不仅能有效激励个人增加退休储蓄，推动养老金规模的增长，进而提高老年群体的消费水平，为政府未来的税收增长奠定基础，而且还能减轻政府在养老金支出方面的压力。此外，由于个人养老储蓄具有规模大、周期长的特点，它能为社会提供长期的资本积累，从而提高社会的投资和产出水平，间接地为政府带来税收的增加。

7.3.2 税收优惠的主要模式

税收减免和抵扣政策的制定初衷，旨在通过在缴费阶段、投资阶段以及领取养老金阶段提供不同程度的税收优惠，从而有效激发个人的养老储蓄热情，积极推动个人参与到养老金计划中。

个人养老金税收政策涵盖了八大类别，它们分别是 EEE、EET、ETT、TTT、TTE、TEE、ETE 和 TET。在这些税收政策中，字母"E"代表免税（exempted），而字母"T"则代表征税（taxed）。以 EET 模式为例，它允许个人在缴费阶段以及投资收益阶段享受免税待遇，但在领取养老金时需要缴纳相应的税款。相对而言，TEE 模式要求个人在税后进行养老金缴费，但其投资收益和养老金领取时则免于征税。这两种模式在当前的税收优惠策略中占据着主导地位，被广泛采用。

不同的税收模式适用于不同的人群，且各种养老金计划也会根据其特性和目标人群选择不同的税收优惠模式。

7.3.3 个人养老金治理模式与税收优惠

1. 个人养老金治理模式：产品制与账户制

个人养老金的运作方式可以归结为两种主要模式。第一种是产品制，这一模式下，金融机构会设计并发行特定的养老金融产品，这些产品在经过监管部门的严格审批后，将面向公众销售。个人可以根据自己的需求和偏好，自愿选择购买这些产品。购买这些养老金融产品的金额，将能够享受到国家提供的税收优惠政策，也就是说，税收优惠是直接与所购买的养老金融产品相关联的。第二种模式则是账户制。在这种模式下，将设立专门的个人税收递延养老金账户。这类账户的特性是，其资金在一般情况下只能在达到退休年龄后才能支取。任何存入这个账户的资金，无论其具体投向哪种养老金融产品，都可以享受到税收优惠。这种模式下，税收优惠是直接与账户相关联的，而不是与具体的养老金融产品挂钩。这样的设计，旨在为个人提供更大的灵活性和选择空间，在保障养老资金安全的同时，也促进了养老金融市场的多样化发展。

2. 税优政策实施视角下产品制与账户制的区别

产品制的优势在于其操作的简便性。监管部门仅需对符合标准的养老金融产品进行准入审核，或者构建一个动态调整的、合格的第三支柱养老金融产品库。个人则可以依据自身喜好，自主选择产品并享受对应的税收优惠。然而，产品制也存在一些不足。第一，养老金融产品涵盖银行、基金、保险等多个领域，种类繁多。对产品实施税收优惠，相当于对各类产品进行了实质性的价值评估，这不仅增加了工作负担，而且评价的难度也相当大，这与监管部门推行的简政放权原则并不吻合。第二，当个人选择多款产品并享受税收优惠时，需要进行联合税收优惠额度的计算。当产品赎回或退出时，还需重新进行烦琐的计算，这大大降低了操作效率。相较于产品制，账户制有其独特的优点。个人可以通过特定的账户来享受税收优惠，而无须对不同产品进行详细的税务计算。账户能够精确记录持有人的储蓄和投资活动，从而确保税源不会流失。此外，账户制在记录缴费阶段、投资阶段的税收优惠以及领取阶段的税收征缴方面，相较于产品制更为简便高效。而且，由于税收优惠与具体产品无关，个人在产品的选择上拥有更大的自由度。但账户制也存在一些挑战，尤其是需要实现税收征缴、账户缴费、投资交易、清算交收等多个系统的无缝对接，这对技术要求较高，并需要多个机构和部门的紧密协作。需要明确的是，各类金融产品在这里仅仅是作为第三支柱个人养老金投资的工具，而并非税收优惠的直接对象。

3. 我国个人养老金的治理模式

我国个人养老金产品试点的开启可追溯到2018年4月。当时，财政部等五部门联合发布了《关于开展个人税收递延型商业养老保险试点的通知》，并选定上海市、福建省（含厦门市）以及苏州工业园区作为首批进行试点的地区。在这一阶段，试点采用的是产品制的税优模式。时光荏苒，到了2022年11月，我国在36个城市进一步推广个人养老金制度的试点，而这一次，试点模式转变为账户制。参保者在国家社会保险公共服务平台上开设个人养老金账户后，便可在此账户下依据个人意愿选择配置由银行、保险、证券、基金、信托等各类金融机构所提供的"合格产品"。此账户与税务部门实现系统对接，还承载了部分税务信息管理等功能。

国家社会保险公共服务平台上的个人养老金账户承载着四项重要功能。首先，它具有记录和管理个人养老金缴费与领取情况的功能。个人养老金账户作为个人参与养老金计划的关键凭证，详尽记录了个人的缴费历史、投资动态及领取情况。其次，通过此账户，参保者能够享受到税收优惠政策，从而在一定程度上减轻了个人的税务负担。再次，账户内的资金可用于投资，通过合理的投资策略获取收益，进而实现个人养老金的稳步增值。最后，当个人退休后，便可从此账户中提取资金，用于支付自身的养老费用。这四项功能均与税收优惠政策的实施紧密相连，共同构成个人养老金账户的核心价值。

7.4 默认投资选择

传统经济学往往基于一个核心假设：个体是具备完全理性的决策者。这一理念在很长时间内影响了社会实践与制度设计的方方面面。但随着行为经济学的崭露头角，人们开始觉察到，现实生活中的决策过程远比这一假设复杂。实际上，经常会遇到各种偏离理性的决策。例如，有些人更倾向于即刻享受，因此他们可能会选择将资金即刻消费，而不是为未来养老做储备。面对这种普遍存在的自我控制缺失现象，诺贝尔经济学奖得主理查德·塞勒（Richard Thaler）提出了一个具有创新性的"助推"（nudge）理论。在行为经济学的框架内，"助推"指的是通过精心设计的场景或细节来引导个体做出更为明智的选择。

养老金的默认投资选项，便是"助推"理论在实际操作中的一个案例。通过设置合理的默认选项，这一机制有效地帮助投资者克服了选择上的困难和惰性，引导他们将养老资金投入到适合的、长期的退休储蓄产品中。这一做法不仅简化了决策过程，也为解决养老金积累问题提供了一种有效的途径。下面以美国养老金合格默认投资选择（QDIA）和中国香港强制性公积金的预设投资策略（DIS）为例，解释默认投资选择。

7.4.1 美国养老金合格默认投资选择（QDIA）

1. 美国《养老金保护法案》与合格默认投资选择

美国在20世纪70年代引入了401（k）和IRA等养老金计划，旨在为民众提供更为稳定和可持续的退休生活。然而，面对冗长且难以理解的养老金融产品说明，许多人感到迷茫和不知所措。这种选择困难导致许多人的养老金被闲置，或者投入了不适合他们的金融产品，从而严重影响个人养老金制度的发展。为应对此问题，美国劳工部在2006年颁布的《养老金保护法案》中引入了一项新机制，即养老金合格默认投资选择（qualified default investment alternative，QDIA）。该机制为雇主提供了一种在免责情况下，将雇员的养老金投资于这些产品的途径。QDIA的设计理念是帮助投资者克服自身的惰性，引导他们的养老金流向适合且长期的养老金融产品。自QDIA推出以来，个人养老金的基金规模实现了快速的增长。QDIA实际上是一种备选的投资方案。当参与者或受益人有权对其养老计划账户中的资金进行投资决策，但由于某种原因未能做出决定时，他们所在的养老计划的受托人会代表他们选择一种投资方案，这就是 QDIA。

从美国养老保险的主要转变来看，从 DB 计划向 DC 计划和 IRA 计划的转变是一个显著的趋势。在 DB 计划中，雇主负责为雇员投资养老金，并在雇员退休后提供确定的待遇。然而，随着人口老龄化的加剧和宏观经济的波动，这种传统的保障模式变得越来越难以维持。因此，人们开始转向更为灵活的 DC 计划和 IRA 计划，这些计划允许个人根据自己的年龄阶段和风险收益偏好来选择投资产品，从而更好地实现养老金资产的长期增值。然而，由于缺乏金融知识，许多人在面对复杂的金融产品时感到无所适从，导致养老金被闲置或投入到错误的养老金融产品中。为了解决这一问题，美国劳工部推出了 QDIA，旨在鼓励员工将养老计划中的资金投入到适合且长期的退休储蓄产品中，从而提高个人养老金的投资效果。

2. 受托人应为养老金计划提供合格默认投资选择

随着 QDIA 的推出，美国的相关法律也进行了相应的调整，允许养老金计划的受托人在计划中指定一只默认基金。这一举措是依据《雇员退休收入保障法》（ERISA）的相关规定而实施的。根据该法律，受托人在代表参与人或受益人进行投资决策时，必须严格遵守四项核心义务：一是要密切关注市场动态和投资表现，即"顾"；二是要灵活运用各种投资工具和策略，即"灵"；三是要在投资决策过程中保持谨慎小心的态度，即"慎"；四是要勤于履行受托职责，确保投资活动的顺利进行，即"勤"。养老金计划的发起人（plan sponsor）有权在投资方案中指定一只默认基金作为默认的投资选择。然而，这一指定并非随意，而是需要经过受托人的严格审核。受托人必须确保该方案符合相关法规的要求，特别是要确认其是否可以作为"合格"的默认投资替代。只有当默认基金满足所有法规标准，并被确认为"合格"的默认投资替代后，受托人才能免除因投资 QDIA 可能造成的损失责任。这一规定不仅保护了参与人和受益人的利益，也确保了受托人在履行职责时的合法性和合规性。

3. 合格默认投资选择对投资管理人的要求

根据《雇员退休收入保障法》（ERISA）的相关规定，合格默认投资选择（QDIA）的管理人必须符合两个重要条件。第一，根据 ERISA 的第 3（38）条款，管理人必须是以上的受托人；第二，他们必须按照《1940 年投资顾问法》或各州相应的投资顾问法进行注册。目前，能够担任 QDIA 投资管理人的可以是基金管理人、银行、保险公司、信托公司，或是承担受托人职责的计划发起人，但后者需满足 ERISA 第 402（a）（2）条款的规定。

尽管雇主可以免责地将雇员的养老金投入到 QDIA 中，但投资管理人在使用 QDIA 资产进行投资时，必须遵守一系列法规规定的通知要求。具体来说，投资管理人需要在 QDIA 方案生效日或进行第一笔投资之前至少 30 天，通知相关的参与人。此外，每个计划年度开始时，投资管理人还需赋予参与人选择是否继续保持在原有 QDIA 中投资的机会，并且需在新的 QDIA 计划年度方案生效前至少 30 天通知参与人。

美国劳工部设定的30天提前通知期限与1986年《国内税收法规》（Internal Revenue Code）中关于"获准提款"（Permissible Withdrawal）的规定相契合。这样的规定确保了，如果参与人在选择了一种QDIA后无法进行免税提款，他们能够在第一时间获得相关信息，从而有足够的时间做出决策，选择是否退出该计划。这一规定旨在保护参与人的权益，确保他们在养老金投资过程中拥有充分的知情权和选择权。

4. 合格默认投资选择的豁免条款

QDIA的豁免条款中所指的90天限制，是一个重要的时间窗口。具体来说，从向QDIA注入资金的那一天开始算起，参与人或受益人在接下来的90天之内，拥有自由转账或者撤资的权利。在这段期间内，他们不会受到任何额外的限制，也不会因此产生惩罚性的费用或其他额外的支出（需要注意的是，因投资操作本身而产生的正常费用并不包括在内）。然而，这一特权仅在90天内有效，过了这个期限，相关的豁免条款将不再适用。这一90天的期限规定，并非随意设定。它的制定参考了《国内税收法规》（Internal Revenue Code）中的相关规定。根据该法规，参与人在90天之内，如果计划允许，他们有权将资金取出，并且无须缴纳额外的10%附加税。这一规定旨在为参与人提供一定的灵活性，同时也体现了税收政策的合理性和人性化。

5. 合格默认投资选择的投资限制

除了法规中明确规定的豁免情形外，雇主发行的有价证券通常是不被允许出现在合格默认投资选择（QDIA）中的。美国劳工部虽然不倾向于鼓励在QDIA中包含雇主发行的有价证券，但同时也认为，实施全面禁止既无必要也显得过于复杂。因此，劳工部特定了以下两种豁免情况。

第一，如果是符合《1940年投资公司法》并已注册的投资公司所持有的雇主有价证券，那么这些证券可以被纳入QDIA。尽管计划发起人没有直接将雇主有价证券加入QDIA的选择权，但他们可以通过制定投资方案来间接行使这一权利。这样，投资管理人就可以根据这些投资方案将雇主有价证券包含进QDIA中。

第二，如果雇主以对等缴费的方式将雇主有价证券分配给员工，或者在投资管理服务对QDIA方案拥有自主选择权之前，经参与人或受益人授权持有的雇主有价证券，这些证券同样也可以被纳入QDIA。然而，美国劳工部特别强调，符合法规要求的雇主有价证券只能构成QDIA的一部分，而不能占据其全部。

6. 合格默认投资选择所包含的产品

ODIA的角色与职责可以由满足《1940年投资公司法》要求的注册投资公司担任，同时，也可以由满足特定定义的投资产品或投资基金来执行。这些特定的投资产品或基金包括以下几类。

（1）根据投资者的年龄、预计退休时间以及预期寿命，调整投资组合中的资产配置比例的投资基金或投资产品。

（2）通过混合配置权益类资产和固定收益类资产，达到一个平衡的风险和回报组合的投资基金或投资产品。以平衡基金（balanced fund）为例，它的核心策略就是在风险和收益之间寻求一个最佳的平衡点。通过同时持有股票和债券等不同类型的资产，平衡基金能够在市场波动时提供更加稳定的回报，降低单一资产类别的风险。

美国劳工部要求受托人在设定目标风险级别时，必须将投资者的年龄作为一个重要的考虑因素。除了年龄因素外，受托人在决定目标风险级别时自行决定其他因素，以确保投资策略与投资者的个人情况和需求相匹配。

（3）根据参与者的具体情况和投资目标，动态地调整资产配置，实现风险和收益的最佳平衡的投资基金或投资产品。以专业管理账户（professionally managed account）为例，其核心在于受托人具备直接管理账户的权利。这种管理方式能够确保投资策略的灵活性和个性化，从而更好地满足参与者的投资需求。这意味着，受托人不仅需要具备直接管理账户的能力，还需要在合规的框架内，根据市场环境和参与者的需求，自主地做出投资决策。

（4）以合理的回报率（不论是否有担保）和一定的流动性为特点的投资基金或投资产品。这类基金或产品的核心目标是保证资产的货币计量价值，同时，也受到政府的严格监管。在被纳入参与人的 QDIA 方案后，此类产品的纳入时间不得超过 120 天。以货币市场基金和稳定价值型产品为例，后者需要满足三个条件：一是以保本为目标；二是提供合理的回报率；三是具备预定的流动性。

美国劳工部认为，在员工最可能选择退出方案的时候，也就是在第一笔缴款发生日起的 120 天内，应当为计划发起人提供一个机会，让他们能够将那些风险极低的投资选择纳入其 QDIA 之中。

（5）确保投资者的本金安全无损，同时追求与"中间投资级债券"相当的稳定收益的投资基金或投资产品。此类投资基金或产品需严格遵循以下三个关键要求：首先，对于参与或受益的投资者来说，在提取资金时，不应承担任何形式的解约费用或因提款行为而产生的额外费用，确保资金提取的零负担；其次，本金与收益必须由受州及联邦政府严格监管的金融机构提供担保，为投资者的资金安全提供了坚实的保障；最后，这类产品纳入 QDIA 的日期，不得迟于 2007 年 12 月 24 日，以确保其合规性和历史可追溯性。

（6）只要符合 QDIA 最终规则的相关规定，便可以采用可变年金或类似合约的形式，或者通过集合信托基金的方式，向参与人或受益人提供的投资基金或投资组合。

至于此类投资基金或投资组合是否附带年金购买权、投资保障、死亡收益保障或其他附属权益，并不构成其加入 QDIA 的障碍。美国劳工部认为应当鼓励在退休基金产品中的各种创新尝试。

7. 稳定价值型产品和货币市场基金未被永久纳入的原因

美国劳工部拒绝将稳定价值型产品和期限超过 120 天的货币市场基金永久性地纳入 QDIA，主要基于以下三个理由。

首先，尽管从短期角度来看，稳定价值型产品或货币市场基金确实符合 QDIA 的纳入标准，但从长远来看，由于其投资策略偏向保守，所能产生的回报往往低于其他采用更积极投资策略的基金。这意味着，在长期的投资过程中，投资者可能无法获得与市场平均水平相当的收益。

其次，如果法规允许将这些产品纳入 QDIA，许多雇主在制定 ODIA 方案时，可能会因其保本属性和相对较低的风险而倾向于选择这类产品。然而，由于风险和收益相匹配的原则，这种选择可能导致参与人在退休时无法获得足够的退休收入。因此，这种偏好可能会阻碍其成为长期的 QDIA 方案。

最后，如果无限制地允许此类产品加入 QDIA，参与人或受益人可能会误认为政府和雇主已经通过法规对此类产品的长期收益提供了担保。从长远来看，这种误解可能会引发严重的负面影响，包括投资者对风险和收益的不合理预期，以及可能的信任危机。因此，美国劳工部认为有必要对此类产品的纳入进行限制，以避免这些潜在问题。

8. 合格默认投资选择的作用

QDIA 最终规则主要汲取了美国养老金融市场在经历一段时间发展后的宝贵经验与深刻教训。实践已经充分证明，"合格默认投资选择"的制度设计有效地解决了参与人在面对众多选项时的"选择困难"以及因惰性而未能积极参与的问题，从而大幅提高了养老金计划的参与率。

对于计划发起人而言，QDIA 机制的引入不仅缓解了他们对参与人或受益人因投资能力欠缺而可能做出不明智决策的顾虑，而且从长远来看，这也将增强养老金计划的保值增值能力，进而有望提升参与人退休后的生活质量。如果参与人或受益人未主动做出选择，系统会自动将其加入养老计划，这可以有效降低其因专业投资知识匮乏而在产品选择上的难度。

7.4.2　中国香港强制性公积金的预设投资策略（DIS）

1. 预设投资策略的基本情况

香港强制性公积金，常被称为强积金或 MPF，是在香港特别行政区于 1995 年 7 月 27 日通过《强制性公积金计划条例》后设立的一项制度。该制度自 2000 年 12 月 1 日起正式生效，它是以雇佣关系为基础的退休保障体系。除了少数获得豁免的人员，所有年龄在 18 岁到 65 岁之间的一般雇员、临时雇员以及自雇人士，均需参加强积金计划。此制度的根本目的在于帮助劳动者为退休生活进行充分的储蓄准备，因此，根据《强制性公积金计划条例》的规定，计划成员需达到 65 岁方可提取其累积的权益。数据显示，截至 2023 年底，该计划已覆盖了超过 70% 的劳动者，强积金的总资产达到 1.14 万亿港元。[①]

强积金以其独特的特性为人所知：它采取强制缴费、完全积累制、市场化运营以及个人投资选择权，且采用信托方式进行管理。在此框架下，核准受托人扮演强积金计划的主要运营者角色，并承担全部的受托责任。同时，该计划还设立了保管人、计划管理人、投资管理人及中介人等角色，他们分别肩负着基金托管、行政管理、投资管理以及

---

① https://finance.sina.com.cn/stock/hkstock/ggscyd/2024-01-23/doc-inaenvsh3403762.shtml，新浪财经。

计划销售等重要职责。

2. 预设投资策略的内涵

DIS，作为强积金制度的一项重要革新，旨在解决强积金基金中存在的费用高昂和选择困难等问题，从而为计划成员提供更为优越的退休保障。DIS 主要为那些对强积金管理不甚了解或不愿过多参与的成员而设计。若成员未主动做出投资选择，其计划内的资金将会依据 DIS 进行自动投资配置。同时，那些已有明确投资选择的成员，亦可主动选择将 DIS 设定为自己的投资策略。所有强积金计划下的默认投资策略设计在核心思路上均保持高度一致性。

3. 预设投资策略的成分基金

DIS 由两只成分基金构成，分别是核心累积基金和 65 岁后基金（见表 7-2）。这两只基金都属于混合资产基金，它们通过在全球金融市场上按不同比例投资于多种类型的资产，以达到分散和降低投资风险的目的。这两种预设投资策略基金都遵循全球分散投资的原则，并灵活运用包括环球股票、固定收益产品、货币市场工具和现金在内的多种资产，同时也涵盖强积金法规所允许投资的其他类别资产。

根据《强制性公积金计划条例》的规定，在实际投资活动中，核心累积基金和 65 岁后基金被允许投资于较高风险资产的比例可以在 5% 的范围内灵活调整。这样的规定为基金管理提供了一定的灵活性，以应对市场变化和优化投资收益。

表 7-2 DIS 的成分基金

基金类型	投资范围
核心累积基金（CAF）	约 60% 投资于风险较高的资产（主要为全球股票），其余为风险较低的资产（主要为全球债券）
65 岁后基金（A65F）	约 20% 投资于风险较高的资产（主要为全球股票），其余为风险较低的资产（主要为全球债券）

4. 预设投资策略的特点

（1）随成员年龄自动降低投资风险

若强积金计划成员选择采用 DIS 进行投资，随着成员逐渐接近退休年龄，受托人会相应地逐步调整投资策略以降低强积金的风险。对于年轻的计划成员而言，由于他们距离退休尚有时日，投资期限相对较长，因此对金融市场波动的承受能力也更强。这意味着他们可以承担更大的投资风险，以期获得更高的预期回报。然而，对于那些即将退休的计划成员来说，他们的风险承受能力相对较弱，因此需要降低投资风险以确保资金的安全。基于这一理念，预设投资策略做出如下安排（见表 7-3）：当成员年龄未满 50 岁时，其所有积累权益及未来的投资将会全部投入核心累积基金；当成员年龄在 50 岁至 64 岁之间时，受托人会根据成员的年龄逐年自动调整核心累积基金与 65 岁后基金之间的投资比例。具体来说，就是会逐步减少核心累积基金的投资份额，同时逐步增加 65 岁后基金的投资份额；当成员年满 64 岁时，其所有积累权益及未来的投资将会全部转入 65 岁后基金，以确保资金的稳定增值并为即将到来的退休生活提供保障。

表 7-3　预设投资降低风险列表

年龄	核心累积基金占比（%）	65岁后基金占比（%）	年龄	核心累积基金占比（%）	65岁后基金占比（%）
49岁及以下	100.00	0.00	57岁	46.70	53.30
50岁	93.30	6.70	58岁	40.00	60.00
51岁	86.70	13.30	59岁	33.30	66.70
52岁	80.00	20.00	60岁	26.70	73.30
53岁	73.30	26.70	61岁	20.00	80.00
54岁	66.70	33.30	62岁	13.30	86.70
55岁	60.00	40.00	63岁	6.70	93.30
56岁	53.30	46.70	64岁及以上	0.00	100.00

注：随成员年龄自动降低投资风险的安排一般会于成员50岁至64岁每年的生日当日进行。由于基金价格会随市场变动，表中所列两只基金的投资比例可能于受托人执行自动降低投资风险的安排后有所改变。即两只基金的比例会于降低投资风险那一刻处于表中的百分比，但不会全年处于同一百分比。

（2）收费设有上限

基金的收费及开支水平对于其长远的投资表现具有不可忽视的影响。在保持其他因素不变的情况下，若基金的收费能够降低，那么其净投资回报自然会得到提升。为了确保投资者的利益，核心累积基金及65岁后基金均设定了可收取的费用及开支的上限（见表7-4）。这样的设定有助于控制基金的运营成本，进而为投资者创造更为可观的净收益。

表 7-4　核心累积基金及65岁后基金的收费

管理费用 （包括受托人及投资经理等的费用）	经常性实付开支 （包括年度审计费、印刷费及邮费等）
不可高于基金每年净资产值的0.75%（以日额计算）	不可高于基金每年净资产值的0.2%

资料来源：https://www.mpfa.org.hk/sc/mpf-investment/portfolio/default-investment-strategy#.

（3）分散投资环球市场

核心累积基金与65岁后基金均采取了分散投资的策略，它们将资金投向全球各地的不同市场，并且广泛投资于各类资产。这些资产具体包括股票、定息债券、货币市场工具、存款，以及强积金法例所允许的其他投资形式。

5. 预设投资策略的通知内容

（1）预设投资策略实施前通知书

在2016年12月至2017年1月期间，受托人必须向所有强积金账户持有人发放预设投资策略实施前通知书（DPN）。该通知书的主要目的是向成员提供关于DIS的详尽信息，涵盖其特点、投资目标、潜在风险、相关费用、资产分配情况，以及可能对成员的强积金投资产生的影响。成员在接收到受托人发放的DPN后，如果对其中的内容有任何疑问或不解，均可随时联系受托人进行咨询，以便获得更清晰的解答和指导。

（2）预设投资策略重新投资通知书

受托人在DIS推出后，即2017年4月1日起的六个月内，需要向满足特定条件的强积金账户持有人发送预设投资策略重新投资通知书（DRN）。如果账户持有人不同意按照 DIS 进行投资，他们必须在 DRN 发出日期后的 42 天内，填写 DRN 附带的表格，明确给出自己的投资指示，并将表格回复给受托人。如果受托人在发出 DRN 后的 42 天内没有收到持有人的任何回复，那么受托人将在随后的 14 天内，把持有人账户中的强积金改为按照 DIS 进行投资。同时，以后新存入该账户的强积金也将按照 DIS 进行投资。

6. 预设投资策略的作用

DIS 的设计理念旨在为计划成员提供一个简洁易懂、费用明晰且能随着成员接近退休年龄而自动调整风险水平的投资策略。通过 DIS，期望达到三个主要目标：首先，解决参与者在面对琳琅满目的基金产品时的选择困难，为他们提供一个清晰的投资方向；其次，帮助那些因惰性而未能主动做出投资选择的参与者，为他们提供一个科学合理的投资方案；最后，通过设置明确的收费上限，降低参与者的投资成本，从而提高他们的长期收益。简而言之，DIS 不仅简化了投资选择过程，还为参与者提供了一个低成本、高效益且风险可控的投资路径。

7.5 个人养老金发展的国际比较

7.5.1 美国的个人养老金

1. 美国个人养老金制度概况

作为美国养老保险体系的重要组成部分，第三支柱个人养老金制度的设计理念源于政府通过提供税收优惠政策，鼓励和引导纳税人进行自愿储蓄，以此作为对第二支柱养老金制度的有力补充和衔接。自 1974 年美国通过《雇员退休收入保障法》（ERISA 法案），并将个人养老金制度引入其中以来，经过几十年的发展与完善，美国的养老保险第三支柱已经形成一个多元化且成熟的体系。

从具体的运作模式上剖析，美国的第三支柱个人养老金制度包含两种主要模式：账户模式和保险模式。账户模式是通过设立个人养老金账户（individual retirement account，IRA）来实现的，参与者可以将资金存入该账户，并根据自身需求进行投资选择，以此达到养老资产积累的目的。而保险模式则是通过购买个人养老保险（individual retirement annuity）的方式，参与者定期缴纳保险费，待到法定退休年龄或自己选择的退休时间后，便可领取养老年金或一次性养老金。这两种模式并行不悖，共同构成了美国养老保险第三支柱的坚实基石。目前，账户模式下的资产规模已经远超保险模式。

在税收优惠方面，美国的第三支柱个人养老金制度同样展现出其灵活性和多样性。传统 IRA 计划允许参与者以税前收入进行投入，享受税收递延的优惠政策；而罗斯 IRA 计划则要求以税后收入投入，但在投资和支取时均可免税。这两种税收优惠模式为不同收入层次的参与者提供了更多选择，从而更好地满足了他们的养老需求。

此外，美国的第二支柱和第三支柱养老金制度之间还建立了良好的互补与联通机制。对于那些未参与第二支柱养老金计划的纳税人来说，他们可以通过 IRA 计划进行补充养老储备；同时，第二支柱和第三支柱养老金计划项下的资产还可以实现互转，特别是在工作变动或退休时，这一设计无疑为参与者提供了更大的便利性和灵活性。

2. 美国个人养老金制度的沿革

1974 年，美国通过了具有里程碑意义的《雇员退休收入保障法》（ERISA 法案），这一法案的实施不仅系统地规范了养老金的相关事宜，更标志着个人养老金制度的正式建立以及传统 IRA（个人退休账户）的诞生。传统 IRA 计划在此后的实施中发挥了两个主要作用：一方面，该制度为那些未被第二支柱雇主发起式养老金计划所覆盖的个体，提供了一个能够享受税收优惠政策的储蓄方案；另一方面，它也起到了保留与工作变动或退休相关联的养老资产的作用，从而对雇主发起的养老金系统形成了有益的补充。

为了适应不同收入群体的养老需求，1997 年美国又通过了《纳税人减税法案》，这一法案的出台标志着罗斯 IRA 计划的诞生。在此之前，传统 IRA 计划虽为个体提供了一定程度的税收优惠，然而其年度税前扣除额度较为有限。对于已拥有第二支柱养老金计划的中高收入者而言，向传统 IRA 计划存入资金时，税前扣除还受到某些限制。为进一步完善适用于中高收入者的个人养老金制度，《纳税人减税法案》在 IRA 体系中引入了另一种税收优惠模式——罗斯 IRA 计划。在罗斯 IRA 计划框架下，尽管存入资金时无法享受税前扣除优惠，但其投资收益及支取时可享受免税政策。这一特性使罗斯 IRA 更适宜于当期所得税缴纳能力较强的中高收入投资者。

2000 年以后，为了进一步推动 IRA 的发展，美国在 2001 年通过了《经济增长和税收减免协调法案》（EGTRRA 法案）。该法案不仅放宽了第二支柱养老金计划账户与第三支柱 IRA 计划之间资金转移的限制，还逐步提高存款额度和税收优惠上限的措施。遵循 EGTRRA 法案的规定，所有 IRA 账户的存款额度上限在随后的几年里得到了稳步提升：2002 年提高至 3 000 美元，2005 年提高至 4 000 美元，到 2008 年更是提高至 5 000 美元。同时，该法案还增加了税前抵扣额度上限随生活成本调整的条款，以更好地适应经济环境的变化。此外，为了使更多年长雇员能够储蓄更多资金以备养老，EGTRRA 法案还特别规定，自 2002 年起，50 岁以上的纳税人可额外享受 1 000 美元的税前抵扣额度。因此，目前 50 岁以上人士每年能够享受的税收递延上限提升至 6 500 美元。IRA 制度允许单个纳税人开设多个 IRA 账户，但所有传统 IRA 账户和罗斯 IRA 账户需共同遵守上述的存款额度及税收优惠上限规定。

3. 美国个人养老金制度的具体安排

（1）账户模式

在美国，个人养老金涵盖账户和保险两种模式，它们被共同称为 IRA 计划。根据法典的第 408（a）款，个人养老金账户特指那些完全为了个人或其受益人的利益，在美国设立或构建的信托（或托管账户）。这样的账户必须符合一系列明确的规定，主要有以下三点：首先，这类账户只能接受符合法律规定的滚存缴费，以及不超过税前扣除额度上限的现金缴费，此外，不接受任何其他形式的缴费；其次，账户必须由银行或其他被认可的机构作为受托人来管理；最后，信托基金的任何部分都不得用于投资人寿保险合同。

（2）税收优惠

传统 IRA 计划为投资者提供了一种 EET 模式的税收递延优惠。在满足一定条件下，个人可享受到一定的年度税前扣除额度。在此额度范围内，个人存入传统 IRA 账户的资金，可在计算当年应纳税收入时享受税前扣除的优惠政策。这些存入账户的资金可用于投资，并且其投资所得同样能够享受延期纳税的待遇。最终，只有当个人达到法定退休年龄并从传统 IRA 账户中提取资金时，才需按照相关规定缴纳所得税。

相比之下，罗斯 IRA 计划则采用了 TEE 的税收模式。这意味着，在资金存入罗斯 IRA 账户时，个人并不能享受当期的税前扣除优惠，而需要以税后收入进行存入。然而，存入账户的资金也可用于投资，且其投资收益将享受免税优惠。当开始领取罗斯 IRA 账户资金时，或者在满足一定年龄（59.5 岁）和开户时间（5 年）要求后提取投资收益时，都无须再缴纳收入税。

鉴于税收优惠政策与资金的存入和支取环节紧密相连，接下来将从这两个方面出发，详细阐述相关的规定，并具体介绍在这些环节中税收优惠的具体安排（见表 7-5、表 7-6、表 7-7）。

表 7-5　不同 IRA 计划的存入规则

内容要点	传统 IRA 计划	罗斯 IRA 计划
开设条件	规定 70.5 岁以下；本人或配偶有应税收入	单身、户主或分居且分别提交报税表，调整后总收入小于 133 000 美元；已婚且提交联合报税表或丧偶，调整后总收入小于 196 000 美元；已婚且分别提交报税表，调整后总收入小于 10 000 美元
资金来源	个人税前收入	个人税后收入
税收优惠环节	存入环节	支取环节
税收优惠政策	本金从应税所得中扣除	投资收益免税
存入上限	以下两者中的最小值： ① 50 岁以下的账户拥有者上限为 5 500 美元；50 岁及以上的账户拥有者上限为 6 500 美元。② 应税收入	单身、户主或分居且分别提交报税表： 调整后总收入小于 118 000 美元，50 岁以下的账户拥有者上限为 5 500 美元；50 岁及以上的账户拥有者上限为 6 500 美元；调整后总收入在 118 000 美元到 133 000 美元，存入上限减少 已婚且分别提交报税表： 调整后总收入为 0，50 岁以下的账户拥有者上限为 5 500 美元；50 岁及以上的账户拥有者上限为 6 500 美元；调整后总收入在 0~10 000 美元，存入上限减少 已婚且提交联合报税表或丧偶： 调整后总收入小于 186 000 美元，50 岁以下的账户拥有者上限为 5 500 美元；50 岁及以上的账户拥有者上限为 6 500 美元；调整后总收入在 18 6000 美元到 196 000 美元，存入上限减少
是否可以超出存入上限	超出部分每年额外缴纳 6% 的税收，且税额不超过所有类型 IRA 资产的 6%	超出部分每年额外缴纳 6% 的税收

需要明确的是，存入传统 IRA 账户的资金并非都能享受全额税前抵扣的优惠。这一税收优惠政策的具体实施，还会受到诸多因素的影响。具体来说，根据 IRA 账户持有者是否参与了雇主发起的养老金计划、其纳税申报的状态，以及经过调整后的总收入等条件，传统 IRA 账户所能享受的税收优惠会进一步细分为三类：存入资金可全额税前抵扣、仅可部分抵扣，或是不得抵扣。

从总体趋势来看，对于那些已经参与了雇主发起的养老金计划，或是收入层次较高的纳税人来说，他们更有可能无法享受到全额的税前抵扣优惠。这是因为，相关的税收政策在设计时，就已经考虑到了公平性和激励性的平衡，以避免对某些高收入或已有稳定养老金来源的人群提供过度的税收优惠。

表 7-6 传统 IRA 账户存入资金的税前抵扣政策

是否参加雇主发起式养老金计划	申报状态	调整总收入（应税收入、投资收益、股票分红等其他收入）	税收优惠
参加	单身或户主	≤ 62 000 美元	全额减免
		62 000~72 000 美元	部分减免
		≥ 72 000 美元	不减免
	已婚或丧偶，提交联合报税表	≤ 99 000 美元	全额减免
		99 000~119 000 美元	部分减免
		≥ 119 000 美元	不减免
	已婚，分别提交报税表	<10 000 美元	部分减免
		≥ 10 000 美元	不减免
未参加	单身、户主或丧偶	任何金额	全额减免
	已婚，且配偶未参加雇主发起式养老金计划	任何金额	全额减免
	已婚，提交联合报税表，且配偶参加雇主发起式养老金计划	≤ 186 000 美元	全额减免
		186 000~196 000 美元	部分减免
		≥ 196 000 美元	不减免
	已婚，分别提交报税表，且配偶参加雇主发起式养老金计	<10 000 美元	部分减免
		≥ 10 000 美元	不减免

资料来源：美国 IRS Publication 590-A。

（3）支取规则

表 7-7 不同 IRA 计划支取规则

内容要点	传统 IRA 计划	罗斯 IRA 计划
合格支取条件	70.5 岁时的隔年 4 月 1 日开始支取一定限额以上的养老金	账户中的资金连续存满五年及以上；59.5 岁及以上或参与人发生残疾、死亡时支取
支取不足	不足部分需额外缴纳 50% 的税	无须缴税

续表

内容要点	传统 IRA 计划	罗斯 IRA 计划
提前支取	在 59.5 岁之前支取资金，需缴纳 10% 的税，但以下情况除外：首次购房、因身体残障导致的失业、医疗费用超出调整后总收入的 7.5% 等特定情形	本金无须缴税或罚金；合格支取部分免税；非合格支取将被征收 10% 的罚金，但以下情况除外：首次购房、因身体残障导致的失业、医疗费用超出调整后总收入的 7.5% 等特定情形
取款时是否要缴税	本金及投资收益按照取款时的税率缴税	若满足合格支取条件则投资收益免税

资料来源：美国 IRSPublication590-B。

（4）IRA 计划与雇主发起式养老金计划的转换

在美国的养老保障体系中，IRA 计划并非孤立存在，而是与第二支柱的养老金计划相互配合、相互补充。现行法规提供了合格的 IRA 计划与雇主发起的养老金计划间的转换（见表 7-8），可通过一种名为"滚存"的操作实现资产的顺畅转移，同时保留其原有的税收优惠权益。这种滚存操作为那些因工作变动而需要更换养老金计划的雇员提供了一个便捷的解决方案。通过滚存方式，雇员可以将原雇主养老金计划中的资产无缝转移到 IRA 计划中，从而继续享受原有的税收优惠。这一机制不仅确保了雇员在职业变动过程中养老金资产的连续性和安全性，还为其提供了一个持续增值保值的平台，使他们的退休生活得到更为坚实的保障。

表 7-8 IRA 账户与雇主发起式养老金计划的转换

转自	转入			
	传统 IRA 计划	罗斯 IRA 计划	政府 457（b）计划	合格雇主发起式养老金计划 [如 401（k）计划、DB 计划等]
传统 IRA 计划	是，且 12 个月内仅限 1 次，60 天内转入不收税	是，且必须 60 天内连同收入一起转入	是，且必须是分开的账户	是
罗斯 IRA 计划	否	是，且 12 个月内仅限 1 次	否	否
政府 457（b）计划	是	是，且必须连同收入一起转入	是	是
合格雇主发起式养老金计 [401（k）计划、DB 计划等]	是	是，且必须连同收入一起转入	是，且必须是分开的账户	是

资料来源：美国 IRSPublication590-A。

鉴于 IRA 账户的直接滚存操作能够享受税收减免的优惠政策，账户持有者可以策略性地将 IRA 账户作为资产转移的"中转站"。具体来说，当持有者需要从一个雇主发起的养老金计划转移资产到另一个养老金计划时，他们可以先将资产从原雇主养老金计划滚存到 IRA 账户，再从 IRA 账户滚存到新的养老金计划。这一过程中，由于滚存操作的税收优惠，账户持有者无须支付任何额外的税收（见表 7-9）。

表 7-9 从养老金账户内支取与转滚存的对比

内容要点	从合格的养老金账户内支取	直接转滚存入 IRA 账户
留存比例	20%	无
额外税收	59.5 岁之前支取需缴纳 10% 的税	无
归为收入的时间	支取时计入收入	从 IRA 账户支取时计入收入

资料来源：美国 IRSPublication590-A。

（5）投资选择

个人在 IRA 账户中享有自主投资选择权，可以根据自己的风险承受能力、投资目标和市场判断，灵活配置账户下的资金。《美国国内收入法》对于 IRA 账户的投资范围虽然设定了一些限制性规定，但整体上给予了投资者较大的自由空间。然而，一旦 IRA 账户的资金运用违反了这些限制性规定，该账户将失去原有的税收优惠待遇。例如，为了保持税收优惠，IRA 账户的资金不得用于投资人寿保险合同和收藏品等特定领域。

（6）投资顾问

美国个人养老金计划允许投资顾问为参与者提供专业的投资建议。

这些投资顾问必须满足一定的主体资格要求，具体包括：根据 1940 年《投资顾问法》在美国注册的投资顾问，或依照州法律注册的相应投资顾问；银行或同类金融机构，但需注意，投资建议必须由这些机构的信托部门提供；具备合法经营资质的保险公司；按照 1934 年《证券交易法》在美国注册为经纪商或自营商的个人或实体；以及上述机构的附属机构或满足特定法律条件的员工、代理人或注册代表。

在提供投资建议时，投资顾问可以采用两种模式：主动投资建议模式和基于计算机模型的投资建议模式。在主动建议模式下，投资顾问收取的佣金或费用不得与其提供的投资建议相关联。而选择使用计算机模型建议模式时，需遵循一系列严格的要求。例如，所使用的计算机模型必须获得美国劳工部的授权认证，其理论基础必须是广泛认可的投资理论。此外，在构建模型时，还需全面考虑养老金计划参与者的个性化信息，这些信息包括但不限于年龄、预期寿命、退休年龄、风险承受能力、其他资产或收入来源，以及个人的投资偏好等。同时，模型提供的建议必须符合养老金计划的投资范围和目标，保持公平和公正，防止投资顾问的关联方从中获取不当利益。模型还需要对养老金计划允许投资的所有标的进行全面评估，避免对任何特定投资标的产生不适当的偏好。

投资建议安排的审计要求是接受独立审计。这一要求的根本目的在于确保个人养老金计划的投资顾问能够持续履行其诚信义务，为养老金计划参与者提供稳健、可靠的投资建议。审计的具体时间和相关安排由美国劳工部负责制定和执行。

除了审计要求外，投资顾问还承担着重要的信息披露义务。这些信息主要包括以下几个方面：首先，必须披露与投资顾问存在重大关联关系的个人或实体。其次，需要提供养老金计划各种投资标的的历史业绩情况，以供参与者参考。再次，投资顾问或其任何附属机构从投资顾问服务中可获得的费用和佣金也需透明化；若拟投资的证券或资产与投资顾问或其附属机构存在重大关联和契约关系，也需提前进行披露；当养老金计划的持有人或受益人的信息将被使用或披露时，应明确告知其相关情形和方式；此外，投资顾问还需详细披露其提供的投资建议服务的具体模式或种类。最后，必须向养老金计划持有人或受益人明示"投资顾问对养老金计划负有诚信义务"。

这些信息披露的内容不仅要求准确全面，而且表述方式需清晰、简洁，确保一般的养老金计划参与者能够理解。

4. 美国个人养老金制度监管安排

美国 IRA 计划的监管主要由美国财政部下设的国内收入署（IRS）和美国劳工部共同负责。

IRS 在监管 IRA 计划中起着核心作用，其监管依据主要为《美国国内收入法》。IRS 的职责之一，便是对涉及 IRA 计划的税收政策执行情况进行严格监督。鉴于美国以个人报税为主的税制特点，IRS 在监管过程中特别关注个人报税申报中涉及 IRA 计划资金的存入、支取、滚存等操作所带来的税务影响，以此确保这些操作严格遵循 IRA 计划的相关法规。此外，IRS 还承担着对 IRA 计划是否符合合格养老金计划标准的持续性监管责任。举例来说，一个合格的 IRA 账户必须配备受托人或托管人，而 IRS 则肩负审批这些托管人资格的重任。除了银行可以直接担任 IRA 账户的受托人外，其他非银行机构若有意承担受托人或托管人的角色，必须首先获得 IRS 的明确批准。

相比之下，美国劳工部对个人养老金的监管则更为间接，这种监管主要是基于对第二支柱养老金监管的延伸，其监管依据为 ERISA 法案。美国劳工部在第二支柱养老金的监管上，主要强调的是对雇员权益的保护，以及对养老金计划发起人、受托人、投资顾问等诚信责任的监督。鉴于美国的第二支柱与第三支柱养老金制度之间存在着密切的联动与互补关系，同时它们的税收优惠政策和投资运作均遵循相似的框架，因此，美国劳工部针对雇主发起的养老金计划所制定的部分监管规则，同样适用于第三支柱。这些规则自然而然地延伸并成为对 IRA 计划的规范。

此外，ERISA 法案还要求美国财政部和美国劳工部在涉及养老金计划的相关监管上进行相互协调。ERISA 法案的第 3003 款明确规定，在涉及养老金计划相关法律的修改事项上，美国财政部和美国劳工部应充分咨询对方的意见。

5. 美国个人养老金的保险模式

除了账户模式外，美国的 IRA 计划还提供了保险模式供投资者选择。《美国国内收入法》的第 408（b）款对年金保险模式有详尽的规定。所谓的个人养老保险（individual retirement annuity），指的是由保险公司发行并满足特定条件的养老保险合同，这种合同采用的是契约型模式。

在保险模式下，投资者所缴纳的保费被专门用于购买保险公司发行的养老保险合同，这些合同可以是年金合同或者赠与合同。因此，与账户模式相比，投资者在保险模式下的养老待遇更多地依赖于保险合同的条款约定。这也意味着，在保险模式下，个人的投资选择权不如在账户模式下那么灵活。投资者在选择养老保险合同时，需要更加关注合同的具体条款和保险公司的履约能力。

6. 美国个人养老金的资产管理

个人退休金账户作为美国居民养老储蓄的关键工具,不仅开设方便,且运营成本低廉,其运营管理模式历经数十年的磨砺已日趋完善。遵循美国的相关法律规定,有资格为 IRA 计划提供投资顾问服务的主体主要包括专业的投资顾问、银行、保险公司以及证券经纪商。这些机构同样构成当前美国 IRA 计划的主要投资管理机构。

在资产配置方面,早期的 IRAs 主要侧重于银行和储蓄存款的投资。然而,自 1990 年代以来,共同基金以及其他资产(如通过经纪账户持有的股票、债券和 ETF 等)在 IRA 投资组合中的比重逐渐上升。时至今日,共同基金已成为 IRAs 的首选投资方向。值得注意的是,共同基金在 IRAs 资产中的占比自 1975 年的 1% 飙升至 2020 年的 45%,而银行和储蓄存款的占比则从 1975 年的高达 72% 大幅下滑至 6%(见表 7-10)。

在投向共同基金的 IRAs 资产中,若按账户类型划分,传统 IRA 共同基金的规模最大,2020 年占比高达 83%,其次是罗斯 IRA,其共同基金的占比为 10%。若从基金类型来看,2020 年股票型基金的规模最大,达到 3.06 万亿美元,占比高达 56%;混合型基金的占比也有所上升,从 1990 年的 7% 增长至 2020 年的 19%,投资规模为 1.06 万亿美元;而债券型基金和货币型基金的占比则分别由 1990 年的 23% 和 29% 下降至 2020 年的 17% 和 7%,2020 年的投资规模分别为 0.94 万亿美元和 0.39 万亿美元。总体来看,权益类基金在投资组合中占主导地位,从 1990 年至 2020 年,股票型基金和混合型基金的占比均有所上升,而货币基金的占比则呈现出明显的下降趋势。

表 7-10 美国第三支柱资产配置结构变化情况 单位:万亿美元

IRAs 资产配置	共同基金		银行和储蓄存款		寿险公司资产		其他资产		总资产	
	规模	占比(%)	规模	占比(%)	规模	占比(%)	规模	占比(%)	规模	占比(%)
1975 年	—	1	0.002	72	0.001	24	—	2	0.003	100
1980 年	0.001	3	0.02	82	0.002	10	0.001	5	0.03	100
1990 年	0.14	22	0.27	42	0.04	6	0.19	29	0.64	100
2000 年	1.26	48	0.25	10	0.20	8	0.92	35	2.63	100
2010 年	2.42	48	0.46	9	0.31	6	1.84	37	5.03	100
2020 年	5.46	45	0.69	6	0.52	4	5.55	45	12.21	100

其中:IRAs 共同基金投资类型	国内股票型基金		国际股票型基金		混合型基金		债券型基金		货币型基金		共同基金合计	
	规模	占比(%)	规模	占比(%)	规模	占比(%)	规模	占比(%)	规模	占比(%)	规模	占比(%)
1990 年	0.05	38	0.01	4	0.01	7	0.03	23	0.04	29	0.14	22
2000 年	0.78	62	0.14	11	0.10	8	0.11	9	0.14	11	1.26	48
2010 年	0.95	39	0.37	15	0.44	18	0.46	19	0.20	8	2.42	48
2020 年	2.30	42	0.76	14	1.06	19	0.94	17	0.39	7	5.46	45

资料来源:ICI(美国投资公司协会)。

截至2023年底，美国IRA计划的资产规模已经达到12.5万亿美元，这一数字占据了"三大支柱"全部退休资产的超过35%的比重。然而，尽管人寿保险公司在养老保障体系中也是重要的一环，但在IRA计划中，由人寿保险公司管理的资产占比却不足10%。账户模式下的IRA资产占据了绝对的主导地位。

7.5.2 德国的个人养老金

1. 德国个人养老金制度的沿革

在探讨德国个人养老金制度的发展历程时，有必要先回顾其在21世纪之前的状况。彼时，德国对基金积累制养老金制度持谨慎态度，导致法定养老保险成为老年人退休收入的主要来源。据1999年的统计数据，法定养老金在退休人员总收入中的占比高达85%，而职业养老金和个人养老金则分别仅占5%和10%，凸显了第一支柱养老金体系的绝对优势。

然而，进入20世纪90年代，德国面临严峻的人口老龄化挑战，养老保险制度的赡养比急剧上升。为了应对这一趋势，确保养老保险体系的可持续性，并促进社会公平，德国政府启动了一系列关键性养老金改革。其中，2001年的里斯特养老金改革（Riester Reform）尤为重要。这一改革背景深厚，德国自20世纪50年代起即步入老龄化社会，少子高龄化问题在20世纪80年代后更为突出。尽管20世纪90年代的数次改革试图缓解法定养老体系的财政压力，但未能从根本上解决问题。因此，2001年5月11日，德国红绿联合政府提出的《老年财产法》（AVmG）在联邦议院获得通过，标志着里斯特养老金改革的正式启动。该改革由时任劳动和社会事务部部长的因瓦尔特·里斯特（Walter Riester）主导，因此得名"里斯特改革"。

里斯特计划作为一种商业养老保险计划，享受国家财政直接补贴和税收优惠政策，旨在通过缩减法定养老保险给付水平，减轻政府财政压力，并通过新型养老金计划弥补这一缩减。该计划于2002年正式推出，其养老产品由符合条件的保险公司、银行、基金公司及建房互助储金信贷社等提供，涵盖保险、储蓄、基金及里斯特住房储蓄（Wohn-Riester）等多种形式，赋予个人或家庭根据偏好自由选择的权利。截至2019年底，里斯特养老产品的合同签署量已激增至1 077万人次，是2001年的7.7倍，并持续呈现增长态势。

尽管里斯特计划取得了显著成效，但研究表明，其并未完全抵消法定养老金的减少，且其计算基础被认为复杂且不透明，增加了公众选择的难度。为此，德国政府在2004年启动了新一轮养老金改革，旨在将人口结构变化纳入养老金支付率考量，减轻同期缴费者负担，实现代际公平。同时，里斯特养老产品的审批标准得以简化，产品类型更加丰富多样。此外，德国社会保障制度可持续融资委员会（吕鲁普委员会）的成立，为经济和人口因素预测提供了重要支持，为新一轮养老金改革提供了科学依据。

《老年收入法》的出台进一步引入了新的税收政策，允许养老金缴纳阶段免税，支取时再行纳税。该法律还重新定义了养老金体系，从传统的"三支柱"模式转变为更为平衡的三层次体系，明确了各类养老金在体系中的作用及相应税收政策。这一转变不仅提升了资本积累制在德国养老体系中的重要性，也为未来养老金改革指明了方向。

随着时间的推移，德国政府不断深化养老金制度改革。2007年的《退休年龄法案》规定，自2012年至2029年，德国退休年龄将逐步提升至67岁。2013年的《养老金完善法案》则要求养老金提供商使用统一产品信息表，提高税优产品的透明度和可比性。2014年后，德国政府更加注重社会公平，启动了一系列基于社会公平价值的养老保障制度改革。

值得注意的是，尽管待遇确定型（DB）模式在德国养老金体系中仍占主导地位，但受欧盟其他成员国养老制度变革的影响，德国近年来不断扩大补充养老金覆盖范围，并增加养老金制度的摊销部分，使缴费确定型（DC）模式逐渐受到重视。特别是2018年颁布的《职业年金法案》明确规定雇主缴纳职业养老金的义务，实质上是在职业养老金体系中引入了DC计划，增强了养老金制度的多样性和灵活性。

2019年，德国政府相继推出了《最低养老金法案》和《养老保险缴费率法案》，前者保障了所有退休人员的基本生活需求，后者则规划了个人与雇主养老金缴费率的逐步上调路径，旨在进一步增强养老金体系的可持续性和公平性。

德国养老金改革概览参见表7-11。

表7-11 德国养老金改革概览

年份	法案	内容和影响
2001	《老年财产法》及其修正案	包含政府补贴和税收优惠的里斯特养老金计划，增加补充养老计划，实现从单一支柱向多支柱养老金体系的转变。其中，三个关键改革包括：强制年金化、采用性别中性的年金计算方式，以及要求银行、基金和保险公司至少在10年内摊开发推广里斯特养老金产品的成本，以保障参与者利益
2001	《养老金认证法案》	明确规定了里斯特产品的11项认定标准，涵盖申请、费用、截止日期及信息披露等方面。仅符合标准的里斯特产品可享受国家补贴，并由德国联邦中央税务局负责认证
2004	《老年收入法》和《养老保险可持续法案》	使用延迟纳税制度，简化里斯特计划审批条款，从11个减至5个，同时降低必须年金化的资本额，从80%降至70%。此举促使德国养老金从三支柱模式向三层次模式转变；养老金待遇指数公式得到再次调整，加入可持续因子，修改养老金提取费用和退休收入规定；里斯特养老金计划的税收补贴也有所增加
2007	《退休年龄法》	2012年至2029年期间，逐步将退休年龄从65岁提高至67岁。1964年及以后出生者，法定退休年龄定为67岁
2009	《养老金权利平等改革法案》	自2012年起，逐步下调法定缴费率，2012年初时下降至19.6%，2012年末再降至19.2%，2014年进一步降至19.0%。同时，讨论并解决伴侣在婚姻期间及离婚后养老金权益的分配与补偿问题
2013	《养老金完善法案》	引入统一产品信息表，为参与者在签约前提供关键信息，如风险级别和费用等

续表

年份	法案	内容和影响
2018	《职业养老金改善法》	职业养老金中融入了 DC 计划；提高资助低收入员工的雇主的税收减免额，从 4% 升至 8%。同时，自 2018 年起，里斯特计划的基本补贴由 154 欧元提升至 175 欧元
2019	《最低养老金法案》	保障所有退休人员基本生活，无论缴费年限长短或工资高低，均可获得一定数额的养老金
2019	《养老保险缴费率法案》	逐步上调个人与雇主的养老金缴费率，至 2030 年，个人缴费率增至 23.5%，雇主缴费率增至 25.9%

资料来源：德国财政局官网，论文及公开资料。

2. 德国个人养老金制度的具体安排

在德国的三层次养老金体系中，第二层的里斯特养老金占据着重要地位。作为一种享受政府补贴和税收优惠的自愿储蓄型养老金，它被视为典型的个人养老金制度。

此外，德国养老金体系的第三层，即个人自愿储蓄型养老金，同样属于个人养老金计划的重要组成部分。这一层次的养老金计划具有高度的灵活性和自主性，完全根据个人意愿进行储蓄和投资。自愿储蓄型养老金作为法定养老金的重要补充，其涵盖的范围十分广泛，包括个人养老保险、具有投资性质的人寿保险以及各种基金储蓄计划。这类养老金产品的特点在于，虽然它们主要用于养老目的，但并非强制要求必须专款专用。投资者可以根据自己的实际情况和市场环境的变化，随时调整投资计划，以最大化养老金的增值潜力。

以下对里斯特养老金计划进行详细介绍。

想要参与里斯特养老金计划并享受政府补贴，个人每年至少需要缴纳 60 欧元。若希望获得全额补贴，个人必须将年收入的至少 4% 投入到该计划中。最新政策规定每年最多可对 2 100 欧元实施免税处理，这一金额涵盖了个人缴费部分以及政府补贴部分。2008 年起，投资里斯特养老金所能获得的政府补贴金额一直维持稳定。对于未婚人士，年补贴额为 154 欧元；已婚并满足特定条件的夫妇，年补贴额为 308 欧元。对于 2008 年之前和之后出生的儿童，年补贴标准分别为 185 欧元和 300 欧元。此外，25 岁以下的首次参与者还可获得 200 欧元的一次性补贴。所有缴费和政府补贴均享受免税待遇。

里斯特产品虽然在原则上对所有德国公民开放，但国家的补贴主要面向以下特定人群：法定养老保险的义务参与者及其配偶、公务员和其他公职人员，以及农民养老保险系统的义务参保人。

关于里斯特养老金的领取，有两点核心规定。第一，养老金需在 62 岁后方可领取，领取方式可选择终身年金形式，也可选择一次性提取部分养老金，但提取金额最高不得超过总额的 30%。第二，在积累阶段，若参与者需在德国购置或建造自住房，或用于偿还已购房产的贷款，可提前支取已积累的养老金。

里斯特养老金计划的税收政策如表 7-12 所示。

表 7-12　德国第三支柱养老金的税收政策与金融产品对比

项目	里斯特养老金	传统个人储蓄养老计划
所属层次	第二层 享受政府税收优惠的补充养老金	第三层 个人自发建立的养老金
课税类型	税收递延型	非税收递延型
缴费阶段	直接补贴，免税（目前最高可享受免税的缴费金额为 2 100 欧元）	税后收入缴费
领取阶段	养老金 100% 课税	只对收益部分课税
	年满 62 岁开始领取	个性化选择
	终身年金，按月支付；领取阶段开始后一次性领取不超过 30% 的已储备金额	个性化选择
金融产品	保险合同、银行储蓄合同、基金储蓄合同和里斯特住房储蓄合同	银行储蓄计划、股票、债券、基金、保险产品等
适宜人群	可受资助人群，特别适合低收入雇员和多子女家庭	所有人

德国联邦金融监督管理局，作为德国金融体系的全面监管机构，自 2002 年成立以来，一直承担着对银行、金融服务机构、保险公司以及证券公司的监督职责。该机构的主要目标是确保金融机构能够稳健发展，并不断提升其服务质量与产品竞争力。除此之外，德国联邦金融监督管理局还负责对养老金机构、养老基金以及资产管理公司进行监管，确保其运营合规，保障投资者的权益。从参与里斯特养老金计划的金融机构和金融产品来看，德国联邦金融监督管理局在个人养老金计划的监管方面扮演着至关重要的角色。该机构通过严格的监管措施，确保个人养老金计划的安全、稳健运营，为投资者提供坚实的保障，从而促进德国养老保障体系的健康发展。

7.5.3　英国的个人养老金

1. 英国个人养老金制度的沿革

在 20 世纪 70 年代，由于人口老龄化和经济滞胀的双重压力，英国政府的养老金负担日益加重。为了应对这一挑战，政府开始缩减公共养老金支出，并大力推动私人养老金的发展，由此引发了一系列养老金私有化改革。相较于职业养老金计划，个人养老金计划的发展起步较晚。虽然保险公司从 1956 年就开始为自雇者提供个人养老金计划，但直到 20 世纪 80 年代，个人养老金计划才真正受到广大公众的关注和选择。

1986 年，英国通过了《社会保障法》，正式引入了个人养老金计划（Personal Pension Plan/Scheme，PPP 或 PPS）。这类计划由建房互助协会、银行、保险公司以及基金公司等金融机构负责设计并提供给个人选择。个人养老金计划实行个人积累制，并采用 EET 的税收优惠模式，特定条件下可享受最高 7.8% 的税收返还。个人可以自主选择建立个人养老金计划，或者由雇主为雇员提供参与途径。

随着养老金制度的进一步完善，1999 年英国的《福利改革和养老金法案》明确提出了存托养老金计划（SHPs）的概念，并要求雇主必须向雇员提供。最初，只有职业养老金计划可以作为国家收入关联养老金计划（SERPS）的替代选项。然而，到了2001年，存托养老金计划（SHPs）作为一种成本较低的缴费确定型计划（DC计划），成为协议退出国家收入关联养老金计划（SERPS）后的另一种可行选择。

自2001年起，拥有5名以上（含5名）雇员的雇主，如果无法为雇员提供职业养老金计划或向个人养老金计划缴纳特定水平的费用，则必须为雇员提供存托养老金计划（SHPs）。为了进一步规范和管理养老金计划，2004年的《养老金法案》成立了养老金监管局（TPR），取代了原先的职业养老金监管局（OPRA），全权管理和调节信托型养老金计划。同时，该法案还设立了职业养老金计划和个人养老金计划的登记处，加强了对养老金受托人和提供养老金咨询的专业人士的信息披露要求。此外，为了保障雇员的养老金权益，在雇主破产且现有职业养老金计划无法提供足够福利保障的情况下，养老金权益保护基金（PPF）将为雇员提供必要的补偿。

2. 英国个人养老金制度的具体安排

（1）计划类型

英国个人养老金计划主要采用两种参与模式。第一种是居民直接参加养老金计划，这种方式相对直接且自主。第二种则是由雇主提供参与途径并进行代扣代缴，这通常被称为集体形式的个人养老金计划（GPP）或雇主赞助的个人养老金计划。在这种模式下，雇主通常也会向GPP缴费，但重要的是，此类计划不由雇主经营，也不仅限于单一雇主使用，它们还可以同时向公众发售。因此，尽管GPP有时被称为公司养老金，但它与传统意义上的第二支柱职业养老金存在显著差异。

目前，英国的个人养老金计划，除了零散的小型计划外，主要包括两种类型。

一种是存托养老金计划（SHPs），主要面向中低收入群体，具有低费率特征。SHPs是缴费确定型（DC）模式的个人养老金计划，可以享受税收优惠，其最低缴费额相对较低且具有灵活性。该计划的最大特点是政府设置了封顶管理费用，以更好地服务中低收入群体。这种计划可以由雇主提供，雇员也可以自己直接参加。英国政府还规定，存托养老金计划必须为个人投资者设置默认投资基金，且提供方必须满足国家的相关标准，如收费的限制。

另一种是自主投资型个人养老金计划（self-invested personal pensions，SIPPs），这是一种养老金"打包产品"。由于SIPPs是专为那些希望通过处理和转换投资来管理自己养老基金的人设计的，因此其投资选择更加灵活。相应地，其对投资能力的要求和费率也高于其他个人养老金，更适合具有丰富投资经验的参与者。

此外，英国财政部在工党政府的领导下，于1998年颁布了"ISA条例"（The Individual Savings Account Regulations），并在1999年4月6日正式推出了个人储蓄账户（the individual savings accounts，ISA）。ISA是一种设计简便且享受税收优惠的个人储蓄账户，主要采用TEE的税收优惠模式。经过多次政策完善，ISA已经具备多种形式。特别是在2017年引入的终身个人储蓄账户（lifetime ISA），这种账户可以用于养老储蓄，被视为英国个人养老金的一种灵活补充。

（2）覆盖范围

英国个人养老金计划的参与人员主要涵盖以下五类人群。

第一类是那些雇主没有为其提供职业养老金计划的雇员，或者那些选择主动退出雇主所提供的职业养老金计划的雇员。第二类是已经参加了职业养老金计划的雇员，也可以选择自由参加个人养老金计划。第三类是那些原本参加了国家第二养老金计划，但希望选择退出该计划的人员。自2016年以后，国家第二养老金计划已不再存在，但在此之前选择退出的人员可能已转投个人养老金计划作为替代。第四类参与人群是自雇者。由于他们不具备参加国家第二养老金计划的资格，因此不涉及退出问题。第五类是没有工作的人。

（3）领取条件

无论个人是否已经退休，个人养老金计划通常都赋予参与者在达到特定年龄阶段后提取养老金的权利。具体而言，当参与者年龄达到55岁，且在75岁之前，他们被允许随时领取其个人养老金。然而，也存在一些特殊情况，允许参与者在55岁之前提前领取养老金。例如，参与者身患重病，或者从事某些特殊职业（如专业运动员）。当参与者年龄超过75岁时，个人养老金计划通常不再允许他们继续推迟领取养老金。

（4）税收政策

总体而言，英国私人养老金的税收政策遵循EET模式，即在缴费和投资阶段免税，但在领取养老金时需要缴税。

①缴费阶段：免税

在缴费阶段，雇主向个人养老金计划的补充缴费是以免税的方式进行的。具体来说，如果雇主向个人养老金计划提供补充缴费，那么这部分缴费将以全体雇员的工资总额作为缴费基数。只要被英国税务与海关总署认定为合格，这部分缴费就可以全额免除企业所得税。此外，雇主以雇员的名义进行的缴费还能享受到额外的税收优惠。

对于个人缴费部分，一般情况下可以立即获得基础税率（20%）的税收减免。然而，在特定情况下，如果个人适用于更高的所得税税率（如40%），那么超出的税收减免部分需要在年底向英国税务与海关总署（HRMC）申请，并通过税收返还的方式获得。

个人可以获得的税收减免总额受到两个标准的限制：每年的津贴标准（AA）和终身的津贴标准（LTA）。这些标准适用于所有私人养老金计划。个人可向任意私人养老金计划进行缴费并享受相应的税收优惠，然而，每年的最高免税缴费额度受到津贴标准的限制。例如，在2017—2018财年，该标准为4万英镑，超过这个额度的缴费将按照个人的边际税率征税。

此外，从2016年4月起，英国政府引入了一种递减的机制来影响每年的津贴标准。具体而言，当年收入从15万英镑增至21万英镑时，每增加2英镑收入，每年的津贴标准便相应减少1英镑。这意味着年收入15万英镑及以下的个人可以获得4万英镑的缴费免税额度；而如果个人收入达到或超过21万英镑，则最多只能获得1万英镑的缴费免税额度，超过部分将按照边际税率征税。

在领取退休待遇之前，个人的全部养老金必须通过终身津贴标准的审核程序。这个标准旨在限制个人在工作期间获得的缴费免税总额度。若个人选择将超出终身津贴标准的养老金部分继续作为养老金使用，即分期领取以维持退休生活，则需承担额外的税负责任，税率为25%；若个人倾向于一次性领取超出部分的养老金，则需缴纳的税额将更为显著，税率提升至55%。终身津贴标准在近年来有所调整，例如，在2016年4月由之前的125万英镑降低为100万英镑，而2018年的最新标准为103万英镑。

②投资阶段：基本免税

在英国，养老基金的积累享有相对优惠的税收环境。具体来说，缴费收入和投资利息是免税的，对于实现的资本利得收入也是免税的。然而需要注意的是，养老金积累阶段并非完全免税的。投资阶段是否免税取决于养老金的投资范围。例如，直接投资于债券、地产或货币资产的基金是完全免税的。但从1997年开始，来自股票分红的收入需要按照公司所得税税率征税。

③领取阶段：纳税

当个人达到55岁时可以开始领取养老金。在DC模式（个人养老金基本都为DC模式）下25%的养老金可以免税一次性领取，剩余的部分则可以根据个人的意愿灵活领取或者将其全部或部分用于购买各种养老产品如年金产品、再投资产品或其他提供收入的金融产品。由于养老金灵活领取政策自2015年4月开始实施，目前关于产品设计和种类仍在市场逐步探索之中。这部分退休金收入需按照领取时的边际税率纳税。

（5）监督机构

英国个人养老金的监管体系由七家关键机构构成，它们各司其职，共同维护养老金体系的稳健运行。

就业与养老金部（Department for Work and Pensions，DWP）在养老金监管体系中扮演着政策制定者的角色。该机构的核心职责在于起草和修订与个人养老金政策相关的规定，同时针对个人养老金业务的推进，提供具有前瞻性和实用性的指导建议。

税务与海关总署（HM Revenue & Customs，HMRC）则专注于税收方面的监管。它的主要职责是解释与个人养老金相关的税收优惠问题，收集并披露税收信息，以及负责养老金计划和管理人的注册登记。这有助于确保养老金的税收优惠政策得到合理实施，同时提高了养老金计划的透明度和规范性。

养老金监督局（The Pensions Regulator，TPR）在监管体系中发挥着重要的监督作用。它主要负责监督受托管理的养老金计划及养老金受托人，确保其合规运营。养老金监督局的经费来源于对养老金计划的收费，这保证了其监督工作的独立性和公正性。

金融市场行为监管局（Financial Conduct Authority，FCA）的主要职责是规范金融市场行为。该机构不仅负责金融牌照的注册管理，还对金融市场的操作行为进行严格监管。此外，对于审慎监督局监管范围之外的金融机构，金融市场行为监管局同样承担着审慎监管的重要任务。这有助于维护金融市场的稳定和公平，从而保护养老金投资者的利益。

审慎监督局（Prudential Regulatory Authority，PRA）的职责是对银行、建筑协会、信用合作社、保险公司和主要投资公司进行审慎监管。通过对其资本充足率、风险管理等方面的监督，审慎监督局确保了这些金融机构的稳健运营，为养老金的安全提供了有力保障。

养老金权益保护基金（Pensions Protection Fund，PPF）在特殊情况下发挥着重要作用。当发生特殊情况导致养老金基金资产不足以为 DB 模式养老金计划成员或受益人提供给付时，养老金权益保护基金将为他们提供补偿金。这为养老金计划的参与者提供了一层额外的保障。

养老金监察委员会（Pensions Ombudsman）负责协调养老金计划管理人与养老金计划参与成员之间的矛盾与纠纷。它提供了一个中立的平台，帮助双方解决争议，维护了养老金体系的和谐与稳定。

7.5.4　日本的个人养老金

1. 日本个人养老金的沿革

作为日本 DC 年金计划的重要构成，个人型 DC 年金计划是依据 2001 年实施的《缴费确定型养老金法案》而设立的。

日本推出 DC 年金计划的初衷，主要是弥补厚生年金基金与 DB 型年金计划存在的短板和不足。首先，尽管厚生年金基金理应覆盖所有企业员工，但实际上，仍有一部分中小企业员工没有加入该基金，同时，自雇人员如个体工商户等也未主动加入，这就导致了职业养老金在覆盖面上存在明显的缺漏。其次，当员工更换工作时，其养老金资产的转移变得异常困难，这也增加了劳动者迁移的复杂性。最后，由于 DB 型年金计划的养老储蓄保障与企业经营状况紧密相连，这种职业养老金体系下，雇员退休后的经济收入并不稳定且可能不足。为了解决这些问题，日本政府通过立法手段，推出了 DC 年金计划，该计划通过缴费归入个人账户并实现完全积累的方式，有效地弥补了现有养老金体系的不足。

DC 年金计划在充分尊重个人投资选择权的同时，也考虑到了部分企业对于建立雇主型 DC 年金计划的犹豫态度。最初，这一计划是作为职业养老年金计划的补充而实施的。其参与人群主要限于国民年金（基础年金）的第一号被保险人和那些未参与职业养老金计划的厚生年金被保险人，因此，它还未能真正成为养老保险的第三支柱。

到了 2017 年 1 月 1 日，日本厚生劳动省进一步扩大了个人型 DC 年金计划的覆盖范围，允许国民年金（基础年金）的第三号被保险人、职业养老金计划的参与者以及公务员等互助养老金参与者申请加入。这一举措标志着日本的个人型 DC 年金计划已经从原先作为职业养老金计划的补充，逐步发展成为覆盖更广泛居民的第三支柱个人养老金体系。

2. 日本个人养老金制度的具体安排

日本的个人养老金体系中的第三支柱，特指 DC 型年金计划下的个人型 DC 年金计划，其官方名称为 iDeCo，这一名称源于英语 "individual defined contribution" 的缩写。iDeCo 是基于日本政府于 2001 年颁布的《缴费确定型养老金法案》而设立的，它是专门针对个人提供的一种私人养老金制度。这一制度的实施由非营利性的官方组织——国民年金基金协会来负责。同时，该协会还负责管理并运营 iDeCo 的官方网站，为广大参与者提供便捷的信息查询和服务。

（1）覆盖人群与缴费规则

iDeCo 在设立之初，其保障范围主要聚焦于国民年金（基础年金）的首类被保人，以及那些已加入厚生年金保险但尚未参与职业养老金计划的人员。这一制度的推出，旨在填补这些特定群体在养老资金积累方面的空白，为他们提供一个更为完善的养老保障体系。

然而，随着时间的推移和养老保障需求的不断变化，日本政府在 2017 年 1 月 1 日对 iDeCo 的覆盖对象进行了重要的扩展。自那时起，国民年金（基础年金）的第三类被保人、已参与职业养老金计划的人员，以及公务员等原本参与互助养老金的人员，都被纳入了 iDeCo 的保障体系之中，使他们有资格参加个人型 DC 年金计划。对于那些已经加入职业养老金中的雇主型 DC 计划的人员，如果他们有意参加 iDeCo，则必须在与雇主的 DC 计划合同中提前做出相应的规定。

关于 iDeCo 的缴费机制，它根据参与人群的不同而制定了差异化的规则。为了更直观地了解这些规则，可以参照表 7-13。

表 7-13 iDeCo 的覆盖人群及对应的缴费规则

实施机构	国民年金基金协会
覆盖人群	自雇人士 [不包括农民养老保险的参保人员与免缴国民年金（基础年金）人员] 厚生年金保险的被保险人（包括公务员和私立教育系统人员等原共济制度的被保险人、职业年金计划参与者、被雇主型 DC 年金计划合同允许参加个人型 DC 年金计划的雇员） 全职主妇（丈夫）等 国民年金（基础年金）第三号被保险人
缴费规则	计划参与者类型对应的个人缴费额度
缴费额度	①自雇人士 月缴费额：68 000 日元，与国民年金（基础年金）共享缴费额度 ②厚生年金保险的被保险人、已参与厚生年金基金或 DB 型职业年金计划的人员 月缴费额：12 000 日元 ③已参与雇主型 DC 年金计划的人员 月缴费额：20 000 日元 ④未参与雇主型 DC 年金计划、厚生年金基金或 DB 型职业年金计划的人员 月缴费额：23 000 日元 ⑤公务员和私立教育系统人员等原共济制度覆盖人群 月缴费额：12 000 日元 ⑥全职主妇（丈夫）等 月缴费额：23 000 日元

资料来源：日本厚生劳动省官网关于 DC 年金计划的介绍。

（2）领取及转移规则

iDeCo 的领取方式具有多样性和灵活性，主要分为退休领取、伤残领取、身故一次性领取以及退出一次性领取。退休领取指的是，当计划参与者步入退休阶段，他们可以从个人的资产账户中提取养老资金。通常情况下，参与者年满 60 岁即可开始领取，领取方式有三种可选模式：一是在 5 年以上的有限时间内定期领取；二是选择终身领取；三是一次性领取全部资金。如果参与者在达到 60 岁时，其连续缴费年限未满十年，那么他们必须延迟领取年龄。伤残领取在方式上与退休领取相似，也提供了定期领取、终身领取和一次性领取三种选择，以满足不同参与者的实际需求。而身故领取和退出领取则相对简单明了，均采取一次性领取的方式，以便及时处理相关资产。

在资产转移方面，iDeCo 与其他职业年金计划之间的衔接也做出了明确规定。当个人因工作变动而成为国民年金（基础年金）的参保者时，他们可以将原有的养老金资产顺利转入 iDeCo，确保了养老金的连续性和稳定性。同时，如果个人加入了一家已经建立了雇主型 DC 年金计划的企业，他们也可以选择将 iDeCo 中的资产转移到该企业的年金计划中，从而实现了养老金的灵活调配和最大化利用。

（3）税收优惠

iDeCo 实行的是 EET 税收优惠政策，这意味着参与者在当期缴费时，可以将其纳入个人所得税的抵扣项目，享受税前扣除的优惠。同时，在投资环节是免税的，无须就投资收益缴税。然而，在领取养老金时，需根据个人所得情况缴纳相应的个人所得税。为了减轻参与者在领取养老金时的税收负担，iDeCo 还配套了相应的税收优惠政策。当参与者选择分期领取养老金时，这部分收入可以纳入公共养老金的扣除科目，从而降低应纳税额。而如果参与者选择一次性领取养老金，他们则可以利用退休收入的扣除额度，以实现合理的税收减免，进一步减轻税务负担。日本的所得税采用的是累进税制，即随着收入水平的提高，税率也会相应增加。

（4）账户安排模式

iDeCo 的个人账户设立与管理包含两个主要环节：注册与运营。在注册环节，对于国民年金（基础年金）的第一类和第三类被保险人来说，他们可以直接向国民年金基金协会提出申请，以注册并开立个人的 iDeCo 账户。而对于国民年金（基础年金）的第二类被保险人，他们可以选择由雇主统一代理，在国民年金基金协会办理个人账户的开立和注册手续。同时，这部分人群也保留了自己直接向国民年金基金协会提交注册申请的权利。

在个人账户的运营环节，不论是自主注册的参与者，还是经由雇主代理完成注册的参与者，都享有在核准的金融机构名单中自由选择的权利。他们可以根据自己的需求和偏好，选定一家服务提供商来对其个人账户进行专业的管理服务。

（5）个人投资选择权

在 iDeCo 制度下，投资选择权完全掌握在计划参与者个人手中。参与者可以根据自己的风险承受能力、投资偏好以及资金规划，自主决定投资策略。为满足不同参与者的多样化需求，国民年金基金协会经过严格审核，批准一系列金融机构进入其核准名单，由其提供多样的金融产品，供个人根据自身的风险偏好、投资目标和资金状况进行选择与配置。这些产品包括但不限于存款、投资基金以及保险产品等，旨在帮助参与者实现资产的保值增值，并为他们的未来养老生活提供稳定的资金支持。

（6）第三支柱的管理结构

iDeCo 的个人账户采用的是信托管理架构。在这一架构下，经国民年金基金协会核准的金融机构扮演着至关重要的角色，它们不仅负责管理个人账户，还负责引入多样化的投资产品。同时，有四家专业的信息服务机构负责记录、保存个人账户的信息，并进行相关通知。这些机构还负责汇总交易指令，与投资产品管理机构进行必要的信息交互，以及核定支付金额等任务。

个人账户下的选择相当丰富，主要分为投资基金、存款和保险三大类。投资基金进一步细分为混合型、境内债券型、境内股票型、境外债券型、境外股票型、货币型以及其他信托结构的投资产品。而保险产品则主要分为生命保险和意外保险两类，为投资者提供全面的保障。

在日本第三支柱的管理机构中，国民年金基金协会扮演着核心角色。这是一个官方的非营利性社会组织，自 1991 年成立以来，一直致力于协调和管理日本各地区的国民年金基金。根据 2001 年《缴费确定型养老金法案》的相关规定，国民年金基金协会被确定为个人型 DC 年金计划（iDeCo）的实施与管理主体。在 iDeCo 的管理架构中，该协会的职责包括审核参与者的资格、管理缴费资金的收支、控制缴费限额，以及委托个人账户管理机构和信息记录机构进行相关事务的管理。

个人账户管理机构是经过国民年金基金协会核准的金融机构，如银行、证券公司和保险公司等。它们的主要职责是开立和管理 iDeCo 的个人账户，引入投资产品，进行产品信息披露和风险提示，同时向参与者提供账户管理和产品展示等服务。这些金融机构通常拥有广泛的分支机构和服务网络，以及强大的账户管理和资金结算能力。

投资产品管理机构则负责根据国民年金基金协会的委托，对预先设计的 iDeCo 金融产品进行投资管理，并定期报告投资管理结果和信息。这些机构在资产配置、权益投资、固定收益投资、货币市场投资等方面具有深厚的专业能力。对于投资基金的管理，主要由基金公司和资产管理公司等投资机构负责；而存款和保险产品的管理则分别由银行和保险公司承担，主要管理以保本为主的金融产品。

信息记录机构由四家系统信息提供商组成，它们接受国民年金基金协会的委托，承担 iDeCo 相关信息的记录、保存和通知工作。同时，它们还负责汇总各类交易指令，与投资产品管理机构进行信息交互，并核定支付领取金额等职责。这四家系统信息提供商分别是 SBI 福利系统有限公司、日本兴亚财产保险 DC 证券有限公司、日本投资者解决方案和技术有限公司以及日本记录存储网络有限公司。

7.6 我国个人养老金的发展现状

7.6.1 我国个人养老金发展历程

我国个人养老金的发展源头可追溯至 20 世纪 90 年代初期。1991 年，为了鼓励个人进行养老储蓄，个人养老金的概念应运而生。从 2018 年至 2021 年，个人养老金在特定的地区和行业进行了试点工作。详细情况如下。

自 2018 年 5 月 1 日始，个人税收递延型商业养老保险在上海市、福建省（含厦门市）及苏州工业园区进行了为期一年的试点工作。

2018 年 8 月 6 日，首批养老目标基金获得批准，这标志着公募养老 FOF[①] 这一全新的公募品种正式登上历史舞台。华夏、南方、嘉实、博时、鹏华、中欧、富国、万家等共计 14 家基金公司成为首批获得养老目标基金批文的金融机构。

2021 年 6 月，专属商业养老保险的试点工作正式展开，此次试点选择在浙江省（含宁波市）和重庆市进行。首批参与此次试点的保险公司有六家，分别是人保寿险、中国人寿、太平人寿、太保寿险、泰康人寿和新华保险。到了 2022 年 3 月 1 日，试点范围扩展至全国，并且除了原有的六家试点保险公司外，还允许养老保险公司加入试点行列。

原银保监会在《关于开展养老理财产品试点的通知》中明确，自 2021 年 9 月 15 日起，正式启动养老理财产品的试点工作，试点期限初步设定为一年。在此次试点中，工银理财有限责任公司在武汉市和成都市，建信理财有限责任公司和招银理财有限责任公司在深圳市，以及光大理财有限责任公司在青岛市，分别负责开展养老理财产品的试点工作。

自 2022 年至今，可视为个人养老金制度框架的形成阶段。在这一阶段，国家密集出台了一系列推动个人养老金发展的相关政策文件，其中包括《关于推动个人养老金发展的意见》和《个人养老金实施办法》等重要文件。这些政策文件的发布，不仅体现了国家对个人养老金发展的高度重视，也标志着个人养老金制度的框架已初步构建。

在这些政策文件的引领下，中国的个人养老金制度已逐步走向成熟和完善。

7.6.2 我国个人养老金的内涵

个人养老金是一种在政府政策支持下，个人自愿参与，并通过市场化方式进行运营的制度。这一制度的设计初衷是为了实现养老保险的补充功能，从而构成国家养老保障体系的"第三支柱"。在我国，这一制度与"第一支柱"——由国家主导的基本养老保险，以及"第二支柱"——由企业或单位主导的企业/职业年金相互配合，形成了一个多层次、多支柱的养老保险体系。

[①] FOF（fund of fund）是专门投资于其他证券投资基金的基金。

7.6.3 我国个人养老金的投资产品种类

个人养老金融产品是金融机构为满足不同年龄和群体的养老保障需求而精心研发的差异化金融产品。这些产品旨在为个人提供长期稳定的收益，以满足跨生命周期的养老需求。它们不仅符合金融监管机构的要求，而且在运作上安全、成熟稳定，投资标的规范，特别注重长期保值。个人养老金融产品涵盖多种类型，如储蓄存款、理财产品、商业养老保险以及公募基金等。在商业养老保险中，主要根据个人的养老需求设计了年金保险和两全保险。而公募基金则进一步细分为养老目标日期基金和养老目标风险基金，以满足不同投资者的风险偏好和收益目标。这些金融产品的推出，为个人提供了更多元化、更个性化的养老保障选择。

7.6.4 我国个人养老金制度的具体安排

（1）参加资格。在中国境内，凡已参加城镇职工基本养老保险或城乡居民基本养老保险的劳动者，均享有参加个人养老金制度的资格。

（2）运营模式。个人养老金制度采用账户制。该制度下，所有缴费均由参与者个人全额负担，实现资金的全额积累。参与者享有自主选择合规金融产品的权利，并可通过个人养老金资金账户进行独立自主的投资与管理。

（3）缴费限额。个人养老金账户的年度缴费限额设定为 12 000 元。然而，这一标准并非固定不变，而是会根据经济社会发展水平以及多层次、多支柱养老保险体系的发展情况进行适时调整。

（4）税优模式。个人养老金税收优惠选用 EET 模式。在缴费环节，参与者每年向个人养老金资金账户所缴纳的款项，可依据实际缴费情况在综合所得或经营所得中按最高 12 000 元的额度进行扣除，进而有效减少应纳税所得额及相应税款。在投资环节，个人养老金所产生的投资收益可暂时免于个人所得税的征收。在领取阶段，所领取的个人养老金并不纳入综合所得范畴，而是单独以 3% 的税率进行计算并缴纳个人所得税。

（5）投资选择。个人养老金中的积累资金，可用于购买一系列符合相关规定的金融产品，包括但不限于银行理财、储蓄存款、商业养老保险以及公募基金等。这些金融产品均经过严格筛选，确保其运作安全可靠、成熟稳定，且投资标的符合规范。更为重要的是，这些产品主要侧重于长期保值增值，旨在满足不同投资者的个性化需求。参与者可根据自身的风险承受能力、投资期限和收益预期等因素，自主选择合适的金融产品进行投资。

（6）领取方式。个人养老金的领取条件有达到法定领取基本养老金的年龄、完全丧失劳动能力、出国（境）定居，或满足国家其他相关规定的情况。一旦满足领取条件并通过信息平台核验后，可以选择按月、分次或一次性领取个人养老金。领取方式一经确定便不得更改。

（7）运营和监管模式（图 7-1）。在我国，个人养老金采用的是账户制运营模式，税

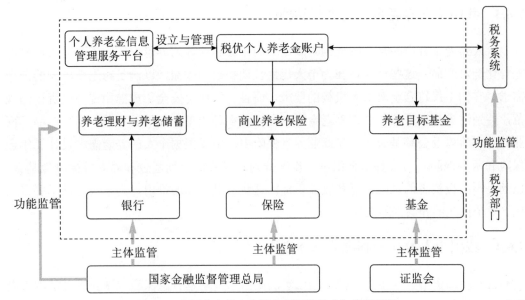

图 7-1 中国个人养老金账户制运营模式与监管框架

收优惠政策直接与账户相关联。参与者需通过指定的经办机构或个人养老金信息管理服务平台的全国统一线上服务入口,开设唯一的个人养老金账户。该账户是享受税收优惠政策的关键所在。参与者可在此账户内,自主选择并配置经过监管部门批准的、由不同经办机构提供的"合格产品"。这些产品包括银行理财、储蓄存款、商业养老保险、公募基金等。个人养老金账户与税收管理系统紧密相连,不仅具备基础信息管理、税收管理功能,还涵盖资金管理和产品配置等重要管理功能。此外,参与者可通过此账户实时查询缴费记录、产品购买详情以及资产配置状况等信息,实现全方位的账户管理。同时,该账户还为参与者提供了便捷的缴费、资产或产品配置以及领取等服务。参与者可根据自身需求,随时调整投资策略,实现个人养老金的灵活配置与高效管理。

养老金是民众晚年生活的重要保障,因此其管理必须确保资金的安全与稳定。在个人养老金的监管体系中,税收监管和运营行为监管构成了两大支柱,这主要涉及金融监管部门和税务部门的紧密合作。我国个人养老金的监管体系采用了功能监管与主体监管有机结合、多部门协同配合的模式。

首先是财税部门在税务监管方面的作用。其职责不仅包括制定和适时调整个人养老金的税收优惠政策,还涉及对消费者进行税收政策的宣传教育。同时,财税部门还负责评估税收政策的实施效率和效果,确保政策目标的实现。为实现这些监管目标,财税部门会依托账户管理平台和信息系统数据进行持续、深入的跟踪分析,并辅以不定期的现场检查和抽查。

其次,我国采用主监管人制度。在这一制度下,国家金融监督管理总局与证监会共同制定个人养老金运营行为监管规范和标准。这涵盖对个人养老金账户及金融机构运营行为的功能性监管,包括个人养老金的账户管理、产品设计、销售策略以及投资行为等关键环节。此外,国家金融监督管理总局和证监会还分别对其各自监管范围内的金融机构实施主体监管,通过全方位的监管措施,确保整个个人养老金体系的稳健运行。

(8) 金融机构角色与运行机制。根据个人养老金的相关政策规定,参与个人养老金业务的金融机构有多种类型,具体包括商业银行、银行理财公司、商业保险公司、公募基金公司、证券公司以及独立基金销售机构等。首先,商业银行在个人养老金业务中发挥着举足轻重的作用,其业务范围颇为广泛,可谓是"全能选手"。商业银行可以全方位地参与到个人养老金的各项业务中去,包括但不限于资金账户的相关业务,如账户的开设或指定、注销、信息变更,以及个人养老金的缴费、领取与划转等核心环节。此外,商业银行还提供个人养老储蓄业务,参与者只能选择购买其本人资金账户开户行所推出的储蓄存款以及特定养老储蓄存款产品。不仅如此,商业银行还涉足个人养老金产品的代销,包括个人养老金理财产品、保险产品以及公募基金产品等,为参与者提供了一站式的服务。同时,对于有关个人养老金的咨询业务,商业银行也是随时待命,提供专业的解答与指导。其次,银行理财公司在个人养老金体系中也有其独特地位。这些公司主要负责发行个人养老金理财产品,并销售本公司所发行的相关产品,从而丰富了个人养老金的投资选择。再次,商业保险公司则专注于发行和销售个人养老金保险产品,为参与者提供更为稳健和长期的保障。另外,公募基金公司在个人养老金市场上也占据一席之地。它们可以发行个人养老金基金产品,而那些未被列入名录的基金管理人及其销售子公司,也有机会销售该管理人募集的产品,这无疑增加了市场的活跃度和产品的多样性。最后,对于证券公司和独立基金销售机构而言,只要在销售机构名录之内,共计 22 家券商和 7 家独立基金销售机构都拥有代销个人养老金基金产品的资格,这进一步拓宽了个人养老金产品的销售渠道。通过上述的细致分工与紧密合作,各类金融机构共同构建了一个完善且多元的个人养老金市场体系。

本章小结

通过本章的学习,学生能够了解养老保险第三支柱的内涵,理解个人养老金发展的原因和成长路径。同时,学生可掌握个人养老金的税优模式和默认投资选择。通过对个人养老金制度的国际实践进行对比,学生能够理解不同国家在个人养老金制度设计上的异同,以及政策支持对个人养老金发展的影响。

关键术语

个人养老金、养老保险第三支柱、税优个人养老金计划、税收激励、双峰监管、税收优惠政策、产品制、账户制、合格默认投资选择(QDIA)、预设投资策略(DIS)

复习思考题

1. 简述第三支柱在个人养老保障体系中的作用。
2. 阐述税优个人养老金计划的监管安排,并对比不同类型金融系统下个人养老金计划的监管差异。

3. 分析税收优惠政策对个人养老金发展的影响，并比较不同税收优惠模式的优缺点。

4. 解释默认投资选择的概念，并讨论美国和我国香港地区默认投资选择的实践经验对我国个人养老金投资的启示。

5. 结合我国个人养老金的发展历程和内涵，评估我国当前个人养老金制度的可持续性，并提出改进建议。

在线自测

自测 7.1

自测 7.2

延伸阅读

个人养老金制度：从试点探索到全面实施的跨越

一、个人养老金制度发展历程与政策脉络

（一）制度框架的奠基与启航

2021 年 2 月 26 日，我国政府正式将个人养老金制度确立为我国养老保障体系的第三支柱。这一决策对个人养老金的运行模式进行了明确规定，确立了以账户制为核心的管理体系。同时，政策积极倡导个人自愿参与养老金计划，并通过国家财政的税收优惠政策给予实质性扶持。在资金运营方面，该决策提出将养老金交由市场进行专业化的投资运营。这一里程碑式的举措，为我国个人养老金制度的建设奠定了坚实的基础，开启了新篇章。

（二）详尽政策指引的出台

2022 年 4 月 21 日，国务院办公厅发布了《关于推动个人养老金发展的意见》，系统地设计了个人养老金制度的未来发展路径，明确了参保范围、制度架构、缴费限额、税收优惠政策、投资方向及领取条件等关键要素。这些详尽的政策指引，为个人养老金制度的落地实施提供了坚实的政策基础，确保了制度的有序推进。

（三）投资监管体系的强化构建

为了保障个人养老金投资市场的稳健发展，证监会于 2022 年 6 月 24 日发布了《个人养老金投资公开募集证券投资基金业务管理暂行规定（征求意见稿）》，初步确立了投资监管体系的框架。同年 11 月 4 日，证监会正式颁布该规定，进一步细化了各参与主体的职责边界、产品标准、投资管理及风险管理要求，并强化了销售机构的展业条件与信息披露责任。这些措施的实施，为个人养老金投资市场的健康发展提供了有力保障。

（四）税收优惠政策的细化落地

在个人养老金制度中，税收优惠政策是吸引个人参与的重要因素之一。2022 年 9 月 26 日，国务院常务会议审议通过了个人养老金税收优惠政策。随后，财政部于 11 月 3

日发布了相关公告，详细阐明了个人养老金在缴费、投资及领取环节的税收处理方式。特别是每年12 000元的税前扣除限额及领取时3%的优惠税率，有效降低了参与者的税收负担，进一步增强了个人养老金制度的吸引力。

（五）金融机构准入与业务规范

为确保个人养老金业务的专业性和规范性，原中国银保监会在2022年发布了一系列文件。9月29日，颁布了关于保险公司参与个人养老金制度的通知，明确了保险公司参与该业务的条件和产品要求。随后，11月17日，又发布了关于商业银行和理财公司个人养老金业务管理的暂行办法，详细规定了这两类金融机构在个人养老金业务中的各项职责和规范。这些举措为金融机构在个人养老金业务中的有序竞争和健康发展奠定了坚实的制度基础。

（六）制度实施与试点推广

在制度框架和政策体系逐步完善的基础上，个人养老金制度开始进入实施阶段。2022年10月26日，人社部等五部门联合发布了《个人养老金实施办法》，为制度的全面落地提供了详尽的操作指南。同年11月25日，人社部等三部门宣布在36个先行城市（地区）正式启动个人养老金制度试点，鼓励符合条件的群众自愿参与。这一举措标志着个人养老金制度从理论走向实践的重要一步，为后续全面推广积累了宝贵经验。

（七）持续优化与全面普及

进入2023年及以后，个人养老金制度在实施过程中不断得到优化和完善。相关部门陆续发布了多项补充通知，针对缴费撤回问题、税延养老保险试点与个人养老金衔接等问题提出了具体解决方案。这些措施的实施进一步提升了制度的可操作性和吸引力。2024年底个人养老金制度已在全国实施。

二、个人养老金制度试点稳步推进，迈向全面普及新阶段

当前，我国个人养老金制度试点工作正稳步前行，展现出良好的发展态势，尽管在开户人数增长上呈现增速放缓、参保人群渗透率有待提升的特点。人力资源和社会保障部公布的数据显示，截至2022年底，全国范围内开立个人养老金账户的人数已达1 954万，占全国基本养老保险参保人数（约10.5亿人）的1.9%，而在36个先行试点地区，这一比例提升至7.9%，覆盖约2.5亿基本养老保险参保人。时至2024年1月末，开户人数突破5 000万大关，试点地区的开户渗透率显著提升至20.2%，标志着试点工作的深入与成效的初步显现。

展望未来，个人养老金制度将在全国推广，预计其资产规模将大幅增长。人社部在2024年1月的新闻发布会上指出，该制度是政府支持、个人参与的补充养老保险，年缴费上限12 000元，是我国养老保障体系的第三支柱。目前，36个城市试点工作成效显著，下一步将推进全面实施。

三、个人养老金产品与服务持续拓展，市场活力显著增强

随着个人养老金制度的逐步深化，相关产品与服务供给亦呈现持续扩容之势。据人社部个人养老金产品目录及中国银保信官网最新数据，截至2024年2月1日，个人养老金产品目录已涵盖790只产品，较2023年11月14日新增49只，产品种类更加丰富多元。具体而言，储蓄类、基金类、保险类、理财产品类分别为465只、181只、121只、23只，各类产品在数量上均有所增长，尤其是保险类与理财产品类增长显著，分别新增26只与4只。

个人养老金保险产品：新增产品主要集中在专属商业养老保险、两全保险及年金保险领域，税延养老保险产品虽有所涉及但尚未成为市场主流。截至2024年2月1日，个人养老金保险产品总数达121只，其中税延型商业养老保险占51只，其余均为非税延型产品。当前在售产品共计38只，均为专属商业养老保险、两全保险或年金保险，显示出市场对这类稳健型产品的偏好。保险机构方面，大型险企、银行系险企及专业养老险公司成为参与个人养老金保险产品的主要力量。

个人养老金理财产品：随着第四批个人养老金理财产品名单的发布，获批机构及产品数量持续扩大，尤以大型国有商业银行理财子公司为主力。截至2024年初，个人养老金理财产品总数达到23只，其中固定收益类产品占据主导地位，风险等级适中，便于投资者根据自身风险偏好进行选择。市场反响热烈，投资者累计购买金额已超12亿元，显示出个人养老金理财产品的市场吸引力。

个人养老金基金销售机构：销售机构阵容不断壮大，以银行和券商为主导，同时第三方机构亦扮演重要角色。从数量上看，券商增长显著，截至2023年底，个人养老金基金销售机构总数达到50家，其中券商占比近半。从规模上看，银行和第三方机构在公募基金销售保有规模上占据优势，呈现出明显的马太效应。这一格局既体现了市场集中度的提升，也反映了投资者对不同类型销售机构的信任与选择偏好。

引自：平安证券《养老金融观察系列（一）：个人养老金制度将推进全面实施》。

第8章　养老金融产品

学习要求

- 掌握养老金融产品的基本分类。
- 了解养老储蓄产品的特点。
- 理解养老理财产品的特点和风险分级方法。
- 掌握养老目标基金的投资策略及风险管理。
- 认识商业养老保险的功能和运作方式。
- 了解住房逆向抵押贷款/保险的功能和运作方式。

8.1　养老金融产品分类

2015年2月，民政部、国家发展改革委等十个部委共同发布了《关于鼓励民间资本参与养老服务业发展的实施意见》，明确指出了一个新的方向，即为满足老年人群体的特殊金融需求，商业银行、保险公司、基金公司等金融机构需积极开发和推广符合老年人特点的理财、信贷和保险等金融产品。

2016年3月，中国人民银行也进一步明确了金融支持养老服务业的指导意见，并在其网站上予以公布。这份名为《关于金融支持养老服务业加快发展的指导意见》（以下简称《指导意见》）的文件，旨在鼓励各类金融机构积极参与养老领域的金融服务创新供给。具体内容包括各类型金融机构结合不同年龄层次的养老需求，研发长期收益稳定、适应养老全生命周期需求的养老金融产品。此外，《指导意见》还重点推动了养老型基金产品的发展，倡导个人投资者通过投资多样化的专业金融产品，增加财产性收入，进而提高自我养老的保障水平。

在这一系列政策的鼓励和大力支持下，金融机构在养老服务金融领域的探索和创新步伐得以加快。银行、保险、基金等机构纷纷响应，逐渐推出了更为丰富和多样化的金融产品。

8.1.1　银行业的养老金融产品

银行业作为金融体系的重要支柱，其客户群体之庞大，分支机构之广泛，可为广大民众提供多样化的养老金融产品，以满足不同老年人群体的个性化需求。

1. 养老储蓄产品

养老储蓄产品是以养老规划为核心目标的存款产品。这种产品已经成为我国众多居民为养老而进行理财的首选方式。养老储蓄产品的特点鲜明,它以低风险、稳定收益以及操作上的简便性而受到广大民众的青睐。观察我国的储蓄情况,可以看出国民总储蓄率长期保持在一个相对较高的水平,这既体现了我国居民的节俭习惯,也反映出对于未来养老的深刻考虑。与世界平均水平和发达国家相比,我国的储蓄率都显得尤为突出。根据《中国养老金融调查报告2023》的数据,个人养老金账户投资产品中,养老储蓄产品的受欢迎程度位居榜首。

2. 养老理财产品

养老理财产品是由商业银行所提供的一种特色金融服务产品,其主要目标是追求养老资产的长期稳健增值。产品的设计理念是长期持有,实现资产稳健增长。在投资策略上,养老理财产品通常采用相对成熟的资产配置策略,其目的在于合理且高效地控制产品的投资风险,以确保投资者的资金安全和稳定收益。主要客户群体是具有养老投资需求的客户,希望通过合理的投资方式,为自己的养老生活积累更多的资金。银行养老理财产品正好满足了他们的需求,其产品特点明显:投资期限长,产品风险低,追求长期稳定的收益。此外,商业银行还结合其丰富的业务线,如银行卡等,为老年客户群体提供更为综合化、个性化的增值服务。

3. 住房反向抵押贷款

住房反向抵押贷款是以住房产权作为贷款担保的商业贷款方式,其主要服务对象是拥有住房产权的老年人群。该产品设计的初衷,是帮助老年人解决养老资金短缺的问题,满足他们的融资需求,提高他们的生活质量。

在具体操作上,住房反向抵押贷款的运行模式独具特色。拥有住房的老年人作为借款人,将自己的住房产权抵押给银行。然后,银行会根据该住房的当前市场价值,以及预测的未来增值或折旧情况,同时还会考虑到老年人的身体状况以及预期寿命等诸多因素,进行全面的综合评估。经过细致的评估后,银行会核定一个合理的贷款额度。这个额度既能够满足老年人的资金需求,又能够确保银行的风险可控。一旦贷款额度确定,银行会按照约定的方式,按月或按年将贷款金额以现金的形式支付给借款人。

住房反向抵押贷款不仅有效地解决了老年人养老资金短缺的难题,同时也让他们的固定资产——住房,得以释放出流动资金,大大提高了他们的生活质量和生活自由度。

8.1.2　基金业的养老金融产品

基金业的养老金融产品主要是养老目标基金,其作为一种特定类型的公开募集证券投资基金,核心目标是追求养老资产的长期稳健增值。该类基金强调并鼓励投资者进行长期持有,通过长期稳定的投资策略,力求为投资者带来更为可靠和持续的投资回报。在投资策略上,养老目标基金倾向于采用那些经过验证的、成熟的资产配置策略,以在不确定的市场环境中为投资组合提供稳定的增值。为了合理控制投资组合的波动风险,养老目标基金通过多元化的投资组合，分散风险，确保资产在不同市场环境下的稳定增长。在运作形式上，养老目标基金采用基金中基金（FOF）的形式，或者是中国证券监督管理委员会（以下简称"中国证监会"）所认可的其他形式进行运作。

8.1.3 保险业的养老金融产品

1. 商业养老保险

商业养老保险是由商业保险机构所提供的一种专门针对养老问题的保险产品和服务。其主要内容涵盖养老风险保障以及养老资金管理等关键领域，旨在为投保人提供全面且细致的养老保险服务。具体功能包括提供养老风险保障和养老资金的管理。

2. 住房反向抵押养老保险

住房反向抵押养老保险，专为拥有房产但养老资金匮乏的老年人设计，为其开辟一条新的养老融资路径。与银行推出的住房反向抵押贷款颇为相似，此举不仅丰富了老年人的养老选择，而且有效满足了他们居家养老与增加收入的双重核心需求。特别地，这一保险产品尤为适合中低收入家庭、失独家庭、"空巢"家庭以及单身高龄老人，为他们提供了一种既能够保留居住权，又能获取稳定养老资金的解决方案。

3. 养老保障管理产品

养老保障管理产品由养老保险公司或养老金管理公司担任受托人角色。该类产品主要接受政府部门、企事业单位等团体客户的委托，为其量身打造养老保障方案，涵盖方案设计、账户管理、投资运营及待遇支付等全方位服务。通过发行此类金融产品，旨在为客户提供稳健、可靠的养老保障。

8.1.4 信托业的养老金融产品

信托业的养老金融产品主要包括养老信托和养老财产信托。养老信托是专为养老需求设计的，能兼顾财富管理与养老服务，支持各类资产如资金、保单、房产、股权的信托保管，使委托人能按个人意愿灵活运用财产以满足个性化养老服务需求。而养老财产信托则重在保障老年人或其家庭的财产安全与生活品质，通过信托的"破产隔离"等独特功能，为老年人提供稳定的财产保障。这些养老金融产品虽然可能因信托公司和市场需求的变化而有所不同，但通常都具备多样化的养老安排、专业化的资产管理以及高度的安全性保障等特点。总的来说，信托业的养老金融产品以其灵活性、专业性和安全性，为投资者提供了丰富的养老规划选择。

8.2 养老储蓄

8.2.1 养老储蓄的含义

养老储蓄产品是为养老而设计的存款产品，其特点在于低风险、收益稳定且操作简便。在我国，这类产品主要分为特定养老储蓄产品和专属储蓄产品。特定养老储蓄产品，是指银行与存款人事先就存款的期限、计息规则、结息方式以及支取条件等关键要素进行明确约定的专门储蓄产品，其本息支取需按照合同约定进行。而专属储蓄产品，尽管在本质上与商业银行的普通存款无异，但部分商业银行提供的专属储蓄产品利息率略高于普通存款。

8.2.2 养老储蓄的种类

一是特定养老储蓄产品。特定养老储蓄产品归属于人民币定期储蓄存款的范畴，可分为整存整取、整存零取及零存整取三类。对于特定养老储蓄整存整取产品，要求存款人与银行事先确定存款期限，整笔资金存入（如50元起存），待存款到期时，一次性提取本金和利息。特定养老储蓄整存零取产品则是指存款人一次性存入全部本金（如1 000元起存），之后与银行协商确定取款的频率，可以选择每一个月、三个月、半年或一年支取一次本金，而利息则在存款期满时结清并支取。特定养老储蓄零存整取产品要求存款人事先与银行商定存款的期限以及每月需定期存入的固定金额（如每月至少存5元）。每月按时存入，到期时一次性提取所有本金和利息。若期间有月份漏存，应在规定的时间内补齐，否则将被视为违约。特定养老储蓄产品的存款期限通常设定为5年、10年、15年和20年四个档次。与普通定期存款相比，这类产品的存期明显更长，更加符合"养老"的长期规划。

二是专属储蓄产品，主要分为定活两便储蓄存款、整存整取（养老金专属）和个人通知存款三类。其中，整存整取的期限选择包括三个月、六个月、一年、两年、三年和五年等；而个人通知存款则分为一天通知存款和七天通知存款两种。

8.2.3 养老储蓄的收益与风险

养老储蓄被视为一种低收益但同样低风险的产品。在众多养老金融产品中，养老储蓄的收益率虽然相对较低，却具有稳定性。它面临的主要挑战是通胀风险，这是一种系统性风险，储蓄期限的延长会使通胀对养老储蓄的负面影响加剧。

养老储蓄试点的推出，是在深入洞察我国公众强烈的储蓄倾向基础上，设计的创新金融产品和服务。它不仅体现了普惠性，也满足了养老需求；产品特点在于期限长、收益稳定，且本息安全有保障，非常适合那些风险偏好较低的居民进行养老规划。此外，养老储蓄还受到存款保险制度的保护，这使它更加适合有养老储备需求、风险承受能力较低的群体，特别是那些即将退休或已经开始领取养老金的投资者。养老储蓄产品在性质上属于"存款"，这与养老理财、基金、保险等"投资"类产品有所不同。目前，特定养老储蓄产品的利率相较于同期限的养老专属储蓄产品要稍高一些。以国内银行的产品为例，其五年期特定养老储蓄产品的利率就略高于五年期的养老专属储蓄产品利率，如表8-1和表8-2所示。

表 8-1 中国银行特定养老储蓄产品利率表

特定养老储蓄整存整取产品				
5 年期	10 年期	15 年期	20 年期	适用范围
4%	4%	4%	4%	广州、成都、西安
3.5%	3.5%	3.5%	3.5%	合肥、青岛
特定养老储蓄整存零取、零存整取产品				
5 年期	10 年期	15 年期	20 年期	适用范围
2.25%	2.25%	2.25%	2.25%	广州、成都、西安
2.05%	2.05%	2.05%	2.05%	合肥、青岛

资料来源：中国银行官网。

表 8-2 中国建设银行个人养老金专属储蓄产品利率表

专属储蓄产品名称	利率	普通存款名称	利率
定活两便储蓄存款	0.87%（最高利率）	定活两便储蓄存款	0.87%（最高利率）
三个月整存整取	1.40%	三个月整存整取	1.40%
六个月整存整取	1.60%	六个月整存整取	1.60%
一年整存整取	1.70%	一年整存整取	1.70%
二年整存整取	1.90%	二年整存整取	1.90%
三年整存整取	2.35%	三年整存整取	2.35%
五年整存整取	2.40%	五年整存整取	2.00%
一天通知存款	0.70%	一天通知存款	0.70%
七天通知存款	1.25%	七天通知存款	1.25%

注：以上储蓄存款利率为 2024 年 1 月中国建设银行的报价，且适用于所有试点地区。
资料来源：中国建设银行官网。

8.2.4 特定养老储蓄产品和专属储蓄产品的不同点

一是储蓄期限不同。特定养老储蓄产品期限更长，包括 5 年、10 年、15 年和 20 年四档。而专属储蓄产品包括通知存款、定活两便和整存整取，且整存整取的最高期限是五年。

二是参加和领取条件不同。特定养老储蓄要求年满 35 周岁才能办理，年满 55 周岁方可办理到期支取。整存整取、零存整取需要"年龄+产品期限"大于 55，整存零取需要年龄大于等于 55 周岁。于是，特定养老储蓄产品储户签约 5 年期产品时，年龄须满足大于等于 50 周岁；10 年期产品须满足大于等于 45 周岁；15 年期产品须满足大于等于 40 周岁；20 年期须满足大于等于 35 周岁。特定养老储蓄产品须年满 55 周岁且产品期满才能到期支取，未到龄或未到期支取按提前支取条款处理，提前支取的利息计算按双方约定执行，通常储户会损失一定的利息。专属储蓄产品的参加和领取条件与个人养老金试点规定一致。

三是缴存上限与适用的税收政策不同。单人在单家试点银行购买特定养老储蓄产品的最高限额设定为 50 万元。这一限额是对整存整取、整存零取和零存整取三种类型产品合并计算的结果。特定养老储蓄产品没有税收优惠。单人专属储蓄产品上限是 1.2 万元／

年，通知存款、定活两便和整存整取三种类型产品合并计算。专属储蓄产品缴存享受税收优惠政策，税收优惠政策已在个人养老金账户试点方案中明确。

四是计息方式不同。特定养老储蓄产品的计息周期为每 5 年一个周期。在每个计息周期内，利率水平将维持稳定，而每个新的计息周期所适用的利率，将以该周期起始日时特定养老储蓄产品的利率为准进行执行。其中，5 年期产品仅包含一个计息周期，10 年期产品包含两个计息周期，15 年期产品包含三个计息周期，20 年期产品包含四个计息周期。专属储蓄产品的利率由金融机构适时调整，在储蓄期内按照约定的利率计息，其间不进行调整。

另外，试点方案不同。特定养老储蓄产品试点于 2022 年 11 月 20 日正式启动。该试点由工商银行、农业银行、中国银行和建设银行牵头，在合肥、广州、成都、西安和青岛市率先开展。在试点阶段，每家试点银行开展的特定养老储蓄业务总规模被限制在 100 亿元人民币以内。[①] 专属储蓄产品试点在 2022 年 11 月 17 日启动，在内地 31 个省市自治区中的 36 个地区率先试行[②]，具体包括北京、天津、上海、重庆、广州、深圳等，2024 年底已覆盖全国。

8.3 养老理财

8.3.1 养老理财的含义

养老理财是商业银行所提供的一种综合性理财服务，是建立在商业银行为养老客户群体提供专业理财咨询的基础之上的。在这一过程中，商业银行会接受养老客户群体的委托与授权，然后依据双方事先商定的投资计划和策略，进行相应的投资和资产管理活动。这样的业务模式旨在满足养老客户群体对于资产增值和养老规划的需求，同时也体现了商业银行在养老金融服务领域的专业能力和服务水平。

8.3.2 养老理财的产品设计

1. 产品命名与风险分级

通常，银行理财产品的命名会直观地反映出其投资组合的类型以及最短持有期限。以中银理财的"福"系列产品为例，"中银理财'福'（1 年）最短持有期固收增强理财产品"，是最短持有期为一年，且其投资组合主要以固定收益类证券为主的理财产品。而"中银理财'禄'（5 年）最短持有期混合类理财产品"则表明，该产品的最短持有期为五年，投资组合包括固定收益和权益部分。目前市场上的养老理财产品多以系列形式

---

① 引自：中国银保监会办公厅中国人民银行办公厅关于开展特定养老储蓄试点工作的通知（银保监办发〔2022〕75 号），https://www.gov.cn/zhengce/zhengceku/2022-07/29/content_5703512.htm.
② 引自：中国银保监会关于印发商业银行和理财公司个人养老金业务管理暂行办法的通知，银保监规〔2022〕16 号，https://www.gov.cn/zhengce/zhengceku/2022-11/18/content_5727776.htm.

呈现，它们的最短持有期各不相同，可能是 1 年、18 个月、2 年、3 年或 5 年等。例如，"中银理财'福'（1 年）最短持有期固收增强理财产品""中银理财'福'（18 个月）最短持有期固收增强理财产品"等。[①] 养老理财产品通常没有固定的存续期限，除非产品提前终止。

银行养老理财产品的风险评价采用银行内部评级。如果产品的最短持有期较短且以固定收益类证券为主体，那么其风险评级多为中低风险（R_2）。这意味着本金损失的概率相对较低，但净值可能会存在一定的波动。如果产品的最短持有期较长且投资组合包括固定收益和权益部分，那么其风险评级可能为中等风险（R_3）。这表示产品存在一定的本金损失概率，并且净值也可能会有一定的波动。

2. 资产配置

养老理财产品的投资领域相当广泛，涵盖多种资产类别。它可以直接或间接地投资于权益类资产和固定收益类资产。具体来说，其投资范围包括以下几大类：①境内外货币市场工具，如现金、银行存款、协议存款、同业存单、大额可转让存单，以及债券回购（含逆回购）和资金拆借等。②政府债券，如境内外国债、地方政府债、政策性金融债、中央银行票据和政府机构债券。③各类金融债和企业债，如境内外金融债、超短期融资券、短期融资券、中期票据等，还包括非公开定向债务融资工具、外国借款人在我国市场发行的债券，以及结构性票据等。④公司债券和可转债，如境内外企业债券、公司债券、可转债、可交换债，以及交易所非公开发行债券和优先股等。⑤证券投资基金和资产管理产品，涵盖境内外公开发行的证券投资基金，以及各种资产管理产品或计划。⑥境内或境外的资产证券化产品的优先档。⑦权益类资产，包括在上海证券交易所、深圳证券交易所、北京证券交易所等挂牌交易的股票，新股申购、定向增发，还有内地与香港股票市场交易互联互通机制下的上市股票，以及其他监管批准的交易所上市股票和境外市场的各类权益资产。⑧外汇和衍生品，如外汇即期，以及以风险对冲为目的的各类衍生品，包括汇率远期、汇率掉期、国债期货、利率掉期、债券借贷、信用衍生工具、股指期货、ETF 期权和股指期权等。综上，养老理财产品的投资范围非常广泛，这为产品提供了多样化的投资选择和风险管理手段。

不同风险类型的养老理财产品在投资策略和投资组合上存在显著的差异。以中银理财的"福"（1 年）最短持有期固收增强理财产品和中银理财"禄"（5 年）最短持有期混合类理财产品为例，这两款产品就分别体现了不同的投资策略和资产配置方式。"福"（1 年）最短持有期固收增强理财产品主要采取稳健型投资策略，以债券、债券回购等固定收益类资产作为主要配置，目的是获取稳定的收益。同时，为了提升收益水平，该产品还会通过投资基金、股票等配置少量的权益仓位，以分享股票市场的长期升值回报。此外，为了对冲潜在风险，该产品还会适当参与金融衍生品交易，实现跨市场、跨行业的投资运作，从而拓宽投资集合的有效边界。相比之下，"禄"（5 年）最短持有期混合类

[①] 国家社会保险公共服务平台，https://si.12333.gov.cn/252598.jhtml.

理财产品则更加注重价值投资理念。该产品以权益类资产为配置主线，结合产品发行时的市场情况，灵活配置债券等固定收益类资产。同时，为了拓宽投资集合的有效边界，该产品也会适当参与金融衍生品交易。这种投资策略旨在通过长期持有具有成长潜力的资产，获取更高的投资收益。总的来说，这两款产品分别代表了以固定收益类资产为主的稳健型投资策略和以权益类资产为主的成长型投资策略。投资者在选择养老理财产品时，应根据自身的风险承受能力和收益需求，选择适合自己的产品类型。[①]

3. 费率

养老理财费率包括固定管理费、销售服务费、托管费以及其他费用，但没有认购费、申购费、赎回费和提前赎回费，通常也不收取超额业绩报酬（参见表8-3）。

表8-3 养老理财的费率结构

费用种类	A类基金份额	L类基金份额	计算方法
固定管理费	0.10%（年化）	0.05%（年化）	$E\times$ 费率 $\div 365$
销售服务费	0.10%（年化）	0.05%（年化）	
托管费	0.015%（年化）	0.015%（年化）	
无认购费、申购费、赎回费和提前赎回费			
无超额业绩报酬			

注：E 为前一估值日资产净值。与A类基金份额不同，L类基金份额是专门提供个人养老金投资者的养老金理财产品，是单独设立的份额类别。

资料来源：中银理财"福"（1年）最短持有期固收增强理财产品关键信息说明书。[②]

4. 业绩比较基准

养老理财产品的业绩比较基准是由产品管理人根据理财产品的投资范围、投资策略、资产配置计划，并在全面考虑市场环境等多重因素的基础上测算得出的。以中银理财"福"（1年）最短持有期固收增强理财产品为例，该产品属于固定收益类产品，其主要投资方向包括债券、货币市场工具等固定收益类资产，同时，为了增强收益，还会辅以少量的权益类资产投资，如基金、股票等。此外，为了对冲潜在风险，产品还会适当参与金融衍生品交易。由于投资仓位和市场指数会随市场状况而变动，因此，在理财产品的说明书中，通常会通过实例来具体说明业绩比较基准的设定方法。以中银理财"福"为例，假设产品的投资组合中，利率债仓位占0%~10%，同业存单仓位占10%，信用债、金融债和存款资产等仓位占90%，权益类资产仓位不超过10%，并且组合杠杆率为120%。在参考产品发行时已知的沪深300指数收益率和中债-综合财富（1~3年）指数收益率的基础上，结合产品的各项费率、资本利得收益以及投资策略，可以得出A类份额的业绩比较基准为3.60%~4.60%（年化），而L类份额的业绩比较基准则为3.70%~4.70%（年化）。产品管理人会为投资者提供一个业绩比较基准作为参考，但

---

① 引自：2b7210e1-997f-48f4-845a-3980458e7502.pdf（cmbchina.com）与1677803948415.pdf（bocwm.cn）.

② https：//s3gw.cmbchina.com/lb52.71_user02_bucket02/ecs/CFP/FP/2023-12-27/1703657837139/2b7210e1-997f-48f4-845a-3980458e7502.pdf.

需要注意的是，养老理财产品的发行机构并不承诺一定会达到或超过这一业绩水平。投资者在购买养老理财产品时，应充分了解产品的风险特性，并根据自身的风险承受能力和投资目标做出理性的投资决策。

8.3.3 养老理财与养老目标基金的不同点

养老理财与养老目标基金均为养老金融机构所提供的投资组合产品，它们之间既有相似点也存在显著差异。养老理财产品的核心组成部分是固定收益类产品，这类产品由专业的理财公司设计并提供。相对而言，养老基金则大多由基金公司推出，其主要形式是混合类 FOF 产品。在风险层面，养老理财产品主要以中低风险为主，这类产品特别强调稳健性、长期性和普惠性，旨在为投资者提供稳定且可预测的收益。而养老基金的风险等级多属于中风险，虽然风险相对较高，但也因此可能带来更高的投资回报。从投资范围来看，养老理财产品的投资领域相对宽泛，涵盖银行存款、债券以及股票等多种类型的资产。这样的配置使养老理财在资产选择上具有更大的灵活性。而养老基金则主要聚焦于基金投资，通过挑选和组合不同的基金产品，以实现资产的多元化配置和风险分散。

8.4 养老目标基金

8.4.1 养老目标基金的含义

养老目标基金，旨在追求养老资产的长期稳健增值，鼓励投资者进行长期持有。该类基金采用成熟的资产配置策略，以合理控制投资组合的波动风险，是一种公募证券投资基金。[①] 养老目标基金通常采用定期开放的运作模式，或者设定投资者的最短持有期限。具体来说，根据投资策略和风险控制的需要，如果养老目标基金的定期开放封闭运作期或者投资者最短持有期限被设定为不低于 1 年、3 年或 5 年，那么在该期限内，基金对于股票、股票型基金、混合型基金以及商品基金（包含商品期货基金和黄金 ETF）等中高风险资产类别的总投资比例，有着明确的原则性限制。原则上，这些资产类别的总比例分别不应超过 30%、60% 和 80%。这样的配置比例旨在平衡风险和收益，确保养老目标基金能够在长期投资过程中为投资者提供稳健且可持续的回报。

养老目标基金包含养老目标日期基金和养老目标风险基金两类，这两者在资产配置与投资策略方面存在差异。养老目标日期基金的主要特征是，基金会设定一个具体的目标日期，通常与投资者的预期退休时间相对应。随着这一目标日期的逐渐临近，基金会按照预设的路径，动态地调整其资产配置，也就是，逐步减少权益类资产

---

① 引自：《养老目标证券投资基金指引（试行）》（中国证券监督管理委员会公告〔2018〕2 号），https://www.gov.cn/gongbao/content/2018/content_5303451.htm。

的配置比例，如股票、股票型基金和混合型基金的比例，同时增加非权益类资产的比例。这种动态调整策略旨在降低投资风险，以适应投资者在不同生命阶段的风险承受能力和收益需求。养老目标风险基金侧重于根据特定类型投资者的风险偏好来设定权益类资产和非权益类资产的基准配置比例。此外，为了确保与投资者的风险偏好相匹配，这类基金还会采用广泛认可的方法来界定和评估投资组合的风险，如使用波动率等指标，并通过有效措施来控制基金组合的整体风险水平。这样的设计旨在确保养老目标风险基金能够在各种市场环境下，为投资者提供与其风险偏好相匹配的投资回报。

8.4.2 养老目标日期基金

1. 基本概念

养老目标日期基金是养老投资专属产品。这类基金的特点是在产品名称中明确设定了一个"目标日期"，该日期通常代表着投资者预计的退休年份。以华夏养老目标日期2050五年持有期混合型发起式基金中基金为例，其投资策略依据特定目标日期实施动态调整，比如，随着特定目标日期的到来，基金管理人逐步调低权益类资产的比重，并相应地提高非权益类资产的比例。因此，在基金成立的初期阶段，其资产配置呈现出偏股型基金的特点，即权益类资产占比较高，主要追求投资的增值与成长。随着时间的推移和目标日期的逼近，基金会逐渐降低对权益类资产的依赖，转型为平衡型基金，最终演变为债券型基金。在这一过程中，基金的投资目标也从最初的追求资本增值，逐渐转向更注重当期的收益。相应地，基金在存续期间的整体风险水平也在逐步下降。养老目标日期基金为其持有者提供了全面、一站式的养老投资方案。从全球视角看，养老目标日期基金在养老投资领域中占据着举足轻重的地位。

2. 产品设计

养老目标日期基金通过设计的产品要素，如目标日期、下滑曲线以及资产配置策略，达成最优化的退休后收入替代目标。

（1）目标日期

目标日期是养老目标日期基金最为显著的产品特征，它通常在基金的名称中得以体现，代表投资者预计的退休年份。以我国为例，养老目标日期基金通常将退休年龄设定为60岁。投资者可以根据自己的预计退休年份，直接从基金名称中选择适合自己的养老目标日期基金。比如，一个预计在2050年退休的投资者，就可以选择名为"2050目标日期"的基金。

目前市场上主流的养老目标日期基金往往以系列的形式呈现，目标日期的间隔一般设定为5年。例如，工银瑞信养老目标日期基金系列就包括2035、2040、2045、2050和2055等多个目标日期的基金。这种以5年为间隔的设定，可能是基于营销策略的精准性和运营管理的经济性之间的权衡。如果目标日期的间隔设置得过小，虽然能更精准地定位目标人群的年龄层，但同时也会增加管理和运营的复杂性。相反，如果目标日期的间隔设置得较大,虽然能减少需要管理的基金数量,但可能会降低对特定年龄层投资者的针对性。因此,以 5 年为间隔可能是在这两者之间找到了一个相对平衡的点。

(2) 下滑曲线

下滑曲线是养老目标日期基金中至关重要的一个产品要素。它描述了随着时间的推移,大类资产长期配置比例的调整路径。简而言之,下滑曲线为养老目标日期基金提供了一种指导,使其能在整个生命周期内进行有效的战略资产配置。随着投资者生命周期的推进和目标退休日期的临近,养老目标日期基金会根据其下滑曲线的指导,逐步调整其投资风格。最初,基金可能采取更为"进取"的投资策略,以追求较高的收益。然而,随着时间的推移,基金会逐渐转向"稳健"乃至"保守"的投资风格,以确保资产的安全性和稳定性。这一过程中,权益类资产的比例会逐渐减少,而非权益类资产的比例则会相应增加。这种动态调整的策略更能适应各个年龄段上养老金投资者的风险收益平衡需要,从而确保基金的投资效果能够符合其长期的养老投资目标。

根据多家基金公司养老目标日期基金的招募说明书所披露的信息,可以观察到不同基金下滑曲线的具体形态。例如,华夏养老目标日期 2035 三年持有期混合型发起式基金中基金(FOF)[1]和工银瑞信养老目标日期 2060 五年持有期混合型发起式基金中基金(FOF)[2]就展示了其独特的下滑曲线。

华夏养老目标日期 2035 三年持有期混合型发起式基金中基金(FOF)是一款专为预计在 2030 年至 2039 年间退休的投资者设计的养老目标日期基金。通过遵循精心设计的下滑曲线,该基金旨在为投资者提供一个稳健且可持续的养老收入来源。如表 8-4 和图 8-1 所示。

表 8-4 下滑曲线权益类资产配置比例中枢值以及权益资产投资比例上下限　　　　%

	下滑曲线中枢	权益类资产上限	权益类资产下限
2018—2020 年	50	60	35
2021—2025 年	50	60	35
2026—2030 年	45	55	30
2031—2035 年	26	36	11
2036—2040 年	12	22	0
2041—2045 年	7	17	0
2046—2050 年	4	14	0
2051—2055 年	2	12	0
2056—2060 年	0	10	0

资料来源:https://www.chinaamc.com/jjcp/kfsjj/hjyl2035sncwggfofy/ggcx/1000043603.shtml。

[1] 华夏基金官网,https://www.chinaamc.com/index.shtml。
[2] 工银瑞信官网,https://www.icbccs.com.cn/gyrx/jjcp/index.html。

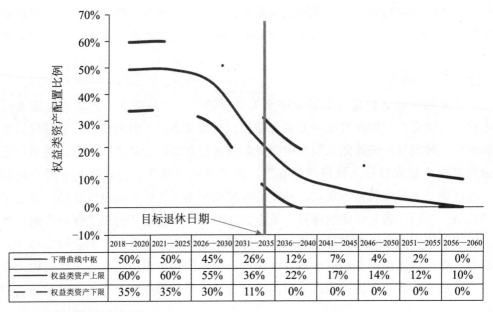

图 8-1 下滑曲线权益类资产配置比例中枢值以及权益资产投资比例上下限

工银瑞信养老目标日期 2060 五年持有期混合型发起式基金中基金（FOF）是以 2060 年 12 月 31 日为目标退休日期的一款基金产品。它主要针对预计在 2060 年或相邻年份退休的个人养老投资者，以及其他具有相似风险承受能力和投资偏好的投资者。

基金下滑通道对应的权益类资产比例如表 8-5、图 8-2 所示。

表 8-5 基金下滑通道对应的权益类资产比例　　　　　　　　　　　　　　%

时间	下滑曲线中枢	权益类资产上限	权益类资产下限
成立日—2038/12/31	70	80	55
2039/01/01—2040/12/31	65	75	50
2041/01/01—2042/12/31	56	66	41
2043/01/01—2045/12/31	47	57	32
2046/01/01—2048/12/31	39	49	24
2049/01/01—2051/12/31	33	43	18
2052/01/01—2054/12/31	29	39	14
2055/01/01—2057/12/31	25	35	10
2058/01/01—2060/12/31	23	33	8

资料来源：https://www.icbccs.com.cn/upload/829/File/202101/20211210yanglao2060zhaomu.pdf.

根据下滑曲线的差异，养老目标日期基金被划分为"到点型"和"穿点型"两种。"到点型"下滑曲线的特点在于，当达到养老目标日期时，权益类资产与固定收益类资产的比例会达到一个稳定状态，并且此后保持不变。这种策略相对保守，主要面向那些退休后追求当期收益和有限资本增值，而不再追求较高总收益的投资者。相比之下，"穿点型"下滑曲线则更为动态。在目标日期之后，权益类资产与固定收益类资产的比例仍会持续调整。这种设计主要是为了管理长寿风险，考虑到投资者在退休后通常会逐步从基金账户中提取资金作为退休养老金,而不是在退休时一次性提取。同时,根据中国人口的平均寿命,退休期间通常还有 20 年甚至更长时间。因此,为了满足整个退休周期内的养老资金需求,基金管理人会相对缓慢地调整权益类资产的配比,直至达到最终稳定的配置比例。这种策略旨在追求更长生命周期内的相对较高收益。

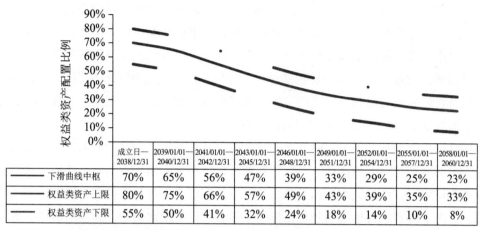

资料来源:工银瑞信。

图 8-2 基金下滑通道对应的权益类资产比例

下滑曲线的理论框架源自人力资本生命周期资产配置理论。随着年龄的增长,人们的风险承受能力逐渐降低。而向下倾斜的下滑曲线使投资组合的波动性也随时间推移而逐渐降低,这与人们的风险承受能力变化相一致。现代资产配置理论从马柯维茨静态资产组合理论发展而来,逐步形成了跨周期的资产配置理论。博迪、默顿和萨缪尔森在 1992 年首次将人力资本引入长周期的最优资产配置框架,并得出结论:配置于权益类资产的比例应随年龄增长而降低。该模型以假设个人在初始阶段拥有一定数量的金融资产和人力资本为基础,提出个人在每个时间节点上进行决策,以确定其消费金额、金融资产中风险性资产的投资比例,以及可能将劳动收入中多少比例用于闲暇时光,旨在实现终身预期效用贴现值的最大化。这一模型证明,在生命周期的任何阶段,拥有的人力资本供给弹性越高,在资产配置时越应该承担更高风险。由于年轻人在人力供给的弹性上比年长者更大,因此他们更容易在金融投资损失时通过增加劳动供给来弥补损失,从而应该配置更高比例的权益资产。这可以被视为下滑曲线"向下倾斜"的理论来源。

(3)运作方式

养老目标日期基金的运作方式包含两种形式:FOF(基金中的基金)和非 FOF。在我国,养老目标基金可以采用 FOF 的形式进行运作,也可以采用中国证券监督管理委员会认可的其他运作形式。不过,根据证监会发布的《个人养老金基金名录(截至 2023 年 12 月 31 日)》统计数据,FOF 形式在实际应用中最为普遍,共有 178 款个人养老金基金选择了这种形式。

从管理模式的角度划分,目标日期基金在母基金层面可以分为主动型和被动型,而目前市场上以主动型为主。主动型的养老目标日期基金意味着其资产配置能够根据市场环境进行灵活调整，这样既能够考虑到长期的战略资产配置，也能够兼顾中短期的战术调整需求。这类基金在招募说明书中通常会明确，在市场中性情况下，其长期的战略资产配置将遵循下滑曲线所描述的资产配置结构。然而，基金管理人仍然可以根据对短期市场的判断，在下滑曲线所描述的资产配置结构基础上进行适当的调整。以华夏养老目标日期2035三年持有期混合型发起式基金中基金（FOF）为例，其招募说明书中就明确指出，随着目标日期的临近，权益类资产的投资比例会逐渐降低。同时，基金管理人会进一步实施风险预算，以确保对基金可能面临的风险进行精细化管理和控制，控制基金的相对回撤，挑选符合要求的标的基金进行投资，以构建合理的投资组合。相对而言，采用被动管理模式的母基金层面的目标日期基金数量较少，它们主要从分散风险和降低运作成本的角度考虑，追踪特定的目标日期指数。

按照投资的子基金来源，以FOF（基金中的基金）形式运作的养老目标日期基金可以分为内部型和非内部型两种。内部型养老目标日期基金的特点是其挑选的子基金全部来自本公司旗下，这种策略有利于基金公司对投资组合进行更直接和全面的管理。与之相对，非内部型养老目标日期基金在挑选子基金时则不受此限制，其可以选择其他公司旗下的基金，从而拓宽了投资选择范围，有利于实现更为多元化的资产配置。在我国，养老目标日期基金会定期在季报或年报中详细披露其投资的基金概况。以华夏养老目标日期2035三年持有期混合型发起式基金中基金为例，其2023年第四季度的投资组合中，占基金资产净值比例前五名的子基金包括华夏睿磐泰兴混合A（占比为8.41%）、华夏创新前沿股票（占比为5.08%）、大成睿享混合C（占比为4.33%）、兴全中证800六个月持有指数A（占比为4.18%）以及淳厚信睿C（占比为4.18%）。

根据投资理念的不同，采用FOF形式运作的养老目标日期基金在挑选子基金时，可进一步划分为主动型和被动型。在养老目标日期基金发展的初期阶段，主动管理型的子基金是主流选择。然而，近年来被动型子基金由于其管理成本低和透明度高的优势，逐渐受到了投资者的青睐，其规模增长速度也更为迅猛。以美国为例，其IRA（个人退休账户）和DC计划（缴费确定型计划）中投资的基金里，被动指数基金的比例自2003年的7.7%持续上升至2023年第三季度的21.4%。这一数据变化清晰地反映了被动型子基金在养老目标日期基金中的受欢迎程度。晨星提供的数据显示，持有75%以上指数基金的养老目标日期FOF，其平均费率仅为0.27%，这一费率远低于以持有主动型或混合型基金为主的养老目标日期FOF。这一成本优势也是被动型子基金受到投资者青睐的重要原因之一。以2022年资金净流入最多的先锋目标退休基金（Vanguard Target Retirement Fund）为例，其持仓标的均为Vanguard旗下管理的被动指数基金。此外，资金流入量靠前的State Street Target Retirement、Fidelity Freedom Index和Black Rock Life path Index等养老目标日期FOF，也均以持有其旗下管理的被动基金为主。[①]

（4）投资范围

目标日期基金的核心投资领域主要集中在权益类资产和固定收益类资产。为实现资

---

① 引自：慧博研报《中美养老FOF产品对比研究》。

产配置，这类基金会投资于多种金融工具，如股票、股票型基金、混合型基金以及商品基金，后者又涵盖商品期货基金和黄金 ETF 等。

以工银瑞信养老目标日期 2035 三年持有期混合型 FOF（以下简称"工银养老 2035"）为例，其投资范围广泛，包括但不仅限于中国证监会依法核准或注册的公开募集证券投资基金（如 QDII 和香港互认基金）、国内依法公开发行并上市交易的股票（覆盖主板、中小板、创业板等以及其他证监会允许的股票投资）、各类债券（如国债、政府支持机构债券、地方政府债、企业债等）、资产支持证券、债券回购、银行存款、同业存单以及现金。此外，该基金还可以投资于法律法规或证监会允许的其他金融工具，但必须遵守相关规定。工银养老 2035 还可通过内地与香港股票市场交易互联互通机制投资港股通标的股票。需注意的是，该基金不投资于股指期货、国债期货及股票期权等衍生类金融工具。

（5）费率

养老目标日期基金的费率结构包含多个组成部分，具体为认购费率、申购费率、赎回费率、管理费率和托管费率。认购费指的是在基金首次公开发行募集期间，投资者购买基金单位时需要支付的手续费。申购费则是指在基金已经成立后，投资者在基金的存续期间内购买基金单位时需要支付的手续费。这两类费用是投资者在购买基金时需要承担的成本，而管理费和托管费则是基金运营过程中产生的费用。赎回费则是投资者在赎回基金时需要支付的费用。表 8-6 是工银养老 2035 的费率结构。

表 8-6 养老目标日期基金的费率结构（以工银养老 2035 为例）

费用种类	A 类基金份额		Y 类基金份额	
认购费率	认购金额（M）<100 万元	0.40%	—	
	100 万元 ≤ M<200 万元	0.25%		
	200 万元 ≤ M<500 万元	0.15%		
	M ≥ 500 万元	按笔收取，1 000 元/笔		
申购费率（转型前）	申购金额（M）<100 万元	0.50%	申购金额（M）<100 万元	0.50%
	100 万元 ≤ M<200 万元	0.30%	100 万元 ≤ M<200 万元	0.30%
	200 万元 ≤ M<500 万元	0.20%	200 万元 ≤ M<500 万元	0.20%
	M ≥ 500 万元	按笔收取，1 000 元/笔	M ≥ 500 万元	按笔收取，1 000 元/笔
申购费率（转型后）	申购金额（M）<100 万元	0.40%	申购金额（M）<100 万元	0.40%
	100 万元 ≤ M<200 万元	0.25%	100 万元 ≤ M<200 万元	0.25%
	200 万元 ≤ M<500 万元	0.15%	200 万元 ≤ M<500 万元	0.15%
	M ≥ 500 万元	按笔收取，1 000 元/笔	M ≥ 500 万元	按笔收取，1 000 元/笔
赎回费率（转型前）	对目标退休日期到期前赎回的份额不收取赎回费			

续表

费用种类	A 类基金份额		Y 类基金份额	
赎回费率（转型后）	T<7 天	1.50%	T<7 天	1.50%
	7 天≤ T < 30 天	0.75%	7 天≤ T < 30 天	0.75%
	30 天≤ T < 6 个月	0.50%	30 天≤ T < 6 个月	0.50%
	6 个月≤ T < 1 年	0.10%	6 个月≤ T < 1 年	0.10%
	1 年≤ T	0	1 年≤ T	0
管理费（转型前）	0.90%		0.45%	
管理费（转型后）	0.60%		0.30%	
托管费（转型前）	0.20%		0.10%	
托管费（转型后）	0.15%		0.075%	

注：1. M 为认 / 申购金额，T 为持有期，1 年指 365 天。2. "转型"的含义见目标日期基金到期后的处理部分。

资料来源：https://www.icbccs.com.cn/gyrx/jjcp/fofjj/gyyl2035/index.html.

若通过个人养老金账户购买工银养老 2035，认购费为零，申购费不变，但管理费和托管费减半。

（6）业绩比较基准

养老目标日期基金的业绩比较基准通常包括普通市场指数基准和基于下滑曲线的复合基准。

不同基金公司选取的指数不尽相同，但基本都涵盖权益市场指数和债券市场指数，比如，工银养老 2035 选用了中证 800 指数和中债新综合（财富）指数，而南方养老目标日期 2055 五年持有期混合型发起式基金中基金（FOF）（以下简称"南方养老 2055"）选用了沪深 300 指数和上证国债指数。

其中，工银养老 2035 业绩比较基准具体为

中证 800 指数收益率 × X + 中债新综合（财富）指数收益率 ×（1-X）

目标日期 2035 年 12 月 31 日之前（含当日），X 取值范围如下：2018—2020 年，X = 45%；2021—2023 年，X = 40%；2024—2026 年，X = 35%；2027—2029 年，X = 30%；2030—2032 年，X = 26%；2033—2035 年，X = 23%。[1]

南方养老 2055 基金业绩比较基准为

X ×[90%× 沪深 300 指数收益率 +10%× 中证港股通综合指数（人民币）收益率]

+ (100%-X) × 中债综合全价指数收益率

基金合同生效之日至 2035 年 12 月 31 日，X = 0.7；2036 年 1 月 1 日—2037 年 12 月 31 日，X = 0.65；2038 年 4 月 1 日 —2039 年 12 月 31 日，X = 0.6；2040 年 1 月 1 日 —2041 年 12 月 31 日，X = 0.55；2042 年 1 月 1 日—2043 年 12 月 31 日，X = 0.5；2044 年 1 月 1 日—2045 年 12 月 31 日，X = 0.45；2046 年 1 月 1 日—2047 年 12 月 31 日，X = 0.4；2048 年 1 月 1 日—2049 年 12 月 31 日，X = 0.35；2050 年 1 月 1 日—2051 年 12 月 31 日，

---

[1] https://www.icbccs.com.cn/gyrx/jjcp/fofjj/gyyl2035/index.html#B006295.

$X=0.3$；2052年1月1日—2053年12月31日，$X=0.25$；2054年1月1日—2055年12月31日，$X=0.2$；自2056年1月1日起，$X=0.15$[①]。

（7）目标日期基金到期后的处理

目标日期基金通常为系列基金，随着时间的推移，系列基金中目标日期在前的基金将逐渐达到甚至超过对应的目标日期，达到目标日期后的处理成为目标日期基金特有的问题。

在我国，养老目标日期基金在到达目标日期后，一般会转型为普通的FOF产品继续运作。转型后，基金不再设定最短持有期，投资者可以在开放日进行申购和赎回。同时，基金的投资策略、费率等也将进行相应调整。例如，表8-7中"转型"的含义是自2036年1月1日起，工银瑞信养老目标日期2035三年持有期混合型FOF自动转型为开放式FOF，基金名称调整为"工银瑞信安享稳健目标风险混合型基金中基金（FOF）"，投资者可在任一开放日进行申购或者赎回。

养老目标日期基金转型后的投资策略也值得关注，尤其是转型后各类资产的配置比例。

表8-7 养老目标日期基金转型前后的投资策略对比

到期前基金的投资组合比例	到期后基金的投资组合比例
公开募集证券投资基金占基金资产的比例≥80%，其中，投资于股票、股票型基金、混合型基金和商品基金（含商品期货基金和黄金ETF）等品种资产占基金资产的比例合计为8%~60%，投资于权益类资产的比例合计为8%~55%，投资于港股通投资标的股票占股票资产的比率≤50%；持有现金或到期日在一年以内的政府债券合计占基金资产净值的比例≥5%。	公开募集证券投资基金占基金资产的比例≥80%；持有现金或到期日在一年以内的政府债券合计占基金资产净值的比例≥5%，其中现金不包括结算备付金、存出保证金及应收申购款等；在正常市场状况下，权益类资产的战略配置比例为20%，固定收益类资产的战略配置比例为80%；权益类资产的战术调整幅度不超过战略配置比例的正负10%，但在极端波动的市场环境下，为控制基金风险，权益类资产的配置比例可以降低至0%。

注：上表仅摘录工银养老2035的部分投资组合比例要求。
资料来源：https://www.icbccs.com.cn/upload/829/File/20180928/yanglaomubiaotuoguanxieyi.pdf.

目标日期基金自20世纪90年代中期出现以来就在养老金市场中扮演重要的角色，但鉴于2008年国际金融危机时该类基金净值大幅波动的教训，监管部门开始考虑是否应增强对目标日期基金信息披露的要求，使养老金投资者能充分理解目标日期基金的投资目标以及下滑曲线的形态等内容，从而对目标日期基金的风险有更加理性的认识。从充分保护投资者的利益出发，需要提高对目标日期基金下滑曲线等核心要素的监管要求和信息披露要求。例如，基金合同、招募说明书中应用平实易懂的语言向投资者说明基金资产配置如何随时间推移而变化等内容。

8.4.3 养老目标风险基金

1. 养老目标风险基金的含义

目标风险基金的设计初衷是保持基金风险水平的稳定性。为实现这一目标，它主要

---

① https://www.nffund.com/main/jjcp/fundproduct/017980.shtml.

通过固定权益类资产和债券类资产在基金总资产中的占比来达到。目标风险基金的名称中通常会包含如"保守""稳健""平衡"或"积极"等描述性用语。这些用语旨在直观地反映基金的风险水平和投资策略，以便投资者能够根据自身的风险偏好选择合适的基金。

2. 养老目标风险基金的产品设计

（1）产品命名与风险分级

养老目标风险基金的命名均体现了特定的风险偏好和资产配置两个核心要素。例如建信优享进取养老目标五年持有期混合型发起式基金中基金（FOF）、建信优享平衡养老目标三年持有期混合型发起式基金中基金（FOF）、建信添福悠享稳健养老目标一年持有期债券型基金中基金（FOF）[1]、华夏保守养老目标一年持有期混合型发起式基金中基金（FOF）[2]等，其中风险偏好分别表达为进取、平衡、稳健、保守；资产配置分别表达为混合型 FOF 和债券型 FOF。

目标风险基金一般是一个系列，由不同风险等级的基金构成，例如，建信优享进取养老目标五年持有期混合型发起式基金中基金（FOF）、建信优享平衡养老目标三年持有期混合型发起式基金中基金（FOF）、建信优享稳健养老目标一年持有期混合型基金中基金（FOF），风险等级依次减小。

（2）资产配置

目标风险基金可投资权益类资产和固收类资产，具体为经中国证监会核准或注册的公开募集证券投资基金，包含 QDII 基金、香港互认基金；股票，包括创业板、存托凭证及其他依法公开发行上市的股票；债券，具体包括国债、金融债、央行票据、地方政府债、企业债、公司债、公开发行的次级债、可转换债券、分离交易可转债、可交换债券、中期票据、短期融资券、超短期融资券等；资产支持证券、债券回购、银行存款、同业存单、货币市场工具以及被法律法规和监管者认可的其他金融工具。

不同风险类型的养老目标风险基金的投资目标和投资组合比例有明显差异。以建信优享进取养老目标五年持有期混合型发起式基金中基金（FOF）和建信添福悠享稳健养老目标一年持有期债券型基金中基金（FOF）为例，前者为进取的混合式 FOF，其权益类资产占比为 65%~80%，后者为稳健的债券型 FOF，其固收类资产占比不低于 80%。

不同类型养老目标风险基金资产配置的对比如表 8-8 所示。

表 8-8 不同类型养老目标风险基金资产配置的对比

	建信优享进取养老目标五年持有期混合型发起式基金中基金（FOF）	建信添福悠享稳健养老目标一年持有期债券型基金中基金（FOF）
投资目标	依照目标风险进行积极的大类资产配置，在控制风险的前提下，力争获取超越业绩基准的收益及实现养老资产的长期稳健增值	根据市场变化动态调整控制基金下行风险，力争追求基金长期稳健增值

---

[1] 建信基金官网，https://www.ccbfund.cn/fwzn/index.jhtml.

[2] 华夏基金官网，https://www.chinaamc.com/index.shtml.

	建信优享进取养老目标五年持有期混合型发起式基金中基金（FOF）	建信添福悠享稳健养老目标一年持有期债券型基金中基金（FOF）
投资组合比例	证券投资基金占基金资产的比例≥80%；其中，投资于股票、股票型基金、混合型基金和商品基金（含商品期货基金和黄金ETF）等品种占基金资产的比例≤80%，投资于港股通标的股票占股票资产的比例≤50%，现金或到期日在一年以内的政府债券占基金资产净值的比例≥5%。权益类资产向上、向下的调整幅度最高分别为5%及10%，即权益类资产占基金资产的比例为65%~80%	证券投资基金占基金资产的比例≥80%；其中，债券型证券投资基金与基金资产的比例≥80%。投资于权益类资产的投资比例中枢为10%，其中，权益类资产向上、向下的调整幅度最高分别为5%及10%，即权益类资产占基金资产的比例为0%~15%，投资商品基金的比例≤10%，现金或到期日在一年以内的政府债券占基金资产净值的比例≥5%

（3）费率

养老目标风险基金费率包括认购费率、申购费率、赎回费率、管理费率和托管费率（见表8-9）。若在个人养老金账户内购买养老目标风险基金，管理费与托管费减半。

表8-9 养老目标风险基金费率结构

费用种类	A类基金份额		Y类基金份额	
认购费率	认购金额（M）<100万元	0.60%		
	100万元≤M<200万元	0.40%		
	200万元≤M<500万元	0.20%		
	M≥500万元	按笔收取，1 000元/笔		
申购费率	申购金额（M）<100万元	0.80%	申购金额（M）<100万元	0.80%
	100万元≤M<200万元	0.60%	100万元≤M<200万元	0.60%
	200万元≤M<500万元	0.40%	200万元≤M<500万元	0.40%
	M≥500万元	按笔收取，1 000元/笔	M≥500万元	按笔收取，1 000元/笔
赎回费率	最短持有1年，不收取赎回费			
管理费率	按前一日基金资产净值的0.6%年费率计提		按前一日基金资产净值的0.3%年费率计提	
托管费率	按前一日基金资产净值的0.15%年费率计提		按前一日基金资产净值的0.075%年费率计提	

（4）业绩比较基准

养老目标风险基金均综合采用权益、固定收益市场指数，根据目标权益资产、固定收益资产的比例设定产品的复合业绩比较基准（见表8-10）。

表 8-10 部分养老目标风险基金复合业绩比较基准对比

基金名称	复合业绩比较基准构成
建信优享进取养老目标五年持有期混合型发起式基金中基金（FOF）	75%×中证 800 指数收益率 +20%×中债综合指数收益率 + 金融机构人民币活期存款利率（税后）×5%
建信优享平衡养老目标三年持有期混合型发起式基金中基金（FOF）	50%×中证 800 指数收益率 +45%×中债综合指数收益率 + 金融机构人民币活期存款利率（税后）×5%
建信优享稳健养老目标一年持有期混合型基金中基金（FOF）	20%×中证 800 指数收益率 + 中债综合指数收益率 ×80%
建信添福悠享稳健养老目标一年持有期债券型基金中基金（FOF）	10%×中证 800 指数收益率 +85%×中债综合指数收益率 + 金融机构人民币活期存款利率（税后）×5%
华夏保守养老目标一年持有期混合型发起式基金中基金（FOF）	10%×沪深 300 指数收益率 + 90%×中债综合（全价）指数收益率

从表 8-10 可知，依据进取型、平衡型、稳健型、保守型的顺序，养老目标风险基金复合业绩比较基准中权益类指数占比逐步下降，固收类指数占比逐步增加。若养老目标风险基金名称中明确标注了"债券型"字样，则其固收类指数占比会高于同等风险类型的混合式基金。

除了股债恒定比例，养老目标风险基金有两个主要特点：第一，不同于专注单一大类资产的普通公募基金，养老目标风险基金是资产配置的工具，产品命名、采用 FOF 的形式、投资策略、业绩比较基准、投资团队构成、持仓变动等都体现了这一特点。第二，产品注重保持风险恒定，产品设计的权益仓位"界限分明"。

8.4.4 我国养老目标基金的发展历程

1. 养老目标基金的试点

2018 年，中国证监会发布养老目标证券投资基金指引（试行）（见表 8-11），明确了养老目标基金的定义、运作形式、资产配置策略、封闭运作期、费率优惠、推介原则和名称规定等。

表 8-11 《养老目标证券投资基金指引（试行）》要点

项目	主要内容
产品形式	基金中基金或者其他
投资策略	目标日期策略、目标风险策略以及其他策略
持有期限	定期开放的封闭运作期或投资人最短持有期限不少于 1 年
投资比例限制	按照封闭运作期或投资人最短持有期限不短于 1 年、3 年或 5 年的，基金投资于股票、股票型基金、混合型基金和商品基金等品种的比例合计原则上不超过 30%、60%、80%
子基金	基金管理人应制定子基金的选择标准与制度，要求子基金运作期限不少于 2 年；且近两年平均季末净资产应不低于 2 亿元
基金管理人	公司成立满 2 年，治理结构健全稳定；近 3 年平均公募基金管理规模超 200 亿元，或基金业绩稳定且规模大；投研团队至少 20 人，其中至少 3 人符合养老目标基金经理条件

项目	主要内容
基金经理	具有5年以上金融行业从业经验，涵盖证券投资等相关领域，且至少2年专门从事证券投资；或拥有5年以上养老金或保险资金资产配置经验
费率	可设置优惠的基金费率与差异化费率

资料来源：《养老目标证券投资基金指引（试行）》，https://www.gov.cn/gongbao/content/2018/content_5303451.htm.

同年8月，首批养老目标基金获批，证监会核发了易方达基金、鹏华基金、银华基金、工银瑞信基金等14家基金公司的14只养老目标基金，如易方达汇诚养老2043混合（FOF）、鹏华养老2035混合（FOF）等。

2. 个人养老金账户制试点后养老目标基金的发展

在《关于推动个人养老金发展的意见》（国办发〔2022〕7号）和《个人养老金实施办法》（人社部发〔2022〕70号）发布后，养老目标基金获得长足的发展。

关于费率优惠，该类基金可以设置相较于其他公募基金更为优惠的费率结构。比如，通过实施差异化的费率安排，抑制频繁交易，鼓励长期投资。

在推介养老目标基金时，基金管理人和销售机构应根据投资者的实际状况，如年龄、预期的退休时间以及收入水平，为其推荐适用的养老目标基金产品；应着重引导投资者树立长期养老投资的理念；应确保所推荐的目标日期基金与投资者的预期投资时限相契合。

在基金名称的命名规则上，须在基金名称中明确包含"养老目标"这一表述；应准确反映该基金所采用的投资策略。对于采用目标风险策略的养老目标基金，其名称中还应明确标注产品的风险等级。同时，限制其他类型公募基金使用"养老"字样，清晰界定养老基金适用范围。

截至2023年底，仅个人养老金中的养老目标基金数量就达到178个。之后，个人养老金账户制从36地试点逐步拓展到全国，养老目标基金的发展空间将非常广阔。

8.5 商业养老保险

8.5.1 基本概念

商业养老保险是商业保险机构提供的，以养老风险保障、养老资金管理等为主要内容的保险产品和服务。不同于社会保险，它是通过签订保险合同，以营利为目的的保险形式。通常，商业养老保险的品种包括传统型养老保险、分红型养老保险、万能型寿险和投资连接保险等。本节主要介绍个人养老金产品目录中的两种保险产品：专属商业养老保险和个人税收递延型商业养老保险。前者自2021年起在浙江省（含宁波市）和重庆市开始试点；后者则于2018年在上海市、福建省（含厦门市）和苏州工业园区试点，2023年开始与个人养老金制度衔接。

8.5.2 专属商业养老保险的具体设计

专属商业养老保险是指以养老保障为目的，领取年龄在60周岁及以上的个人养老年金保险产品。产品设计分为积累期和领取期两个阶段，领取期不得短于10年。产品采取账户式管理，账户价值计算和费用收取公开透明。[①]

以泰康臻享百岁专属商业养老保险为例[②]，该产品是一款养老年金保险产品，采用账户式管理，产品分为积累期和领取期。在账户积累期，投保人按保险单约定交纳保险费，两个投资组合价值按照每年公布的结算利率进行累积，结算利率对应的年利率不低于保证利率；在领取期，被保险人可申请定期或终身领取养老年金，保障养老生活。

1. 参与资格

针对新兴产业和新型业态的从业人员，以及各类灵活就业人员，政策允许相关的企事业单位采用合适的方式，依照法律法规为这些员工购买专属的商业养老保险，并提供支付保费的支持。企事业单位所交纳的保费，在扣除必要的初始费用之后，应全额计入个人的养老保险账户。这部分资金所产生的所有权益，均完全归属于个人账户的持有人。

2. 交费方式

采取灵活交费方式。保险公司可收取初始费用，消费者交纳保费在扣除初始费用后全部进入个人账户。保险公司可根据交费金额、账户累积金额、销售渠道等设定差异化的公平合理的费用标准，并在保险合同中详细阐明。

泰康臻享百岁专属商业养老保险的保费构成包括趸交保险费和追加保险费两部分。趸交保险费是指投保人在投保时一次性交纳。追加保险费是指投保人在犹豫期后至养老年金开始领取日前交纳追加保险费。

3. 积累期设计

积累期采取"保证+浮动"的收益模式，保险公司须为消费者提供风险偏好不同的一个以上的投资组合。不同投资组合的保证利率可以不同，但不得超过新型人身保险产品法定准备金评估利率上限。投资组合的保证利率一经确定，不得调整。投资组合收益水平应反映保险公司投资能力和实际投资收益情况。保险公司应按年度结算投资组合收益，以每年12月31日24时作为当年投资组合收益结算时点，并在1月份的前6个工作日内确定并公布上一年度投资组合的实际结算收益率。两个投资组合收益结算日之间特定日期的投资组合收益，为最近一个投资组合收益结算日到该日期按保证利率计算的收益。在积累期，保险公司须向消费者提供投资组合转换功能，并在保险合同中明确约定一定期限内可转换次数、转换时点，以及转换费用收取标准等。

保险公司提供两种风险偏好不同的投资组合，分别为进取型投资组合和稳健型投资组合。投保人交纳的保险费扣除初始费用计入投资组合。在交纳保险费时投保人可以选择一个或两个投资组合，并指定各项保险费在各投资组合间的分配比例。趸交保险费和

[①] 引自：《中国银保监会办公厅关于开展专属商业养老保险试点的通知》（银保监办发〔2021〕57号）
[②] 8.5.2 小节均以《泰康臻享百岁专属商业养老保险》为例。

追加保险费都将按照投保人选定的投资组合和分配比例进行投资。

合同生效后至养老年金开始领取日前，投资组合价值随着扣除初始费用后的保险费、投资组合利息计入投资组合而增加；随着投资组合转换手续费的收取而减少。

在合同生效后至养老年金开始领取日前，投资组合价值每年结算一次。投资组合收益结算时点为每年12月31日24时，在每年1月份的前6个工作日内确定并公布上一年度每个投资组合的实际结算利率。最低保证利率指投资组合价值的最低年结算利率。该合同进取型投资组合的最低保证利率为0.5%，稳健型投资组合的最低保证利率为2.85%。保险公司在每个保单年度期满日后的首个结算时点，根据最低保证利率计算投资组合最低保证价值。如果投资组合价值低于投资组合最低保证价值，保险公司将投资组合价值调升至投资组合最低保证价值。

保险公司按保险费的一定比例收取初始费用，初始费用收取比例最高不超过3%。在合同生效后至养老年金开始领取日前，投保人可向保险公司书面申请，将保单账户中的资金从一个投资组合全部或部分转移至另一投资组合。每年有一次转换投资组合的机会。对于投资组合转换，免费转换限额为转出投资组合在转换时投资组合价值的50%与200万元的较小者。转换金额不超过免费转换限额的，保险公司不收取投资组合转换手续费；转换金额超过免费转换限额的，保险公司按照转换金额超过免费转换限额部分的3%收取投资组合转换手续费。

4. 领取期设计

消费者年满60周岁方可领取养老金。保险公司须提供定期领取（领取期限不短于10年）、终身领取等多种方式供消费者选择。保险公司应制定专属商业养老保险养老年金领取转换表，可根据预定利率、生命表变化对转换表适时调整。保险公司可提供以下两种转换表锁定方式供消费者选择，它们分别是在消费者签订保险合同时锁定当期转换表和在消费者到达约定的开始领取年龄时锁定当期转换表。养老金领取可衔接养老、照护服务。

投保人应在投保时指定养老年金开始领取日及领取方式，具体可选内容包括：①养老年金开始领取日不得早于60周岁；②领取方式包括终身领取和定期领取两种，前者是投保人可以按月（或年）持续领取养老金，直至终身；后者是投保人选择固定的领取期限，如10年、15年、20年或30年，并按月（或年）领取养老金。

养老年金的领取标准是根据养老年金开始领取日所适用的领取转换表来确定的。这个转换表会随着利率的变动和人口平均寿命的延长等长期因素进行调整。在选择终身月领（或年领）的情况下，自养老年金开始领取日起，只要被保险人存活，保险公司将在每月（或每年）的对应日按照既定的金额支付养老年金，这一过程将持续至被保险人去世。若被保险人在领取养老年金期间去世，且已支付的养老年金总额低于养老年金开始领取日的保单账户价值，保险公司将一次性支付这两者之间的差额，随后本合同即告终止。若选择固定期限10年（或15年，或20年，或30年）月领（或年领），在被保险人存活的情况下，保险公司将在养老年金开始领取日及其后每月（或每年）的对应日，按照既定的金额支付养老年金，直至固定领取期限届满，届时本合同将自动终止。若被保险人在固定领取期限届满前去世，且已支付的养老年金总额低于养老年金开始领取日的保单账户价值，保险公司同样会一次性支付这两者之间的差额，之后本合同即告终止。

养老年金终身和固定期限（10年）领取转换表如表8-12所示。

表8-12 养老年金终身和固定期限（10年）领取转换表

（每10 000元账户价值领取金额） 单位：人民币元

年龄	保证给付账户价值 终身月领		保证给付账户价值 终身年领		保证给付账户价值 固定期限（10年） 月领		保证给付账户价值 固定期限（10年） 年领	
	男	女	男	女	男	女	男	女
60	47.3	44.1	553.2	515.8	96.9	96.7	1 143.5	1 141.3
61	48.3	44.8	563.6	524.3	96.9	96.7	1 143.9	1 141.6
62	49.2	45.6	574.7	533.2	97.0	96.7	1 144.4	1 141.9
63	50.3	46.4	586.4	542.5	97.1	96.8	1 145.0	1 142.3
64	51.4	47.3	598.7	552.4	97.1	96.8	1 145.7	1 142.8
65	52.5	48.2	611.7	562.8	97.2	96.9	1 146.5	1 143.3
66	53.7	49.2	625.6	573.7	97.3	96.9	1 147.5	1 143.9
67	55.0	50.2	640.0	585.3	97.5	97.0	1 148.7	1 144.6
68	56.4	51.3	655.4	597.3	97.6	97.1	1 150.2	1 145.5
69	57.8	52.4	671.7	610.0	97.8	97.2	1 152.1	1 146.6
70	59.4	53.6	688.7	623.4	98.1	97.4	1 154.4	1 147.8
71	61.0	54.8	706.8	637.3	98.4	97.5	1 157.1	1 149.4
72	62.7	56.1	725.7	652.0	98.7	97.7	1 160.4	1 151.3
73	64.5	57.5	745.5	667.6	99.1	98.0	1 164.2	1 153.4
74	66.3	58.9	766.8	683.6	99.6	98.2	1 168.6	1 156.0
75	68.3	60.4	788.5	700.5	100.1	98.5	1 173.6	1 158.9
76	70.4	62.0	811.5	718.3	100.7	98.9	1 179.2	1 162.2
77	72.6	63.7	836.0	736.6	101.3	99.3	1 185.4	1 165.9
78	74.9	65.4	860.8	756.0	102.1	99.7	1 192.4	1 169.9
79	77.3	67.3	887.3	776.3	102.9	100.2	1 200.1	1 174.4
80	79.8	69.2	915.4	797.1	103.8	100.7	1 208.7	1 179.3
81	82.5	71.2	943.8	819.3	104.7	101.3	1 218.3	1 184.7
82	85.3	73.3	974.5	842.4	105.9	101.9	1 229.2	1 190.7
83	88.3	75.5	1 007.8	866.2	107.1	102.6	1 241.6	1 197.2
84	91.4	77.8	1 039.9	891.8	108.5	103.3	1 255.1	1 204.5
85	94.7	80.3	1 075.6	918.6	110.1	104.1	1 269.5	1 212.5

引自：泰康臻享百岁专属商业养老保险养老年金领取转换表。除终身领取和固定期限10年领取外，还有固定期限15年领取、固定期限20年领取和固定期限30年领取。

5. 保险责任

保险责任包括身故责任、年金领取责任，鼓励保险公司以适当方式提供重疾、护理、意外等其他保险责任。其中，消费者在保险合同期内身故，赔付金额在积累期内不得低于账户价值，在领取期内不得低于保证领取剩余部分与年金转换时账户价值减去各项已领取金额的较大者，累计赔付给付金额不得低于领取期与积累期转换时的账户价值。对于其他长期养老金领取方式，累计赔付给付金额不得低于消费者尚未领取权益部分。

关于身故保险金的给付规定如下：若被保险人在养老年金开始领取日之前不幸身故，保险公司将按照被保险人身故当日本合同的保单账户价值，向身故保险金的受益人进行给付，并随后注销保单账户，此时本合同即告终止。若被保险人是在养老年金开始领取日或之后身故，保险公司将不再承担给付身故保险金的责任，本合同也随之终止。

6. 退保规则

在积累期，前5个保单年度内退保，退保现金价值不得高于累计已交保费；第6~10个保单年度内退保，退保现金价值不得高于累计已交保费和75%账户累计收益部分之和；第10个保单年度后退保，退保现金价值不得高于累计已交保费和90%账户累计收益部分之和。在领取期，退保现金价值为0。允许保险公司以适当方式，依法合规地建立与引导个人长期持有保险合同、长期领取养老金相关的持续奖励机制。

当罹患中国保险行业协会颁布的《重大疾病保险的疾病定义使用规范》中定义的重大疾病，或遭遇意外且伤残程度达到人身伤残保险评定标准1~3级时，消费者可以申请特殊退保。

消费者在积累期申请特殊退保的，退保现金价值为申请时的账户价值；在领取期申请特殊退保的，退保现金价值为申请时保证领取剩余部分与年金转换时账户价值减去各项已领取金额的较大者。对于其他长期养老金领取方式，退保金额为消费者尚未领取权益部分。

保险合同的现金价值如表8-13所示。

表8-13 保险合同的现金价值

申请解除本合同的时间	保单年度	现金价值
养老年金开始领取日前	第1个保单年度	累计已交纳的保险费×95%
	第2个保单年度	累计已交纳的保险费×97%
	第3个保单年度	累计已交纳的保险费×99%
	第4个保单年度	累计已交纳的保险费×100%
	第5个保单年度	累计已交纳的保险费×100%
	第6~10个保单年度	以下两项金额之和： （1）累计已交纳的保险费 （2）退保时保单账户累计收益的75%
	第11个保单年度及以后	以下两项金额之和： （1）累计已交纳的保险费 （2）退保时保单账户累计收益的90%
养老年金开始领取日及以后		零

引自：泰康臻享百岁专属商业养老保险条款。

正常情况下，投保人申请解除本合同，保险公司退还申请解除合同时合同的现金价值，但在犹豫期后解除合同会遭受一定损失。而特殊退保，也即被保险人罹患合同所指的重大疾病或因遭遇意外伤害事故并在事故发生后的180日内直接导致身体伤残，且伤残等级达到1~3级，则该被保险人有权申请解除本合同。保险公司的做法如表8-14所示。

表 8-14 特殊退保的处理方案

申请解除本合同的时间	特殊退保时保险公司的做法
养老年金开始领取日前	保险公司退还申请解除合同时的保单账户价值
养老年金开始领取日及以后	保险公司退还以下两项金额的较大者： （1）养老年金开始领取日的保单账户价值扣除申请解除合同时已给付的养老年金总和后的余额 （2）零

8.5.3 个人税收递延型商业养老保险的具体设计

个人税收递延型商业养老保险是指个人购买符合规定的商业养老保险的支出，允许在申报个人所得税时，按一定标准税前扣除，至领取商业养老金时再征收个人所得税的一种商业养老保险。《个人税收递延型商业养老保险产品开发指引》限定税延养老保险产品包括收益确定型、收益保底型、收益浮动型三类、四款产品，同时保险期间为终身或长期，包括积累期和领取期两个阶段。

1. 参与资格

凡16周岁以上、未达到国家规定退休年龄，且符合《财政部税务总局人力资源社会保障部中国银行保险监督管理委员会证监会关于开展个人税收递延型商业养老保险试点的通知》规定的个人，均可参保税延养老保险产品。[①]

以"泰康人寿个人税收递延型养老年金保险（2018）"为例[②]，被保险人是指符合税延政策规定，16周岁以上，且投保时年龄未达到国家规定退休年龄的个人。同时，合同投保人须为被保险人本人。

2. 交费方式

个人税收递延型商业养老保险采用月交或年交的方式，同时，交费期间为保险合同生效后至参保人达到国家规定退休年龄前。

合同生效后，直至被保险人达到国家规定的退休年龄之前，投保人可根据合同约定，选择按年或按月的方式定期交纳保险费。

3. 积累期设计

积累期，是指参保人按照保险合同约定进行养老资金积累的阶段，参保人开始领取

[①] 引自：《个人税收递延型商业养老保险产品开发指引》的通知（银保监发〔2018〕20号），https://www.gov.cn/zhengce/zhengceku/2018-12/31/content_5451199.htm

[②] 8.5.3小节均以"泰康人寿个人税收递延型养老年金保险（2018）"为例。

养老年金前均为积累期。在产品积累期，保险公司须为参保人购买的税延养老保险产品建立产品账户，记录所交保费和资金收益等信息。

税延养老保险产品在资金积累期间的收益类型可以分为三种：收益确定型（A类产品）、收益保底型（B类产品）和收益浮动型（C类产品）。A类产品在资金积累期间提供确定的收益率（以年复利计算），并且每月进行一次收益结算。B类产品在资金积累期间提供保底的收益率（以年复利计算），同时，根据投资表现，还可能提供额外的收益。根据收益结算的频率，B类产品进一步分为B1类产品和B2类产品。B1类产品每月进行一次收益结算，而B2类产品则每季度进行一次收益结算。C类产品在资金积累期间的收益完全根据实际投资情况来确定，并且至少每周进行一次收益结算。

保险公司可向参保人收取的费用包括初始费、资产管理费和产品转换费。费用收取应体现让利客户原则，确保清晰透明、水平合理。①初始费是指保险公司按照参保人每笔交纳保险费的一定比例收取的费用。A、B、C类产品可收取初始费用，其中，A、B类产品收取比例不超过2%，C类产品收取比例不超过1%。②资产管理费是指保险公司按照税延养老保险产品投资账户资产净值的一定比例收取的费用。C类产品可收取资产管理费，收取比例不超过1%。③产品转换费是指保险公司按照参保人转出的产品账户价值的一定比例收取的费用。A、B、C三类产品发生转换时，可收取产品转换费，公司内部产品转换时，每次收取比例不高于0.5%；跨公司产品转换时，前三个保单年度的收取比例依次不超过3%、2%、1%，第四个保单年度起不再收取。

关于产品转换的要求包括：①在开始领取养老年金之前，参保人享有产品转换的权利。②产品转换既可以是公司内跨产品的转换，也可以是跨公司的转换。同一保险公司内的产品转换是指参保人将一类产品的产品账户价值转移至同一保险公司的其他类产品。跨保险公司的产品转换，指的是参保人将其在当前保险公司的税延养老保险产品账户价值，转移至另一家保险公司的税延养老保险产品，涉及不同保险公司之间的资金划转和产品对接。③对于参保人进行跨保险公司产品转换的，由本人向保险公司申请。④产品转换须进行信息报备。⑤试点结束后，该保险合同可以转换为其他金融产品。

以"泰康人寿个人税收递延型养老年金保险（2018）"为例，A款的保证利率为年利率3.5%；B1款和B2款的保证利率为年利率2.5%；C款为浮动收益。

其中C款的投资组合、风险特征如下。

①C款是偏稳健混合型投资账户，具有中等偏低风险收益的特征。

②投资目标是将投资组合风险有效控制的前提下，追求账户资产长期稳健增值。

③投资策略以固定收益市场为主，兼顾权益市场，固定收益投资注重债券的票息收益，并适当配置其他金融资产提升组合静态收益，再结合积极主动操作把握债券市场的阶段性投资机会；权益投资运用"自上而下"和"自下而上"相结合的选股方法，投资于拥有良好成长性和核心竞争优势、经营稳健、具备投资价值的上市公司股票，同时积极把握新品种、新业务等带来的超额收益。

④资产配置涵盖固定收益类资产、上市权益类资产、流动性资产、不动产类资产及

其他金融资产等多样化投资品种。其中，上市权益类资产包括股票、股票及混合型基金、权益或混合类保险与资管产品等。流动性资产由现金、货币市场基金、银行各类存款及短期政府债券等组成。固定收益类资产则涵盖银行存款、债券型基金、固定收益保险资管产品及长期政府债券等。不动产类资产主要投资于基础设施与不动产投资计划。其他金融资产涉及银行理财、信贷资产支持证券及信托计划等。此外，还包括以套期保值为目的的股指期货交易，用于降低投资组合的系统风险。

⑤关于投资比例的限制，具体规定为：投资于上市权益类资产的比例不得超过账户价值的 60%；投资于流动性资产、固定收益类资产、不动产类资产、其他金融资产等资产的比例应不低于账户价值的 40%，其中流动性资产的投资比例不低于账户价值的 5%；正回购比例不高于账户价值的 100%。

⑥比较基准为沪深 300 指数 ×20%+ 中债综合指数（全价）×75%+ 同期七天通知存款利率（税后）×5%。

泰康人寿个人税收递延型养老年金保险（2018）的费率情况：初始费用是保险费的 1%。如果是因产品转换而转入的产品账户价值，将不收取初始费用。然而，对于后续交纳的保险费，仍将按照上述 1% 的比例收取初始费用。此外，如果是在保险公司内部进行产品转换，将不会收取产品转换费。但若将产品转出至其他保险公司的个人税收递延型养老年金保险产品，产品转换费如表 8-15 所示。

表 8-15 跨公司产品转换费

保单年度	产品转换费收取比例
第 1 保单年度	3%
第 2 保单年度	2%
第 3 保单年度	1%
第 4 保单年度及以后	0

引自：泰康人寿个人税收递延型养老年金保险 C 款（2018）投资账户说明书。

值得一提的是，C 款投资账户的资产管理费年收取比例最高不超过 1%，目前收取标准为 0.5%。A 款和 B 款均无此项费用。

4. 领取期设计

领取期是指参保人按照保险合同约定开始领取养老年金的阶段。在产品领取期，保险公司须当根据参保人选择的养老年金领取方式，按照参保时提供的养老年金领取金额表，将参保人在养老年金开始领取日的产品账户价值，转换为每月或每年领取的养老年金，养老年金给付直至参保人身故，或约定的领取期结束。

保险公司提供多样的养老年金领取方式，如终身领取或不少于 15 年的长期领取。参保人可在领取前申请变更方式。具体为：①终身月领或年领，保险公司按月或年固定给付养老年金至参保人身故。如身故时已给付总额小于账户价值，则补足差额后合同终止。②固定期限如 15 年或 20 年的月领或年领，期间固定给付养老年金，期满或身故时合同终止，身故时未付的年金将一次性给付。

以泰康人寿个人税收递延型养老年金保险（2018）为例，关于养老年金开始领取日及领取方式的规定，主要包括以下四点：①养老年金的开始领取日不得早于国家规定的退休年龄。②养老年金的领取方式有保证返还账户价值的终身月领（或年领）方式、固定期限15年（或20年，或30年）的月领（或年领）方式；③被保险人开始领取养老年金前，投保人可以申请变更养老年金开始领取日或领取方式，变更应符合税延政策规定；④被保险人开始领取养老年金后，不得变更养老年金领取方式。

5. 保险责任

税延养老保险产品有三项保险责任，分别是养老年金给付、全残保障和身故保障。养老年金给付是指参保人达到国家规定退休年龄或约定的领取年龄（不早于国家规定退休年龄）时，保险公司按照保险合同约定提供终身或长期领取的养老年金，并扣除对应的递延税款。全残保障和身故保障是指参保人发生保险合同约定的全残或身故保险事故的，保险公司一次性给付产品账户价值并扣除对应的递延税款，同时根据保险合同约定额外给付保险金。参保人在年满60周岁前且未开始领取养老年金时发生全残或身故的，保险公司一次性给付产品账户价值并扣除对应的递延税款，同时按照产品账户价值的5%额外给付保险金。参保人年满60周岁后且未开始领取养老年金时发生全残或身故的，保险公司一次性给付产品账户价值并扣除对应的递延税款。

泰康人寿个人税收递延型养老年金保险（2018）根据被保险人在养老年金开始领取日的产品账户价值及投保人选择，确定每月（或每年）的养老年金领取金额。领取方式有保证返还账户价值终身领取和固定期限15年（或20年，或30年）领取。终身领取方式下，被保险人生存时按期领取养老年金并扣税，直至身故或全残；若已领取总额小于账户价值，则补足差额并扣税后合同终止。固定期限领取方式下，被保险人生存时按期领取并扣税，期满或身故时合同终止；若期限内身故或全残，则一次性给付未领取的养老年金并扣税。

身故保险金设计内容：若被保险人在60周岁保单生效对应日前且未开始领取养老年金时身故，保险公司将给付产品账户价值并扣除相应税款，同时额外支付账户价值的5%作为身故保险金，之后注销账户并终止合同。若身故发生在60周岁保单生效日或之后且未开始领取养老年金，则仅给付产品账户价值并扣税，然后注销账户并终止合同。

身体全残保险金设计内容：若被保险人在60周岁保单生效对应日前且未开始领取养老年金时身体全残，保险公司除给付产品账户价值并扣税外，还会额外支付账户价值的5%作为身体全残保险金，之后注销账户并终止合同。若身体全残发生在60周岁保单生效日或之后且未开始领取养老年金，则保险公司仅给付产品账户价值并扣税，随后注销账户并终止合同。

6. 退保规则

参保人在特定情形下可申请退保，包括因责任免除事项导致的全残或身故，以及罹患约定的重大疾病。合同生效后若患重大疾病亦可退保。开始领取养老年金前退保，保险公司退还产品账户价值并扣税。若领取后选择终身领取方式且已付年金小于账户价值，则退还差额并扣税；若选择固定期限领取，则退还尚未给付的养老年金并扣税。

8.6 住房逆向抵押贷款/保险

8.6.1 住房逆向抵押贷款的含义

住房逆向抵押贷款，作为一种创新的金融安排，特指拥有房屋完整产权且达到特定年龄门槛的老年人，将其住房产权抵押给银行、保险公司等金融机构的行为。在此交易中，金融机构综合考量借款人的年龄、预期寿命、房产当前价值及未来增值潜力等因素，将房产剩余价值以贴现方式分摊至借款人的预期寿命期内，定期向借款人支付现金款项。此期间，借款人保留居住权并负责房屋的日常维护，直至其去世，这一过程因而也被称为"以房养老"。借款人辞世后，金融机构依法取得房屋产权，并有权对其进行处置，包括出售、拍卖或出租，以回收贷款本息。

住房逆向抵押贷款本质上是一种金融工具，旨在帮助老年人将其住房资产转化为即期可用资金或稳定的年金收入，同时确保其在有生之年能继续享有居住权益，直至其主动搬离或去世。该贷款采用复利计算方式，持续至借款人去世或房屋被处置之时，期间借款人无须承担还款责任。住房作为唯一的偿债资产，在反向抵押贷款中，金融机构不具备对借款人其他财产的追索权。若最终处置房屋所得不足以覆盖贷款本息，金融机构的受偿额亦以此为限。

作为"以房养老"模式的重要组成部分，住房逆向抵押贷款亦被称为"倒按揭"，其核心在于优化老年人在生命周期内的资产配置，通过房产价值的提前释放与流动化，实现养老资金的有效补充与保障。除住房逆向抵押贷款外，市场上还存在租售换养、房产置换、养老院入住计划、售后返租及异地养老等多种以房养老模式，共同构成了多元化的养老金融解决方案体系。

进一步地，住房逆向抵押贷款可细分为有赎回权与无赎回权两类。无赎回权模式下，一旦房产被抵押，借款人即丧失赎回权利，金融机构在借款人离世或搬离后有权处置房产以清偿债务。此模式下，贷款利率的波动将直接影响贷款累积的速度。相对而言，有赎回权模式赋予了借款人在合同有效期内，通过偿还累积的本息赎回房产所有权的权利，其性质类似于美式期权，允许借款人在认为房产价值高于贷款余额时行使赎回权。然而，这也为金融机构带来了新的风险管理挑战，即需评估借款人提前还贷的可能性及其潜在影响。

住房反向抵押贷款与传统住房抵押贷款在运作机制上存在本质区别。传统住房抵押贷款遵循本金与利息逐渐偿还的原则，随着贷款期限的推进，客户自有资产逐渐增加；而住房反向抵押贷款则相反，其现金流呈现逆向流动特征，贷款余额随时间的推移而增长，直至贷款终止时一次性清算。此外，由于还款时间的不确定性及利率的浮动性，住房反向抵押贷款的复杂程度显著高于传统住房抵押贷款，对金融机构的风险管理能力提出了更高要求。

8.6.2 住房逆向抵押贷款的特征

1. 借款人资格限定明确

住房逆向抵押贷款的借款人必须为拥有房屋完整产权的老年人。这一特征强调了产权的独立性与完整性，作为贷款交易的基础，抵押物特指不动产，即借款人或其家庭作为主要居住地的房产，无论该房产是借款人单独所有还是与他人共有。这一要求确保了贷款交易的法律有效性与金融稳定性。

2. 居住权保障与无偿债负担

在住房逆向抵押贷款中，借款人在有生之年享有绝对的居住权，这一权利不受贷款期限或预期寿命的限制。即使借款人的实际寿命超出了贷款合同中的预期年限，其居住权依然得到保障，且在此期间无须承担任何还款或支付利息的责任。这一特征体现了对老年人居住权益的尊重与保护，同时也降低了其经济负担。

3. 灵活的领取方式与固定的最终还款机制

住房逆向抵押贷款提供了多样化的领取方式，借款人可根据自身需求与偏好，选择将其住房资产的一部分或全部转换为一次性收入，或设计成固定年金的金融产品形式，以实现资金的灵活支配与长期规划。然而，在贷款终止时，即借款人去世或房屋被处置后，还款方式则相对固定，即采用出售房屋所得一次性清偿贷款本息，且还款额以房屋实际价值为上限，确保了金融交易的公平性与透明性。

4. 借款人的回赎权利

部分住房逆向抵押贷款产品赋予借款人在特定条件下的回赎权利。这意味着在合同有效期内，若借款人认为有必要或有利可图，可通过偿还已累积的贷款本金及利息，赎回其房产所有权。这一特征增加了借款人的灵活性与选择权，同时也对金融机构的风险管理能力提出了更高的要求。

5. 贷款人无追索权原则

住房逆向抵押贷款遵循无追索权原则，即在贷款终止且房屋被处置后，若所得款项不足以覆盖贷款本息，贷款机构无权向借款人或其继承人追索差额部分。这一原则体现了对老年人经济安全的保障与金融交易的公平性，尤其是在面对不可预测的生命周期与房地产市场波动时，为借款人提供了额外的心理与经济安全垫。同时，它也要求贷款机构在发放贷款前进行充分的风险评估与定价，以确保金融交易的可持续性与稳健性。

8.6.3 住房逆向抵押保险的含义

住房逆向抵押保险与住房逆向抵押贷款都是以房养老的创新型金融产品。住房逆向抵押保险是指一种结合了保险机制的住房逆向抵押贷款产品。在这种模式下，借款人将房屋产权抵押给保险公司，由保险公司对借款人的年龄、健康状况、房屋价值等因素进行评估,并据此提供定期的现金支付或年金服务。当借款人去世后,保险公司同样获得房屋产权并进行处置。但在这个过程中,保险公司还承担了更多的保险责任,如确保支付承诺的资金、管理风险等。

住房逆向抵押保险的参与主体更侧重于保险公司,因为保险公司在此过程中不仅提供贷款服务,还承担了更多的保险保障功能。与住房逆向抵押贷款的产品设计主要围绕贷款发放、偿还方式、利率计算等方面展开不同,住房逆向抵押保险更侧重于保险条款的设计,包括保险金的支付条件、保险责任的界定、房屋价值的评估标准等。住房逆向抵押保险中,保险公司除了承担贷款风险外,还承担了更多的保险风险,如借款人寿命超过预期、房屋市场价值波动等。与住房逆向抵押贷款相似,住房逆向抵押保险涉及较为复杂的金融操作和较高的风险,它们都受到较为严格的金融监管。

8.6.4 我国住房反向抵押养老产品的发展

目前,在我国,除了内地的"幸福房来宝"之外,香港地区的"安老按揭计划"也是住房反向抵押养老产品的一种。自 2011 年 7 月推出以来,"安老按揭计划"已累计接收超过 6 000 宗申请。然而,相较于香港的"安老按揭计划","幸福房来宝"在初期试点结束后表现并不理想。尽管在第二次试点后,幸福人寿承保的家庭数量有所增加,但与香港相比,内地民众对此产品的接受度仍然较低。尽管如此,"幸福房来宝"作为我国住房反向抵押养老的典型试点产品,其试点范围已从四座城市扩展至全国,这在一定程度上证明了其设计的合理性。因此,对"幸福房来宝"与"安老按揭计划"在条款设计、养老金给付水平等方面进行深入对比分析,并探讨两者在实际应用中的差异,将有助于我们发现并改进我国住房反向抵押养老产品存在的不足。

1. 住房反向抵押养老产品的背景与发展

香港于 1997 年成立了香港按揭证券有限公司(HKMC),这家公司由香港特区政府通过外汇基金控股,旨在激活金融市场。HKMC 的功能涵盖按揭证券化、购买按揭贷款以及提供按揭保险等。随着人口老龄化趋势的加剧,香港政府推出了安老按揭计划,该计划由 HKMC 负责规划设计并作为供应方。此外,该计划的顺利实施还得益于银行、保险公司及辅导顾问等多方的共同参与。

在内地,"以房养老"是以商业养老保险的模式推行的。国家金融监督管理总局负责制定试点实施细则,并鼓励各大保险公司进行试点,希望通过市场化运作为有住房的老年人提供新的养老金来源。然而,由于"以房养老"对保险公司的要求较高,目前内地仅有幸福人寿保险股份有限公司开展了"幸福房来宝"业务。

在香港,安老按揭计划的产品设计和申请流程由 HKMC 负责。HKMC 有权自主选择符合条件的银行和辅导顾问,并授权他们代办相关服务,从而简化了住房反向抵押养老产品的合约,并推动了合约的标准化,这进一步促进了以房养老模式的普及。此外,HKMC 还为参与的银行提供了安老按揭保险政策(MRMIP),这不仅增强了香港各大银行的承作意愿,也提高了老年人的申办意愿。在未来,HKMC 还计划收购各参与银行的安老按揭贷款，进行资产证券化后出售给退休基金、保险公司等有长期资金投资需求的机构投资者。同时，香港金融管理局作为维持货币和银行体系稳定的机构，负责监管安老按揭计划，并作为HKMC的实际股东参与具体运营。值得注意的是，安老按揭计划并非社会福利措施，而是由HKMC牵头，结合民间机构资源推动的。各参与银行负责提供相关资金和服务以获取利差和服务收益，但需要遵守HKMC的相关规定。为保护老年人的合法权益，辅导顾问由香港律师协会推荐的执业律师担任，他们负责向借款人、配偶、子女等可能影响申贷决策的人士详细解释辅导目的、商品内容、费用项目、借款人责任及法律后果。在投保时，借款人还需要向保险公司购买住宅火灾及其他严重损毁保险以降低房屋价值风险。

在内地，"以房养老"试点由保险公司负责具体执行。以"幸福房来宝"为例，其产品设计由幸福人寿保险公司独立完成，并由国家金融监督管理总局负责审批和监管。在产品设计中，除了保险公司和投保人外，还涉及房屋评估机构、公证机构等第三方机构。投保人在投保至获得养老金的过程中需要经历房屋评估、律师调查、公证等多个环节，手续相对复杂，因此需要多种中介机构共同参与。作为住房反向抵押养老保险产品的提供方，幸福人寿对投保人的要求是年龄在60~80周岁之间、拥有房屋完全独立产权的自然人。此外，根据市场调研结果，幸福人寿将重点关注低收入家庭的老年人、年龄较大的老年人以及失去亲人的老年人，尤其是丧偶和失独的老人。

2. "幸福房来宝"与安老按揭计划的办理流程

安老按揭计划与"幸福房来宝"是专为老年群体设计的创新型金融产品，它们都以老年人家庭中最重要的不动产为标的物。这类产品对借贷双方而言都存在较大风险，虽然无法完全规避这些风险，但可以通过合理的产品设计和申办流程来降低。因此，对于安老按揭计划和"幸福房来宝"来说，严谨的流程设计显得尤为重要。

在安老按揭计划中，申请人在申请贷款前需要接受专业辅导顾问的指导，并支付相应的辅导费用。如果申请人的房屋房龄超过50年，则需要在提交正式申请之前，自费聘请专业评估机构出具房屋检验报告。

具体申请流程如下：初步评估阶段，在申请前，借款人需要与参与银行进行洽谈。银行首先会向潜在借款人介绍该产品的基本情况，对借款人进行初步的资格评估。进入辅导程序，借款人需预约合格的辅导顾问，并确定辅导费用后进行辅导。此过程中，借款人可以邀请配偶、子女及其他可能影响决策的亲友一同参加。专业的辅导顾问将为借款人提供详尽的产品解读，包括安老按揭的独特产品特性，如其灵活的资金使用方式、贷款额度与期限的设定等；此类贷款相关的核心法律权益与责任，比如，办理安老按揭可能带来的法律后果，包括但不限于房屋产权的变更、贷款违约的处理方式等。完成这一系列辅导后，借款人将获得一份《辅导证书》。持有《辅导证书》的借款人，随后可向参与安老按揭业务的任何一家银行正式提交贷款申请。最后，贷款发放阶段，银行审核通过后，借款人需要签署按揭文件并支付相关法律费用，随后便可按照核贷条件领取安老按揭贷款。

相比之下,"幸福房来宝"的申请流程与安老按揭计划大致相似,但也有一些不同之处。幸福人寿希望老人及其家人能自行了解住房反向抵押养老保险的相关知识,在充分了解的基础上确定合作意向。随后,双方将共同选择评估机构对老人的住房进行价值评估。结合老人的年龄、健康状况等因素,估算出每月可领取的养老金金额。在双方达成合作意向后,保险公司将对老人的住房和背景进行调查,主要确认住房的所有权和是否存在未结贷款等情况。调查完成后,双方签订正式的反向抵押合同,并按照合同约定按期领取养老金。

3. "幸福房来宝"与安老按揭计划的产品介绍

安老按揭与"幸福房来宝"都是由政府部门主导机构推出的住房反向抵押养老产品,它们通过保险机制为老年人提供稳定的养老金来源。这两种产品的商业模式均是以被保险人(借款人)所缴纳的保费来支付未来可能的理赔支出,并保持收支平衡。具体来说,它们的财务结构由保险费收入和保险成本构成,其中保险费收入根据借款余额和保险费率计算,以确保贷款保险机制的财务独立性和持续运营能力。然而,这两种产品在承办机构上存在显著差异:香港的安老按揭由银行作为反向抵押贷款出售,而大陆地区的以房养老产品则由保险公司负责销售。

通过对比安老按揭与"幸福房来宝"的主要条款,可以发现二者在产品设计上存在较大差异,主要体现在投保期限和利率计划两个方面。

在投保期限上,"幸福房来宝"仅提供终身领取的方式,而安老按揭则更加灵活,借款人可以选择终身领取、定期领取或一笔过贷款结合终身领取或定期领取。这种灵活性使安老按揭能够更好地满足借款人的实际需求。

在利率计划方面,安老按揭也体现了其独特的设计。由于香港房价的波动性较大,安老按揭计划对抵押房屋的价值做出了规定,并提供了两种不同的按揭利率计划供借款人选择。这种设计既考虑了房价波动对养老金发放的影响,也兼顾了借款人的个性化需求。

此外,安老按揭计划还对抵押资产的上限做出了限制,并设定了指定抵押资产的价值上限。这种限制有助于控制贷款规模、降低风险。同时,借款人可以根据自己的实际情况选择浮动利率或定息按揭计划,以满足不同的资金需求。

综上所述,安老按揭与"幸福房来宝"在产品设计上存在较大差异,主要体现在投保期限的灵活性和利率计划的多样性上。这些差异使这两款产品能够分别适应香港和大陆地区老年人的不同需求,为他们的晚年生活提供更加稳定的经济保障。

4. "幸福房来宝"与安老按揭计划的参与情况

安老按揭计划自推广之初,便恰逢香港房价的持续上涨,使香港居民的不动产价值大幅增长。根据2011年香港政府的人口普查数据,全港有大约236.8万个家庭,其中约123.3万个家庭拥有自购住房,占比高达52.1%。在这些自购住房中,超过六成的家庭已经没有房贷负担。这样的高房价、高自有住宅比率及低贷款比率,无疑为安老按揭计划的发展提供了有力的基础。

根据 HKMC 官网的数据，到 2023 年 7 月，安老按揭计划已经累计签约 6 525 件，借款人的平均年龄为 68 岁，房屋平均估值达到 590 万港元。与 2012 年 7 月的数据相比，无论是签约数量还是部分条款，都发生了显著的变化。例如，在计划推广初期，申请人年龄要求满 60 周岁，且最多仅支持两人同时申请。然而，随着时间的推移，这些限制已经得到了优化，以更好地满足市场需求。

安老按揭计划在推广期间受到了广泛的欢迎，投保人数逐年递增。尽管在初期由于缺乏经验而采取了保守的策略，导致投保人数不多，但随着人口老龄化的加剧和老人经济安全保障问题的日益突出，安老按揭计划的应用需求层面逐渐扩大。HKMC 也通过优化商品内容来适应市场需求，如放宽年龄限制、调整贷款利率和保费等。这些措施在利率下降、房价上涨以及战后婴儿潮世代逐渐进入退休期等有利因素的推动下，使安老按揭申请的数量呈现出明显的增长趋势。

相比之下，"幸福房来宝"在大陆的推广则面临了更多的挑战。尽管幸福人寿保险公司在试点开始前就进行了相关的需求调研，但由于大陆居民对住房反向抵押养老保险的陌生感以及传统思想的影响，老人更倾向于将住房留给后辈。同时，老人也担心自己的权益受到损害，因此投保意愿较低。这使"幸福房来宝"在首批试点结束时仅签约了 60 份保单。

然而，随着试点范围的扩大和试点时间的延长，"幸福房来宝"的签约数量也有所增加。尤其是在经济发达的地区，如北京、上海、广州等一线城市，老人的接受程度相对较高。这表明以房养老模式在一线城市具有较大的发展潜力。尽管如此，"幸福房来宝"的现实需求仍然与潜在预估存在较大差距，与安老按揭计划相比更是存在巨大的发展空间。

8.7 养老金融产品的比较

在做养老投资规划时，个人投资者会综合考虑自身的资产规模、风险承受能力、投资期限等多重因素，选择适合自己的养老金融产品。这一选择过程旨在确保投资者的养老资金能够在安全的前提下获得稳健的增值，从而满足其未来的养老需求。

从产品类型的视角来审视，银行养老理财产品是由商业银行设计并发行的理财产品。这类产品以追求养老资产的长期且稳定增值为主要目标，同时倡导客户进行长期持有，以实现更为可靠的投资回报。在传统产品设计框架下，这类产品通常被设计为非保本浮动收益型，即投资者需自行承担市场风险，仅有极少数产品提供收益保证。养老目标基金作为公开募集证券投资基金的一种，其宗旨是实现养老资产的长期稳健增值。该类基金鼓励投资者进行长期投资，同时，运用成熟的资产配置策略，合理控制投资组合的波动风险。这类基金通常采用 FOF，即基金中的基金形式进行运作。商业养老保险是由商业保险机构提供的保险产品和服务，其核心内容包括养老风险保障和养老资金管理，其中，养老年金保险是其典型代表。而个人税收递延型商业养老保险对保险公司提出了更高的要求。这类保险产品的开发必须遵循"收益稳健、长期锁定、终身领取、精算平衡"的原则,以满足参保人对养老资金安全性、收益性和长期性的综合管理需求。

从产品期限的角度观察,银行养老理财产品的期限较为完备,短至3~6个月,长则超过10年,对于存续期超过两年的产品,为了满足客户可能的大额资金需求,均被设计为定期开放,于是在设定的开放周期内,客户可以选择申购或赎回产品,并定期获得收益支付。养老目标基金则采用定期开放或设置最短持有期限的运作方式,通常封闭运作期或最短持有期限不少于1年。这样的设计旨在鼓励投资者进行长期稳定的投资,避免短期市场的波动对投资收益产生过大影响。商业养老保险的期限相对较长,从购买保险产品到开始领取养老金,可能跨越10年甚至更长时间,部分产品还提供终身给付的选项。个人税收递延型商业养老保险的保险期限设定为终身或长期,包括积累期和领取期两个阶段。

从投资风险的角度来看,银行养老理财产品大多被归入中低风险等级。银行理财产品的风险级别一般划分为五个档次:谨慎型产品(R_1)、稳健型产品(R_2)、平衡型产品(R_3)、进取型产品(R_4)和激进型产品(R_5),各风险级别的产品所承担的投资风险也各不相同。对于养老目标基金产品而言,它们通常采用成熟且稳健的资产配置策略,以控制基金的下行风险,并寻求长期的稳定增值。这些策略包括目标日期策略、目标风险策略等,同时也包括中国证监会所认可的其他策略。养老目标基金的风险水平根据具体产品而异,覆盖了从低风险至高风险的广泛区间。商业养老保险产品的风险评级则相对复杂,难以进行简单分类。然而,个人商业养老保险产品主要遵循稳健型原则,尽管也辅以风险型产品,但必须严格遵循"收益稳健、长期锁定、终身领取、精算平衡"的原则。基于此,可以将商业养老保险产品归入低风险等级类。

从产品收益的角度对比,较于普通理财产品,银行养老理财产品的收益具有一定的吸引力,特别是针对贵宾及大客户,部分产品还提供了收益上浮的优惠。养老目标基金则主要投资于公募基金,长期来看,各类公募基金均有望实现较高的收益,但短期内可能面临一定风险。商业养老保险产品种类繁多,因此其收益率差异也较大。

从费率结构的角度对比,银行养老理财产品的基本费用是向投资者收取管理费和托管费。部分产品还会通过收取赎回费的方式,抑制频繁交易,鼓励长期持有。养老目标基金的费率结构则相对灵活多样,可以根据市场情况和投资策略设置优惠的基金费率,以吸引更多的投资者。同时,基金还可以通过差异化费率安排,如后端收费、持有期越长费率越低等方式,来激励投资者进行长期稳定的投资。目前,公募基金的典型收费项目包括申购费、赎回费、管理费和托管费,这些费用的费率结构都相对明确。相比之下,商业养老保险的费率结构通常较为复杂。保险公司在计算保费时,会综合考虑经营寿险业务所需的各项费用和预期利润。传统的养老保险费用由纯保险费和附加保费两部分构成。纯保险费主要用于支付保险金,即保险公司对被保险人或受益人给付保险金的责任准备;而附加保费则用于覆盖保险公司的业务经营费用,如支付给代理人的佣金、业务维持费用以及公司的管理成本等。

本章小结

本章主要介绍养老金融产品的分类及其特点。通过学习,学生可以了解养老储蓄、养老理财、养老目标基金、商业养老保险以及住房逆向抵押贷款/保险等多种养老金融产品。各类产品都具有独特的风险和收益特性,在构建养老投资组合时,应根据投资者的养老需求和风险承受能力进行综合考虑。

关键术语

养老金融产品、养老储蓄、特定养老储蓄产品、专属储蓄产品、养老理财、养老目标基金、养老目标日期基金、养老目标风险基金、商业养老保险、专属商业养老保险、个人税收递延型商业养老保险、住房逆向抵押贷款、住房逆向抵押保险、以房养老模式

复习思考题

1. 请简述养老金融产品的主要分类,并举例说明每一类的特点和适用人群。

2. 在选择养老理财产品时,投资者应如何根据自己的风险承受能力和投资目标来选择合适的风险等级?

3. 详细描述养老目标基金的投资策略及其与其他类型基金的区别。你认为在当前市场环境下,养老目标基金的发展前景如何?

4. 对比商业养老保险和住房逆向抵押贷款/保险两种产品,分析它们的异同点,以及在个人养老规划中的可能作用和适用场景。

在线自测

自测 8.1

自测 8.2

延伸阅读

美国养老目标基金的发展与趋势

1993 年,巴克莱国际投资管理公司(Barclays Global Investors)在美国市场率先推出了第一只目标日期基金——BGI 2000 Fund,其目标客户主要为参与 401(k)计划的投资者,旨在满足养老金融市场中的特定需求。随着时间的推移,目标日期基金受到越来越多投资者的认可和青睐。根据美国投资公司协会(ICI)2023 年第三季度的统计数据,美国市场的目标日期基金规模已经达到 1.619 万亿美元①(见图 8-3)。

---

① 引自:https://view.officeapps.live.com/op/view.aspx?src=https%3A%2F%2Fwww.ici.org%2Fsystem%2Ffiles%2F2023-12%2Fret_23_q3_data.xls&wdOrigin=BROWSELINK。

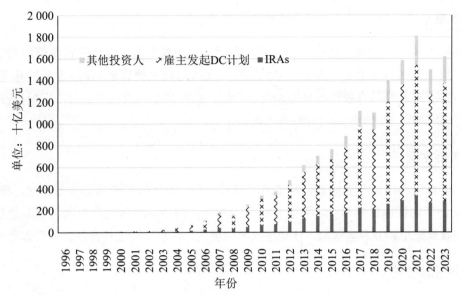

注：2023 年数据的截止时间为 2023 年第三季度。
资料来源：美国 ICI。

图 8-3　美国养老目标日期基金规模变动趋势（1996—2023 年）

除了 2008 年的次贷危机和近期的新冠肺炎疫情对养老目标日期基金规模造成了一定的冲击外，美国养老目标日期基金的规模在总体上呈现出一种波动中增长的趋势。在次贷危机期间，市场的大幅波动对目标日期基金的规模产生了负面影响。然而，此次危机后，许多基金管理人吸取了教训，对养老目标日期基金的投资策略进行了改进和优化。例如，他们设计了更为稳健的下滑曲线（glide path），或者根据市场环境的变化进行了必要的主动资产配置调整，以更好地应对市场波动和风险。这些改进措施为养老目标日期基金的稳健发展提供了有力保障。

美国养老目标日期基金的主要资金来源是个人养老金账户。随着个人养老金资产的持续增长，养老目标日期基金的资产规模也实现了快速扩张。同时，养老目标日期基金的广泛运用也进一步优化了个人养老金的资产配置，提升了其使用效率。展望未来，养老目标日期基金在个人养老金账户中的地位将愈发重要，成为不可或缺的组成部分。展望未来，养老目标日期基金在个人养老金账户中的地位将愈发重要，成为不可或缺的组成部分。

根据 2023 年第三季度末的数据，美国目标风险基金的规模已经达到了 3 130 亿美元，并且自 1996 年以来一直呈现出快速增长的趋势（见图 8-4）。从持有人结构的角度来看，目标风险基金的投资者主要包括第三支柱的 IRAS 计划和第二支柱的 DC 计划等养老金投资者，他们持有的目标风险基金约占基金总资产的一半。而另一半则由非税收优惠养老金计划的投资者持有。近十年来，DC 计划投资者的持有规模基本保持稳定，而 IRAS 计划投资者和其他投资者的持有规模却在逐年增长。这一现象在一定程度上表明，纳入 QDIA 并未对目标风险基金的规模增长产生显著影响，其发展主要得益于第三支柱投资者和其他投资者的广泛认可和青睐。

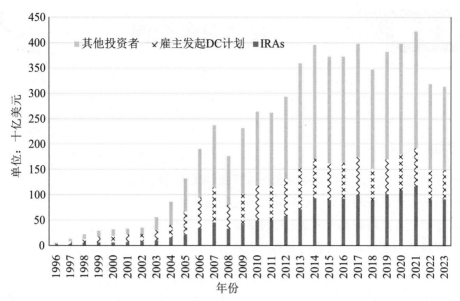

注：2023年数据的截止时间为2023年第三季度。
资料来源：美国ICI。

图 8-4　美国养老目标风险基金规模变动趋势（1996—2023 年）

在全球多个国家和地区，养老金默认投资产品中，养老目标风险策略和养老目标日期策略成为两大主流策略。然而，养老目标日期基金受到了更多的瞩目，这一现象主要归因于2006年美国将这两种策略纳入合格默认投资选择（QDIA）之后，养老目标日期基金以每年约1 500亿美元的惊人速度持续扩张，从而引发了市场的广泛关注。但需要指出的是，实际上，养老目标日期基金的规模增长速度是在2009年之后才逐渐超越了养老目标风险基金。在没有默认产品的制度支撑下，养老目标日期基金那种简单易选的特性就不再那么显眼了。同时，由于养老目标日期基金通常要求投资者持有较长期限，一旦缺乏养老金制度的保障，投资者的购买意愿往往会降低，或者难以做到长期持有。相反，回顾美国的历史数据，可以发现，在养老金默认投资产品制度实施之前，养老目标风险基金的增速实际上是超过了目标日期基金的。此外，养老目标风险基金还具备一个显著的优势，那就是它能够根据投资者的风险偏好、收入状况和财富规划，提供更加贴合个人需求的解决方案。

引自：中国证券基金业协会. 个人养老金：理论基础、国际经验与中国探索 [M]. 北京. 中国金融出版社，2018.

第 9 章　长寿风险管理

- 了解老龄化、长寿与养老保险制度可持续发展的关系。
- 明确长寿风险的含义、特征及其与老龄化的关系。
- 了解长寿风险的测度方法与管理策略。
- 理解长寿风险对公共养老计划的影响。
- 理解长寿风险对私人养老金计划,特别是寿险产品定价的影响。

9.1　老龄化、长寿与养老保险制度的可持续发展

随着社会经济的持续发展和医疗卫生水平的显著提升,世界上多国出现出生人口数量下降、寿命延长、人口结构老化程度不断提高的情况。虽然各国的老龄化程度和速度存在差异,但老龄化和寿命延长是必然趋势。

9.1.1　人口老龄化与寿命延长的趋势

生育率下降和寿命延长是导致人口老龄化的两个自然因素。生育率下降使新生人口数量减少,人口年龄结构金字塔底部变窄;寿命延长使老年人口数量增加,人口年龄结构金字塔顶部向上延伸并变宽。这些导致老年人口与总人口的比值持续上升。

一个国家或地区在某时期的生育率水平一般用时期妇女总和生育率表示,它是时期分年龄妇女生育率的总和,简称总生育率。依据联合国《2022 年世界人口展望》①提供的数据,图 9-1 和表 9-1 呈现世界、发达国家、欠发达国家和中国 1950—2100 年的总生育率变动。可见,1950 年,世界平均的总生育率大约为 4.83,其中欠发达国家为 6.41,发达国家为 2.83。随着社会经济的发展,1970 年后,最不发达国家的生育率迅速下降,到 2000 年最不发达国家的总生育率降低到 5.14,2021 年进一步下降到 3.94。根据预测数据,2022—2100 年,最不发达国家的总生育率呈现持续缓慢下降趋势。发达国家的总生育率从 1950 年呈现缓慢下降趋势,2000 年降低到 1.57,随后呈现小幅波动上升态势,预计到 2100 年发达国家的总生育率约为 1.67。在 1950—1970 年期间,中国生育率在高位波动,除"三年困难时期",波动区间大致在 5.8~6.7,1970 年以后,在严格的计划生育政策下,生育率迅速降低,1998 年将至 1.52,随后总生育率回升,2017 年之后,总生育率再次较快下降,2021 年下降至 1.16,预计未来中国的总生育率将缓慢上升,2100 年达到 1.48。

---

① https://population.un.org/wpp/Download/Standard/Fertility/.

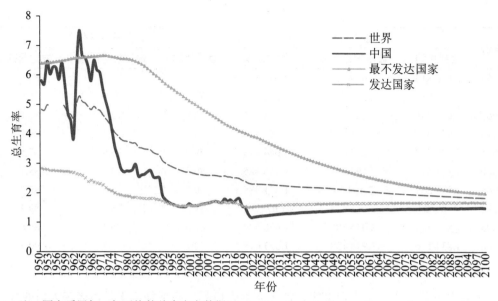

注：图中采用每一年平均的总生育率数据。
数据来源：《2022 年世界人口展望》。

图 9-1　不同类型国家总生育率变动趋势

表 9-1　不同类型国家的总生育率和 0 岁预期寿命

年份	总生育率			0 岁预期寿命		
	世界平均	最不发达国家	发达国家	世界平均	最不发达国家	发达国家
1950	4.833 012	6.407 267	2.834 413	46.5	36.8	63.5
1955	4.982 904	6.462 816	2.744 561	50.1	39.1	66.8
1960	4.667 24	6.559 969	2.704 732	47.7	40.9	69.0
1965	5.052 697	6.620 883	2.508 596	53.9	42.6	70.0
1970	4.799 557	6.663 93	2.313 856	56.1	42.9	70.4
1975	4.053 768	6.615 304	2.003 15	58.3	43.8	71.4
1980	3.722 423	6.546 552	1.883 979	60.6	47.6	72.1
1985	3.488 344	6.309 07	1.816 336	62.2	47.7	73.1
1990	3.283 622	5.893 724	1.772 879	64.0	50.1	74.2
1995	2.855 696	5.494 735	1.574 698	64.9	52.2	73.9
2000	2.715 962	5.139 269	1.571 501	66.5	55.1	75.3
2005	2.605 267	4.816 5	1.607 421	68.2	57.8	76.2
2010	2.574 556	4.494 251	1.684 192	70.1	60.5	77.9
2015	2.513 371	4.210 229	1.668 657	71.8	63.2	79.0
2020	2.339 264	3.989 288	1.510 933	72.0	64.5	78.6
2025	2.294 341	3.787 482	1.550 455	73.8	66.3	80.8
2030	2.265 58	3.561 506	1.583 608	74.6	67.3	81.5
2035	2.226 977	3.352 285	1.605 902	75.3	68.2	82.2
2040	2.198 033	3.155 101	1.611 466	76.0	69.0	82.9
2045	2.177 39	2.984 848	1.624 643	76.7	69.8	83.6
2050	2.144 053	2.833 485	1.636 168	77.2	70.6	84.3

续表

年份	总生育率			0岁预期寿命		
	世界平均	最不发达国家	发达国家	世界平均	最不发达国家	发达国家
2055	2.098 813	2.689 217	1.644 816	77.8	71.3	84.9
2060	2.053 053	2.555 362	1.648 047	78.3	72.0	85.6
2065	2.013 036	2.446 978	1.655 467	78.8	72.7	86.2
2070	1.977 421	2.351 338	1.658 428	79.3	73.3	86.8
2075	1.948 772	2.264 633	1.664 413	79.8	73.9	87.5
2080	1.921 515	2.192 471	1.666 485	80.3	74.4	88.1
2085	1.899 281	2.134 54	1.671 485	80.7	75.0	88.7
2090	1.875 23	2.078 278	1.673 93	81.2	75.6	89.2
2095	1.853 284	2.036 305	1.676 999	81.6	76.1	89.8
2100	1.834 196	1.994 138	1.673 618	82.1	76.7	90.4

数据来源：《2022年世界人口展望》。

生育率下降导致新生人口减少，加之高龄人口死亡率下降，于是，老年人口的抚养比提高，人口年龄结构老化。生育率的迅速降低，导致人口老龄化的速度加快、程度加深。另外，随着医疗卫生水平的提高，婴儿死亡率和其他分年龄死亡率逐步降低，人口预期寿命不断提高。依据联合国人口数据，图9-2、图9-3和表9-1呈现了人口预期寿命随时间的变动。可见，世界平均0岁预期寿命呈先快后慢的持续上升的态势，期间偶有小幅波动，预计2100年为82.1岁。1950年，发达国家0岁预期寿命为63.5岁，在随后的150年间呈现持续缓慢上升，预期2100年达到90.4岁。最不发达国家在1950年的0岁预期寿命为36.8岁，随后呈现先快后慢的持续上升的态势，直至2100年的76.7岁。中国在1950年的0岁预期寿命仅有43.7岁，除1959—1961年外，呈现快速上升，到2021年0岁预期寿命达到78.2岁，预计随后仍将持续上升，2100年达到90.2岁。

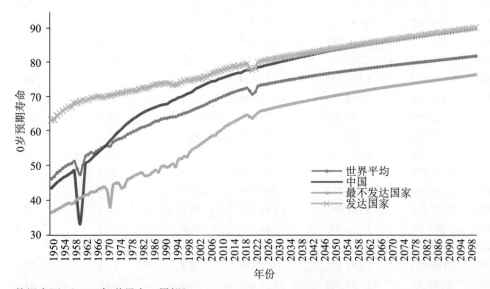

数据来源：《2022年世界人口展望》。

图9-2 不同类型国家的0岁预期寿命

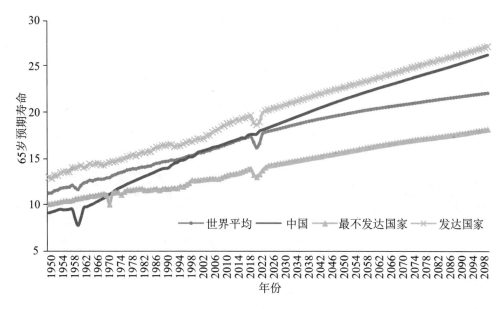

数据来源：《2022年世界人口展望》。

图9-3　不同类型国家的65岁预期寿命

如果以65岁为退休年龄，退休时开始领取养老金，65岁的预期寿命提高意味着需要更多的养老基金储备。自1950年至今，全球65岁预期寿命变化显著。1950年，发达国家65岁预期寿命为13年，最不发达国家为10.1年。至2021年，发达国家65岁预期寿命提升至18.7年，同期，欠发达国家增至13.1年。预测至2100年，该趋势将延续，发达国家65岁预期寿命有望达27.3年，欠发达国家或增至18.3年。可见，由于社会经济发展水平和其他各方面的差距，发达国家和最不发达国家的预期寿命在未来几十年内一直存在较大差距。人口死亡率的降低、预期寿命的提高，特别是高龄人口预期寿命的提高，老年人存活时间的延长，使老年人绝对数和相对比例提高，也导致人口年龄结构的老化，图9-4和图9-5给出了世界平均、中国、发达国家和最不发达国家的总抚养比和65岁以上人口与劳动年龄人口数量之间的比值①，也即老年抚养比。1950年，发达国家65岁以上人口比例为11.8%，2100年提高到59.4%，可见，高收入国家65岁以上人口比例随着时间延续逐步上升。依据国际一般标准，若65岁以上人口在总人口中所占的比例超过7%，则该国家或地区属于老年型国家或地区，在此标准下高收入国家在1950年就进入了老年型社会。相比之下，中等收入国家65岁以上人口比例从1950年的4.1%提高到2020年的8.2%，刚刚开始进入老年型社会，到2100年，该比例进一步上升到23.9%。对于低收入国家，预计到2065年，65岁以上人口比例才能超过7%，到2100年提高到14.9%。

此外，人口寿命不断延长，高收入国家、中等收入国家80岁以上人口比例迅速上升，人口呈现高龄化趋势。高收入国家80岁以上人口比例从1990年的2.7%上升到

---

① 65岁以上人口数量与15~64岁人口数量的比值。

2100 年的 14.0%。中等收入国家 80 岁以上人口比例也从 1990 年的 0.6% 上升到 2100 年的 8.6%。

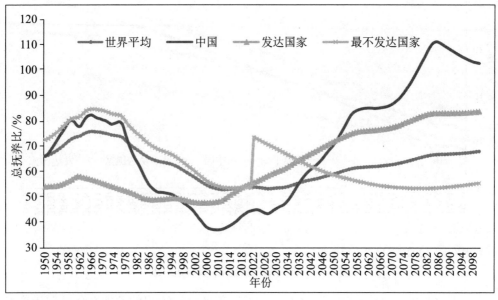

数据来源：《2022 年世界人口展望》。

图 9-4　不同类型国家的总抚养比变动趋势

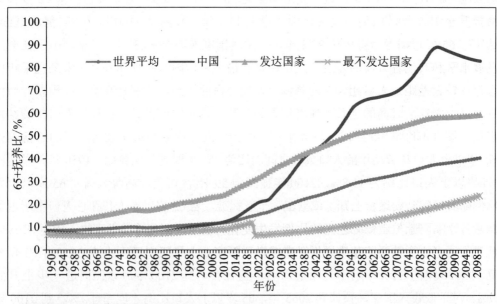

数据来源：《2022 年世界人口展望》。

图 9-5　不同类型国家的 65+ 抚养比变动趋势

9.1.2　老龄化和长寿趋势下养老保险制度的可持续发展

人口老龄化和寿命延长，作为社会经济和人类发展的必然趋势，对社会经济产生深远影响。这一趋势不仅直接影响社会经济，还通过增加经济资源需求和改变公共资源分配产生间接效应。最为显著的是，它对养老金体系的财务状况造成冲击。老年人口比例上升和寿命延长导致养老资源需求增加，加重了国家、单位和个人的养老负担，对养老金体系的稳定性和可持续性形成挑战。随着养老金支付总额的增加，传统的资产负债平衡被打破，养老金体系财务压力增加。因此，面对这一趋势，如何调整和优化养老金体系以确保其长期稳定运行，成为当前及未来社会经济发展的重要问题。

首先是老龄化、经济增长与低利率趋势之间的关系。从生产要素投入视角分析，在一系列基准假设下，如分年龄的劳动力供给与储蓄行为保持不变，劳动生产率维持恒定，且迁移状况稳定，老龄化进程将导致劳动力供给的缩减和储蓄水平的下降，进而影响经济发展。技术是主要的创新要素，而随着年龄的增长，人们在解决问题、学习和速度方面的能力会降低，导致创造力减弱，进而降低经济增长率。老龄化进程还伴随着资本与劳动力比率的逐步上升，这往往与长期实际利率的下行趋势相伴相生。在寿命延长、退休储蓄增加、家庭规模缩小及移民等多重因素的交织影响下，人口老龄化对经济增长的制约作用并非绝对。它虽可能减缓宏观经济增速，降低投资需求与消费信贷需求，但同时也会推高养老金储蓄与资金供给。利率作为资金的价格，其变动受市场供求力量的影响，下行成为必然。从养老需求增长的角度分析，老年人口的服务需求日益增加，而服务业的劳动生产率提升相对缓慢，这会拉低整体经济的增长速度。此外，从风险视角分析，利率水平还受到借贷风险高低的影响。老年人群体普遍倾向于规避风险，更倾向于选择存款或其他低风险低收益的投资方式，这为金融机构和资金需求方提供了以更低成本获取资金的机会，这也促使实际利率下行。由此可知，老龄化经由劳动力供给、劳动生产率、消费模式、储蓄行为、投资决策等多个渠道，对经济发展产生直接且深远的影响，也会间接作用于养老保障体系。

其次，老龄化和长寿条件下养老金成本趋于上升。全球范围内，各国养老金体系的架构不尽相同，但大体上可分为三个层次：第一层是由政府主导并实施的社会养老保险制度；第二层是由雇主举办的职业年金计划；第三层则是政策支持的个人养老储蓄。

在全球范围内，政府主导的公共养老金体系大都采用现收现付的融资模式，即退休者养老金的支付主要来自当期劳动者的养老保险缴费或税收。随着老龄化程度的不断加深，养老金领取者与缴费者之间的比例发生变化，前者相对增多。为了确保养老金的及时足额发放，往往需要劳动者增加缴费或缴税额度。大量研究显示，人口老龄化将使公共养老金、健康和长期护理保险的支付负担越来越大，从而使各国公共财政的可持续发展面临日益严重的挑战。针对人口老龄化对养老金体系可持续性所带来的挑战，政策制定者面临一系列策略选择，包括鼓励生育与促进劳动年龄人口净迁入，提升劳动参与率和劳动生产率，促进就业与产出的增长，提高退休年龄并降低待遇调整指数以降低养老金替代率，以及增加缴费基数与缴费率以扩大养老金的收入来源。然而，现实是各国在提高缴费率方面所面临的空间非常有限。因此，当前的劳动者群体需要面临多储蓄、晚退休、少领养老金的压力，实质上，这意味着养老金成本上升。

公共养老金体系的成本通常用养老金成本率表示，即养老金总支出与劳动者工资收入总额的比例。在现收现付制下，养老金成本率可以分解为养老金平均替代率与养老金制度抚养比的乘积。随着人口的老龄化，老年人口抚养比上升，在养老金制度逐步实现全覆盖的目标下，制度内抚养比与人口抚养比同步上升，从而导致养老金成本的上升。对于采用积累制的养老保险第二支柱和第三支柱而言，老龄化深刻地影响着经济增长和利率水平，并间接地作用于养老资产与养老负债之间的平衡关系。这往往导致养老金体系的偿付能力下降，从而使实现一定待遇水平的养老金计划成本上升。

关于长寿风险对社会经济与养老金体系的影响，国际货币基金组织在其2012年发布的《全球金融稳定报告——追求持久的稳定》中进行了深入剖析。报告指出，若2050年的人口寿命超出先前预测3岁，那么每年将产生相当于当年GDP 1%至2%的额外经济资源需求。如果用2010年的储备来满足非预期的寿命延长对经济资源的需求，发达国家需储备相当于其GDP 50%的资金，而新型经济体则需储备GDP的25%。不幸的是，国际权威机构对未来死亡率的预测往往低于实际水平（Antolin，2007），这意味着长寿风险对社会经济资源的冲击程度可能被低估。长寿风险对采用现收现付制的养老保险体系构成了显著挑战，影响了体系的财务可持续性。而对于采取基金积累制的企业年金和个人养老金而言，长寿风险的影响更为直接。当年金领取者的平均实际寿命超出预期时，他们会面临待遇下降的风险，又或者是养老金计划收不抵支的风险。

9.2 死亡率与长寿风险

由于历史死亡率数据缺乏和技术限制，未来死亡率预测难度大，加之逆向选择和道德风险等问题，长寿风险管理仍有很大提升空间。近40年来，发达国家65岁男性平均寿命每年提高超两个月，引发对死亡率超预期改善的担忧，尤其是养老金债务增长问题。研究显示，英国平均寿命每增加一年，养老金债务现值增3%~4%。长寿风险担忧促进了风险管理市场的发展，瑞士再保险公司自2007年起已提供超180亿美元再保险计划。寿命延长对个人是积极的，但对政府、企业和家庭带来意外风险。因此，研究长寿风险管理对制度可持续运行和社会稳定具有重要意义。

9.2.1 死亡率模型的研究进展

最早的死亡率模型可以追溯到18世纪开始的静态死亡率模型，近几十年来，死亡率模型的研究持续取得新的进展。研究历程从最初描述死亡率随年龄变化的各类静态模型，逐步发展到包含年龄和时间因素的动态模型，并进一步拓展至涵盖年龄、时间和出生队列因素的更为复杂的动态模型。同时，建模方法也从针对单个人口独立建模的单人口模型，演进到能够同时处理多个人口数据的多人口模型。

1. 静态死亡率模型

静态死亡率模型用于描述死亡率随年龄的变化规律。最早的静态死亡率模型是由

deMoivre（1730）提出的：

$$\mu(x) = \frac{1}{\omega - x}, 0 \leq x < \omega$$

其中，ω 表示极限寿命，x 表示年龄，$\mu(x)$ 表示 x 岁的死亡率。由此可见，该模型的生存函数被设定为一条直线，也就是，是从 0 岁延伸至最大存活年龄之间的一条直线。

在死亡率建模领域，一系列经典且应用广泛的重要静态模型包括：Gompertz 模型（Gompertz，1825）、Makeham 模型（Makeham，1860）、Weibull 模型（Weibull，1951）以及 HP 模型（Heligman&Pollard，1980）等（见表 9-2）。

表 9-2 静态死亡率模型

提出者	模型	参数
de Moivre（1730）	$\mu(x) = \dfrac{1}{\omega - x}$	$0 \leq x < \omega$
Gompertz（1825）	$\mu(x) = Bc^x$	$x \geq 0, B > 0, c > 1$
Makeham（1860）	$\mu(x) = A + Bc^x$	$x \geq 0, B > 0, c > 1, A > -B$
Weibull（1951）	$\mu(x) = kx^n$	$x \geq 0, k > 0, n \geq 1$
Thiele（1871）	$\mu_x = Ae^{-Bx} + Ce^{-D(x-E)^2} + FG^x$	
Heligman 与 Pollard（1980）	$q/p(x) = A^{(x+B)^C} + De^{-E(\ln x - \ln F)^2} + GH^x/(1+GH^x)$	

Gompertz 模型由 BenjaminGompertz 于 1825 年提出，其模型形式如下：

$$\mu(x) = Bc^x, x \geq 0, B > 0, c > 1$$

Gompertz 模型适用于对高年龄死亡率的描述，至今仍被用于对高年龄死亡率的年龄外推。

Makeham（1860）在 Gompertz 模型的基础上添加了一个与年龄无关的常数项可以描述死亡率不随年龄变动的部分，其模型形式如下：

$$\mu(x) = A + Bc^x, x \geq 0, B > 0, c > 1, A > -B$$

此外，Thiele（1871）提出了适用于所有年龄段的死亡率模型，形式如下：

$$\mu_x = Ae^{-Bx} + Ce^{-D(x-E)^2} + FG^x$$

其中，第一项用于描述婴儿阶段死亡率随年龄的变动；第二项用于描述死亡率在青壮年期间由于意外事故导致的上升；第三项用于描述老年阶段的死亡率随年龄的变动规律。

1951 年，Weibull 给出了死亡率的幂函数形式：

$$\mu(x) = kx^n, x \geq 0, k > 0, n \geq 1$$

以上模型描述了死亡率与年龄的函数关系。除了死亡率模型，不少静态死亡率模型直接采用死亡率或者死亡率与存活率之比的形式。其中比较常用的是 1980 年由 Heligman 和 Pollard 提出的包含 8 个参数的 Heligman-Pollard 模型：

$$q(x)/p(x) = A^{(x+B)^C} + De^{-E(\ln x - \ln F)^2} + GH^x/\left(1+GH^x\right)$$

其中，A、B、C、D、E、F、G、H 表示参数，这些参数由最小二乘估计得到；$q(x)$ 和 $p(x)$ 分别表示 x 岁的人在一年内的死亡概率、存活概率。HP 模型中的每一项均代表死亡率的一个组成部分，即第一项反映了孩童时期死亡率呈现下降趋势的特征；第二项描绘了男性因意外事故导致的死亡率以及女性因意外事故和生育导致的死亡率情形；第三项则体现了老年人口死亡率上升趋势的特征。该模型能较好地模拟并预测美英德等国全年龄段人口死亡率。

静态死亡率模型主要关注死亡率和年龄之间的关系，未考虑死亡率随时间变化的动态特性。因此，仅适用于拟合现有的死亡率数据以及进行年龄外推，而无法对未来死亡率进行有效预测。20 世纪末，研究者开始将年份或出生队列等时间协变量纳入模型中，构建随机死亡率模型（亦称动态死亡率模型），以便于同时描述死亡率与年龄、日历年和出生年之间的复杂关系。

2. 动态单人口死亡率模型

静态模型仅考虑年龄影响，忽略了死亡率的时间变化。为弥补此不足，研究者引入时间因素，构建了动态模型。在此模型中，被解释变量通常为连续函数，如中心死亡率的对数或 Logistic 转换的死亡概率。解释变量通常分解为年龄效应、时间效应和队列效应三部分，且时间和队列效应在不同年龄上可能呈现差异性。动态死亡率模型的一般形式可表示为：

$$\eta_{x,t} = \alpha_x + \sum_{j=1}^{n} \beta_x^j \kappa_t^j + \beta_x^0 \gamma_{t-x}$$

其中，

$\eta_{x,t}$：模型与数据间的连接函数；

α_x：基于时期生命表的分年龄死亡率；

β_x^j：年龄函数，其中分年龄死亡率以非参形式变化；

κ_t^j：时间因子在相同年龄范围内控制时间趋势；

γ_{t-x}：队列参数；

为了简单和稳健，β_x^0 通常设置为 1。

（1）Lee-Carter 模型

最早和最经典的动态死亡率模型是 Lee-Carter 模型。它是由 Lee 和 Cater（1992）提出的，模型如下：

$$\ln(m_{x,t}) = \alpha_x + \beta_x \kappa_t + \varepsilon_{x,t}$$

其中，$m_{x,t}$ 表示 x 岁的人在 t 年的死亡率；α_x 表示观测期间平均的年龄效应；κ_t 表示死亡率随时间变动的时间序列效应；β_x 表示 x 岁死亡率随时间变动部分对时间序列的敏感程度，β_x 越大，该年龄死亡率对时间变动的敏感度越高，约束条件为 $\sum_x \beta_x = 1, \sum_t \kappa_t = 0$；$\varepsilon_{x,t}$ 表示模型的扰动项，其与年龄、时间都有关，一般假设 $\varepsilon_{x,t} \sim N(0, \sigma_\varepsilon^2)$。

Lee 和 Carter（1992）应用该模型拟合了美国 1900—1989 年的人口死亡率数据并对

美国1990—2065年的人口死亡率做出了预测，得出该模型预测的美国人口死亡率存在严重偏低的问题。Lee 和 Carter 在该研究中发现，模型在85岁以上的高龄人口死亡率预测方面存在较大的偏差。Tuljapurkar 等（2000）应用 Lee-Carter 模型对美、英、法、德、意、加、日等国家的死亡率数据进行模拟与预测，发现这些国家的官方死亡率预测均存在低估。[①] Booth 和 Tickle（2008）应用 Lee-Carter 模型对澳大利亚1964—2000年50岁以上人口预期寿命进行了模拟，并外推预测了2001—2041年50岁以上人口的预期寿命，发现和官方的预测数据相比用该模型存在低估预期寿命的现象。[②]

Lee-Carter 模型改变了静态死亡率模型只能拟合不能外推的缺点，该模型通过引入时间和年龄的交互影响项 $\beta_x \kappa_t$，可以描述不同年龄段上死亡率改善的不同特征。Booth 和 Tickle（2008）在其研究中指出，Lee-Carter 模型具有诸多显著优点，比如参数具有良好的可解释性，模型具有较强的客观性，形式十分简洁。于是，该模型在发达国家得到了广泛的应用和认可。

（2）APC 模型

APC 模型含有年龄项（age）、时期项（period）以及队列效应项（cohort），其形式可以表示如下：

$$\ln(m_{x,t}) = \alpha_x + \kappa_t + \gamma_{t-x} + \varepsilon_{x,t}$$

其中，$m_{x,t}$ 为 x 岁 t 时刻的死亡率；

α_x 为年龄项；

κ_t 为时期项；

γ_{t-x} 为队列项；$\varepsilon_{x,t}$ 表示随机误差项。

约束条件为 $\sum_t \kappa_t = 0$，$\sum_{x,t} \gamma_{t-x} = 0$。

经典的 APC 模型起源于 Hobcraft 等人（1982）的研究。随后，Wilmoth（1990）对这一经典模型进行了扩展，引入了高阶项的形式；Hunt 和 Blake（2015）在其研究中指出，APC 模型在药学流行病学领域有着广泛的应用；Willets（2004）利用 APC 模型来衡量长寿风险；Currie（2006）还将 APC 模型应用于精算领域。

（3）R-H 模型

R-H 模型是由 Renshaw 和 Haberman（2006）提出的一种扩展模型，该模型在经典的 Lee-Carter 模型基础上，进一步加入了队列效应这一重要因素，具体形式如下：

$$\ln(m_{x,t}) = \alpha_x + \beta_x^{(1)} \kappa_t + \beta_x^{(2)} \gamma_{t-x} + \varepsilon_{x,t}$$

其中，$m_{x,t}$ 表示中心死亡率；γ_{t-x} 表示随机队列效应，其依赖于出生年；约束条件为 $\sum_t \kappa_t = 0$，$\sum_x \beta_x^{(1)} = 1$，$\sum_{x,t} \gamma_{t-x} = 0$，$\sum_x \beta_x^{(2)} = 1$。

该模型应用于对英国和威尔士的人口死亡率预测，Renshaw 和 Haberman（2006）应

---

① Tuljapurkar S，Li N，Boe C. A universal pattern of mortality decline in the G7 countries[J]. Nature，2000.
② Booth, H., & Tickle, L. Mortality modelling and forecasting: A review of methods[J]. Annals of Actuarial Science，2008，3（1-2），3–43.

用 1961—2003 年的分年龄、性别死亡率数据估计模型参数，并对 2004—2025 年的死亡率进行预测，发现预测结果显著区别于 Lee-Carter 模型，对于观察到队列效应的国家，该模型有更好的表现。

Tabeau 等人（2001）在其研究中指出，当在模型中加入队列效应后，对所需的时间序列数据长度提出了更高的要求。具体而言，如果想要全面分析整个年龄范围内的队列效应，那么至少需要拥有 100 年甚至更长时期的历史数据作为支撑。这一数据要求无疑给 R-H 模型的实际应用带来了较大的困难和挑战。同时，如果考虑使用 100 年的数据，则无法保障死亡率的时间趋势不会发生改变，即无法保障 κ_t 始终满足一个带漂移项的随机游走的时间序列。Booth 等人（2006）在其研究中指出，虽然包含队列效应的模型可能能够更好地拟合数据，但这并不意味着其在预测方面必然更加准确。此外，Cairns 等人（2009）也针对 R-H 模型提出了见解，指出该模型中参数的收敛速度非常缓慢，这可能导致模型在某些情况下存在无法有效识别的问题。在实际应用中，带有队列效应的模型在拟合受第二次世界大战影响队列人群的死亡率数据中有一定的优势，在其他队列的应用中很少观察到明显的可解释的队列效应。

（4）Plat 模型

Plat（2009a）结合 Lee-Carter 模型和 APC 模型的特点构建了 Plat 模型。该模型形式为：

$$\ln(m_{x,t}) = \alpha_x + \kappa_t^{(1)} + \kappa_t^{(2)}(\bar{x}-x) + \kappa_t^{(3)}(\bar{x}-x)^+ + \gamma_{t-x} + \varepsilon_{x,t}$$

其中，$(\bar{x}-x)^+ = \max(\bar{x}-x, 0)$

该模型约束条件如下：

$$\sum_t \kappa_t^{(3)} = 0, \sum_{x,t} \gamma_{t-x} = 0, \sum_{x,t}(t-x)\gamma_{t-x} = 0$$

因子 $\kappa_t^{(1)}$ 代表了所有年龄段死亡率水平的变化，因子 $\kappa_t^{(2)}$ 允许死亡率在不同年龄间变化，以反映不同年龄组的死亡率改善可能不同的实际。此外，历史数据似乎表明，较低年龄的死亡率动态在某些时候可能不同。因子 γ_{t-x} 以与 Currie（2006）和 Cairns 等（2009）相同的方式捕获队列效应。

为了评估所提出的模型是否适合历史数据，Plat（2009a）将模型拟合到三个不同的数据集，并将拟合结果与 Lee-Carter 模型、R-H 模型等进行比较。三个数据集分别是美国男性 1961—2005 年 20~84 岁的数据、英格兰和威尔士男性 1961—2005 年 20~89 岁的数据、荷兰男性 1951—2005 年 20~90 岁的数据，采用的比较方法是贝叶斯信息准则（Bayesian information criterion，BIC）。结果显示：Plat 模型优于 R-H 模型和 Lee-Carter 模型。

（5）CBD 模型

CBD 模型是由 Cairns、Blake 和 Dowd 提出的模型（Cairns et al.，2006），其被解释变量是经 Logistic 转换后的死亡概率，即死亡概率与存活概率之比的对数形式，经变换后的死亡概率与时间项和年龄项呈现线性关系。CBD 模型形式如下：

$$\text{Logit}\, q(x,t) = \ln\frac{q(x,t)}{1-q(x,t)} = \kappa_t^1 + \kappa_t^2(x-\bar{x})$$

其中，$q(x,t)$ 表示死亡概率；$\bar{x}$ 表示样本平均年龄。

模型经 Logistic 转换后的形式较为简洁，包含两个时间效应因子，也增加了高年龄人群死亡率随时间改善的效应，使模型对历史数据拟合得更好。但 CBD 模型这种经过变换后的线性关系一般只适用于中间年龄段，对全部年龄的拟合和预测效果并不好。CBD 模型包含了两个时间项，可以更好地捕捉在不同时期、不同年龄段的死亡率随时间的变动。例如，对整个 20 世纪的死亡率建模，前半个世纪的死亡率改善集中在低年龄阶段，后半个世纪的死亡率改善更多表现在高年龄阶段，这时采用 CBD 模型能够更好地捕捉不同时期的影响。

在 CBD 模型的基础上，考虑队列效应，又生成了一些 CBD 队列效应扩展模型。例如，单因素队列效应 CBD 模型如下：

$$\text{Logit} q(x,t) = \ln \frac{q(x,t)}{1-q(x,t)} = \kappa_t^1 + \kappa_t^2(x-\bar{x}) + \gamma_{t-x}$$

两因素的 CBD 队列效应模型如下：

$$\text{Logit} q(x,t) = \ln \frac{q(x,t)}{1-q(x,t)} = \kappa_t^1 + \kappa_t^2(x-\bar{x}) + \kappa_t^3\left((x-\bar{x})^2 - \sigma_x^2\right) + \gamma_{t-x}$$

κ_t^1 可理解为经 Logistic 转换的死亡率随时间的下降趋势，其反映死亡率随时间的改善程度；κ_t^2 可理解为"坡度"系数，其带有一个逐渐下降的漂移项，反映了高龄死亡率的改善程度比低龄的要慢；κ_t^3 可以理解为"曲率"系数；γ_{t-x} 表示队列效应。

Cairns 等（2009）基于贝叶斯信息准则研究比较了八种随机死亡率模型，定量比较了英国、威尔士及美国男性高年龄组的数据，结果表明结合队列效应的 CBD 扩展模型更适合英国和威尔士的人口数据，而带有队列效应的 R-H 扩展模型更适合美国男性数据。

（6）P- 样条函数模型

P- 样条函数（惩罚样条函数）模型（Currie et al.，2004；Currie，2006）如下：

$$\text{Log} m(x,t) = \sum_{i,j} \theta_{ij} B_{ij}(x,t)$$

其中，

$B_{ij}(x,t)$：带有常规空间节点的事先确定的基础函数；

θ_{ij}：待估计的参数。

该模型形式简洁，置信区间下表面平滑。缺点是用样条函数法会导致函数过度逼近。Currie 等（2004）展示了如何将 P- 样条函数模型扩展到二维死亡率的平滑和预测，他们使用具有泊松误差的惩罚广义线性模型，展示如何构造适合二维建模的回归和惩罚矩阵。该方法的一个重要特征为预测是平滑过程的自然结果。

（7）贝叶斯层次模型

Bryant 和 Graham（2013）指出，贝叶斯层次模型可以得到准确的拟合和预测结果，可以应用不同来源的数据，它的简单模型形式如下：

$$d \sim \text{Poisson}(\gamma \times e), \gamma \sim N(\beta^0 + \beta^{\text{age}} + \beta^{\text{time}}, \sigma^2)$$

其中，d 表示死亡人数；e 表示风险暴露数；β^{age} 为带漂移的随机游走；

$\beta^0 \sim N(\mu_1, \sigma_1^2)$；$\beta^{time} \sim N(\mu_2, \sigma_2^2)$。

该模型采用马尔可夫链蒙特卡罗（Markov chain Monte Carlo，MCMC）方法进行后验模拟，使用 Poisson-Gamma 模型来描述死亡人数和风险暴露的分布，死亡和暴露的人数是用各种数据源下的贝叶斯层次模型估计的。

（8）其他动态死亡率模型进展

除了传统模型之外，有研究人员使用机器学习方法对死亡率建模，比如，使用神经网络方法。相关研究结果表明，神经网络方法具有出色的拟合和预测能力，对长期预期寿命的预测更加现实，但是必须仔细选择神经元的数量以避免过拟合。表 9-3 列出了常用的动态单人口死亡率模型及其约束条件。

表 9-3 常用的动态单人口死亡率模型及其约束条件

模型	模型形式	约束条件
Lee-Carter 模型 Lee and Cater（1992）	$\ln(m_{x,t}) = \alpha_x + \beta_x \kappa_t + \varepsilon_{x,t}$	$\sum_x \beta_x = 1, \sum_t \kappa_t = 0$
R-H 模型 Renshaw and Haberman（2006）	$\ln(m_{x,t}) = \alpha_x + \beta_x^{(1)} \kappa_t + \beta_x^{(2)} \gamma_{t-x} + \varepsilon_{x,t}$	$\sum_t \kappa_t = 0, \sum_x \beta_x^{(1)} = 1, \sum_{t,x} \gamma_{t-x} = 0,$ $\sum_x \beta_x^{(2)} = 1$
APC 模型	$\ln(m_{x,t}) = \alpha_x + \kappa_t + \gamma_{t-x} + \varepsilon_{x,t}$	$\sum_t \kappa_t = 0, \sum_{x,t} \gamma_{t-x} = 0$
CBD 模型 Cairs et al.，2006	$\text{Logit}\, q(x,t) = \ln \dfrac{q(x,t)}{1-q(x,t)} = \kappa_t^1 + \kappa_t^2 (x - \bar{x})$	无
P-样条函数模型	$\text{Log}\, m(x,t) = \sum_{i,j} \theta_{ij} B_{ij}(x,t)$	无
Plat 模型 Plat（2009a）	$\ln(m_{x,t}) = \alpha_x + \kappa_t^{(1)} + \kappa_t^{(2)}(\bar{x}-x) + \kappa_t^{(3)}(\bar{x}-x)^+ + \gamma_{t-x} + \varepsilon_{x,t}$	$\sum_t \kappa_t^{(3)} = 0,$ $\sum_{x,t} \gamma_{t-x} = 0,$ $\sum_{x,t} (t-x)\gamma_{t-x} = 0$
贝叶斯层次模型	$d \sim \text{Poisson}(\gamma \times e),$ $\gamma \sim N(\beta^0 + \beta^{age} + \beta^{time}, \sigma^2)$	β^{age} 为带飘移的随机游走 $\beta^0 \sim N(\mu_1, \sigma_1^2)$ $\beta^{time} \sim N(\mu_2, \sigma_2^2)$

关于如何在众多死亡率模型中选择合适的模型，需要一系列模型选择标准，Cairns 等（2009）给出了选择模型的若干标准，其中重要的包括：模型对历史数据具有较好的拟合，模型的拟合结果具有可以解释的生物合理性，模型的参数估计具有稳健性，模型的预测结果具有稳健性，模型的求解算法容易实现，模型的结构简单易于解释，模型预测结果可以给出置信区间，对于存在队列效应的数据模型应该能够很好地捕捉队列效应，等等。Plat（2009a）认为，除了 Cairns 等（2009）给出的标准外，还应该有一个附加的标准，即模型适用于整个年龄段。因为年金投保人通常包括 20 岁以上的人群，如果模型

仅适用于较高年龄段，则无法描述个保单期的死亡率变动规律。

3. 动态多人口死亡率模型

近年来，多人口死亡率建模研究为死亡率建模、老龄化及人口预测带来新思路。Wilson（2001）及 Li 和 Lee（2005）指出，全球死亡率水平趋于一致，不应再将各国死亡率独立分析，需联合建模以得到一致预测，这类模型也称一致多人口死亡率模型。Janssen（2018）认为，在此模型下，相似死亡率不会交叉或发散，而保持结构性差异。Cairns（2013）和 Villegas 等（2017）指出，长寿风险互换依赖于多人口死亡率的建模。

Carter 和 Lee（1992）首先提出多人口建模想法，并给出了三种扩展方法。此后，众多研究沿此展开：Li 和 Lee（2005）提出共同因子模型，并将其扩展为增强共同因子模型，发现死亡率变化具有共同趋势；Yang 等（2016）添加队列效应，改善了模型拟合；Chen 和 Millossovich（2018）进一步扩展模型，用于英格兰威尔士、北爱尔兰的死亡率预测。

Wilmoth 和 Valkonen（2001）提出多因子联合模型，并用其估计芬兰人口死亡率。Delwarde 等（2006）采用泊松回归求解，预测了多国未来死亡率。Li 和 Hardy（2011）比较多个模型，发现增强的共同因子模型表现最好。Hyndman 等（2013）和 Bergeron-Boucher 等（2018a）分别采用产出比函数预测法和性别比方法进行预测。Li（2013）提出泊松共同因子模型，并预测了澳大利亚死亡率，结果表现良好。

采用独立的 Lee-Carter 模型建模时，未考虑到死亡率之间的相关性，协整估计方法解决了这一问题。Li 和 Hardy（2011）指出，协整方法的主要问题是不容易确定时期因子是否是协整的。Yang 和 Wang（2013）采用协整分析判别死亡率的长期均衡，并用向量误差修正模型（VECM）进行预测。Zhou 等（2014）指出，VECM 提供了比 VAR 更好的拟合优度和预测性能。

除了沿着 Carter 和 Lee（1992）的三种思路的扩展模型外，还有许多基于 Lee-Carter 模型的多人口扩展模型，如三元 Lee-Carter 模型、引力死亡率模型、双人口死亡率模型等。这些模型在多人口死亡率预测中表现出色。

除了对 Lee-Carter 模型的多人口扩展之外，还有对 CBD 模型及其他模型进行扩展的多人口死亡率模型，如双人口 CBD 模型、P-样条函数模型、TOPALS 等。这些模型在各自的应用场景中均表现出良好的预测效果。

此外，还有文献采用其他方法对多人口死亡率进行了建模，如布朗运动和粒子过滤、地理学和空间统计方法、聚类分析等。同时，也有学者研究了多个人口的死亡率改善，如采用信度模型对死亡率改善率进行建模等。这些研究共同推动了多人口死亡率建模领域的发展。

9.2.2 长寿风险的含义

关于风险的概念，学术界至今尚未形成统一界定。国际标准化组织（ISO）在 2009

年将风险定义为不确定性对目标的影响。① 在经济领域中,风险通常指的是由于经济前景的不确定性,各经济实体在正常经济活动过程中可能遭受经济损失的概率。而在金融领域,风险则特指在进行金融市场投资或金融行为时,交易者所面临的不确定性损失的可能性,这包括损失的不确定性、未来结果的变化性,以及实际结果与预期结果之间的偏离程度。

长寿风险是指在特定的养老计划或养老制度安排背景下,相对于某一风险主体(包括个人、家庭或养老保险计划的举办者,如保险公司、企业或政府)而言,人口预期寿命的不断延长给该主体带来损失的不确定性。这一概念包含以下两层核心含义:①风险主体的多元性与养老保险模式的关联性。风险主体不仅限于个人或家庭,还可能包括负责养老保险计划的各类机构,如保险公司、企业或政府。风险主体与特定的养老保险模式紧密相关。例如,在公共养老金计划下,政府作为主导者,自然成为主要的风险主体;而在传统的个人与家庭养老保险模式下,风险则主要由个人或家庭承担。②人口预期寿命延长作为风险的相对性。人口预期寿命的延长之所以被视为一种风险,是基于特定的养老金计划或制度安排而言的。在制订养老计划时,风险主体通常会根据当时的条件来估计未来的人口预期寿命。然而,在计划实施过程中,由于经济社会环境因素的变化,实际的人口寿命可能会不断延长,甚至超过计划制定时的预期。在养老金计划保持不变的约束条件下,如果实际寿命延长超过了预期寿命,风险主体将面临长寿风险,即因低估预期寿命而产生的额外经济成本。对于个人而言,这种经济成本主要体现在实际寿命超过预期寿命期间维持老年生活所需的物质资料价值上;而对于政府来说,则表现为在同一时期内养老金支出总额的未预料增加。

在长寿风险的研究领域中,依据风险承担主体以及长寿风险是否具备可分散转移的特性,可以将长寿风险划分为两大类:个体长寿风险(individual longevity risk)和聚合长寿风险(aggregate longevity risk)。

1. 个体长寿风险

个体长寿风险主要源于个体对未来寿命延长的未预期或短视行为,其风险承担主体为个人或家庭。这种低估会影响个人的储蓄、消费、投资组合以及退休决策。最终,个体可能在退休阶段面临养老财富积累不足或短缺的问题,从而威胁到老年期的生存质量。个体长寿风险主要关注个体寿命分布,并聚焦于由于个体认知差异所产生的自身长寿风险。这类风险被视为非系统性风险,具有可分散性。个人或家庭可以通过参与各种养老保险计划来转移和管理这些长寿风险。

通过一个简化的三阶段生命周期模型,可以清晰地观测到个体长寿风险,如图9-6所示。在探讨个人的生命周期与长寿风险的关系时,可以将其划分为三个主要阶段:第一阶段是工作与储蓄阶段,通常是个人进入与完全退出劳动力市场之间的时段,在此期

---

① The International Organization for Standardization(ISO)(2009):ISO/FDIS31000 Risk man-agement -Principle and guidelines.

间，个人将部分收入用于养老储蓄，而这些养老储蓄的具体投资形式包括参加公共养老金计划与私人养老金计划以获得未来的养老保障，购买住宅或持有各种类型的金融资产等。第二阶段则始于个人开始领取养老金，一直持续到平均预期寿命。期间，个人主要依赖领取的养老金以及消耗前一阶段积累的养老储蓄来支持老年期的消费。第三阶段则是从平均预期寿命开始，直到生命的终结。这意味着个人的实际生存期超过了平均预期寿命。在此期间，个人不仅要面对资金不足的风险（如公共养老计划提供的养老金水平较低），还要应对养老财富不足的风险。实际上，个人在这一阶段所遭遇的风险就是所谓的个体长寿风险。综上所述，个体长寿风险主要集中在最后一个生命周期阶段，但其出现却与前面两个生命周期阶段密切相关，是前两个阶段养老储蓄和投资决策的结果体现。

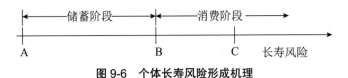

图 9-6　个体长寿风险形成机理

注：A 是参加工作年龄；B 是法定退休年龄；C 是平均寿命。

2. 聚合长寿风险

聚合长寿风险的承担主体涵盖各种类型的养老金计划提供者，包括政府、企业、养老金融机构，尤其是保险公司。这种风险与队列人口或代际人口的预期寿命延长密切相关。在医疗技术、经济社会等因素不断发展的背景下，下一代人的平均寿命往往会比前一代人的生存年限更长。如果在制订养老计划时未能精确预计到下一代人平均寿命的延长情况，就会形成聚合长寿风险。已有的死亡率模型及其有效性检验普遍显示，死亡率被高估，而寿命被低估。例如，1981 年，英国政府的保险精算师预测 2004 年英国 65 岁男性的预期余命为 14.8 年，而实际情况却是 19 年，误差比率高达 28%[①]；特纳（Turner，2006）也发现，在过去的百余年间，平均寿命被系统性低估，大约每十年低估 1.5 年。低估未来人群的预期寿命将对养老金计划举办者的筹资（定价）策略、投资策略和给付（支付）策略产生不容忽视的影响。最终可能导致养老金计划的实际支出远远超过预期支出，进而导致养老金计划偿付能力不足，甚至面临破产风险。这种状况的发生主要是由于养老金给付通常采用年金方式。聚合长寿风险涉及总体寿命分布情况，而非个人长寿风险的简单加总，是人群整体生存状况的持续性改善导致的预期寿命趋势性延长。聚合长寿风险无法根据大数法则进行分散处理，具有系统性风险的特性。

9.2.3　长寿风险的特征

与传统风险相比，长寿风险具有五个基本的特征。

（1）长寿风险，作为一种具有系统性风险特性的不可分散风险，其本质无法通过大

---

① 尼古拉斯·巴尔，彼得·戴蒙德. 养老金改革：理论精要 [M]. 郑秉文等，译. 北京：中国劳动社会保障出版社，2013.

数法则进行分散。将长寿风险界定为不可分散风险，这一观点主要聚焦于聚合长寿风险。聚合长寿风险的形成，根源在于队列人口或整体人口预期寿命的持续性改善。因此，在面对聚合长寿风险时，仅仅扩大"风险池"并不能实现分散风险的目的。通常，长寿风险管理的研究重点也是针对聚合长寿风险展开的，而个人长寿风险则可以通过各类养老金计划等机制进行有效的转移与管理。

（2）长寿风险的形成具有长期性和隐蔽性特征。与其他金融风险相较，长寿风险往往历经长期积累而逐渐显现，并且其形成过程相对隐蔽，不易被即时察觉。从养老需求目标的设定到养老金的实际支付之间，通常存在着较大的时间差，这一时间跨度一般为30～40年，甚至有可能长达50年之久。这意味着长寿风险的形成往往伴随着个人生命的大部分周期。然而，在个人的工作期间，他们可能并未充分意识到长寿风险的存在。只有当进入退休及年老阶段，面临养老储蓄不足的问题时，长寿风险才逐渐显现出来。回顾三阶段生命周期模型，可以发现，长寿风险主要出现在第三阶段的生命周期中，但其形成却与个人在第一阶段的养老储蓄行为和第二阶段的消费选择密切相关。

（3）长寿风险的承担主体具有多样性，可以涵盖个人、家庭、企业、商业保险公司以及政府等不同层面。对于个人而言，作为长寿风险的承担主体，主要是因为随着个人预期寿命的延长，其原有的养老储蓄可能无法满足老年生活的实际需求，从而导致生活陷入困境。企业也可能成为长寿风险的承担主体。这主要是因为企业会提供各种养老金计划。一旦由于计划参保者的预期寿命延长，超过养老金计划设计中的预期寿命，养老金计划实际支出超过预期，企业就需要承担这种长寿风险。商业保险公司同样可能面临长寿风险。这主要是因为它们提供了团体年金养老保险或个人年金保险产品，并且以终身年金的方式进行给付。如果这些年金产品的定价所依赖的生命表低估了人口的预期寿命，那么保险公司就需要承担长寿风险。政府作为长寿风险的承担者，主要是因为政府会制订各种养老金计划。在机制设计和参数设计时，如果低估了人口的预期寿命，导致实际支出超过预算，那么政府就需要承担这种长寿风险。

（4）长寿风险的形成与多种因素紧密相连，使其预测工作面临诸多困难。从根本上说，长寿风险源于人口预期寿命的延长或人口死亡率的持续性改善。因此，那些能够影响预期寿命延长的因素，自然也成为影响长寿风险的重要因素。这些因素涵盖人口老龄化进程、人类赖以生存的自然环境状况、社会经济环境的变迁以及医疗卫生技术的进步等。由于这些复杂因素的交织影响，对长寿风险进行准确预测变得困难。尽管众多机构和学者已经投入了大量精力进行研究，但截至目前，尚未找到一种能够准确预测人口预期寿命或死亡率的可靠方法。

（5）长寿风险具有广泛的影响，并且其后果可能具有灾难性。从长寿风险的承担主体来看，这一风险与每个人都息息相关，其影响范围极为广泛。对于政府而言，长寿风险会导致养老保险成本的增加，进而可能引发支付危机。这不仅会加大政府的财政支出压力，还可能对一国的经济协调发展产生不利影响。相关研究数据显示，如果在2010年至2050年期间，人口寿命比预期低估3岁，那么不同国家平均每年需要额外增加的养老金支出将占当年 GDP 的 1% 至 2%。若以 2010 年的现值来表示这些支出，发达国家大约需要储备 GDP 的 50%，而新型经济体则需要储备 GDP 的 25%，才能有效应对这一风险。对于企业而言，长寿风险也会对其利润分配与积累产生影响，进而可能影响企业的扩大再生产和技术创新能力。对于商业保险公司而言，长寿风险同样不容忽视。它会影响公司产品的定价、利润以及责任准备金的提取，从而对保险公司的稳健经营构成威胁。最后，对于个人而言，长寿风险更是直接威胁其老年期的生存质量。因此，长寿风险是一个需要全社会共同关注和应对的重要问题。

9.2.4 老龄化与长寿风险的关系

长寿风险和人口老龄化均与平均预期寿命密切关联，可两者并不能混同起来。

1. 人口老龄化的理论阐释

人口老龄化是特定人群中老年比例增加或青少年比例减少的渐进过程，体现人口年龄结构变化而非数量变化。它包括绝对老龄化（降低老年死亡率、提高老年寿命）和相对老龄化（降低出生率、提高婴幼儿存活率）两种情形。经验表明，人口转变过程中，死亡率下降重心逐渐从青少年转向中老年，导致生育率下降主导的老龄化逐渐被死亡率下降主导的老龄化取代，进一步加深老龄化并向高龄化过渡。因此，人口转变末期的人口老龄化具有"死亡率主导""绝对老龄化"特征，主要依靠老年人口预期寿命的增加实现。关于人口老龄化的衡量，联合国早在 1956 年就给出了划分标准（见表 9-4）。

表 9-4 联合国的人口年龄结构类型划分标准

	年轻型	成年型	老年型
65 岁及以上老年人口比重	4% 以下	4%~7%	7% 及以上
0~14 岁少年儿童比重	40% 以上	30%~40%	30% 以下
老少比	15% 以下	15%~30%	30% 以上
年龄中位数	20 岁以下	20~30 岁	30 岁及以上

资料来源：吴忠观. 人口科学辞典 [M]. 成都：西南财经大学出版社，1997.

其中，

（1）65 岁及以上老年人口比重即通常所说的老龄化系数是指在特定时空条件下，老年人口（≥65 岁人口）占总人口的百分比。公式为

$$\text{老龄化系数} = \frac{\text{老年人口数（} \geq 65 \text{岁）}}{\text{总人口数}} \times 100\%$$

老龄化系数的变化直观地反映了人口老龄化进程的速度和程度，被视为衡量人口老龄化水平最具代表性的重要指标。根据联合国的标准，当一个国家或地区 65 岁及以上人口占总人口的比重达到 7% 时，即标志着该国家或地区已经步入了人口老龄化的阶段。

（2）0~14 岁少年儿童比重也称少儿比，是指 14 周岁及以下的少年儿童占总人口的比重，计算公式为：

$$\text{少儿比} = \frac{\text{少儿人口数}}{\text{总人口数}} \times 100\%$$

少儿比指标是反映一国人口出生率状况的重要指标。根据联合国的标准,当一个国家或地区的少儿比降至30%以下时,即表明该国家或地区的人口结构已经转变为老年型。

(3)老少比是指同一人口总体中,老年人口数与少儿人口数的相对比值,计算公式为:

$$\text{老少比} = \frac{\text{老年人口数}(\geq 65\text{岁})}{\text{少儿人口数}} \times 100\%$$

老少比指标是衡量人口年龄结构两端相对变化趋势的重要工具,它能够直观地揭示老龄化进程是由老年人口数量的增加还是少儿人口数量的减少所驱动,从而帮助我们辨别人口老龄化是由死亡率主导还是生育率主导。根据联合国的标准,当老少比达到30%以上时,即表明该地区或国家已经进入了人口老龄化的阶段。

(4)年龄中位数又称中位年龄是描述人口总体年龄构成分布状况的一个指标,是按年龄标志把人口总体划分为对等两半的那个年龄数值。其计算公式为:

$$\text{年龄中位数} = \text{年龄中位数所在组下限值} + \frac{\frac{\text{人口总数}}{2} - \text{中位数组之前各组人数累计}}{\text{年龄中位数所在组人口数}} \times \text{组距}$$

年龄中位数是衡量特定人口年龄集中趋势和分布状况的重要指标。中位年龄的上升不仅表明人口总体年龄的提高,也反映了人口结构逐渐趋于老化。根据联合国的标准,当人口年龄中位数达到或超过30岁时,即被视为老年型人口结构。

2. 长寿风险是人口老龄化深入发展的关键因素

长寿风险伴随着全球人口老龄化进程的加剧和高龄化征兆的显现而逐渐进入公众视野,它是人口老龄化深入发展的必然趋势,也是老龄化社会所面临的重要风险之一。[①] 随着人口老龄化的逐步演进,老年人口死亡率的下降成为主导因素,老龄化的"比例扩张"逐渐被"增龄过程"所取代。在这一过程中,人口长寿化逐渐从高龄化中蜕变出来,成为一个不可逆转的趋势。高龄化本身即蕴含了长寿的意味。根据联合国人口司公布的数据资料,长寿现象与人口老龄化程度、人口高龄化之间存在密切的关联。通常,人口出生预期寿命比较高的国家和地区,其60岁或65岁及以上老年人口的预期寿命也相对较长,同时,这些国家和地区的老龄化和高龄化程度也较为突出(见表9-5)。

表9-5 世界人口的平均预期寿命与老龄化和高龄化的分区统计

	2021年出生人口的平均预期寿命(岁)	2021年60岁人口的平均预期寿命(岁)	2015年的人口老龄化系数(%)	2015年人口高龄化系数(%)
世界	71.05	16.23	12.26	13.91
高收入国家	80.27	19.88	22.10	19.67

---

① 郭金龙,周小燕. 长寿风险及管理研究综述 [J]. 金融评论,2013(2).

续表

	2021年出生人口的平均预期寿命（岁）	2021年60岁人口的平均预期寿命（岁）	2015年的人口老龄化系数（%）	2015年人口高龄化系数（%）
中等收入国家	70.11	15.02	10.51	11.04
低收入国家	62.45	12.72	5.19	8.19
非洲	61.66	12.56	5.43	8.78
亚洲	72.53	15.91	11.56	11.81
欧洲	77.03	17.72	23.90	19.59
拉丁美洲	72.16	15.74	11.18	14.53
北美洲	77.73	19.26	20.84	18.25
大洋洲	79.44	20.48	16.48	17.67

注：人口老龄化系数是60岁及以上人口占总人口的比重，高龄化系数是80岁及以上人口占60岁及以上人口的比重。

资料来源：联合国人口司数据（2022）。

虽然，人口老龄化特别是人口高龄化具有长寿化的性质，但又不能简单地将两者等同起来：①人口老龄化主要体现了人口结构的变化，特别是老年人口年龄结构的上升趋势。这种人口年龄结构的变化在一定程度上是可逆的。当出生率回升并超过死亡率时，人口年龄结构有可能发生相应的改变，甚至有可能从人口老龄化重新转向人口年轻化。然而，实现这种逆转并非易事，它需要人类在可持续发展思想的指导下，做出理性的人口发展选择。[1] 相比之下，长寿化则更多地反映了人口质量的变化，它着重体现了人口寿命的增加，是生命质量和数量的统一，代表着一个不可逆转的趋势。即使生育率增加，也无法解决长寿带来的后果，因为新出生的人口同样面临着寿命增加和长寿风险的问题。②老龄化对养老保险支出的影响并非必然。它取决于享有养老金领取资格的老年群体在总人口中的比重。如果这一比重保持不变，那么即使老年人口的绝对数量增加，也不会对养老保险支出产生直接影响。而长寿风险对养老保险支出的影响则不受养老保险覆盖面的限制。即使养老保险的覆盖面保持不变，制度范围内参保人口的平均寿命延长也必然会对养老金支出产生影响。

此外，人口预期寿命的延长是长寿风险和人口老龄化共同的成因，但在两者中的作用机制存在差异。对于长寿风险而言，预期寿命的延长是其产生的唯一外部诱导因素。主要表现为行为主体的决策未能适应预期寿命延长的趋势变化，从而给行为主体带来不利后果。而对于人口老龄化来说，预期寿命的延长并非其产生的唯一主导因素。在人口老龄化的初期阶段，预期寿命延长对老龄化的影响并不显著。只有当总和生育率降低到人口更替水平时，预期寿命延长对人口老龄化的影响才逐渐显现出来。因此，两者与人口预期寿命的关系具有不同的特点和表现，可通过图9-7直观表现。

---

[1] 罗淳. 从老龄化到高龄化——基于人口学视角的一项探索性研究[M]. 北京：中国社会科学出版社，2001.

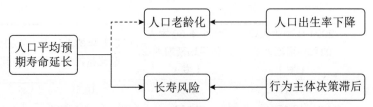

图 9-7　人口老龄化、长寿风险与预期寿命延长的关系

9.2.5　长寿风险的度量

长寿风险的度量通常采用预期寿命的延长及预期寿命延长期间给付的生存年金价值来度量。Olivieri（2001）采用生存年金的精算现值度量长寿风险。Olivieri 和 Pitacco（2003）基于保险公司年金业务的长寿风险，通过计算长寿风险资本要求度量长寿风险。Dowd 等（2006）在固定期限利率结构下，通过分析长寿风险对未来给付现值概率分布的影响，度量和评估长寿风险。Borger（2010）和 Stevens（2011）分别通过 VaR 模型和破产概率方法度量长寿风险，通过比较资产和负债，采用破产概率度量长寿风险的影响。Richards 等（2014）给出了度量一年期长寿风险的随机模拟方法。Belles-Sampera 等（2014）采用 GlueVaR 风险度量方法度量长寿风险。王晓军和蔡正高（2008）通过预测我国男性人口死亡率，构建 VAR 模型，度量了我国企业年金的长寿风险。祝伟和陈秉正（2012）研究了长寿风险对个人年金产品定价的影响。金博轶（2012）基于 Currie 死亡率模型，度量了年金产品所面临的长寿风险，并计算了为应对长寿风险所需要的最低资本要求。韩猛和王晓军（2013）基于有限数据的双随机 Lee-Carter 模型，研究了年金产品中的长寿风险问题。王志刚等（2014）基于自助抽样法（Bootstrap），研究了人口死亡率分布和年金保单组的现值分布，对年金产品中的长寿风险和资本要求进行测度。

9.3　长寿风险对公共养老金计划的影响

在全球经济增速趋于放缓与人口老龄化问题日益严峻的双重压力下，世界各国公共养老金体系的可持续发展正面临着前所未有的巨大挑战。早在 1994 年，世界银行便在其发布的研究报告中，开始关注并探讨公共养老金体系的财务可持续发展问题（World Bank，1994）。随后，Roseveare 等人（1996）通过对经合组织（OECD）中二十个成员国老龄化趋势及公共养老金政府预算缺口的模拟测算分析，揭示了欧洲公共养老金体系潜藏着巨大的支付危机。欧盟委员会在其发布的《建立充足、可持续和安全的养老金系统》绿皮书中，进一步提醒各成员国需直面老龄化、经济及金融危机所带来的多重挑战，并明确提出为实现养老金系统的长期财务可持续发展，必须实施一系列必要的改革措施（European Commission，2010）。

9.3.1　养老金体系可持续性的度量指标

自 2011 年 7 月起，我国正式实施《中华人民共和国社会保险法》，该法律明确提出了社会保险制度可持续发展的要求。然而，在实际操作层面，与之相匹配的财务风险管理系统尚需进一步深入研究和构建。基于养老金体系可持续性的深刻内涵，可以将衡量其可持续性的关键指标概括为以下几个方面：覆盖面、待遇的充足性、成本的可负担性、代际与代内分配的公平性，以及应对老龄化和长寿趋势的长期支付能力。

覆盖面通常用覆盖率衡量，覆盖率是养老金制度覆盖人数与应覆盖人数的比例。

待遇充足性可用于评估养老金体系是否能够提供足够的经济支持，确保退休人员的生活质量，通常用养老金替代率进行衡量。依据分子和分母的不同计算口径，养老金替代率可以进一步细分为个人总替代率、个人净替代率和社会平均替代率三个具体指标。其中，个人总（净）替代率旨在衡量个人退休后获得的总（净）养老金收入相对于其退休前总（净）收入的水平，从而反映个人养老金待遇的充足程度。而社会平均替代率则用于衡量社会平均养老金水平相对于社会平均工资的比例，以评估整个社会的养老金待遇水平。

成本可负担性从宏观层面反映了养老金支出对国家、单位和个人财务负担的影响。具体而言，成本可负担性衡量可以使用养老金支出占GDP的比例、养老金支出占缴费工资总额的比例，以及个人和单位的养老金缴费率等。通过观察这些指标随时间的变化趋势，可以深入分析养老金支出对国家整体经济、单位财务状况以及个人经济负担的影响，进而评估养老金体系的财务可持续性和稳定性。

代际和代内分配公平性关注不同人群在养老金分配上的公平性问题。具体可以通过两个关键指标来衡量：一是不同人群养老金的内涵回报率，它反映了在实现参保缴费与待遇领取平衡时，各人群所能获得的内在回报水平；二是养老金财富与养老金缴费的比例，即待遇现值与缴费现值的比例，它揭示了各人群在养老金财富积累与缴费责任之间的相对关系。通过这两个指标在代际和代内不同人群之间的对比分析，可以深入评估养老金分配的公平性。

长期支付能力主要关注养老保险基金在长期内的支付能力和财务稳定性，常常用两个核心指标衡量：一是长期内的年度基金率，二是长期收支平衡状况。具体而言，如果基金率（年度基金率＝年末累计结余基金/下年支出）等于1，意味着结余资金足以满足下一年的支付需求；若基金率在长期内均维持在1以上，则表明该制度在长期内具备良好的支付能力。而养老保险基金的长期收支平衡，则通常通过长期精算余额来度量。长期精算余额是指在未来长期内，养老金系统期初结余基金与收入现值之和与支出现值之间的差额，它反映了长期内收入与支出的差距。当长期精算余额为正数时，表明系统在长期内具备财务偿付能力，且余额越大，偿付能力越充足；反之，若余额为负数，则表明长期内系统偿付能力不足。长期精算余额是一个绝对金额，受货币计量单位和货币时间价值的影响，因此在比较分析时可能存在一定的局限性。实际操作中，更多采用长期精算平衡率这一指标。长期精算平衡率是长期精算余额与缴费工资总额的比例，它等于长期综合收入率与长期综合成本率之差。其中，长期综合收入率是期初结余基金与收入现值之和与缴费工资现值的比例，而长期综合成本率则是支出现值与缴费工资现值的比例。通过这些指标的综合分析，我们可以更全面地评估养老金体系的长期支付能力和财务可持续性。

养老保险基金的长期收支平衡状态常用长期精算余额这一指标衡量。长期精算余额是在综合考虑多个相关指标的基础上，对养老保险制度在代际与代内分配公平性进行深入分析的重要工具。该指标的计算涉及代间以及代内不同分类人群的人口结构、经济状况及参保情况等多维度数据，因此，其测算模型较为复杂。长期精算余额的分析结果，主要用以反映养老保险制度在公平性方面的表现。在后续的分析中，将选取养老保险覆盖率、养老金替代率、养老金支出占GDP的比例，以及未来养老基金支付赤字的趋势等关键指标，对养老保险制度的长期财务可持续性进行深入的探讨与评估。

9.3.2 养老金支出率的估计方法

社会养老保险的年度支出水平取决于领取人数和平均待遇，养老金支出负担通常用养老金支出占劳动者工资总额的比例或者养老金支出占GDP的比例等相对水平表示。

养老金支出占劳动者工资总额的比例可以分解为

$$\frac{\text{养老金支出}}{\text{劳动报酬}} = \frac{\text{退休年龄以上人数}}{\text{劳动年龄人数}} \times \frac{\text{劳动年龄人数}}{\text{就业人数}} \times \frac{\text{养老金领取人数}}{\text{退休年龄以上人数}} \times \frac{\text{人均养老金}}{\text{人均劳动报酬}}$$

$$\frac{\text{养老金支出}}{\text{劳动报酬}} = \text{老年抚养比} \times \frac{1}{\text{就业率}} \times \text{老年覆盖率} \times \text{平均替代率}$$

$$\frac{\text{养老金支出}}{\text{GDP}} = \frac{\text{退休年龄以上人数}}{\text{劳动年龄人数}} \times \frac{\text{劳动年龄人数}}{\text{就业人数}} \times \frac{\text{养老金领取人数}}{\text{退休年龄以上人数}} \times \frac{\text{人均养老金}}{\text{人均劳动报酬}} \times \frac{\text{劳动报酬}}{\text{GDP}}$$

即

$$\frac{\text{养老金支出}}{\text{GDP}} = \text{老年抚养比} \times \frac{1}{\text{就业率}} \times \text{老年覆盖率} \times \text{平均替代率} \times \frac{\text{劳动报酬}}{\text{GDP}}$$

可见，养老金支出与老年人口抚养比、养老金老年覆盖率和养老金平均替代率成正比，与就业率成反比。在一个较成熟的社会经济环境和养老保险制度下，适龄劳动者的就业率、养老金制度对老年人的覆盖率、养老金的平均替代率及劳动报酬在GDP中的占比基本稳定，养老金支出占GDP的百分比主要受老年抚养比变动的影响。在人口老龄化情况下，老年抚养比不断提高，从而使养老金支出占GDP的比例不断提高。

9.3.3 养老保险基金收支影响因素分解

在全覆盖的养老金制度下，如果维持养老金的平均替代率稳定，养老金支出的增长主要受人口年龄结构老化的影响。实际上，除了人口老化，养老金支出的增长还受人均养老金增长指数与人均工资增长率相对关系的影响。

以 I_t 表示第 t 年的缴费收入，O_t 表示第 t 年的待遇支出，$L_{t,a}$ 表示第 t 年参保缴费人数，$L_{t,r}$ 表示第 t 年的待遇领取人数，$\bar{S}_t$ 表示第 t 年的人均缴费工资，$\bar{B}_t$ 表示第 t 年的人均

养老金待遇，C_t 表示第 t 年的缴费率，于是，有

$$I_t = L_{t,a} \times \overline{S}_t \times C_t$$

$$O_t = L_{t,r} \times \overline{B}_t$$

$$I_{t+1} = I_t \times \frac{L_{t+1,a}}{L_{t,a}} \times \frac{\overline{S}_{t+1}}{\overline{S}_t} \times \frac{C_{t+1}}{C_t}$$

$$O_{t+1} = O_t \times \frac{L_{t+1,r}}{L_{t,r}} \times \frac{\overline{B}_{t+1}}{\overline{B}_t}$$

忽略年末结余基金的利息，并且假设缴费率不变，那么，$t+1$ 年缴费收入与支出的对比关系可以表示为

$$\frac{I_{t+1}}{O_{t+1}} = \frac{I_t}{O_t} \times \left(1 \bigg/ \frac{\overline{B}_{t+1}}{\overline{B}_t} \bigg/ \frac{\overline{S}_{t+1}}{\overline{S}_t}\right) \times \left(1 \bigg/ \frac{L_{t+1,r}}{L_{t+1,a}} \bigg/ \frac{L_{t,r}}{L_{t,a}}\right)$$

其中，$\frac{I_t}{O_t}$ 表示 t 年的收支比；$\frac{\overline{B}_{t+1}}{\overline{B}_t} \bigg/ \frac{\overline{S}_{t+1}}{\overline{S}_t}$ 表示待遇增长与工资增长的对比关系。

假设第 t 年的平均工资增长率为 g_t、平均养老金增长率为 k_t，于是，$\frac{\overline{B}_{t+1}}{\overline{B}_t} \bigg/ \frac{\overline{S}_{t+1}}{\overline{S}_t} = \frac{1+k_t}{1+g_t}$。当人均养老金增长率等于人均工资增长率，即 $\frac{1+k_t}{1+g_t} = 1$ 时，养老金增长与工资增长间的比值不影响第 $t+1$ 年的收支比；当人均养老金增长率低于人均工资增长率，即 $\frac{1+k_t}{1+g_t} < 1$ 时，将有助于提高 $t+1$ 年的收支比，提高幅度为 $\frac{g_t - k_t}{1+k_t}$。因此，养老金增长率相对工资增长率越低，越有利于下一年度的收支平衡。

$\frac{L_{t,r}}{L_{t,a}}$ 反映 t 年制度内抚养比，用 DR_t 表示 t 年制度内抚养比，$\frac{L_{t+1,r}}{L_{t+1,a}} \bigg/ \frac{L_{t,r}}{L_{t,a}}$ 反映 $t+1$ 年制度内抚养比与 t 年抚养比的对比关系，抚养比的提高将使未来的收支比降低。于是，可得

$$\frac{I_{t+1}}{O_{t+1}} = \frac{I_t}{O_t} \times \frac{1+k_t}{1+g_t} \times \frac{\mathrm{DR}_t}{\mathrm{DR}_{t+1}}$$

因此，如果制度内人口老化速度越快、养老金待遇增长相对工资增长的比例越高，养老基金收支比越低。于是，可以将影响养老保险基金收支平衡的因素分解为两个部分：第一个是待遇增长与工资增长的比值，第二个是制度内的人口抚养比。

9.3.4 公共养老金计划的财务平衡

养老保险在融资方式上主要分为基金制、现收现付制以及混合制三种类型。在基金制下，养老金计划所积累的资产与负债相对应。当资产规模超过负债时，表明计划拥有基金盈余，偿付能力充足；反之，若资产规模小于负债，则计划面临偿付能力不足的问题，即存在基金赤字。对于完全现收现付制而言，其特点是将当年的征缴收入全部用于支付当年的待遇支出。当年度支出超出年度收入时，计划便会出现年度支付缺口。在评估时期超过一年的情况下，若各年度的支出现值总和大于收入现值总和，则计划在评估

期内存在累积支付缺口。混合制则融合了基金制和现收现付制的特点,具体可能表现为以下三种形式:一是长期存在结余基金的现收现付制,这类制度通常被归类为现收现付制;二是长期面临偿付能力不足的基金制,这类制度则通常被归类为基金制;三是同时采用现收现付制和基金制等两类以上计划的组合计划。对于这类混合计划,需要将其中的各类计划进行分离,并分别按照现收现付制和基金制的标准来评估其财务状况。

1. 基金制下的收支平衡

在基金制下,积累的资产与积累的负债对应。以 F_t 表示年末积累的资产,AL_t 表示精算负债,UL_t 表示 t 年末的精算盈余或精算赤字,有

$$UL_t = AL_t - F_t$$

当 $UL_t > 0$ 时,表示养老金计划存在金额为 UL_t 的精算赤字;当 $UL_t < 0$ 时,养老金计划存在金额为 UL_t 的精算盈余;当 $UL_t = 0$ 时,养老金计划的资产负债平衡。

资产负债的平衡通常采用资产负债比率衡量,以 SR_t 表示 t 年的资产负债比率,有

$$SR_t = \frac{F_t}{AL_t}$$

其中,F_t 采用市场价格度量,AL_t 需要采用精算方法评估。在不同的会计准则下,精算负债的评估模型和假设存在差异。

AL_t 中有对养老金领取者的负债和对参保缴费者的负债。对养老金领取者的负债是其在未来领取养老金的现值,对参保缴费者的负债是其过去缴费积累养老金权益的现值,也即缴费者养老金权益的现值。

以 AL_t^p 表示第 t 年末对养老金领取者的负债,$L_{t,x}^p$ 为第 t 年末 x 岁养老金领取者人数,$B_{t,x}$ 为第 t 年 x 岁领取的平均养老金水平,$\ddot{a}_{B_{t,x}}^\lambda$ 为 t 年从 x 岁起年初给付,首年 1 元,此后以 λ 递增的生存年金现值。① 根据精算原理,可得

$$AL_t^p = \sum_{x=r}^{\omega-1} L_{t,x}^p \times B_{t,x} \times \ddot{a}_{t,x}^\lambda$$

其中,r 是领取养老金的最低年龄;ω 是养老金领取者的极限年龄。

$$\ddot{a}_{t,x}^\lambda = 1 + (1+\lambda) \times \upsilon_t \times p_{t,x} + (1+\lambda)^2 \times \upsilon_t \times \upsilon_{t+1} \times p_{t,x} \times p_{t+1,x+1} + \ldots$$

其中,υ_t 表示第 t 年折现率;$p_{t,x}$ 表示第 t 年 x 岁存活 1 年的概率。在实际测算中常忽略存活率和利率在各年之间的变动,于是,

$$\ddot{a}_{t,x}^\lambda = 1 + (1+\lambda) \times \upsilon_t \times p_{t,x} + (1+\lambda)^2 \times \upsilon_t^2 \times p_{t,x} \times p_{t,x+1} + \ldots$$

AL_t^a 是第 t 年末对缴费者的负债,$L_{t,x}^a$ 是第 t 年 x 岁缴费者的人数,c_m 是 m 年的缴费率,$S_{m,x}$ 是 m 年 x 岁参保者的缴费工资,e 是加入计划的最低年龄,于是,

$$AL_t^a = \sum_{x=e}^{r-1} L_{t,x}^a \times B_{t+r-x,r} \times \upsilon^{r-x} \times \ddot{a}_{t+r-x,r}^\lambda - \sum_{x=e}^{r-1} L_{t,x}^a \sum_{k=0}^{r-x-1} c_m \times S_{t+k,x+k} \times {}_k p_{t,x} \times \upsilon^k$$

$$AL_t = AL_t^p + AL_t^a \infty$$

---

① 为了简化表述和计算,假设养老金每年初领取一次,每月领取一次的年金现值需要在此基础上调整。

基于监管要求和评估目的的差异，基金制下的负债可分为累积权益负债（accumulated benefit obligation，ABO）、预计权益负债（projected benefit obligation，PBO）和指数权益负债（indexed benefit obligation，IBO）三种。累积权益负债（ABO）是指在养老金计划面临破产清算的假设条件下，参保人累积的养老金权益的价值。这一价值是基于评估时的工资水平进行衡量的，且在计算过程中，不考虑工资与养老金之间的联动增长效应。预计权益负债（PBO）是在养老金计划正常运行的假设下，参保人预期可获得的养老金权益的价值。在评估PBO时，需要将评估日后可能发生的提前退休、退休前死亡等因素对养老金领取的影响纳入考虑，同时也要考虑评估日后工资与养老金的联动增长。然而，在PBO的评估中，会忽略未来指数化调整对养老金的影响。指数权益负债（IBO）则是在PBO的基础上，进一步融入了未来指数化调整对养老金的增加效应。这三种养老金负债的评估模型在本质上是相同的，但在具体应用时采用了不同的参数。具体而言，ABO与PBO的主要差异在于，ABO在对缴费者负债（AL）进行估计时，忽略了工资增加对养老金的影响，而是以当年的工资水平来估计养老金水平；而PBO则是以退休前的工资水平来估计养老金水平。PBO与IBO的主要区别在于，PBO是以退休当年的养老金待遇来估计终身的养老金待遇，并在此过程中忽略了养老金的指数化调整，即 $\lambda = 0$；而IBO中 AL_t^p 和 AL_t^a 都要考虑养老金指数化调整，即 $\lambda > 0$。综上所述，这三种负债的大小关系为：IBO最大，ABO最小，而PBO则位于两者之间。

2. 现收现付制下的年度收支平衡

现收现付制要求每年参保人缴费等于当年养老金支出，实现以收定支与年度收支平衡。

以 I_t 表示第 t 年的收入，包括缴费收入（或养老保险特别税征税收入）和财政补贴；O_t 表示第 t 年的支出，包括养老金等各项待遇支出和费用支出。在我国，养老保险管理费是财政单独列支的，不包括在年度收支中。在现收现付制下，有

$$I_t = O_t$$

$$C_t = \frac{\overline{B}_t}{\overline{S}_t} \times \frac{L_{t,x}}{L_{t,a}} = \overline{RR}_t \times DR_t$$

其中，$\overline{RR}_t$ 为第 t 年的人均养老金替代率，DR_t 为第 t 年制度内抚养比。于是，在现收现付制和一定的替代率水平下，缴费率与制度内抚养比成正比，抚养比越高，所需的缴费率越高。制度内参保人群年龄结构老化条件下，抚养比越高，现收现付制的缴费负担越重。在人口结构稳定条件下，养老金水平不变，则所需的缴费率也不变。在老龄化加深条件下，维持一定养老金水平所需的缴费率将不断上升，若要在一定时期内维持缴费率不变，就需要关注养老金计划的长期收支平衡，需要提取准备金以备不时之需。

以 V_t 表示第 t 年末的目标准备金，这时收支平衡关系为

$$V_{t-1} + I_t = O_t + V_t$$

其中，准备金规模小于在基金制下的负债，如果准备金规模达到完全基金制下的负债水平，则可以转变为完全基金制。

$$I_t = O_t + (V_t - V_{t-1}) = O_t + \Delta V_t$$

9.4 长寿风险对私人养老金计划的影响

9.4.1 长寿风险对寿险产品定价的影响

年金保险是一种在被保险人生存期间,依据保险合同所约定的金额与方式,在特定的期限内,保险人需定期且有规则地向被保险人支付保险金的保险类型。根据支付期限是否预先设定,年金保险可以划分为确定年金与不确定年金两大类。在某些保险公司的年金产品设计中,表面上采用了不确定年金的形式,实质上却具备确定年金的特点。以某款两全保险(分红型)为例,其保险责任中关于生存年金的部分规定,在被保险人生存的条件下,每年可领取一次保险金。这种设计表面上看似不确定年金,然而,对于死亡(及全残)部分的保险责任,保险公司承诺给付被保险人未来保单年度(最长至被保险人88岁)应领取的保险金贴现值。从整体上分析,被保险人所能领取的保险金现值并不会因其寿命的变化而有所变动,因此,此类年金产品实质上应归类为确定年金产品。

寿险公司年金产品的传统定价方法主要采用预定利率和中国人寿保险业经验生命表(静态生命表),x 岁的男性个体,n 年延期支付期初付年金(每年初给付金额为 1)的趸缴纯保费定价公式为

$$_nP(\ddot{a}_{x:\overline{\omega-x-n}|}) = \frac{_nE_x \ddot{a}_{x+n:\overline{\omega-n-x}|}}{\ddot{a}_{x:\overline{n}|}} = \frac{\upsilon_n^n P_x \sum_{k=0}^{\omega-x-n-1} \upsilon_n^n P_{x+n}}{\sum_{k=0}^{n-1} \upsilon^k P_x}$$

其中,P 为年金产品的趸缴纯保费;υ 为贴现因子,$\upsilon=1/(1+i)$,i 为该险种的预定利率;$_kP_x$ 为年龄 x 岁的男性生存 k 年的概率;ω 为保险合同规定的年金领取最高年龄,若合同未规定,那么 ω 为极限年龄。依据死亡率预测,近年来男女寿命均有显著提高,采用静态生命表计算年金产品的纯保费会导致低估,在未来几十年会造成较大的死差损。实际的 n 年延期支付期初付年金的趸缴纯保费为

$$_nP(\ddot{a}^*_{x:\overline{\omega-x-n}|}) = \frac{_nE^*_x \ddot{a}_{x+n:\overline{\omega-n-x}|}}{\ddot{a}_{x:\overline{n}|}} = \frac{\upsilon^n \prod_{t=0}^{n-1} P^t_{x+t} \sum_{k=0}^{\omega-x-n-1} \upsilon^k \prod_{t=0}^{k-1} P^{n+t}_{x+n+t}}{\sum_{k=0}^{n-1} \upsilon^k \prod_{t=0}^{k-1} P^t_{x+t}}$$

其中,t 表示年份($t=0$ 表示 1994 年,$t=1$ 表示 1995 年,以此类推);P^t_{x+t} 表示在年份 t 时(适用于 t 年的生命表)$x+t$ 岁的人生存一年的概率。定义年金产品定价的缺口率为

$$_nD(\ddot{a}_{x:\overline{\omega-x-n}|}) = \frac{_nP(\ddot{a}^*_{x:\overline{\omega-x-n}|}) - _nP(\ddot{a}_{x:\overline{\omega-x-n}|})}{_nP(\ddot{a}_{x:\overline{\omega-x-n}|})}$$

其中,$_nP(\ddot{a}^*_{x:\overline{\omega-x-n}|})$ 是动态定价法下的纯保费;$_nP(\ddot{a}_{x:\overline{\omega-x-n}|})$ 是静态定价法下的纯保费;$_nD(\ddot{a}_{x:\overline{\omega-x-n}|})$ 是目前寿险公司按照静态法定价将会带来的保费缺口,可以一定程度地衡量寿险公司所面临的长寿风险。

假设有一种特定的延期年金保险产品专注于被保险人的生存保障，不涵盖身故与全残责任。该保险计划要求被保险人在55岁初至64岁初期间，每年缴纳一次保费。自被保险人年满65岁起，若其于每年年初仍健在，保险公司将按约定金额持续支付年金，直至被保险人年满84岁或身故，以较早发生者为准。假设有一位55岁的男性（或女性）在1996年年初投保了此延期年金产品。据此，该投保人需连续十年缴纳保费，自2006年年初起，若其持续生存，将开始享受年金给付。采用静态法与动态法两种计算方式，分别基于不同的生命表数据进行保费现值的估算。所得保费现值结果详见表9-6。该表格不仅展示了静态法与动态法下的保费现值差异，还直观反映了不同生命表假设对年金产品经济价值的潜在影响。

表9-6 静态和动态定价方法下的保费比较

预定利率		男性			女性		
		静态法	动态法	缺口率（%）	静态法	动态法	缺口率（%）
2%	趸缴	7.487 6	8.940 7	19.20	9.124 3	10.443 8	13.51
	期缴	0.907 7	1.100 9	18.81	1.029 2	1.270 6	13.28
2.5%	趸缴	6.934	8.198 9	18.70	8.380	9.233 4	13.21
	期缴	0.820 4	0.959 1	18.34	0.969 8	1.067 1	12.98
3%	趸缴	6.370 6	7.539 5	18.21	7.711 3	8.543 4	12.65
	期缴	0.767 8	0.910	17.85	0.910 9	1.011 5	12.48
5%	趸缴	4.681 7	5.400 3	16.41	5.588 9	6.121 4	11.41
	期缴	0.611 6	0.759 4	16.17	0.713 9	0.800 4	11.19
8%	趸缴	3.010 3	3.440 8	14.23	3.548 1	3.562	9.62
	期缴	0.445 7	0.498 1	13.94	0.505 9	0.549 8	9.56

可以发现，采用动态法计算的保费现值显著高于静态法所得结果，且两者之间的差距随预定利率的上升而有所缩减。这一现象可以从不同缴费方式及其蕴含的长寿风险对冲效应，以及性别差异对未来寿命预期的影响两个维度进行深入剖析。第一，就缴费方式而言，趸缴相较于期缴展现出了更高的缺口率。原因在于，对于静态法计算，期缴方式下10年的缴费期内所含的长寿风险，能够在随后20年的保险金领取期中得到一定程度的抵消或对冲，从而降低了整体的缺口率。相反，趸缴方式缺乏这种风险对冲机制，因此其缺口率相对较高。第二，从性别角度来看，男性的缺口率显著超过了女性。尽管女性整体平均寿命的增长速度略高于男性，但在特定年龄段（如55~85岁）内，男性平均余命的提升速度却快于女性。这一趋势导致在计算长寿风险时，男性所表现出的风险水平要高于女性，进而反映在更高的缺口率上。进一步考虑宏观经济环境对寿险业的影响。近年来，由于经济环境的不景气，寿险业的年平均投资收益率普遍低于5%。在这样的背景下，10%以上的保费计算缺口对于以年金产品为核心的寿险公司构成了严峻的挑战。尽管当前多数寿险公司的主营业务仍是基于死亡给付责任的寿险产品，长寿风险在此类产品中可能带来死差益，但国内几家大型保险集团（如中国人寿、中国平安、泰康人寿）均已设立了专门的养老保险公司，涉足企业年金和个人养老产品的经营。对于

这些公司来说,若忽视长寿风险,仍采用静态法来厘定年金产品的保费,那么其未来的利润空间将面临严重压缩,这不仅会影响企业的扩张能力,还可能对员工薪酬构成不利影响。

9.4.2 长寿风险对寿险公司利润的影响

在寿险业的运营中,长寿风险会通过死差益对寿险公司的利润产生深远影响。死差益指的是寿险公司在实际运营过程中,由于被保险人死亡人数与预期死亡人数之间的差异,所导致的死亡赔付或生存给付支出与预期支出之间的差额。简而言之,它反映了预期死亡率与实际死亡率之间存在的有利差异。对于个人年金保险而言,长寿风险的影响尤为显著。当实际死亡率下降,即死亡人数少于预期时,寿险公司面临的生存给付支出将相应增加。这是因为,年金保险的生存给付是基于被保险人的生存状态而确定的,当更多人存活至给付期时,寿险公司需要支付的生存年金也会相应增多。然而,预期生存给付支出是根据经验生命表中的死亡率数据精算得出的,这一数值是恒定的,不会因实际死亡率的变动而调整。因此,当实际死亡率下降导致生存给付支出增加时,寿险公司的预期支出与实际支出之间将出现不利差额,即死差益减少。换言之,长寿风险的存在打破了寿险公司原有的死亡预期与生存给付之间的平衡,导致死差益这一利润来源受到侵蚀。死差益的计算公式为

$$死差益 = 本年度纯保费收入 + 本年度预定提存利息 + 年初责任准备金 - 年末提存责任准备金 - 退保金 - 本年度给付保险金$$

在个人年金保险中,若投保人于保险期限内无退保意图,则退保金数额为零,其对死差益的影响亦随之消弭。进一步地,在利率水平保持短期稳定的假设下,本年度预定提存利息同样不会对死差益构成影响。这是因为,只要保险合同持续有效而未中止,寿险公司即需向年金受益人支付固定额度的保险金。因此,本年度给付保险金作为一个恒定值,其对死差益的影响亦被排除。影响死差益的主要因素可归结为两个核心要素:本年度纯保费收入和本年度责任准备金。

9.4.3 长寿风险对产品责任准备金的影响

保险公司具有负债经营的特点,其业务收入的实现先于赔款支出的发生,构成了保险公司经营活动的独特时序特征。为了确保未来保单年度的赔付能力,保险公司不能将当期的保费收入直接确认为利润,而必须在提取相应的责任准备金后进行利润的确认。这一做法体现了保险公司稳健经营的原则,也是保障被保险人权益的重要措施。对于寿险产品而言,由于其合同期限通常较长,责任准备金的提取显得尤为重要。责任准备金作为保险公司为履行未来赔付义务而提前储备的资金,其充足性直接关系到保险公司的偿付能力和业务稳健性。长寿风险作为影响寿险公司经营的重要因素,不仅关乎年金产品的定价,还对准备金的提取产生深远影响。

假设责任准备金的提取在年初进行,并且这一提取操作发生在保费缴纳之后。传统

延期支付定期年金的责任准备金的公式为

$$_KV\left(_{n|}\ddot{a}_{x:\overline{\omega-x-n|}}\right)=\begin{cases}_{n-k|}\ddot{a}_{x+k:\overline{\omega-n-x|}}-_{n|}P\left(\ddot{a}_{x:\overline{\omega-n-x|}}\right)\ddot{a}_{x+k:\overline{\omega-n-x|}},k<n\\ \ddot{a}_{x+k:\overline{\omega-n-x|}},k\geq n\end{cases}$$

其中，$_KV\left(_{n|}\ddot{a}_{x:\overline{\omega-x-n|}}\right)$ 为 x 岁购买的延期 n 年（缴费期也是 n 年，每年年初缴费一次）至 ω 岁年金第 k 年度的责任准备金，$_{n|}P\left(\ddot{a}_{x:\overline{\omega-n-x|}}\right)$ 为保费；在第 n 个年度之前，责任准备金为保险人未来给付的精算现值减去未来保费收入的精算现值，$_{n-k|}\ddot{a}_{x+k:\overline{\omega-n-x|}}$ 表示 $x+k$ 岁购买的延期 $n-k$ 年至 ω 岁年金（每年年初给付一次）的精算现值，$\ddot{a}_{x+k:\overline{\omega-n-x|}}$ 表示 $x+k$ 岁购买的 $n-k$ 年期年初付年金的精算现值；在第 n 个年度之后，因为保费已在之前的 n 年缴清，责任准备金为保险人未来给付的精算现值，$\ddot{a}_{x+k:\overline{\omega-n-x|}}$ 表示 $x+k$ 岁购买的至 ω 岁年初付年金的精算现值。

在动态法下，保险公司通常会依据被保险人的不同年龄，采用对应的生命表来预测其死亡率：

$$_KV\left(_{n|}\ddot{a}^*_{x:\overline{\omega-x-n|}}\right)=\begin{cases}_{n-k|}\ddot{a}^*_{x+k:\overline{\omega-n-x|}}-_{n|}P\left(\ddot{a}^*_{x:\overline{\omega-n-x|}}\right)\ddot{a}^*_{x+k:\overline{\omega-n-x|}},k<n\\ \ddot{a}^*_{x+k:\overline{\omega-n-x|}},k\geq n\end{cases}$$

以之前讨论的 55 岁分期购买（缴费期为 10 年）的延期年定期年金产品为例，假设预定利率为 2.5%，结果如表 9-7 所示。

表 9-7 静态和动态定价方法下的责任准备金比较

保单年度	男性		女性	
	静态法	动态法	静态法	动态法
1	0	0	0.999 8	0
2	0.836 2	1.004 2	2.100 2	1.009 8
3	1.732 1	2.116 7	3.097 6	2.342 1
4	2.637 5	3.213 5	4.231 4	3.489 7
5	3.595 4	4.376 4	5.387 6	4.698 7
6	4.579 8	5.643 5	6.543 1	6.128 7
7	5.613 2	6.653 2	7.965 4	7.412 3
8	6.736 3	7.897 6	9.231 7	8.845 1
9	7.896 7	9.312 4	10.287	10.531
10	9.301 2	10.677	11.897	11.801
11	10.597	12.324	11.502	13.008
12	10.201	11.687	10.896	12.791
13	9.638 7	11.351	10.987	12.431
14	9.206 5	10.821	10.654	11.701
15	8.700 6	10.412	9.741 9	11.219
16	8.198 7	9.843 2	9.321 7	10.542
17	7.402 3	8.813 4	8.864 3	9.497 6
18	6.976 3	8.218 6	8.312 1	8.876 1
20	6.498 7	7.761 5	7.897 6	8.298 7

续表

保单年度	男性		女性	
	静态法	动态法	静态法	动态法
21	6.056 6	7.214 5	7.321 5	7.629 1
22	5.639 7	6.719 8	6.812 6	7.009 8
23	5.168 7	6.253 2	5.761 2	6.398 7
24	4.698 7	5.469 1	5.126 5	5.768 6
25	4.345 3	4.981 2	4.631 2	5.175 4
26	3.769 1	4.124 3	3.875 3	4.254 1
27	3.331 2	3.498 7	3.541 2	3.601 8
28	2.640 2	2.698 7	2.587 6	2.698 7
29	1.821 3	1.912 3	1.904 3	1.897 0
30	1	1	1	1
31	0	0	0	0

无论针对男性还是女性，采用静态法进行保费计算时，从一开始就存在准备金提留不足的风险。这一风险点在未来保单年度中尤为显著，特别是对于那些以年金产品为主的寿险公司而言。准备金提留的不足很可能直接影响寿险公司的经营策略，对其长期稳健发展构成潜在威胁。若寿险公司在产品定价过程中忽视长寿风险，仍然沿用静态法进行计算，那么在未来很可能会面临偿付能力不足的困境。

9.5 长寿风险管理方法

对长寿风险可以采取自然对冲、长寿风险再保险和长寿风险证券化等方式进行管理。

9.5.1 长寿风险的自然对冲

当期望投资收益足以弥补长寿风险可能带来的损失时，寿险公司和养老基金可以将长寿风险作为自身商业风险的一部分来管理（Blake，2008）。这种情况下公司需选择一种合适的资产负债管理方法以确保资产能够覆盖债务。目前，保险公司所用到的主要的长寿风险自留方法包括提高年金险的保费、持有充足的准备金、限制年金购买年龄、推迟年金的起始给付年龄和长寿风险的自然对冲等。保险公司可以通过风险池对冲长寿风险（Blake，2008）。随着死亡率的改善，寿险产品会因死亡给付的推迟而产生死差益，年金产品因生存给付期的延长而产生死差损，从而可以在一定程度上对冲长寿风险（CoxandLin，2007）。Milevsky 和 Promislow（2001）验证了长寿风险对寿险业务与年金业务具有相反的作用效果。黄晓艳等（2007）利用死亡率免疫理论优化寿险公司的产品组合，并在死亡率免疫下，探讨了寿险业资产负债管理的模式。

Stevens 等（2010）指出，许多待遇确定型养老金计划的养老基金会同时提供终身养老年金和配偶养老金（partner pension annuities），二者联合销售有一定的自然对冲作用。

9.5.2 长寿风险的再保险

寿险公司和养老基金在面对长寿风险时，可采用再保险的方法进行有效管理。再保险作为一种风险转移机制，有助于整合年金基金支持方的资产负债表，确保保险公司与企业满足资金监管的严格要求，并进一步提升保险公司投资的分散化程度。然而，再保险策略并非毫无瑕疵。其显著的缺点是费用昂贵，且存在潜在的信用风险。Bauer（2006）在其研究中指出，由于长寿风险具有不可分散的特性，因此，对于长寿风险的再保险需求相对有限。尽管如此，Richards 和 Jones（2004）则持有不同观点，认为随着保险公司与养老金管理机构对长寿风险的再保险需求不断增长，以及长寿风险量化手段的不断改进，再保险公司对此项业务的意愿有望得到提升。

在实践中，荷兰国民人寿曾与荷兰国际集团通过停损再保险合约，建立现金流指数和换流机制，分出 2014—2033 年 20 年间的年金业务现金流，通过再保险机制对抗长寿风险。Blake 等（2018）指出，第一笔跨国的长寿风险再保险业务发生于 2011 年 6 月，由英国的 Rothesay Life 与美国保德信金融集团签订，分出业务的价值约为 1 亿英镑。

9.5.3 长寿风险证券化

传统的长寿风险管理方法在实践中逐渐暴露出一些问题，如流动性不足、市场容量有限以及交易透明度不高等。为了克服这些挑战，寿险公司和养老基金可通过将长寿风险转化为可交易的证券，将其风险转移给更广泛的投资者群体，从而增加市场的流动性和容量。此外，利用与死亡率挂钩的衍生品也是管理长寿风险的一种有效手段。这些衍生品的设计使寿险公司和养老基金能够根据自身的风险承受能力和投资目标，灵活地调整其风险敞口。现有的长寿风险证券化主要有以下几种：

1. 长寿债券

长寿债券的未来息票给付与某个特定的死亡率指数紧密相关。Blake 和 Burrows（2001）首次提出了通过发行长寿债券，将长寿风险有效转移给资本市场上的广大投资者，以此实现对长寿风险的对冲。随后，Blake 等（2006a）分析了长寿债券的特点、设计长寿债券时需要考虑的关键因素、运用长寿债券对冲长寿风险的具体策略等，并提出了多种不同形式的长寿债券，包括零息票长寿债券、经典长寿债券、本金有风险的长寿生存债券、反向长寿生存债券以及抵押长寿债券等。

瑞士再保险公司 2003 年首次成功发行了 3 年期死亡率巨灾债券，标志着长寿风险管理的新突破。2004 年，法国巴黎银行设计、欧洲投资银行发行的 5.4 亿英镑 25 年期长寿债券面世，PartnerRe 担任超额损失再保。该债券息票与英国 65 岁男性死亡率挂钩，结构含死亡率与利息率互换，面向养老金基金投资者。尽管与经典生存债券相似，但因缺乏灵活性、基差风险、透明度及投资者认知等问题，市场接受度低，很快被收回（Bifis and Blake，2014）。此后，多家机构尝试在智利发行长寿债券，但因成本、保险人特殊性等挑战失败（Coughlan et al.，2007）。

2010年12月，在总结前面失败的基础上，瑞士再保险公司发行了面值为5 000万美元的长寿风险债券，Kortis Capital作为该债券发行的特殊目的公司将长寿风险成功地转移给了资本市场的投资者。为了做到这一点，它使用了位于开曼群岛的Kortis Capital专用机制。与死亡率债券一样，长寿票据旨在对冲瑞士再保险公司自身的死亡率和寿命风险敞口。特别地，持有这些票据的人，在75岁至85岁的英格兰和威尔士男性与55岁至65岁的美国男性中，死亡率的提高幅度有所加大，这表明瑞士再保险在美国有死亡率风险敞口，在英国有长寿风险敞口（Blake et al.，2018）。

2. 长寿互换

长寿互换（longevity swaps）是一种针对特定目标人群潜在长寿风险的双方合约。双方约定在合约到期前，基于目标人群未来实际生存率与预期生存率之间的差异，定期交换现金流。这种互换机制最早由Lin和Cox（2005）进行理论探索。在长寿互换中，互换双方会交换现金流，其中至少一方的现金流会随着生存率指数的变化而浮动。Dowd等（2006）首次提出了普通生存互换（vanilla survivor swaps）的概念，这一概念通常被简称为长寿互换。在长寿互换中，一方提供固定的现金流，而另一方则根据实际生存率水平提供浮动的现金流。长寿互换的主要目标是转移长寿风险。通过这种互换，养老金计划可以将其面临的长寿风险转移给另一方，而养老金计划本身则依然保持与资产投资组合相关的投资风险。在长寿互换的定价过程中，Sweeting（2007）考虑了基差风险，认为当标的保单的被保险人的寿命不小于市场指数相关人群的寿命时，基差风险会相对较小。

2007年4月，瑞士再保险公司与英国友诚保险公司（Friends Provident）公开宣布进行了一笔长寿互换交易。此交易涉及的长寿风险源自友诚保险公司在2001年至2006年间签订的总额为17亿英镑的养老合约。该长寿互换的风险转移仅限于再保险公司，其合同性质更接近于保险赔偿合同，而非资本市场交易。随后，在2008年7月，第一宗以资本市场为基础的长寿互换交易在J.P.摩根公司与加拿大人寿公司之间达成。加拿大人寿公司对其从英国市场购入的年金保单进行了5亿英镑的长寿风险对冲。通过这笔长寿互换，长寿风险被完全转移到了投资人身上，而J.P.摩根公司作为交易中介，承担了交易双方的信用风险。此后，市场上出现了大量长寿互换交易，这些交易多为私人交易，价格由交易参与人协商确定，并不对外公布。有些互换合同采取的是寿险公司与再保险人之间签订特殊的再保险协议的形式，而有些则涉及保险业以外的同行。在2008年至2012年间，英国市场上的长寿互换发行面值总额达到76亿英镑。其中，规模最大的一笔长寿互换是劳斯莱斯公司于2011年11月针对其英国分公司养老计划进行的，发行金额高达30亿英镑（谢世清和雨薇，2015）。

3. q远期

Coughlan等（2007）首次提出"q远期合约"的概念。q远期是一种远期合约，以J.P摩根公司发布的LifeMetrics死亡率指数为基础资产，在合约到期日，交易双方会对特定人群的实际（浮动）死亡率和约定的（固定）死亡率进行现金流的交换。这种机制主要用于对冲长寿风险和死亡风险。q 远期与在合同到期日双方交换一个固定金额的零息票互换合同类似。因此 q 远期合约通常被认为是长寿互换的特殊形式。Biffis 和 Blake（2009）提出，在 q 远期基础上可以创造出其他更加复杂的与寿险相关的衍生品。

远期合约作为国际保险市场上新兴的金融衍生工具，其基础资产是死亡率风险。这一工具为保险公司提供了有效的手段，以应对长寿风险和极端死亡率风险。值得注意的是，2008 年 1 月，J.P 摩根公司与英国养老基金 Lucida 首次将 q 远期合约应用于实际交易，这标志着世界上首次在资本市场上实现了真实交易，用以对冲死亡率风险的新型金融衍生工具诞生。

4. 长寿期货与长寿期权

长寿期货是从金融期货中发展而来的，其基础资产通常为可交易的长寿债券、死亡率指数等。当以发行的长寿债券为标的时，期货市场的完善性至关重要。这要求市场价格透明度高、波动性强，并且套期保值和投机需求旺盛。而以死亡率指数为标的的期货，则需要精心选择合适的死亡率指数，这是长寿期货成功发行的关键所在。此外，长寿期权与期货在合约形式上存在差异。期货合约通常是标准化的，而期权合约则具有更大的灵活性。Blake 等（2006a）对死亡率/生存期货与期权进行了初步探讨。

9.5.4 应对长寿风险的年金设计

以长寿风险管理为目标，在理论和实践中存在若干应对长寿风险的年金产品，主要类型如下。

1. 群体自年金化

Piggott 等（2005）提出了一种管理年金持有人未来长寿风险的方法，称为群体自年金化（group self-annuitization，GSA）。在风险分担模式上，GSA 的设计使年金持有人承担系统性风险，而年金池则负责分散非系统性的长寿风险。从这一角度看，年金提供方在此模式下并不承担任何风险。

2. 死亡率指数年金

死亡率指数年金（mortality-indexed annuities，MIA），是一种指数化变额年金产品，并从对消费者吸引力的角度，对传统年金与 MIA 进行了对比。该研究指出，在 MIA 的运行上，一方面，通过与年金持有人共同分担系统性长寿风险，年金提供方可避免累积损失；另一方面，相较于购买传统年金，年金持有人购买 MIA 的收益更大。

3. 长寿指数生存年金

Denuit 等（2011）设计了另一种指数化变额年金产品——长寿指数生存年金（longevity-indexed life annuities，LILA）。该年金的设计特点在于，其支付与长寿风险的转移都与长寿指数建立了关联，并对转移的比例设定了明确的上下限。这样的设计既确保了年金持有人的长寿风险得到有效覆盖，又在一定程度上减轻了年金供给方的负担。与传统的年金产品不同，LILA 的每期支付不再是固定的数值，而是与被保险人的真实生存概率的预测值紧密相关。真实生存概率的预测值相对于参照生存概率的偏离，即代表了系统性的长寿风险。

4. 通货膨胀调整型延期年金

Milevsky（2005）设计了高龄延期年金（advanced-life delayed annuities，ALDA）。这种年金的特点是在高龄阶段（如 80 岁以后）才开始支付，其价格低于普通年金，但能提供高龄阶段的全部风险覆盖。因此，ALDA 在实现降低年金价格的同时，也有效地管理了长寿风险。Scott（2008）利用保险价值原理对长寿年金进行了分析。这类年金属于延期支付的产品，特别适合那些不愿意将资产完全年金化的投保人购买。Scott 的数值计算结果显示，用 10% 的财富购买延期长寿年金所得的总收益，竟然高于用 50% 的财富购买即期年金所得的总收益。Gong 和 Webb（2010）进一步以高龄延期年金的年金等价财富与即期年金等价财富的比值为指标进行了测算，发现在年金持有人 85 岁时，高龄延期年金不仅能满足年金持有人的流动性要求，还能提供高于 50% 的长寿风险覆盖。

9.6 长寿风险市场发展

近年来，长寿风险及其相关的资本市场解决方案在学术和市场实践中越来越受到重视，特别是在交易与长寿相关的资产负债的资本市场中，其重要性日益凸显。由于全球死亡率水平持续改善，政府、养老金基金、人寿保险公司以及个人面临的长寿风险管理压力逐渐增大。而资本市场在理论上能够提供有效的工具来对冲这种风险，它可以将那些不愿意或无法管理此类风险的实体所承担的风险，转移到愿意为了换取适当风险调整后的回报而投资此类风险的主体，或是转移到那些拥有可以对冲长寿风险的相反风险的主体，如面临死亡率风险的人寿保险公司和再保险公司。

为了应对长寿风险的转移，保险和再保险行业与资本市场已经携手创新出多种新型投资产品。其中，死亡率巨灾债券就是保险连结证券的一个早期成功典范。此外，资本市场还提供了其他创新的解决方案，如长寿（或生存者）债券、长寿（或生存者）互换、死亡率（或寿命）远期合约以及再保险附加等。

长寿风险市场自 2006 年以来显著增长，特别是在英国、美国和加拿大，这些成熟的市场推动了全球对长寿风险转移产品的需求。到 2020 年，英国市场的长寿互换交易总额已突破 1 000 亿英镑，充分显示了市场的巨大规模和活跃度。在这样的背景下，长寿风险转移产品，如长寿债券和长寿互换，已成为养老金计划和保险公司管理长寿风险的关键工具。随着市场的持续演进，产品创新层出不穷。新兴产品如长寿期权、远期合约以及动态死亡率和发病率互换等，为市场提供了更多元化的风险转移选择，从而满足了不同客户的特定需求。同时，监管规则如 Solvency Ⅱ 的实施，对保险公司的资本要求和市场行为产生了深远影响，进一步刺激了市场对长寿风险转移产品的需求。

技术进步也是推动这一市场发展的重要驱动力。大数据、人工智能和机器学习等技术的运用，提高了对人口寿命预测的准确性，减少了产品定价的误差。区块链技术也正在被探索应用于长寿风险转移交易，以增强交易的透明度和效率。

目前，长寿风险转移市场已不再局限于欧美，亚洲等地区的市场也开始兴起，这反映了全球老龄化的普遍趋势。国际合作的加强更进一步推动了市场的共同发展。此外，新的投资者群体，如主权财富基金，对长寿风险转移产品的兴趣日益浓厚，为市场带来了新的活力。

从市场结构与竞争格局来看，尽管少数几家大型保险公司和再保险公司仍占据主导地位，但新进入者正通过创新的产品和服务模式试图改变这一格局。面对新冠疫情带来的挑战与机遇，市场参与者正在积极调整策略和模型，以应对不确定性并探寻新的市场契机。

本章小结

通过本章学习，学生可以全面了解老龄化、长寿与养老保险制度可持续发展的关系，掌握人口老龄化与寿命延长的国际及中国趋势，理解死亡率模型的研究进展，包括静态和动态模型，明确长寿风险的含义、特征及其与老龄化的关系，学习长寿风险的测度方法与管理策略，分析长寿风险对公共养老计划的影响，包括可持续性、支出率和财务平衡，了解长寿风险对私人养老金计划，特别是寿险产品定价的影响，熟悉长寿风险市场及其产品的基本情况。

关键术语

长寿风险、静态死亡率模型、动态死亡率模型、长寿风险管理、再保险、长寿债券、长寿互换、q 远期、生存年金

复习思考题

1. 简述老龄化、长寿与养老保险制度可持续发展之间的关系，并分析当前中国面临的人口老龄化与长寿趋势。

2. 解释长寿风险的含义及其特征，探讨老龄化如何影响长寿风险，并举例说明。

3. 分析长寿风险对公共养老计划的影响，包括可持续性、支出率和财务平衡，并提出相应的应对策略。

4. 讨论长寿风险对私人养老金计划，特别是寿险产品定价的影响，并说明长寿风险转移的重要性。

5. 概述长寿风险市场的发展现状，介绍几种主要的长寿风险产品，并探讨其市场前景和挑战。

在线自测

自测 9.1

自测 9.2

> **延伸阅读**

四款长寿风险转移工具简介

一、买断交易

买断交易（buy-out）旨在通过一次性支付或资产转移的方式，将养老金计划未来的所有支付义务从雇主或计划发起人处彻底剥离。这种交易的核心在于，雇主不再承担与养老金计划相关的任何财务或管理责任，包括未来的养老金支付、投资管理等。

在买断交易中，保险公司或其他金融机构会评估养老金计划的资产、负债状况以及未来的支付义务，并与雇主协商确定一个合理的预付费金额。这个金额通常基于精算分析，考虑了未来预期寿命、通胀率、投资回报率等多种因素。在某些情况下，雇主可以选择以"实物"形式支付这笔预付费，即直接将养老金计划的资产转移给保险公司，而不是通过变现资金来支付。好处是可以避免可能的资本利得税或其他交易成本，同时确保养老金资产能够无缝过渡到新的管理机构手中。完成买断交易后，保险公司将承担起养老金计划的全部管理和支付责任，确保养老金受益人能够按时获得应得的福利。对于雇主而言，这不仅消除了未来的不确定性和风险，还有助于改善其财务报表，提高资本利用效率。买断交易要求养老金计划具备足够的资产来覆盖其负债，并且雇主愿意彻底放弃对养老金计划的控制权。买断交易（buy-out）结构示意如图9-8所示。

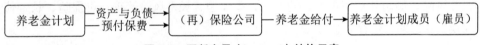

图9-8 买断交易（buy-out）结构示意

二、买入交易

买入交易（buy-in）的核心在于，养老金计划的发起人希望将其养老金计划成员未来的养老金支付责任部分或全部地转嫁给专业的保险公司。与买断交易不同，买入交易中，发起人并不直接出售养老金计划的全部资产和负债，而是保留养老金计划的资产，并通过向保险公司支付一笔预付费（即一次性支付或分期支付的费用），换取保险公司承诺向养老金计划的成员支付等额的定期福利款项。

通过买入交易，发起人能够显著降低养老金计划的长寿风险（即养老金计划成员寿命超过预期而导致的支付风险）和市场风险（如资产价格波动对养老金资产价值的影响）。保险公司通常具有更强的风险管理和资产配置能力，能够更好地应对这些风险。对于资金不足的DB计划而言，买入交易的一个关键吸引力在于其会计处理方式。由于发起人保留了养老金计划的资产，因此不需要将资金缺口作为会计损失立即确认。买入交易为发起人提供了一定的灵活性，发起人可以根据自身财务状况和市场条件选择合适的时机进行交易，而不必像买断交易那样需要立即解决资金缺口问题。买入交易（buy-in）结构示意如图9-9所示。

图9-9 买入交易（buy-in）结构示意

三、长寿互换

长寿互换（longevity swap）是将养老金计划的长寿风险从发起人转移到交易对手方，这意味着如果养老金领取者的实际寿命超过预期，导致养老金支出增加，那么增加的成本将由交易对手方承担，而不是养老金计划的发起人。通过长寿互换，养老金计划的发起人或管理人可以将其面临的长寿风险转移给愿意承担这种风险的金融机构，如保险公司、再保险公司或投资银行。

为了更有效地管理养老金计划的资产和负债，长寿互换通常与负债驱动型投资（LDI）策略相结合。LDI 策略旨在通过匹配养老金计划的预期现金流需求与投资组合的现金流生成能力来最小化利率风险和再投资风险。结合长寿互换后，LDI 策略可以进一步针对长寿风险进行调整和优化投资组合。长寿互换交易结构示意如图 9-10 所示。

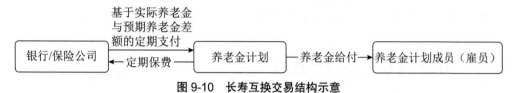

图 9-10 长寿互换交易结构示意

四、长寿债券

长寿债券（longevity bond）是通过金融市场机制，允许这些机构将部分或全部的长寿风险转移给愿意承担此类风险的投资者，如对冲基金、保险公司和资产管理公司等。在长寿债券交易中，发行方（通常是面临长寿风险的机构）向投资者发行债券，债券的支付金额与特定群体的实际存活率挂钩。如果实际存活率高于预期，发行方需要向投资者支付更多的金额；反之，如果实际存活率低于预期，投资者可能获得的支付金额会减少。通过这种方式，长寿债券为发行方提供了一种对冲长寿风险的手段。

长寿债券的核心在于其风险转移机制，发行方通过出售长寿债券，将长寿风险转移给投资者，从而减轻自身面临的财务压力；长寿债券的支付金额与特定群体的实际存活率直接相关；由于长寿债券的支付金额受到未来存活率的影响，因此其定价机制相对复杂；长寿债券的交易结构可以根据发行方和投资者的需求进行灵活设计，例如，可以设置不同的支付期限、触发条件和支付金额等条款，以满足不同风险偏好的投资者需求；长寿债券市场的参与者包括保险公司、养老金计划、对冲基金、资产管理公司等；由于长寿债券涉及复杂的金融交易和风险管理，因此其监管环境也相对严格。长寿债券交易（longevity bond）结构示意如图 9-11 所示。

图 9-11 长寿债券交易（longevity bond）结构示意

引自：Olivia S. Mitchell. New Models for Managing Longevity Risk: Public-Private Partnerships[M]. Oxford: Oxford University Press，2022.

第 10 章　养老金融发展前景

学习要求

- 了解养老金融的市场需求与未来发展潜力。
- 了解政策扶持对行业的影响。
- 了解养老金融产品与服务的创新趋势。
- 了解科技在养老金融行业中的应用前景。

10.1　市场需求与增长潜力

随着我国人口老龄化程度的不断加深，养老问题日益凸显，已经成为社会广泛关注的焦点。随之而来的是，养老金融市场也迎来了前所未有的发展机遇。老年人口的持续增加意味着养老金融市场的需求也日益增长，这不仅体现在数量上，更体现在对养老金融服务质量和多样性的追求上。

据统计，截至2020年底，我国60岁及以上老年人口已达2.64亿，占总人口的18.7%。更为关键的是，这一比例预计在未来几十年内还将持续上升。这意味着，随着时间的推移，养老金融市场的需求将持续扩大。对于金融机构而言，这无疑是一个巨大的商机，但同时也是一个挑战。如何为这一庞大的群体提供合适、高质量的金融服务成为关键。

从个人养老金制度的实施情况看，其推出和落地进一步激发了养老金融市场的需求。截至2024年3月末，市场上已经推出了800余款个人养老金产品，这些产品涵盖储蓄类产品、基金类产品、保险类产品等，显示了养老金融产品的多样化和创新性。这也意味着，消费者在选择养老金融产品时有了更多的选择，可以根据自己的风险承受能力、收益期望和资金使用需求来选择最适合自己的产品。

而市场需求的旺盛，不仅体现在产品的数量上，更体现在消费者对养老金融产品质量的追求上。现在的老年人更加注重自己的晚年生活质量，他们期望通过养老金融产品来确保自己的经济安全，同时也希望通过这些产品获得一定的收益，以提高自己的生活水平。

再看增长潜力。随着我国经济的快速发展和居民收入的提高，老年人对于养老金融服务的需求也将更加多元化和高端化。这意味着，养老金融市场还有巨大的增长空间，尤其是在高端养老金融产品和服务方面。

此外，随着科技的进步和金融科技的应用，养老金融服务也将更加便捷、高效和个性化。例如，通过大数据和人工智能技术，金融机构可以为老年人提供更加精准的产品推荐和风险管理服务,这将进一步推动养老金融市场的发展。

综上所述,随着我国人口老龄化程度的加深和居民收入的提高,养老金融市场具有巨大的增长潜力。金融机构应抓住这一机遇,不断创新产品和服务,以满足老年人日益增长的养老金融服务需求。

10.2 政策扶持与制度完善

政府对养老金融领域的大力支持无疑为市场的蓬勃发展注入了强大的动力。通过税收优惠、扩大覆盖面等一系列政策手段,政府不仅鼓励了更多的社会力量参与提供基本养老服务,还有效地推动了养老金融市场的快速发展。

税收优惠政策的实施,降低了参与养老金融的成本,使更多的人和企业愿意投身于这个领域。这种政策导向不仅刺激了市场需求,还为养老金融市场的发展创造了有利的外部环境。同时,政府还通过扩大养老金融服务的覆盖面,让更多的老年人能够享受到便捷、高效的金融服务,进一步拉动了市场的需求。

特别是个人养老金制度的正式落地,更是为养老金融市场带来了新的发展机遇。这一制度不仅为老年人提供了一个更加稳定、可靠的养老保障,还为金融机构提供了更多的业务拓展空间。金融机构可以针对个人养老金制度设计出更多符合市场需求的产品和服务,从而进一步满足老年人的养老需求。

此外,政府在推动养老金融市场发展的同时,也注重制度的完善。通过不断修订和完善相关法律法规,政府为养老金融市场提供了更加健全的法律保障,使市场运行更加规范、有序。这种制度环境的改善,不仅提升了市场的信心,还为养老金融市场的长期发展奠定了坚实的基础。

综上所述,政策扶持与制度完善在养老金融市场的发展与增长中起到了至关重要的作用。政府的这些举措不仅刺激了市场需求,还为市场的长期发展提供了有力的保障。随着政策的持续推进和制度的不断完善,有理由相信,养老金融市场将迎来更加广阔的发展空间和更加美好的未来。

10.3 产品创新与服务升级

随着养老金融市场的不断发展和深化,产品创新与服务升级成为市场的两大驱动力。这两方面的发展不仅满足了老年人群体的多元化需求,还进一步激发了市场的活力和增长潜力。

产品创新是养老金融市场发展的重要一环。近年来,各种养老金融产品层出不穷,其中养老理财产品、养老目标基金、专属商业养老保险等受到了广大投资者的热烈欢迎。这些产品各具特色,为不同风险承受能力、收益期望和投资期限的投资者提供了多样化的选择。

养老理财产品以其稳健的收益和较低的风险吸引了大量保守型投资者。这类产品通常采用分散投资的策略，将资金投向多个领域，以降低单一资产的风险。同时，养老理财产品还提供了多种期限选择，以满足投资者对于资金流动性的不同需求。

养老目标基金则更注重长期收益和资产配置。这类基金通常会根据投资者的风险承受能力和收益目标，制定个性化的投资策略。通过动态调整资产配置，养老目标基金能够在不同的市场环境下保持稳定的收益，因此受到许多追求长期稳健收益的投资者的青睐。

专属商业养老保险则是针对特定人群设计的养老保险产品。这类产品通常具有较高的保障水平和灵活的领取方式，能够满足不同老年人群体的个性化需求。同时，专属商业养老保险还提供了一系列增值服务，如医疗、护理等，进一步提升了产品的吸引力。

除了产品创新外，服务升级也是养老金融市场发展的重要趋势。金融机构正积极探索提供更加个性化、专业化的养老金融服务。通过深入了解老年人群体的需求和偏好，金融机构能够为他们量身定制合适的养老金融解决方案。

同时，金融机构还在不断提升服务的便捷性和高效性。例如，优化线上线下的服务流程，降低老年人的操作难度和学习成本；建立完善的客户服务体系，及时响应和解决老年人在使用过程中遇到的问题；与医疗、健康等领域跨界合作，为老年人提供更加全面的养老服务。

总的来说，产品创新与服务升级为养老金融市场注入了新的活力。这两方面的发展不仅满足了老年人群体的多元化需求，还进一步拓展了市场的增长空间。随着产品创新和服务升级的持续推进，我们有理由相信，养老金融市场将迎来更加广阔的发展前景。

10.4 科技应用与数字化转型

科技的飞速发展，特别是金融科技的创新应用，为养老金融领域注入了前所未有的活力，带来了新的发展机遇。现代科技手段，如大数据、人工智能等，正在重塑养老金融的服务模式和业务流程，使之更加智能化、个性化和高效化。

利用大数据技术，金融机构能够收集并分析海量的客户信息，从而更深入地了解客户需求，精准地评估客户的风险承受能力和投资偏好。这不仅有助于金融机构设计出更符合市场需求的产品，还能实现个性化服务的提供。例如，通过对客户消费习惯、投资历史等数据的分析，可以为客户推荐最合适的养老金融产品组合，满足其个性化的养老规划需求。

人工智能技术的应用则进一步提升了养老金融服务的智能化水平。通过构建智能投顾系统，金融机构能够为客户提供自动化的资产配置建议，降低人为干预的风险，并提高服务效率。此外，人工智能还可以用于风险评估和预警，及时发现潜在的风险点，为客户的资金安全提供有力保障。

数字化转型是养老金融服务升级的另一个重要方向。通过建设线上服务平台，金融机构可以打破时间和空间的限制,为客户提供全天候的在线服务。客户只需通过手机或电脑等终端设备,就能随时随地查询账户信息、购买养老金融产品或咨询相关问题。这种便捷、高效的服务模式不仅提升了用户体验,还降低了金融机构的运营成本。

科技应用与数字化转型不仅为养老金融市场带来了新的发展机遇,也为满足市场需求和推动增长潜力提供了强大的技术支持。随着科技的不断进步和创新应用,我们有理由相信,未来的养老金融服务将更加智能化、个性化和便捷化,更好地满足老年人群体的多元化需求。同时,这也将为养老金融市场带来巨大的增长潜力和广阔的发展空间。

10.5　行业融合与合作机会

随着养老金融市场的不断发展,行业融合与合作机会也日益显现。养老金融与其他行业的深度融合与合作,将成为推动市场进一步发展的关键因素。特别是与医疗、健康、旅游等行业的结合,有望形成更加完善的养老服务体系,为老年人提供更加全面、多元化的养老服务。

第一,养老金融与医疗行业的融合具有广阔的前景。随着老年人对健康问题的关注度不断提高,他们对于高质量、便捷的医疗服务的需求也日益增长。通过与医疗行业的合作,养老金融机构可以为老年人提供更加全面的医疗保障,包括健康咨询、疾病预防、康复治疗等服务。这种融合模式不仅有助于提升老年人的生活质量,还能为医疗机构提供更广阔的市场空间和资金来源。

第二,养老金融与健康行业的合作也具有重要意义。健康是老年人最为关注的问题之一,而健康行业则提供了众多有益于老年人身心健康的产品和服务。通过与健康行业的合作,养老金融机构可以为老年人提供更加个性化的健康管理和保健服务,如定制化的健康饮食计划、运动康复方案等。这种合作模式将有助于老年人更好地管理自己的健康状况,提高他们的生活品质。

此外,养老金融与旅游行业的结合也颇具潜力。随着老年人生活水平的提高和消费观念的转变,他们对于旅游的需求也日益增长。通过与旅游行业的合作,养老金融机构可以为老年人提供更加丰富多彩的旅游产品和服务,如定制化的旅游线路、专业的导游服务等。这种合作模式不仅能够满足老年人的旅游需求,还能为旅游机构带来更稳定的客源和收入来源。

跨界合作不仅为养老金融市场带来了新的商业模式和创新点,也为老年人提供了更加全面的养老服务选择。通过与其他行业的深度融合与合作,养老金融市场有望形成一个更加完善、多元化的服务体系,更好地满足老年人的养老需求。同时,这种合作模式也将为相关行业带来更多的商业机会和发展空间,实现互利共赢的局面。

本章小结

通过本章的学习，学生可以了解到，养老金融作为应对人口老龄化挑战的重要举措，其市场需求将持续增长，同时，政策扶持和制度完善将为行业发展提供有力支撑；产品创新与服务升级将不断提升养老金融的吸引力和竞争力，而科技应用与数字化转型则将推动行业向更高效、便捷的方向发展；行业间的融合与合作也将为养老金融带来新的发展机遇。

关键术语

金融科技、数字化转型、金融强国

复习思考题

1. 结合我国人口老龄化的现状，分析养老金融市场的发展潜力，并讨论金融机构应如何抓住这一机遇进行创新。

2. 评述政策扶持与制度完善在推动养老金融市场发展中的作用，并分析政府未来可能采取的政策措施。

3. 探讨科技应用与数字化转型如何推动养老金融服务的升级，以及这种转型可能带来的挑战与机遇。

在线自测

延伸阅读

科技赋能养老金融

科技赋能养老金融已成为当今社会的热点话题。近年来，随着国家一系列重要政策和指引的出台，养老金融领域已迈入新的发展阶段。作为产业金融的关键组成部分，养老金融与多个领域紧密相关，共同构筑了一个多元化的金融体系。

在全球范围内，"养老科技"的概念逐渐兴起，并形成了包含健康科技、保险科技、财富科技以及地产科技等多个维度的创新体系。养老科技的发展基础坚实，主要体现在以下三个方面：首先，科技赋能、数字化和智能化已成为全球经济发展的主流趋势，为养老金融的创新提供了有力支持；其次，凭借几十年的人类经济和技术积累，大数据基础设施得以完善，实现了健康监控、医疗反应、保险保障的数据整合与系统风险管理；最后，AIGC人工智能领域取得了前所未有的进步，为药物研发、远程医疗、长期护理和养老陪伴等领域带来了显著的降本增效效果。

在"养老科技"的四大维度中,健康科技在药物研发和健康管理方面展现出巨大潜力,特别是在老年人的慢病管理、康复管理、健康监护和远程医疗等领域,科技赋能的效果显著。保险科技则通过丰富的数据和先进的风险定价模型,推动了保险产品的创新,为康养服务和产品提供了闭环支付机制。财富科技关注养老金投资产品的创新和长期资产管理,如美国贝莱德的阿拉丁系统,通过数据驱动优化投资组合和量化风险控制。地产科技在养老地产领域利用数字化手段实现降本增效,提升了客户体验,为未来的社区养老和家庭养老模式创新提供了广阔空间。

展望未来,科技将持续赋能养老金融和养老服务领域,带来巨大的发展空间。随着人工智能大模型的广泛应用和数字化劳动力的不断增长,新技术将为各行各业,包括与养老紧密相关的康复、医疗、教育、金融和投资等领域,实现降本增效和创新发展。科技赋能养老金融的趋势不可逆转,将为养老产业的持续发展注入强大的动力。

引自:科技赋能养老金融,养老金融50人论坛,http://www.caff50.net/expert-opinions/1870.html.

主要参考文献

[1] 党俊武. 老龄金融是应对人口老龄化的战略制高点[J]. 老龄科学研究, 2013, 1（05）: 3-10.

[2] 胡继晔. 养老金融: 理论界定及若干实践问题探讨[J]. 财贸经济, 2013（06）: 43-52.

[3] 胡继晔. 养老金融: 未来国家层面的发展战略[J]. 中国社会保障, 2012（10）: 34-35.

[4] 董克用, 孙博, 张栋. 从养老金到养老金融: 中国特色的概念体系与逻辑框架[J]. 公共管理与政策评论, 2021, 10（06）: 15-23.

[5] 郑功成. 面向2035年的中国特色社会保障体系建设——基于目标导向的理论思考与政策建议[J]. 社会保障评论, 2021, 5（01）: 3-23.

[6] Holzmann R, Bank T W, Bank W.The World Bank Approach to Pension Reform[J].International Social Security Review, 2010, 53（1）: 11-34.

[7] United Nations, Department of Economic and Social Affairs, Population Division.（2022）. World Population Prospects 2022. [Online dataset]. Retrieved from https: //population.un.org/wpp/Download/Standard/Fertility/.

[8] 中华人民共和国人力资源和社会保障部规划财政司. 2023年度人力资源和社会保障事业发展统计公报[EB/OL]. 北京: 中华人民共和国人力资源和社会保障部, [2024-06-17]. https: //www.mohrss.gov.cn/SYrlzyhshbzb/zwgk/szrs/tjgb/202406/t20240617_520366.html [2024-07-16].

[9] 中华人民共和国人力资源和社会保障部规划财政司. 2022年度人力资源和社会保障事业发展统计公报[EB/OL]. 北京: 中华人民共和国人力资源和社会保障部, [2023-06-20]. https: //www.mohrss.gov.cn/SYrlzyhshbzb/zwgk/szrs/tjgb/202306/t20230620_501761.html [2024-07-16].

[10] 中华人民共和国人力资源和社会保障部规划财政司. 2021年度人力资源和社会保障事业发展统计公报[EB/OL]. 北京: 中华人民共和国人力资源和社会保障部, [2022-06-07]. https: //www.mohrss.gov.cn/SYrlzyhshbzb/zwgk/szrs/tjgb/202206/t20220607_452104.html [2024-07-16].

[11] 中华人民共和国人力资源和社会保障部规划财政司. 2020年度人力资源和社会保障事业发展统计公报[EB/OL]. 北京: 中华人民共和国人力资源和社会保障部, [2021-06-03]. https: //www.mohrss.gov.cn/SYrlzyhshbzb/zwgk/szrs/tjgb/202106/t20210604_415837.html [2024-07-16].

[12] 项怀诚. 关于全国社会保障基金的几个问题[J]. 中央财经大学学报, 2006（01）: 1-7.

[13] 李实, 杨穗. 养老金收入与收入不平等对老年人健康的影响[J]. 中国人口科学, 2011（03）: 26-33+111.

[14] 房连泉. 全面建成多层次养老保障体系的路径探讨——基于公共、私人养老金混合发展的国际经验借鉴[J]. 经济纵横, 2018（03）: 75-85.

[15] 郑功成. 中国养老金: 制度变革、问题清单与高质量发展[J]. 社会保障评论, 2020, 4（01）: 3-18.

[16] 何文炯, 潘旭华. 基于共同富裕的社会保障制度深化改革[J]. 江淮论坛, 2021（03）: 133-140.

[17] 何文炯. 中国社会保障: 从快速扩展到高质量发展[J]. 中国人口科学, 2019（01）: 2-15+126.

[18] 郑秉文. 养老金三支柱理论嬗变与第三支柱模式选择[J]. 华中科技大学学报（社会科学版）, 2022, 36（02）: 20-37.

[19] 杨再贵.企业职工基本养老保险、养老金替代率和人口增长率 [J].统计研究,2008(05):38-42.
[20] 李珍,王海东.基本养老保险目标替代率研究 [J].保险研究,2012(02):97-103.
[21] 王亚柯,王宾,韩冰洁,等.我国养老保障水平差异研究——基于替代率与相对水平的比较分析 [J].管理世界,2013(08):109-117.
[22] 王晓军.对我国城镇职工基本养老保险制度收入替代率的定量模拟分析 [J].统计研究,2002(03):27-30.
[23] 郑婉仪,陈秉正.企业年金对我国退休职工养老保险收入替代率影响的实证分析 [J].管理世界,2003(11):64-70.
[24] 彭浩然.基本养老保险制度对个人退休行为的激励程度研究 [J].统计研究,2012,29(09):31-36.
[25] 娄飞鹏.养老金融发展及政策支持研究 [M].北京:经济管理出版社,2021.
[26] Modigliani,F. & Brumberg,R.(1954). Utility Analysis and the Consumption Function: An Interpretation of Cross-Section Data. In K. K. Kurihara(Ed.), Post-Keynesian Economics(pp. 388–436). Rutgers University Press, New Brunswick.
[27] Samuelson,P. A.(1958). An Exact Consumption-Loan Model of Interest with or without the Social Contrivance of Money. Journal of Political Economy,66(6),467–482.
[28] Diamond,P. A.(1965). National Debt in a Neoclassical Growth Model. American Economic Review,55(5),1126–1150.
[29] Ambacht,K. P.养老金革命 [M].北京:机械工业出版社,2014.
[30] 佛郎哥·莫迪利亚尼(Franco Modigliani),阿伦·莫拉利达尔(Arun Muralidhar).养老金改革反思 [M].孙亚南,译.中国人民大学出版社,2010.
[31] Keith P. Ambachtsheer.养老金管理的未来:综合设计、治理与投资 [M].北京:中国发展出版社,2017.
[32] 尼古拉斯·巴尔(Nicholas Barr),彼得·戴蒙德(Peter Diamond).养老金改革:理论精要 [M].郑秉文,等译.中国劳动社会保障出版社,2013.
[33] 尼古拉斯·巴尔(Nicholas Barr).养老金改革:原则与政策选择 [M].中国人民大学出版社,2024.
[34] Richard H. Hinz 等.养老金匹配缴费:国际经验评述 [M].万晴瑶,译.北京:中国劳动社会保障出版社,2015.
[35] 迈克尔·茨威彻.养老金投资组合:理论、构建与管理 [M].兴全基金管理有限公司,译.中信出版集团,2019.
[36] 杨再贵.公共养老金的 OLG 模型分析:原理和应用 [M].北京:光明日报出版社,2010.
[37] 大卫·布莱克.养老金经济学 [M].北京:机械工业出版社,2014.
[38] 秦中春.新养老金经济学 [M].北京:清华大学出版社,2014.
[39] 袁志刚,封进,葛劲峰,等.养老保险经济学:解读中国面临的挑战 [M].北京:中信出版社,2016.
[40] 于洪,曾益.退休年龄、生育政策与中国基本养老保险基金的可持续性 [J].财经研究,2015,41(06):46-57+69.
[41] 阳义南,曾燕,瞿婷婷.推迟退休会减少职工个人的养老金财富吗?[J].金融研究,2014(01):58-70.
[42] 姚海祥,魏嘉辉,马庆华.人口预期寿命与退休年龄 [J].财经研究,2018,44(04):62-75.
[43] 桂世勋.改革我国事业单位职工养老保险制度的思考 [J].华东师范大学学报(哲学社会科学版),2010,42(03):71-75.
[44] 贾洪波,穆怀中.新加坡中央公积金制度改革评析 [J].北京交通大学学报(社会科学版),2009,8(04):92-95.
[45] 郑秉文.中国养老金发展报告 2023——个人养老金与制度优化 [M].北京:经济管理出版社,2023.

[46] 郑秉文. 中国养老金发展报告 2022——账户养老金与财富积累 [M]. 北京：经济管理出版社，2022.

[47] 郑秉文. 中国养老金发展报告 2021——养老基金与 ESG 投资 [M]. 北京：经济管理出版社，2021.

[48] 郑秉文. 中国养老金发展报告 2020——养老基金与资本市场 [M]. 北京：经济管理出版社，2020.

[49] 郑秉文. 中国养老金发展报告 2019——非缴费型养老金的中国道路与国际实践 [M]. 北京：经济管理出版社，2019.

[50] 郑秉文. 中国养老金发展报告 2018——主权养老基金的功能与发展 [M]. 北京：经济管理出版社，2018.

[51] 郑秉文. 中国养老金发展报告 2016——"第二支柱"年金制度全面深化改革 [M]. 北京：经济管理出版社，2016.

[52] 理查德·马林. 全球养老金危机：空账及其填补方式 [M]. 万谊娜，陈少平译. 东北财经大学出版社，2014.

[53] 董克用，姚余栋，孙博. 养老金融蓝皮书：中国养老金融发展报告（2023）[M]. 北京：社会科学文献出版社，2023.

[54] 董克用，姚余栋，孙博. 养老金融蓝皮书：中国养老金融发展报告（2022）[M]. 北京：社会科学文献出版社，2022.

[55] 董克用，姚余栋，孙博. 养老金融蓝皮书：中国养老金融发展报告（2021）[M]. 北京：社会科学文献出版社，2021.

[56] 董克用，姚余栋，孙博. 养老金融蓝皮书：中国养老金融发展报告（2020）[M]. 北京：社会科学文献出版社，2020.

[57] 董克用，等. 中国养老金融调查报告（2023 年）[EB/OL]. 北京：中国养老金融 50 人论坛，[2023-12-1]. http://www.caff50.net/uploads/soft/20240102/3-240102103220444.pdf [2024-07-16].

[58] 董克用，等. 中国养老金融调查报告（2022 年）[EB/OL]. 北京：中国养老金融 50 人论坛，[2022-10-1]. http://www.caff50.net/uploads/2022/11/151437167228.pdf [2024-07-16].

[59] 巴曙松，谭迎庆，丁波. 社保基金监管的现状、问题与建议 [J]. 当代经济科学，2007（05）：75-79+127.

[60] 曾忠东. 保险企业全面风险管理研究 [D]. 成都：四川大学，2006.

[61] 邓大松，刘昌平. 中国企业年金制度若干问题研究 [J]. 经济评论，2003（06）：70-74.

[62] 王延中. 中国企业年金的制度设计与政策选择 [J]. 经济管理，2003（22）：29-35.

[63] 刘云龙，姚枝仲，傅安平. 中国企业年金发展与税惠政策支持 [J]. 管理世界，2002（04）：45-54+155.

[64] 张勇，王美今. 中国企业年金税收优惠政策的成本研究——我国企业年金税收支出的精算统计分析 [J]. 统计研究，2004（08）：40-45.

[65] 卢驰文. 机关事业单位养老保险改革的制约因素与策略选择 [J]. 理论探索，2011（05）：87-90.

[66] 郑秉文. 机关事业单位养老金并轨改革：从"碎片化"到"大一统"[J]. 中国人口科学，2015（01）：2-14+126.

[67] 沈毅. 机关事业单位养老保险改革：现状、难点及其突破 [J]. 经济体制改革，2016（03）：18-24.

[68] 郑秉文. 中国企业年金发展滞后的政策因素分析——兼论"部分 TEE"税优模式的选择 [J]. 中国人口科学，2010（02）：2-23+111.

[69] 韩克庆. 养老保险中的市场力量：中国企业年金的发展 [J]. 中国人民大学学报，201630（01）：12-19.

[70] 秦云，郑伟. 年金谜题的成因及对策研究评述 [J]. 经济学动态，2017（05）：133-141.

[71] 于新亮，程远，胡秋阳. 企业年金的"生产率效应"[J]. 中国工业经济，2017（01）：155-173.

[72] 马春明. 养老金基金与数理基础 [M]. 北京：北京大学出版社，2015.

[73] 中国证券投资基金业协会. 个人养老金：理论基础. 国际经验与中国探索 [M]. 北京：中国金融出版社，2018.

[74] 刘月怡，施文凯. 个人养老金发展的国际借鉴 [J]. 中国金融，2022（21）：90-91.

[75] 吉姆摩尔. 进军养老地产 [M]. 北京：中信出版社，2015.

[76] 曹强，虞文美，张宇. "长寿风险"对以房养老模式的影响研究——一个博弈分析 [J]. 北京社会科学，2014（09）：95-102.

[77] 娄飞鹏. 发展养老金融的国际实践与启示 [J]. 西南金融，2019（08）：80-88.

[78] 中国保险行业协会. 中国养老金第三支柱研究报告 [M]. 北京：经济管理出版社，2023.

[79] 中国证券投资基金业协会. 个人养老金：理论基础、国际经验与中国探索 [M]. 北京：中国金融出版社，2018.

[80] 刘同洲. 促进个人养老金发展的税收政策研究——基于美国个人养老金（IRA）的经验与启示 [J]. 税务研究，2022（09）：127-132.

[81] 夏诗园，王向楠. 个人养老金监管的国际经验 [J]. 金融发展研究，2023（09）：81-89.

[82] 罗忠洲，朱亦宁. 养老目标风险基金资产配置策略研究 [J]. 保险研究，2021（03）：66-83.

[83] 郭金龙，李红梅. 养老金融产品国际比较研究 [J]. 价格理论与实践，2022（01）：61-67.

[84] 李扬，汪利娜，殷剑峰. 普遍住房保障制度比较和对中国的启示 [J]. 财贸经济，2008（01）：37-43.

[85] 韩再. 住房反向抵押贷款研究综述 [J]. 城市发展研究，200916（08）：125-132.

[86] 交通银行金融研究中心课题组，刘能华. 美国个人退休账户制度的启示 [J]. 中国金融，2022（15）：73-75.

[87] Heiagman, L.M.A., and Pollard, J.H. The Age Pattern of Mortality[J]. Journal of the Institute of Actuaries, 1980, 107（1）：49-82.

[88] Lee, R., and Carter, L. Modelling and Forecasting U.S. Mortality[J]. Journal of the American Statistical Association, 1992, 87（419）：659-671.

[89] Renshaw, A., and Haberman, S. Lee-Carter mortality forecasting with age-specific enhancement[J]. Insurance: Mathematics and Economics, 2003, 33（2）：255-272.

[90] Renshaw, A., and Haberman, S. A cohort-based extension to the Lee-Carter model for mortality reduction factors[J]. Insurance: Mathematics and Economics, 2006, 38（3）：556-570.

[91] Dowd, K., Cairns, A. J. G., & Blake, D.（2006）. A mortality-dependent extension to financial risk measures[J]. Insurance: Mathematics and Economics, 38（3），427–440.

[92] Wills S, Sherris M. Securitization, structuring and pricing of longevity risk[J]. Insurance: Mathematics and Economics, 2010, 46（1）：173-185.

[93] Fong, J.H.Y., et al. Longevity Risk Management in Singapore's National Pension System[J]. Journal of Risk and Insurance, 2011, 78（4）：961-982.

[94] 中国证券投资基金业协会. 全国公募基金投资者状况调查报告（2019 年）[R]. 北京：中国证券投资基金业协会，2021.

[95] 金博轶. 随机利率条件下保险公司长寿风险自然对冲策略研究 [J]. 保险研究，2013（05）：31-38.

[96] 魏华林，宋平凡. 随机利率下的长寿风险自然对冲研究 [J]. 保险研究，2014（03）：3-10.

[97] 赵明，米海杰，王晓军. 中国人口死亡率变动趋势与长寿风险度量研究 [J]. 中国人口科学，2019（03）：67-79+127.

[98] 贺磊. 死亡率模型、长寿风险的经济影响及管理理论研究 [M]. 北京：经济管理出版社，2020.

[99] 高建伟. 老龄化背景下中国养老保险体系的长寿风险管理理论研究 [M]. 北京：清华大学出版社，2018.

[100] 陈翠霞，周明，刘洁. 新时期我国长寿风险及其管理体系研究 [M]. 北京：经济科学出版社，2020.

[101] 王晓军，等. 长寿风险与养老金体系可持续发展研究 [M]. 北京：科学出版社，2021.

[102] 王晓军. 社会保障精算原理 [M]. 北京：中国人民大学出版社，2000：194.

[103] 周娅娜. 长寿风险对我国社会养老保险财务可持续的影响及应对策略研究 [M]. 北京：经济科学出版社，2020.

[104] 段白鸽. 长寿风险对寿险和年金产品定价的对冲效应研究 [J]. 保险研究, 2019（04）: 85-101.

[105] 汪伟, 刘玉飞, 王文鹏. 长寿的宏观经济效应研究进展 [J]. 经济学动态, 2018（09）: 128-143.

[106] 余伟强. 长寿风险的证券化探索 [J]. 复旦学报（自然科学版）, 2006（05）: 664-669.

[107] 艾蔚. 基于金融衍生工具视角的长寿风险管理 [J]. 保险研究, 2011（03）: 36-44.

[108] 谢世清. 长寿风险的创新解决方案 [J]. 保险研究, 2011（04）: 70-75.

[109] 谢世清. 长寿风险证券化的理论研究动态 [J]. 保险研究, 2014（03）: 70-78.

[110] 谢世清. 长寿债券的运行机制与定价模型 [J]. 财经理论与实践, 2014, 35（02）: 35-39.

[111] 祝伟, 陈秉正. 个人年金产品蕴含的长寿风险分析——生命表修订的启示 [J]. 保险研究, 2008（03）: 56-58+20.

[112] 金博轶. 动态死亡率建模与年金产品长寿风险的度量——基于有限数据条件下的贝叶斯方法 [J]. 数量经济技术经济研究, 2012, 29（12）: 124-135.

[113] 祝伟, 陈秉正. 动态死亡率下个人年金的长寿风险分析 [J]. 保险研究, 2012（02）: 21-28.

[114] 韩猛, 王晓军. 个人年金产品中蕴含的长寿风险研究 [J]. 保险研究, 2013（06）: 52-58.

[115] 尚勤, 秦学志. 随机死亡率和利率下退休年金的长寿风险分析 [J]. 系统工程, 2009, 27（11）: 56-61.

[116] 段白鸽. 动态死亡率建模与长寿风险量化研究评述 [J]. 保险研究, 2015（04）: 35-50.

[117] 田梦, 邓颖璐. 我国随机死亡率的长寿风险建模和衍生品定价 [J]. 保险研究, 2013（01）: 14-26.

[118] 穆怀中, 李辰. 长寿风险对城镇职工基本养老保险个人账户收支平衡的冲击效应 [J]. 人口与发展, 2020, 26（06）: 2-12+51.

[119] Blake D, Cairns A J G. Longevity risk and capital markets: The 2019-20 update[J]. Insurance: Mathematics and Economics, 2021, 99: 395-439.

[120] Broeders D, Mehlkopf R, van Ool A. The economics of sharing macro-longevity risk[J]. Insurance: Mathematics and Economics, 2021, 99: 440-458.

[121] Blake D, El Karoui N, MacMinn R. Longevity risk and capital markets: The 2015–16 update[J]. Insurance: Mathematics and Economics, 2018, 78: 157-173.

[122] Tan K S, Blake D, MacMinn R. Longevity risk and capital markets: The 2013–14 update[J]. Insurance: Mathematics and Economics, 2015, 63: 1-11.

[123] Blake D, De Waegenaere A, Nijman T. Longevity risk and capital markets: The 2008–2009 update[J]. Insurance: Mathematics and Economics, 2010, 46（1）: 135-138.

[124] 问清泓. 共享经济下社会保险制度创新研究 [J]. 社会科学研究, 2019（01）: 86-98.

[125] 王力平, 隋杰. 我国养老服务金融的发展困境与突破——基于区块链技术的分析 [J]. 金融与经济, 2020（12）: 71-77.